文書等並べて辿る、家康、松平一族・家臣

徳川家康75年の生涯年表帖

「秀吉の死」、慎重居士家康が策動。

好学の士・筆まめ家康が大胆に天下を獲った！

下巻・前編

第3巻（全4巻）

はじめに〜この本の使い方〜

この本は、「文禄・慶長の役」・「秀吉の死」・「関ヶ原の戦い」等から「江戸幕府を開く」までの家康中心の戦国期の年表で、日付までを記載しています。一部不明な月・日付に関しては、「─」で割愛をさせて頂いたり、「秋」「下旬中旬」などと、表記しておりますのでご了承下さい。

特に重要と思われる事項（歴史的流れのために必要と思われた事件等や家康文書などは、太字等で記載しております。

本体となる戦国年表はそこそこな分量となっております。目次年表は、圧縮しており、その項目の通しNoが記載されております。検索の一助として下さい。

〜太陰暦・太陽暦について〜

本書での月日の表記は全て和暦を採用しており、一部、西暦の表記とはズレが生じています。

日本では、明治5年12月3日（＝明治6年1月1日（西暦1872年1月1日））までは太陰暦（旧暦・天保暦）を、それ以降は太陽暦（新暦・グレゴリウス暦）を使用しています。

そのため、太陰暦である和暦（旧暦・天保暦）の月日と、それに対応する太陽暦である西暦（新暦・グレゴリウス暦）の月日は一致しません。ご注意下さい。

なお、太陰暦（太陰太陽暦）の1年は太陽暦の1年に比べて約11日短く、このズレは3年で約1月分（約33日）となります。

このため約3年に1度、余分な1ヶ月（閏月）を挿入して1年を13ヶ月とした閏年を設けることで、ズレを解消しています。

なお、閏月は閏●月と表記し、仮に閏4月があった場合、これは通常の4月の後に閏月（閏4月）が挿入されていることを示しています。

例）関ヶ原の戦い：慶長5年9月15日（西暦：1600年10月21日）

2

西暦 和暦	月日	出来事	No.
文禄3 (1594)	2月5日	「伏見御普請中法度事 一喧嘩口論一切可令停止事、付、荷担之輩於有之者、妻子共可為死罪事、一、今般御普請中、侍小者届なく上方衆成敗候共、其砌令堪忍、追而可及理事、一、御普請奉行申付儀、少茂違儀有間敷事、一、御普請中より欠落之者於有之者、妻子共可行死罪事、一、所々宿々にて、少茂狼藉有間敷事、右所定如件、」。 家康、家臣に「伏見城普請中法度」黒印状を出す。	6507
	2月12日	徳川家康、京へ向けて江戸を発つ。	6512
	2月24日	家康、申刻入洛。月日は異説あり。	6520
	2月25日	太閤秀吉、関白秀次、徳川大納言家康ら諸大名・公家衆を従え大和国吉野山において花見を行うため大坂城を発ち、當麻に到着。	6521
	3月4日	「何衣百韻」。高野山にిて連歌百韻が興行される。家康連歌懐紙。	6526
	5月2日	「家康、古典籍を蒐集」。「江戸亜相(家康)へ礼ニ罷向了、種々雑儀了、竹内系図書之進了、織田一流系図令見之、」。(『言経卿記』)。	6558
	8月1日	「伏見城(指月城)、成る」。伏見城(指月城)大略なり、八朔の祝儀を期に、太閤秀吉、移徒する。祝儀の大名、多数登城する。	6593
	9月20日	「家康は、公家の文化や和歌、古筆にも関心があった」。 山科言経は、冷泉為満・大村由之と共に柿一盆を持参し訪問。碁を見物し夕食を共にし、冷泉為満は藤原定家筆の『冷泉伝三代集』や冷泉為家の書状を見せたり、僧正遍昭家集を献上したり家康を感動させたようだ。そして、家康はこの頃、藤原定家の子孫である、妙壽院の藤原惺窩から書物を購入したようだ。	6602
	12月13日	「文録の役―文禄1年1月5日～文禄3年12月13日」、実質的に終了。 降伏使節に仕立てられた小西行長の客将・内藤如安は、北京入京。明は「関白降表」(明皇帝に奉る秀吉降伏表文)を降伏文書として受け取り、和議の条件として朝鮮からの完全撤退、貿易の制限、従属国となることを求めた。如安はこれを受け入れ、大閤秀吉は日本国王に封じられることとなった。	6628
文禄4 (1595)	2月11日	「徳川家康・前田利家連署書状」。 家康、前田利家と連署で、蒲生氏郷の遺臣・蒲生源左衛門(蒲生郷成)他二名に書状を送り、秀吉の命により遺児鶴千代(秀行)に跡目相続を許されたことを通告。その際、秀吉朱印状「御定之条々」に台所入算用は、その明細を家康・利家らをもって監査させると規定されていた。	6641
	3月28日	秀吉、聚楽第の徳川家康邸を訪問。家康は秀吉に銀3000枚、小袖100、綿1000把、八丈島500端、褐300端、太刀(光長)、腰物(光忠)、脇差(行光)、馬1疋(黒毛鞍置)を進上する。徳川秀忠は秀吉に銀500枚、小袖50、越後布100端、太刀1腰、馬1疋を進上する。大久保長安・伊奈忠次・彦坂元正、家康の命により、秀吉を饗応するとき、諸大夫への膳部のことを司る。	6658
	5月3日	徳川家康、早朝、江戸に向けて京都を出発。5月中旬に1年3ヶ月ぶりに江戸城に帰城。家康は病気の秀忠を置いて江戸に戻った。交替での在京なので一緒に移動することはできなかった。	6672
	6月21日	「太閤と関白の不一致」。この日付の前田利家に残る書状で、蒲生秀行領没収は撤回されたという。関白秀次の朱印状が出たのであろう。太閤と関白の不一致、「豊臣秀次事件」へと繋がる。	6688

西暦 和暦	月日	出来事	No.
文禄4 (1595)	7月8日	「豊臣秀次事件7月3日〜8月2日－秀次、関白・左大臣を罷免」。 太閤秀吉、山内一豊・堀尾吉晴・中村一氏・宮部継潤・前田玄以を聚楽第へ派遣して、関白秀次を伏見へ召喚し、木下大膳亮(木下吉隆)の屋敷に入れる。秀吉、面会もせず、関白・左大臣の官職を剥奪、秀次はさらに高野山へ追放される。	6692
	7月14日	江戸の家康、秀吉から、豊臣秀次が謀反を企てたので至急上洛せよという内容の書状を受け取る。	6701
	7月15日	「豊臣秀次事件7月3日〜8月2日－秀次切腹」。 秀吉の検使として、福島正則・福原長堯(直高)・池田秀氏が兵を率いて高野山に派遣され、秀次に切腹を命じる。同日、秀次は、青巌寺・柳の間にて切腹して果てる。	6702
	7月24日	家康、直ちに秀吉に謁見し、毛利輝元・小早川隆景と連署して秀吉・拾丸(後の秀頼)父子への忠誠を誓う起請文を提出。	6713
	8月3日	「豊臣家五大老連署御掟5ヶ条」。秀吉の命で、小早川隆景・毛利輝元・前田利家・宇喜多秀家・徳川家康の連署による5ヶ条の「御掟」を制定する。	6723
	9月17日	「秀忠、お江を娶る」。 信長の姪で秀吉養女・お江(於江与)(父は浅井長政、母は織田信長の妹・市)23歳で、家康の後継者、徳川秀忠17歳に嫁ぐ(再々婚)。婚儀は伏見城で執り行われた。	6739
文禄5 (慶長1) (1596)	1月1日	大閤秀吉、旧冬より休調不良。北政所おねと共に、大坂(小坂)で年を越す。拾丸(後の秀頼)が伏見にいるため、諸大名は伏見で越年する。	6752
	2月10日	秀吉、ようやく病気が回復し、大坂城において諸大名の出仕を受ける。	6760
	5月8日	徳川家康、権大納言従二位より、内大臣正二位に昇進。以後、家康は「江戸内府」と呼ばれる。前田利家、権大納言。	6772
	閏7月13日	「慶長伏見大地震－方広寺大仏倒壊」。	6787
	閏7月14日	「伏見木幡山に築城」開始。 秀吉、倒壊した指月山伏見城に替わる城を、指月の北東に位置する伏見木幡山に築城するよう命令。縄打ちが行われ、翌日より工事開始。	6790
	9月2日	「慶長の役－慶長1年9月2日〜慶長3年11月20日」はじまる。 秀吉は、明国からの使者を饗応する。その後、秀吉は花畠の山荘に西笑承兌(相国寺)・玄圃霊三(南禅寺)・惟杏永哲(東福寺)を呼び、明の国書を読ませた。承兌が読み上げた皇帝からの書状(誥勅)の文面には、秀吉の提示した7ヶ条の和平案の記述がなく、さらに「爾を封じて日本国王と為す」の一文があった。秀吉は欺かれたと激怒し、再び明と合戦を行うとした。秀吉、2度目の朝鮮出兵決定。	6798
慶長1 (1596)	10月27日	慶長に改元。	6806
	12月19日	「26聖人殉教」。秀吉が長崎西坂の丘で、京都から送ったペトロ・バプチスタ、三木パウロらフランシスコ派キリスト教徒ら26人(日本人20名、外国人6名)を磔にする	6820

西暦和暦	月日	出来事	No.
慶長2 (1597)	1月1日	「慶長の役―出兵令」。秀吉、諸将に朝鮮出兵を再度命ずる。 秀吉は、豊臣政権の名誉回復をはかった。	6825
	5月4日	「秀吉、向島城から、天守と殿舎が竣工した木幡山伏見城へ、正式に移徙」。 伏見には多くの大名屋敷が建てられ、城下町が形成された。	6861
	9月25日	内大臣徳川家康、諸檀林へ「関東浄土宗法度」の判物を発給。知恩院二九世満誉尊照が関東の檀林寺院に出した法度。正しくは「関東諸宗家掟之事」といわれるが、元和元年(1615)7月に徳川家康から増上寺・知恩院・伝通院に出された「浄土宗諸法度」と区別をするために関東浄土宗法度といわれる。	6905
	11月17日	徳川家康、江戸帰国のため、伏見を発つ。	6943
	12月4日	秀忠、江戸より伏見に到着。	6946
慶長3 (1598)	1月10日	「越後中納言」と呼ばれた上杉景勝、突然、太閤秀吉より越後・北信濃91万石から、会津(会津・米沢・庄内・佐渡など)120万石への移封(国替)と兵農分離令を命じられる。	6952
	3月15日	家康、江戸から伏見に上がる。	6970
	3月15日	太閤秀吉、戒厳下の醍醐寺三宝院において「醍醐の花見」を行う。	6971
	5月20日	「大坂城修築の普請を開始」。 天正11年(1583)、秀吉(は石山本願寺跡に普請を開始。秀吉、さらに大坂城修築の普請を開始する。天守閣は外観5層7階で、鯱瓦や飾り瓦、軒丸瓦、軒平瓦などに黄金を用いた。本丸の築造に約1年半を費やし、その後も秀吉が存命した15年の全期間をかけて、徐々に難攻不落の巨城に仕上げられた。	6994
	7月25日	「秀吉の形見分けの取り決め」。 秀吉は死期を覚り、禁中ならびに公家・諸大名にも、7月15日に決めた金銀・刀剣を与える。大名第一は内大臣家康で牧渓筆の絵画「遠浦帰帆」と金子3百枚、第二は大納言利家で三好正宗の太刀と金子3百枚、第三は北庄中納言秀秋で捨一銘の茶壷、光吉作の脇差、金子百枚。第四徳川秀忠で「枯木之絵」、第五上杉景勝で「雁之絵」、第六宇喜多秀家で「最巻」、第七毛利輝元で「七台」と続き、第二百二十七番・金森出雲守可重に至るまで、遺品または金子が贈られる。	7008
	8月5日	家康・利家と五奉行、誓書を交換する。家康と利家は、秀頼が成長し判断するようにまで、大名領知等安堵・加増の取次をしないことを誓う。	7016
	8月6日	「秀吉、朝鮮出兵の収拾を五大老に委任」。 この日未明に、重態の秀吉は、密かに前田利家と徳川家康を伏見城の病床に招いて、気がかりな死後の処置について細々と懇願する。	7017
	8月18日	「豊臣秀吉没」。午前2時頃、秀吉(太政大臣・従一位)、伏見城(木幡山)で没す。享年63。側近、これを秘める。その遺命として、千姫(2歳)、秀吉の嫡子・秀頼(6歳)との縁組が決まる。淀殿(茶々)は、秀頼の後見人として大蔵卿局・饗庭局らを重用して豊臣家の家政の実権を握った。	7032
	8月19日	徳川秀忠、江戸帰国のため伏見を発す。徳川の勢力を2分させるため、家康が命じていたという。	7034

西暦 和暦	月日	出来事	No.
慶長3 (1598)	8月28日	「豊臣氏四大老連署状」。毛利輝元・宇喜多秀家・前田利家・徳川家康の四大老(上杉景勝は帰国中)、朝鮮在陣中の黒田甲斐守(黒田長政)・羽柴左近(立花宗茂)に対し連署の書状を送る。秀吉の喪を秘し、朝鮮で和議を成立させた上、内地に引き揚げよという秀吉の朱印状と覚書により使節を派遣すると伝える。	7038
	10月21日	後陽成天皇、皇弟八条宮智仁親王に譲位すると表明する。	7074
	11月6日	後陽成天皇退位につき、皇位継承について相論あり。太閤秀吉の遺言である良仁親王(一宮、母は中山親子)(覚深法親王)と、嫡子政仁親王(後水尾天皇)(三宮、母は近衛前子)で相論され、結果秀吉の遺言を違えて「当今(後陽成)の意思」として政仁親王が内定される。(義演准后日記)。	7094
	11月18日	徳川家康、天皇譲位の件につき、無用の旨を諫奏する。ついに譲位は、沙汰やみとなる。が、皇継者問題の決着は先送りとなった。	7101
	11月20日	「慶長の役―慶長1年9月2日〜慶長3年11月20日」終結。 最後まで駐留していた島津隊が巨済島より対馬に向かい撤退し、太閤秀吉が2度目に起した朝鮮出兵・慶長の役が終結。終戦を宣言する講和条約を結ぶ間もないままに撤兵し、朝鮮とは国交断絶となる。	7102
慶長4 (1599)	1月1日	伏見城で諸大名らによる秀頼に年賀の総礼が行われる。前田利家、秀頼を抱き諸将から拝賀の礼を受ける。	7132
	1月10日	淀殿・豊臣秀頼母子、秀吉遺命により、前田利家の後見を受け、木幡山伏見城から大坂城西の丸に移る。	7141
	1月12日	徳川家康、大坂城より木幡山伏見城に戻る。「なにか変事が起こりそうで、人々はしょっちゅうびくびくし、店舗も半分は店を閉じた」(『看羊録』)。	7144
	1月19日	四大老と五奉行、家康の無断婚姻(伊達政宗、福島正則、蜂須賀家政、加藤清正らと、豊臣氏に無断で次々と縁戚関係を結んだ)を、「秀吉が生前の文禄4年(1595)に制定した無許可縁組禁止の法に違反する」として、問罪使が派遣される。家康、「難癖をつけ自分を大老から退けようとすることこそ太閤の遺命に背くものである」と反論。その紛争で、伏見騒然とし、東国の勢、多く上洛する。	7147
	1月21日	諸将が、五奉行らが家康を暗殺の謀ありという事で、夜毎、家康邸に詰める。	7151
	2月5日	豊臣政権の中で孤立する不利を悟った徳川家康、加賀大納言ら四大老、五奉行に対し3ヶ条の誓書を送って、縁辺の儀についての警告を承認する。	7161
	2月18日	秀頼は大坂城に移り、前田利家が守役として補佐する。	7172
	2月29日	前田利家、細川忠興の周旋で、この日、大坂より病をおして加藤清正・浅野幸長・細川忠興を従え、同月30日、伏見の徳川家康の邸を訪問する。家康も利家と対立することは不利と悟り向島へ退去すること等で和解。利家は、秀頼のことなどを家康に頼むため、家康に対して、「あなたの上屋敷は、三成の屋敷に隣接していて、いざという時には不用心であるから、向島城に移りなさい」と、助言したという。	7175
	3月9日	「庄内の乱(慶長4年3月9日〜慶長5年3月15日)―伊集院忠棟殺害事件」、起る。	7184

西暦 和暦	月日	出来事	No.
慶長4 (1599)	3月19日	家康、伏見の屋敷から宇治川を渡り向島城へ移る(『当代記』)。	7195
	閏3月3日	大坂城で秀頼を後見する前田利家、大坂邸で没。豊臣家の将来について心痛することの多かったのが、死期を早めたという。	7211
	閏3月4日	「武断派七将、石田三成の殺害を図る」。 前田利家死去の直後、三成と対立関係にあった武断派の加藤清正、福島正則、黒田長政、細川忠興、浅野長慶(幸長)、池田照政(のち輝政)、加藤茂勝(嘉明)の七将と脇坂安治・蜂須賀一茂(家政)・藤堂高虎が、三成のいる大坂屋敷を襲撃、石田三成の殺害を図る。	7213
	閏3月5日	徳川家康、蜂須賀家政・福島正則・藤堂高虎・黒田長政・加藤清正に書を送り、石田三成の伏見入りを報じる。身の処置に窮した三成は、武断派も手の出せない家康に救いを求めた。	7217
	閏3月10日	石田三成、この日の早朝に、結城秀康(家康次男)に守られて近江佐和山城へ向かう。「伏見・京方喜ぶ」と山科言経は、日記に記載。	7226
	閏3月13日	「家康、伏見城西の丸へ移る―豊臣政権執権としての地位を確立」。 徳川家康、秀吉築城の向島城からより木幡山伏見城西の丸へ移る。家康、政権担当の意思を内外に表明。	7232
	4月13日	「伏見城から秀吉遺骸が運ばれ阿弥陀ヶ峰山頂に埋葬される」。 前年没した豊臣秀吉の墓所が阿弥陀ヶ峰に移され、その西山麓(太閤坦)に、新しく廟舎(仮殿)が造営される。秀吉を祀る豊国廟・豊国社が創建され毎年祭礼が行われた。とくに慶長9年(1604)には町衆が大規模な踊りを奉納した。	7244
	7月9日	家康、薩摩少将(島津忠恒(後の家久))宛に書状を送る。「庄内の乱」。家康もこの乱に介入する。「家康は、伊集院忠真が立て籠ることを曲事と看做し、開城従わない場合は成敗するよう申し付けた」。	7284
	7月28日	上杉景勝、大坂城で豊臣秀頼、徳川家康に帰国の挨拶をする。景勝は8月3日、伏見を発つ。	7291
	8月14日	「家康、三献の儀で天下人と認定される」。 内大臣徳川家康、参内す、常御所に於て謁を賜ふ。	7309
	8月18日	豊国社、豊国明神遷座一年祭大神楽。四座能が行われる。秀頼、名代京極高次(後の浅井初の夫)を豊国社へ遣わし、太刀折紙を奉納する。勅使・勧修寺晴豊、豊国社へ参拝し奉幣する。また徳川家康も社参する。	7311
	8月28日	「反家康派大名の中心だった前田家が政局から退く」。 五大老・秀頼傅(守)役の前田利長、徳川家康の勧めにより、利家の遺命(3年は上方を離れるな)に背き、大坂を立ち金沢へ帰国。	7320
	9月7日	「家康暗殺謀反の疑い」。 深夜、豊臣五奉行の増田長盛(大和郡山城主)が徳川家康の宿所(旧三成邸)を訪ね、前田利長・浅野長政・大野治長らの家康暗殺の謀議の噂を報じる。家康、井伊直政らと対策を講じる。次いで家康、前田利長を疑い、予め小松城主丹羽長重に先鋒たるべきを命ず。	7328
	9月9日	徳川家康、前田利長(利家の嫡男)・浅野長政・大野治長・土方雄久(前田利長の従兄弟)の4名が家康の暗殺を企んだとして、糾弾。	7330

西暦 和暦	月日	出来事	No.
慶長4 (1599)	9月28日	「家康、大坂城二の丸へ移る」。家康、大坂における執政の屋敷として使っていた石田正澄邸を出て、大坂城二の丸へ移る。諸大名も大坂の屋敷へ移動する。	7340
	10月1日	「徳川家康、大坂城二の丸から西の丸に移る」。 大坂城西の丸と伏見城を拠点とした家康は、福島・伊達・最上・黒田・藤堂など有力大名に書状を送って、自己の指導力を強めようとした。	7343
	10月3日	徳川家康、大坂城西の丸に諸将を集め、加賀の前田利長征伐を命じる。 なんと、家康の命令は公儀となった。	7347
	10月12日	「浅野長政、蟄居」。家康の暗殺を企んだとして、甲斐国府中21万5千石の浅野長政は、武蔵国府中で隠居の上、蟄居させられ、家督を嫡男幸長に譲る。	7352
	10月24日	「細川家、徳川家康に忠誠を誓う」。 家康、細川忠興(幽斎長男)(丹後宮津城主)の前田利長と通ずるを疑う。忠興の長男・忠隆室は、前田利長の妹・千世姫である。この日、細川幽斎・細川興元(幽斎次男)・松井康之が連署した誓詞を、榊原康政・有馬則頼・金森可重宛に送り、細川家は、徳川家康に忠誠を誓う。	7356
慶長5 (1600)	1月1日	「大阪城城主が二人」。 諸大名、5日まで秀頼8歳・家康59歳に年頭の挨拶をする。豊臣秀頼が諸大名の参賀を大坂城中で受け、次いで諸大名は西の丸に赴き徳川家康に年賀を述べる。大坂城内には本丸、西の丸に、二つの大天守が聳え立つ。他の大老はすべて本国に帰り、五奉行のうち石田三成と浅野長政が失脚していたため、伏見には官僚的な三奉行長束正家・増田長盛・前田玄以のみが残った。事実上、家康の独裁となっていた。しかし、会津の上杉景勝と常陸の佐竹義宣とは上坂しなかった。	7387
	2月1日	「家康、他の大名抜きの単独署名の宛状をもって、太閤蔵入地北信の豊臣大名を横すべりで異動させる」。親徳川方の有力大名の転封は、会津に移封された上杉景勝が旧領回復のため越後奪還に成功した際に備える、家康の措置であった。	7397
	2月10日	越後春日山30万石の越後侍従(堀秀治)の家老・堀直政が、昨年より景勝が神指城の築城や道路整備を始めていること、直江兼続が武具を調達し、越後旧領で一揆を計画し岩井備中を越後に送り込んだことなど上杉家の動向の不審(謀叛の兆候)を、榊原康政(上野国館林城主)を通じて徳川家康に報じる。本多正信、堀直政の使者を呼んで、景勝の動向を尋問。	7405
	3月30日	これより先、家康が指示し、船長代理として、ウィリアム・アダムズ(後の三浦按針)とヤン・ヨーステンらを大坂に護送させ、併せて船も回航させる。この日、大坂城において会見する。	7435
	4月1日	「家康、上杉景勝の非道を詰問し入京を求める」。 家康、京都相国寺の西笑承兌に、上杉景勝の非道を条記(非違8ヶ条)させる。「直江兼続へ、景勝に対する穏やかでない噂が京都で広まり、家康も疑っている。香指原築城、越後川口道の橋架けや近国の堀氏の件、武具の収集などを問い質す」として早期の上洛を勧めるというもの。家康は自ら出陣して景勝を攻める姿勢を見せるも、宇喜多秀家・毛利輝元・大坂の奉行衆たちが反対し、景勝に釈明と上洛を求める使者を派遣することになったという。	7438
	5月15日	「石清水八幡宮社務職之事、元来雖」。家康、田中秀清に判物を発給、石清水八幡宮社務四家に対し回職の順序を決める。	7477
	6月2日	「家康、諸大名に会津出征を命令」。大坂城で奥州出陣の軍議が行われる。	7496

西暦 和暦	月日	出来事	No.
慶長5 (1600)	6月16日	「徳川家康、上杉征伐に出征」。 関東・奥州の諸大名を帰国させた家康、自らも次男・結城秀康らを従え、大坂城京橋口より、軍勢を率いて上杉征伐に出陣する。家康は、「五大老」の一員であるにもかかわらず、上杉景勝が会津に引っこんだまま、領内の軍事強化を進めていることを、「豊臣家に対する謀反」とした。	7512
	6月25日	「公儀から兵粮が給付される」。 前田玄以・増田・長束の豊臣家三奉行、連署して、会津攻めのため東海道を出陣する兼松又四郎正吉への兵粮・馬料の給付を、沿道の諸将に命じる。	7528
	7月2日	「家康、江戸城に入る」。 秀忠、徳川家康を武蔵品川まで迎え、共に江戸城に入る。	7546
	7月7日	「家康、朱印状をもって会津征伐の軍令を発する」。 徳川家康、外様諸将を江戸城に集め饗応、会津出陣の期日を21日と定め、15ヶ条の軍法(陣中法度)を下す。	7551
	7月11日	「石田三成挙兵」。 大谷吉継、石田三成の説得に応じこれに加担する事を決心し、近江佐和山城へ入る。佐和山城で三成、大谷吉継、増田長盛、安国寺恵瓊が会談。石田三成は、越前敦賀城主大谷吉継の援助を得て、毛利輝元を総大将に家康打倒の挙兵を決めた。	7568
	7月17日	「内府ちかひの条々―家康主導軍の公儀性の剥奪を宣言」。 長束正家・増田長盛・前田玄以の三奉行が、家康の罪条13ヶ条「内府ちかひの条々」を挙げ、全国の諸大名に家康討伐の檄文を送る。その副署の一通には三奉行、他の一通には毛利輝元・宇喜多秀家(備前国岡山城主)の両大老が連署、西軍に与同を求める。	7594
	7月18日	「伏見城攻防戦7月18日〜8月1日」、はじまる。 西軍は鳥居元忠が預かる伏見城(木幡山)に開城要求を勧告。石田三成のねらいは、伏見城占拠であった。	7602
	7月19日	夕刻、毛利輝元が、大坂城西の丸に入り、豊臣秀頼を擁立して西軍の総大将になる。	7604
	7月19日	「上杉討伐第二陣、奥州白河口の大将として秀忠出陣」。 徳川秀忠(家康三男)、前陣として江戸城を出陣。	7613
	7月21日	「家康、江戸城出陣」。 徳川家康、予定通りこの日、上杉征伐のため江戸を出陣、武蔵鳩谷に宿する。	7615
	7月23日	「家康、上杉征伐進軍中止を書式で指令」。 下総国古河の徳川家康、出羽侍従(最上義光、出羽山形城主)に書(第二報)を送り、石田三成と大谷吉継が方々に触状を送っていることを報じ、増田長盛、長束正家、前田玄以連署による上方の不穏な情勢を報じた書状を廻送、米沢口に進撃するのを中止し、後命を待つよう申し入れる。	7634
	7月24日	「家康、小山に着陣」。徳川家康、 下野国小山に到着。	7636
	7月25日	「小山評定―家康の大旋回」。 この「小山評定」は一次資料は無く創作という。	7651

西暦 和暦	月日	出来事	No.
慶長5 (1600)	7月26日	「翌日にかけて、小山の東軍先鋒部隊の西への転身が、はじまる」。	7661
	7月29日	「三奉行が家康と対立したことを、家康は初めて明かしたのか、いや知ったのか」。徳川家康、黒田甲斐守(黒田長政、豊前国中津城主)と田中兵部太輔(田中吉政、三河岡崎城主)宛に書を送り、三奉行が石田三成に同調したことを報じ、再度相談したいが既に西上されているので(後続の)池田照政(のち輝政)(三河吉田城主)に事を伝えた、相談するようにと伝える。	7689
	8月1日	関ヶ原の戦いの前哨戦「伏見城攻防戦(7月18日〜8月1日)」、終結。木幡山伏見城、西軍の攻撃で落城、本丸・松の丸・名護屋丸以下ことごとく焼亡。	7709
	8月1日	「前軍が江戸を発し西上する」。先鋒は福島正則・池田照政(輝政)・黒田長政・浅野幸長・加藤嘉明・細川忠興らが続く。軍監として本多忠勝が同行、井伊直政の眼病による交代であった。	7716
	8月4日	家康、羽柴左衛門大夫(福島正則、清須城主)宛に書状を送り、尾張国内の明地における年貢の徴収を申し付ける。豊臣公儀に対する叛逆の意思を露わにした家康は、福島正則に尾張の無領主の地を与えた。	7732
	8月5日	「家康、下野国小山より江戸に戻る」。4日に宇都宮を出発、古河に泊まり、5日古河より舟に乗ったとされる。以後、9月1日江戸を出発するまで、家康は主として豊臣系諸将に書簡を送って、その多くを味方とすることに成功する。	7747
	8月14日	東軍先発諸将が、清須に会集する。	7820
	8月19日	家康の使者・村越直吉、清州城に到着。東軍諸将に「すみやかに美濃に進軍し、家康への忠誠を見なければ、家康は出陣しない旨」・「戦果あれば家康はすぐにも出馬する旨」を伝え、開戦を促す。	7856
	8月20日	徳川家康の開戦督促をうけ、福島正則・池田照政(のち輝政)・加藤茂勝(嘉明)ら東軍先鋒隊、清州城で軍議。3万5千の兵力で岐阜城・犬山城を攻める事を決定。攻撃に向けて各将の持ち場を定め(一説にくじで決めたという)、22日を開戦日と決める。	7867
	8月22日	世にいう「百万石のお墨付」。家康、上杉景勝を会津に釘付けにしておくため、大崎少将(伊達政宗)の東軍参加が是非とも必要であったことから、百万石のお墨付き(領知覚書)を与え、東軍参加を促す。戦勝の暁には現在の所領58万石に加え、旧領の刈田・伊達・信夫・二本松・塩松・田村・長井郡の7ヶ所49万石の領土を与えることを約す。しかし、東軍勝利の後、政宗への褒美は自力で奪取した刈田郡の2万石のみであった。	7902
	8月23日	「岐阜城落城」。福島正則・池田照政(のち輝政)・細川忠興・加藤茂勝(嘉明)・浅野幸長・一柳直盛・井伊直政・本多忠勝・田中吉次(吉政長男)らにより、兵五千三百の岐阜城落城、織田秀信降伏。	7910
	8月24日	岐阜城を攻落した東軍先鋒隊、美濃赤坂の高台を占拠して大垣城の西軍と対峙する。そして、家康の出陣を待つ。	7928
	8月24日	「家康に命じられた秀忠、宇都宮を発ち西上」。上杉景勝の動きを見定め、結城秀康(下総結城城主)をとどめた徳川秀忠、諸大名と徳川家臣の精鋭部隊約3万8千の軍勢で、宇都宮を発ち、中仙道を経由し西上へ出発。家康は、上杉・佐竹への抑えとして、次男の結城秀康を総大将に、里見義康(安房館山城主)、蒲生秀行(下野宇都宮城主)、那須資景(下野福原城主)らを宇都宮に留め、監視させた。	7937

西暦 和暦	月日	出来事	No.
慶長5 （1600）	8月28日	江戸にいた家康のもとに、「河渡川の戦い」の捷報が届く。	7983
	9月1日	「家康、江戸を出陣」。 更に予定を変更した徳川家康、兵3万2千余を率いて江戸を進発、美濃を目指して西上の途に就く。城主が不在の際には、代わって城内を取り仕切る留守居役を命じるのが通例であった。そして相模神奈川に到着。	8015
	9月5日	「第二次上田合戦―5日～9日」、はじまる。 徳川秀忠、小諸城を出陣し、上田城の真田昌幸を攻めるため染谷に布陣する。	8064
	9月11日	家康が清洲城に到着して秀忠の遅滞を知る。 中山道を進み美濃国で合流する手筈となっていた秀忠の部隊が、未だ信州に滞留している事が判明した。夜に藤堂高虎が美濃赤坂から、再び来訪し、密議に及んだ他、本多忠勝、井伊直政も呼び寄せて、開戦等協議する。	8116
	9月13日	「家康、岐阜城着」。家康、本隊、徳川衆と共に尾張清須を発し、先鋒軍が落した岐阜城に入り、先鋒の諸将が来謁する。	8136
	9月14日	「家康、美濃赤坂着」。 秀忠の到着をぎりぎりまで待った徳川家康、夜明け前に岐阜を出陣、郡上八幡の稲葉貞通らの案内で長良川を越え、神戸・池尻を経て、正午頃、美濃赤坂南方の岡山頂上に着陣する。余池越で諸将に面謁したという。その後の軍議において、大垣城を攻撃せずに、中山道を西進し、関ヶ原・不破の関・近江を経て、大坂に向かう事とする。三成の居城である佐和山を抜いていく策である。	8157
	9月15日	「関ヶ原の戦い―家康東軍豊臣系大名勝利」。	8168
	9月16日	徳川家康、近江に入り、石田三成の居城佐和山の南（野並）に野陣。池田照政（輝政）、福島正則らが城を攻囲する中、小早川秀秋が先陣をつとめ二ノ丸を落とす。井伊直政は水の手より攻める。夜、石田正継は降伏を願い出る。	8187
	9月17日	「早くも大坂城の毛利輝元との交渉がはじまる」。 徳川家康の意をうけて、黒田甲斐守長政（豊前中津城主）・羽柴左衛門大夫（福島正則、尾張清州城主）は連署して、「合戦を引き起こしたのは三成らの逆心であり、担ぎ上げられた総大将・毛利輝元の責任は問わない」・「和睦と西の丸退去」・「吉川広家・福原広俊らの働きにより家康は輝元に対し少しも如在なき」旨の書状を大坂城の輝元に送り、家康は輝元に対して少しも疎略に扱うことはないと告げる。東軍諸将の妻子は大坂城で人質になっており、家康は平和交渉を優先した。	8200
	9月17日	徳川秀忠、信濃国妻籠に着陣、関ヶ原の戦いの勝報に接する。	8208
	9月18日	「対毛利家交渉は、福島正則・黒田長政がなる」。 近江八幡の徳川家康、清須侍従（福島正則）（尾張清州城主）・黒田甲斐守（黒田長政）（豊前中津城主）宛に書状を送り、両者の毛利輝元（安芸広島城主）への斡旋を了承する。家康は、輝元らの諸将が秀頼を奉じて籠城する事態となることを避けた。	8219
	9月19日	「輝元、大坂城開城を決意」。 福島正則・黒田長政からの書状が届いた毛利輝元、正則・長政宛に、毛利輝元の分国中について相違はない旨の誓紙に預り安堵したとの返書状を送り、交渉係として、豊臣奉行の増田長盛（大和郡山城主）・前田玄以（丹波亀山城主）を指名する。	8225

西暦 和暦	月日	出来事	No.
慶長5 (1600)	9月19日	「徳川家康、近江草津に到着」。常善寺（草津御所）に宿陣。家康、奥平信昌（上野小幡城主）を京都所司代とし、福島正則（尾張清州城主）・池田照政（のち輝政）（三河吉田城主）・浅野幸長（甲斐府中城主）を京都守備に派遣すると共に、大坂退去を条件に本領を安堵する旨の本多忠勝・井伊直政連署の書状を、黒田長政（豊前国中津城主）らに持たせ大坂城の毛利側に伝える。	8233
	9月20日	「家康、大津着陣」。徳川家康、本丸だけかろうじて残っている京極高次の大津城に入城、戦後処理を行う。家康は近畿一円に禁制を下し、7日間、大津に留まる。この日から京都の公家たちは入れ替わり立ち替わり家康に挨拶に出かける。後陽成天皇・朝廷は、勅使を遣わして、家康の戦勝を祝い、慰労する。	8143
	9月21日	「石田三成、捕縛」。伊吹山に逃れた石田三成、近江国伊吹山麓伊香郡古橋村で家康の命令を受けて三成を捜索していた田中吉政（三河岡崎城主）の追捕隊・田中傳左衛門（長吉）らに捕縛される。	8257
	9月23日	「秀忠、父家康にようやく対面」。徳川秀忠は、家康家臣・榊原康政・本多正信のとりなしにより、この日晩大津で、家康に対面。次いで、秀忠はこの日晩、伏見に着陣。	8282
	9月25日	「毛利輝元、大坂城退城」。立花宗茂（筑後柳川城主）や毛利秀元の主戦論を押し切った毛利輝元、徳川家康に申し出て、大坂城西の丸を出て、木津毛利下屋敷に退去する。そこで敗北の責任をとり、恭順を示すため隠居。	8297
	9月27日	徳川家康、秀忠と共に申刻（15〜17時）大坂城本丸に入り、豊臣秀頼・淀殿（茶々）に拝謁、戦勝報告した後、毛利輝元退去後の大坂城西の丸へ入り、秀頼を二の丸におく。家康、井伊直政・本多忠勝・榊原康政・本多正信・大久保長隣・徳永寿昌の6名に、東軍諸将の勲功を調査するよう命じ、大久保長安らに京都・畿内周辺にある西軍諸将の財物を調査し没収するよう命じる。	8320
	9月28日	「家康の島津氏糾明がはじまる」。家康の取次ぎ、寺沢志摩守正成（広高）・山口勘兵衛直友、島津龍伯（義久）・忠恒（のちの家久、義久の養子）父子に詰問状を送る。	8332
	9月30日	「家康の島津追討令」。当主出頭要請を拒み軍備を増強し続ける島津家の態度に怒った徳川家康、本多忠勝をもして黒田長政・福島正則宛に書状を送り、毛利輝元を先鋒に命じ、九州諸大名に島津氏への追討令を発する。	8345
	10月1日	「石田三成、斬首」。石田三成、小西行長、安国寺恵瓊の3名、洛中引き回しの末、京都六条河原で斬首される。首は翌日三条河原に晒された。	8351
	10月10日	「家康、毛利輝元の所領6ヶ国を削り周防・長門2国に減封」。 毛利家の処遇を決定した徳川家康、自ら認めた起請文を、安芸中納言（毛利輝元）・毛利藤七郎（秀就）父子に送り、周防・長門（防長2ヶ国）を安堵すること、輝元父子の命を保障すること、嘘を言ってたので究明するなどを伝える。	8383
	10月15日	淀殿（茶々）と豊臣秀頼が、徳川家康を大坂城本丸に招いて饗応する。その際、家康が遠慮したにも関わらず、盃は淀殿〜家康〜秀頼の順に廻されるという。	8400
	10月15日	「家康59歳、関ヶ原における客将の論功行賞を発表する―西国地域はほとんど、東軍豊臣系大名が占める」。 西軍諸大名八十七家の所領を没収し、それらは東軍諸将に恩賞として知行充行われ、或いは徳川氏の直轄領に組み入れられる。これにより、中央を徳川譜代で固める一方、東軍に加わった豊臣家家臣は、九州・四国・中国・奥羽といった中央から離れた地に転封し、初めて徳川家による中央支配の意図を明らかにする。	8401
	10月20日	上杉景勝、会津に家臣を集め軍議を開き、苦渋の選択ながら「徳川家康に和議を乞う決議」で決する。	8421

西暦 和暦	月日	出来事	No.
慶長5 (1600)	11月12日	「家康、島津討伐軍に撤退を命令」。 大坂の徳川家康、黒田如水軒(官兵衛)からの報告をうけて返書状を送る。季節が厳寒に向かう時分であり、如水らの島津攻めを取り止め、年内はそれぞれ帰国するように命じる。井伊直政が述べるとした。関ヶ原に主力を送らなかった島津家には1万を越す兵力が健在であったし、また家康は、如水による九州一円の席巻を懸念していたともいう。	8457
	12月19日	「豊臣秀頼、関白職ならず」。九条兼孝、関白に再任され、この日拝賀する。この還任は、家康による沙汰で、武家より摂家へ関白位の返納である。	8495
慶長6 (1601)	1月1日	大坂城にてこの日、秀頼へ諸大名による年始の礼が行われる。最初の挨拶は徳川秀忠が務める。上洛しない大名が例年になく多かったというと、義演は記す。	8514
	1月―	「徳川家康、東海道に伝馬制を制定」。 家康は政権の拠点である江戸と上方とを結ぶ幹線道路の整備に着手する。家康の当初の狙いは、謀反を起こした大名に討伐軍を派遣するための軍用道路を、江戸を起点に複数整備することだった。東海道はその手始めだった。	8529
	2月―	「この月、家康、譜代の家臣を関東・東海・畿内の要地に封じる」。	8533
	3月23日	「家康、大坂城より伏見城に移る―伏見城の再建成る」。関ヶ原合戦前哨戦で落城した伏見城の再建が大略なり、家康、大坂城西の丸より伏見に移る。	8557
	5月9日	「二条城造営、はじまる」。 家康屋形(二条城)造営のため、大規模な町屋の移転がある。	8581
	5月15日	「家康、禁裏御料や公家領の見直しを計り、新知の給付を決める」。 家康、禁裏御料1万石を献上する。	8584
	6月27日	是日より七箇日間、石清水八幡宮に於て内大臣徳川家康の病平癒の祈祷を行はしめらる。	8596
	8月17日	「上杉景勝を会津から出羽米沢に減封」。 上杉景勝、直江兼続、処分言い渡しの連絡を受け大坂城に入る。「陸奥国会津諸領120万石は没収、領地は出羽国米沢30万石(伊達・信夫・置賜三郡)のみとし減封。藩主上杉景勝、家老直江兼続についてはお構いなしとする。」	8626
	9月28日	板倉勝重、奥平信昌(美濃国加納10万石)にかわり、京都所司代に補任される。	8644
	10月―	「家康、海外貿易の統制に着手」。 この月、徳川幕府、フィリッピン総督アクーニャに書簡を送り、朱印船制度の導入を告知。同月、安南国(あんなんこく)ベトナム北部への返書で、日本に来航する船の安全を保障すると共に、朱印状を所持しない日本商船の安南での交易禁止を求めた。	8663
慶長7 (1602)	1月1日	4年ぶりに江戸で新年を迎えた家康、将士の参賀を受ける。	8691
	2月―	「東本願寺成立―東西二寺が並立する」。この月、徳川家康、後陽成天皇の勅許をうけ、本願寺教如光寿に、烏丸以西の六条と四条の間に地を寄進。東御門跡(東本願寺)ができ、門前は寺内町となり、京都南部の開発が更に促進された。家康は、強大な勢力をもっていた本願寺を二分する政略的意図だったという。	8714

西暦 和暦	月日	出来事	No.
慶長7 (1602)	2月―	この月、家康母・伝通院(於大の方)、家康の招きで、家康の異父弟・松平康元(久松俊勝の嫡男)、孫の松平定行(久松俊勝の三男・松平定勝の次男)に付き添われて上洛。家康は生母の至情を忘れることなく、天下統一の後には、再婚しているにも拘わらず、実家の者として伝通院を迎え入れ、久松家を親戚として尊重した。	8715
	3月14日	家康、伏見より大坂に赴き、秀頼に年頭の挨拶をする。	8723
	3月―	この月徳川家康は、清和源氏流新田氏の子孫であると系統図を用いて宣言。 家康は、清和源氏流新田の一族吉良家から系図を借り受けて、新田氏の筋に初代親氏以降の松平家九代を追記して体裁を整えた。源氏流新田氏の子孫・松平宗家の誕生である。家康は、征夷大将軍として幕府を開くため、一定の位階を得る家格を整えた。	8730
	4月11日	「徳川家、島津家の手打ち、成る」。 内大臣徳川家康、島津龍伯(義久)に誓詞を出す。家康は義久の本領(薩摩国・大隅国・日向国諸県郡)を安堵、忠恒(義弘の子、後の家久)の相続を認め、併せて島津惟新(義弘)の赦免を誓約。「義弘の行動は個人行動であり、当主の義久および一族は承認していないから島津家そのものに処分はしない」とした。	8734
	6月1日	伏見城(家康再建)、大規模な普請を始める。藤堂高虎(伊予今治20万石)、普請奉行の一人を務め、中井正清が大工棟梁として、作事の采配をふるう。	8755
	7月27日	「徳川家康は関ヶ原の戦後処理を行い、大名地図を一変」。 家康、佐竹侍従に朱印御内書発給。常陸水戸54万石の佐竹義宣、出羽国の内秋田・仙北20万5千8百石を領知すべき旨の判物を与えられ、京から秋田へ赴くことが許される。なんと、即日、義宣は秋田下向を命ぜられた。	8775
	11月26日	家康、京に向け江戸を発つ。	8828
	12月28日	「家康の全国制覇、完了―島津処分の幕引き」。 島津忠桓(義弘の子、後の家久)、謝罪のため、伏見城で江戸から上洛した徳川家康に謁する。正式に手打ちとなる。	8837
慶長8 (1603)	1月1日	諸大名が大坂城に出仕して豊臣秀頼に新年の挨拶を行う。徳川家康は、伏見にあって大坂城に出仕せず。	8844
	1月2日	諸大名が、伏見城の徳川家康に新年の挨拶を行う。	8845
	1月21日	「家康62歳、征夷大将軍、右大臣、源氏長者に補される」。 朝廷、伏見城に勅使大納言広橋兼勝を派遣し、慶長7年2月以来再度、内大臣徳川家康に征夷大将軍、右大臣、源氏長者に補すとの内旨を与える。家康、拝受する旨を奉受する。家康、広橋兼勝に小袖1重、黄金3枚を贈る。秀吉が「関白」であったのに対して、家康は「征夷大将軍」の道を選んだ。家康の将軍職就任によって豊臣秀頼との関係が微妙に変化した。	8849
	2月8日	家康、大坂城に赴き、秀頼に年頭の挨拶をする。これが最後の大坂城入りとなる。	8860
	2月12日	「家康62歳、武家の棟梁になり江戸幕府を開く」。 勅使広橋兼勝・勧修寺光豊(両人とも武家伝奏)は伏見城に入り、折烏帽子、香直垂、前後腰帯の装束の家康は伏見場内対面所にて勅使を迎える。勅使は次々と宣旨を伝え、家康は、征夷大将軍に補せられ、同時に源氏長者・氏長者・右大臣・淳和奨学両院別当に任じられ、随身兵杖を許された。家康は、豊臣秀頼との主従関係を逆転させたのである。	8863

15

岐阜県

岐阜城

関ヶ原の戦い　大垣城

竹ヶ鼻城

犬山城

佐和山城

加賀野井城

今尾城

清須城

愛知県

伊勢湾

三重県

50km

天正20 (文禄1)	-	「秀吉の朱印船貿易の始まり」。 この年、秀吉(1537〜1598)、長崎・京都・堺の8人の豪商に、異国渡海の朱印を授けた。 その豪商とは、長崎の荒木宗太郎(？〜1636)・末次平蔵(1546？〜1630)・船本弥平次・ 糸屋隋右衛門、京都の茶屋四郎次郎清延(1545〜1596)・角倉与一(素庵、了以の長男) (京都二条の角倉本家では代々、与一を称す)(1571〜1632)・伏見屋、堺の伊予屋。 それまで黙認されていた私貿易を統制するものとされる。	6369
	9月18日	太閤秀吉、入京して禁裏に参内。	6370
	9月22日	秀吉、京都聚楽第において、加藤清正使者の飯田覚兵衛(直景)らの報告をうけ、 会寧の加藤清正へ、保護した朝鮮王子について詳細なる注意を指示、今後の予定 を通知。詳細は木下吉隆・山中長俊に通達させる。	6371
	9月23日	秀吉、京都から大坂城に帰城。 豊臣秀勝(小吉)(1569〜1592)が、朝鮮の唐島(巨済島)で戦傷死したという報が届く。 豊臣秀勝正室の江(1573〜1626)は文禄4年(1595)に秀吉の養女として徳川秀忠(1579〜 1632)に再嫁した。	6372
	9月-	**秀忠、江戸に戻る。**	6373
	10月1日	太閤秀吉、母・大政所の葬儀・満中陰法要(四十九日法要)を終えて、再び肥前国名 護屋城に下向するため船で大坂を出陣、兵庫に宿泊。	6374
	10月10日	肥前国名護屋に在陣中の太閤豊臣秀吉、関白同秀次(1568〜1595)に、尾張・三河両 国など東海諸国の与力大名に命じて安宅船(大型軍船)を建造するよう命じる。	6375
	10月10日	「遠路為音信、飛脚殊陣中祈念之守札、並下緒到来、祝著候間、全阿彌可申謹言」。 家康、武蔵葛飾郡小淵村の不動院(埼玉県春日部市小淵)に御内書を送り謝す。不動院 は、名護屋在陣の家康に見舞いとして、飛脚をもって祈念守札・下緒を送った。	6376
	10月10日	「遠路為音信、飛脚殊陣中祈念之守札到来、祝著被思食候、猶全阿彌可申候也」。 家康、武蔵足立郡中尾村の玉林院(さいたま市緑区中尾)に御内書を送り謝す。玉林院 は、名護屋在陣の家康に見舞いとして、飛脚をもって祈念守札を送った。	6377
	10月27日	「徳川家康・前田利家連署状」。「一のとの国より筑前家中へ差遣候」。家康・利家、 路次御奉行中に黒印状。	6378
	10月30日	名護屋に向かう秀吉、神屋宗湛(筑前国博多の豪商)(1551〜1635)の茶会に招待され る。	6379
	11月1日	**太閤秀吉、再び、肥前国名護屋城に到着する。**	6380
	11月8日	「……被入御念蒙仰候事、喜悦之至」。 家康(1543〜1616)、文禄の役在陣の筑前侍従(小早川隆景)(1533〜1597)に書状を送る。	6381
	11月10日	秀吉、朝鮮在陣中の加藤清正(1562〜1611)へ、来春3月の渡海を予定し一揆を「撫切」 にすること、兵粮・加子についての指示を命令し、来春は神に誓って必ず渡海す る決意を述べる。詳細は熊谷直盛(？〜1600)・垣見一直(家純)(？〜1600)に伝達させる。	6382
	11月16日	京に戻れた山科言経(1543〜1611)、聚楽第の関白豊臣秀次を訪問し対面する。 言経は、徳川家康同意の下、豊臣秀次に召し抱えられる。	6383
	11月18日	「節々飛脚祝著被思召候、猶中納言殿著気候間、万事可被入精候、謹言」。 家康、江戸城の井伊侍従(井伊直政)(1561〜1602)に黒印状を送り、節々の直政報告 を喜び、中納言(秀忠)の若き間の引き回しを依頼する。	6384

西暦1592

天正20 （文禄1）	11月24日	本願寺第十一世顕如光佐(1543～1592)、没、享年50。 顕如の示寂にともない、教如光寿(1558～1614)、本願寺を継承する。この時、石山合戦で籠城した強硬派を側近に置き、顕如と共に鷺森に退去した穏健派は重用しなかった為、教団内に対立が起こる。	6385
	12月4日	「……仍渡海之儀可有延引之由申」。 家康(1543～1616)、藤堂佐渡守（藤堂高虎）(1556～1630)に返書を送る。高虎の高麗渡海は延期となっていた。	6386
	12月6日	太閤秀吉、朝鮮渡海に目付として従軍していた三奉行(増田長盛・石田三成・大谷吉継)宛に、京幾道・陽智城の守将であった中川秀政（播磨国三木6万6千石）の頓死により、弟・中川秀成(1570～1612)へ跡目相続を認めた旨を伝達すると共に、自身来春3月に渡海するので、その間、城をしっかりと守り、軽率な行動をとらないように厳命し、下々の者にまで堅く申し聞かせよ、とする。加えて目付たちの戦況報告を了承し、来春三月に渡海して「一揆」（朝鮮側の官兵と義兵）をみな成敗して仕置を申しつけるので、兵糧を備蓄して待つように、と述べる。	6387
文禄1	12月8日	後陽成天皇即位のため、「文禄」に改元。	6388
	12月11日	「伏見の普請の事、利休に好ませ候て懇ろに申し付けたく候」。 秀吉、肥前国名護屋から在京中の京都所司代・前田玄以(1539～1602)へ、来春早々伏見指月城普請の大工を召し連れ名護屋へ下向するよう命令。伏見城の趣向は千利休好みにする旨を指示。	6389
	12月13日	「信濃国築摩郡内参万五千七百五拾」。 家康、秀吉家臣・石河玄蕃（石川康長）(1554～1643)に朱印状。徳川家康、石川康正（数正）(1533～1592？)の子三長（康長）をして、亡父の安曇・筑摩二郡を嗣がしむ。石川康長は、筑摩郡3万5755石、安曇郡2万2469石、都合5万8225石を知行。家康は、秀吉に命じられたのか。	6390
	12月13日	徳川家康、信濃国与力の木曾義昌(1540～1595)・小笠原秀政(1569～1615)ら諸大名に、肥前名護屋出陣を命ず。	6391
	12月14日	信濃松本10万石の石川出雲守康正（数正）(1533～1592？)、肥前国名護屋で没し、この日、京七条河原で葬礼が行われるという(『言経卿記』)。 家督は長男の康長(1554～1643)が継いだが、遺領10万石のうち、康長は8万石、二男の康勝(？～1615)は1万5千石、三男の康次(？～？)は5千石、四男の定政(？～？)5千石をそれぞれ分割相続することとなり、豊臣秀頼に仕えた。	6392
	12月25日	「遠路為御音信、代僧殊三浦木綿被指越祝著候」。 家康、想持院に書状を送り、三浦木綿の陣中見舞を謝す。　神奈川県伊勢原市沼目の惣持院であろうか。	6393
	12月28日	「上州那波郡総社弐萬七千石余充行」。家康、諏訪小太郎に判物発給。 徳川家康(1543～1616)、諏訪頼忠(1536～1606)をして、上野国那波郡総社の地を領知せしむ。諏訪頼忠、上野国総社（群馬県前橋市）に転封。	6394
	12月30日	「当表就在陣、為音信飛脚、殊蝋燭」。 家康、鶴岡（鶴岡八幡宮）・円覚寺に書状を送り陣中見舞を謝す。	6395
	12月30日	「当表就在陣、為音信使僧并蝋燭送」。 家康、建長寺に書状を送り陣中見舞を謝す。	6396
	12月30日	「……殊為御音信太刀一腰長光・馬」。 家康、本願寺貴報（手紙）に返書をもって、贈物を謝す。	6397

| 文禄1 | 12月30日 | 南部信直（「信直」）(1546～1599)、「釼帯」(楢山剱帯)宛に、津軽為信（「右京」）が肥前国名護屋城に於いて秋田氏（「檜山殿」）(秋田安東実季)との和解を望み徳川家康（「家康」）に幹旋を依頼したこと、前田利家（「筑前殿」）と徳川家康（「家康」）が肥前国名護屋へ到来した際に依頼したことなどを通知。 | 6398 |
| | 12月－ | 暮れ、お江（於江与）(1573？～1626)、豊臣（羽柴）秀勝の娘・完子（九条忠栄室）(1592～1658)を、姉の淀殿（茶々）(1569～1615)のもとで産む。 | 6399 |

文禄2	1月1日	秀吉、能の稽古を始める。秀吉、能役者の暮松新九郎(山城国八幡山在住)が、名護屋まで新年賀を述べに来たので大いに喜び、正月中は能の稽古に励む。	6401
	1月2日	「当国在陣為届、遠路罷越候事、御祝著被思食候也」。家康、相州二宮神社に礼状を記す。家康が肥前名護屋在陣中に相模二宮社の神主が、使者を遺して見舞った。家康は喜び、祈祷札を献上した川勾神社（神奈川県中郡二宮町山西）に50石を寄進したという。	6402
	1月5日	後陽成天皇(1571～1617)に譲位して隠退した第106代正親町上皇(1517～1593)、崩御。宝算77。	6403
	1月7日	「年頭之為祝儀、太刀一腰・馬一匹幷鶴到来祝著之至候」。家康、藤堂佐渡守（藤堂高虎）(1556～1630)に書状を送り、年頭の祝儀を謝す。	6404
	1月7日	蝦夷地を支配する蠣崎慶広(1548～1616)、徳川家康に謁す。のちの松前慶広は、1月に肥前国名護屋城で兵を率いて朝鮮出兵前の秀吉に謁見した。秀吉は「狄の千島の屋形」が遠路はるばる参陣してきたことは朝鮮征伐の成功の兆しであると喜び、従四位下・右近衛権少将に任じようとするが、慶広はこれを辞退した。慶広は代わりに蝦夷での徴税を認める朱印状を求め、秀吉はこれを認めると共に志摩守に任じた。	6405
	1月26日	「文禄の役」。朝鮮軍を援助する明軍、7日より攻勢、この日までには平城・開城を奪回。	6406
	2月8日	「当表在陣為見廻、遠路所使僧并毘」。家康、妙法坊に書状を送り、在陣見舞を謝す。家康は、鞍馬寺参詣者の宿坊妙法坊の檀那であった。	6407
	2月12日	徳川家康52歳（1543～1616)、領国内の武将に命じて大船建造のため、鉄板を名護屋へ輸送させる。	6408
	2月21日	「当表在陣為見廻預使僧候、随而妙」。家康、清見寺（静岡市清水区興津清見寺町）に書状を送り、在陣見舞を謝す。	6409
	2月24日	「当表在陣為届吏僧、殊両種給候祝」。家康、浄国寺（埼玉県さいたま市岩槻区加倉）に書状を送り、在陣見舞を謝す。	6410
	2月24日	是より先、上杉家臣須田満親(1526～1598)、徳川家康に歳暮を賀す、是日、家康、之に答謝す。	6411
	3月10日	「当表在陣為届使僧、殊襉弐端到来」。家康、妙本寺（神奈川県鎌倉市大町）・本門寺（東京都大田区池上）に書状を送り、在陣見舞を謝す。妙本寺は、池上本門寺貫主が兼帯した。	6412
	3月10日	「当表在陣為届銀子壱牧到来、祝著」。家康、香取神主に書状を送り、在陣見舞を謝す。香取神宮は、千葉県香取市香取にある神社。	6413

西暦 1593

文禄2	3月28日	「当表在陣為届使僧、殊楫原并扇子」。 家康、龍園寺(埼玉県入間市新久)に書状を送り、在陣見舞を謝す。	6414
	4月18日	「文禄の役」。小西行長、明の使者の和議を容れる。	6415
	4月21日	「……無相違其地御渡海之由、目出」。 家康、無事渡海を知らせた羽柴伊達侍従(伊達政宗)(1567〜1636)に書状を送る。	6416
	4月21日	「……仍其許へ無何事渡海之由目出」。 家康、無事渡海を知らせた、伊達政宗側近の原田左馬助宗時・片倉小十郎景綱・白石若狭守宗実宛に書状を送る。	6417
	4月23日	「当表在陣為届、扇子到来、被思召」。 家康、武蔵六所に書状を送り、扇子到来を謝す。 大國魂神社(東京都府中市宮町)は「武蔵総社六所宮」として、武将、有力者の崇敬を長く受けてきた。特に徳川家康と関わりが深く、欅の苗木、陣羽織、獅子頭が奉納されている。平成22年(2010)には神社の西側から家康が鷹狩りを行った際の御殿跡が発掘された。遺跡からは「葵紋」の入った鬼瓦の一部が出土している。	6418
	4月25日	秀吉、肥前国名護屋津(佐賀県唐津市鎮西町名護屋)に到着。	6419
	4月28日	「文禄の役」。日本軍、明の偽装使節を伴い漢城退去。	6420
	4月30日	「……仍うるさん表之御勤、城共五」。 家康、朝鮮在陣の大崎侍従(伊達政宗)に労り状を記す。	6421
	5月15日	石田三成ら三奉行と小西行長ら、明使節の謝用梓・徐一貫と共に、肥前名護屋に到着。明の講和使節、名護屋に着くと、家康・前田利家の邸宅がその宿舎とされた。しかしこの明使節は宋応昌が幕下の策士を明皇帝から任命されていないのに「明使節」を詐称していた。	6422
	5月20日	「対大明国勅使、面々召仕候者、悪口申之由、被及聞召、御触之通、得其意奉存候、急度可申付候、向後若左様之者御座候」。 羽柴江戸大納言徳川家康・大和中納言羽柴秀保・丹波中納言羽柴秀俊・岐阜中納言織田秀信・結城少将秀康ら20名連署誓紙を大明国勅使に与える。あくまでも本物の使節と考えた秀吉は、彼らを歓待したという。そしてこの日、名護屋在陣の大名・武将ら120人に対して、使節に無礼を働くことを禁じる誓約をさせた。 羽柴秀俊は、叔父である羽柴秀吉の養子になり、幼少より高台院に育てられた。元服して木下秀俊、のちに羽柴秀俊(豊臣秀俊)と名乗った。文禄1年(1592)には従三位・権中納言兼左衛門督に叙任し、「丹波中納言」と呼ばれた。のちの小早川秀秋(1582〜1602)である。 羽柴秀保(1579〜1595)は、豊臣秀吉の姉・瑞龍院日秀(とも)の子で、豊臣秀長の婿養子となる。大和国の国主で大和大納言と呼ばれた秀長を継ぎ、官位が中納言であったことから、大和中納言の通称で呼ばれた。	6423
	5月22日	秀吉、肥前国名護屋からおね(北政所)宛自筆書状で、明の使節が謝罪のために名護屋に来て講和のための条件を提示したこと、一方で秀吉が朝鮮半島に日本の城の建設を命じていること、追伸の中で秀吉が風邪をひいていると述べていること、二丸殿(淀殿)の懐妊についておねへ配慮していることなどを記す。	6424
	5月23日	「文禄の役」。秀吉、明使節に謁見、饗応する。	6425
	5月26日	武蔵国で五千石を賜った、家康家臣柴田康忠(1538〜1593)、この日没。56歳。 一向一揆の蜂起での逸話が残る、弓矢の名手であったという。	6426

文禄2	6月3日	五井松平家5代当主松平景忠(1541〜1593)、没。享年53。6代は、子の伊昌(これまさ)(1560〜1601)が継いだ。	6427
	6月16日	「……長々御在陣御苦労共難申尽」。 家康、朝鮮在陣の藤堂佐渡守(藤堂高虎)(1556〜1630)に労り状を記す。	6428
	6月16日	「……炎天之時分苦労共候、頓而被」。 家康、朝鮮在陣の、伊達政宗の伝役・片倉小十郎景綱(1557〜1615)に労り状を記す。	6429
	6月24日	**秀吉、肥前国名護屋陣中において仮装による軍労慰問を行う。「瓜畑遊び」と呼ばれる仮装園遊会。** 太閤秀吉(1537〜1598)、諸大名を召し連れ瓜畑で、家康(1543〜1616)をはじめ諸将と振売商人の扮装をし、軍労を慰める。23日とも。秀吉は瓜売り、家康はザル売り、有馬則頼(1533〜1602)は「有馬池坊」の宿主人を、蒲生氏郷(1556〜1595)は茶売り、織田有楽斎(1547〜1622)は旅の老僧に扮した。織田有益は、織田信雄改易後は、秀吉の御伽衆として摂津国嶋下郡味舌(大坂府摂津市)2千石を領した。また、剃髪して「有楽斎」と称した。	6430
	6月28日	**「文禄の役」。太閤秀吉、石田三成・増田長盛・大谷吉継・小西行長を通じて大明国と日本国の和平の7ヶ条の「条々」を提出する。** 明皇帝の賢女を日本の后妃に迎えること、勘合貿易の復活、明・日本両国の武官による誓紙交換、明に八道を割分し四道ならびに漢城を朝鮮国王に返還すること、朝鮮王子・大臣を人質として渡海させること、捕虜とした朝鮮二王子の返還、朝鮮国大臣の誓紙要求などを、明使節へ通達。翌日、明使節は帰国に向けて発つ。	6431
	7月12日	秀吉、一柳直盛(1564〜1636)に朱印状を送り、堀尾吉晴(1543〜1611)と協力して建造の大安宅船の出来を賞す。	6432
	7月12日	「乍幸便令啓候、仍御煩之由承、無御心元存候、一鴎軒 為 御意渡海之事候条無油断御養生専一候、恐々謹言」。 家康、朝鮮在陣中の蜂須賀阿波守(蜂須賀家政)(1558〜1639)に病気見舞状を送り、秀吉の密命を帯びた医師、一鴎軒が渡海するので注意するよう伝え、養生専一を告げる。**家康と蜂須賀阿波守の結びつきが強いことがよく分かる。**	6433
	7月22日	「文禄の役」。小西行長ら朝鮮二王子を送還する。	6434
	7月23日	「徳川家康・前田利家連署黒印状」。「坂井文助人数廿弐人、加子四人、」。 家康・利家、路次御奉行に黒印状。、尾張の土木関係の奉行、坂井文助利貞とされる。	6435
	7月26日	「就高麗退治帰朝、諸嶋乱入責取事」。 家康、小笠原民部少輔に書状を送る。細川氏家臣の小笠原秀清(1547〜1600)であろうか。	6436
	8月3日	「秀頼誕生」。 淀殿(秀吉側室浅井茶々)(1569〜1615)、大坂城二之丸において男子(拾丸、後の秀頼)(1593〜1615)を出産。秀吉57歳の時の子で、子供の健康な成長を願う当時の祈願として、いったん捨てた形にして、家臣の松浦重政が拾い上げたという。	6437
	8月6日	徳川家臣・保科正俊(1511〜1593)、没。往年は武田氏の信濃先方衆(120騎持)の一人として活躍し、下伊那攻めや北信濃攻めに従軍。特に槍に優れた使い手であったため、「戦国の三弾正」に数えられ、高坂昌信(春日虎綱)(1527〜1578)の「逃げ弾正」、真田幸綱(1513〜1574)の「攻め弾正」に対して「槍弾正」と称したという。	6438
	8月15日	拾丸(後の秀頼)誕生を喜ぶ秀吉、肥前国名護屋を発つ。秀吉は肥前名護屋の陣中より正室北政所に書状を送り、「拾い」と名づけるよう命じたという。	6439

文禄2	8月15日	**秀頼誕生を喜ぶ秀吉が肥前国名護屋を発したこの日、前田利家・徳川家康などの有力大名、名護屋在陣の東国大名、朝鮮半島に渡海していた伊達政宗・上杉景勝らも次々に領地に帰る。**	6440
	8月18日	佐竹義宣(1570〜1633)、肥前国名護屋を発し常陸水戸に向かう。	6441
	8月25日	秀吉、摂津国大坂城に帰城。奉行石田三成も従う。	6442
	8月29日	**家康(1543〜1616)、肥前国名護屋から大坂に着く。**	6443
	9月4日	太閤秀吉(1568〜1595)、伏見において関白豊臣秀次(1568〜1595)を引見し種々戒告を与える。秀次は、拾丸(後の秀頼)(1593〜1615)誕生により自分の立場がどうなるかわからない」という不安を持ちだしたか。	6444
	9月6日	「江戸亜相(家康)へ罷向了、少間帰宅了、又罷向、夕食有之、種々雑談、入魂之事也、」。(『言経卿記』)。家康・山科言経が雑談。	6445
	9月7日	**徳川家康、京の前田利家邸に御成。**	6446
	9月8日	「江戸亜相へ申下刻ニ罷向、寅下刻マテ種々雑談了、柳原(淳光)被行了、酒有之、」。(『言経卿記』)。家康、山科言経(1543〜1611)・柳原淳光(1541〜1597)と雑談、酒を交わす。	6447
	9月10日	「江戸亜相(家康)へ晩ニ罷向了、酒有之、目カ子一ツ給了、水無瀬黄門(兼成)同被行之了、」(『言経卿記』)。山科言経(1543〜1611)、家康から眼鏡を給う。	6448
	9月14日	「江戸亜相へ阿茶丸(言経の息子)同道了、扇子五本持罷向了、」。(『言経卿記』)。扇子五本を家康に持参した言経の息子は、山科言緒(1577〜1620)か。	6449
	9月15日	「江戸亜相大坂へ下向之間、イトマコイニ罷向了、石川日向守被申事ハ、三人相添之由有之、然者十人扶持方也云々、亜相ヨリ被仰云々、祝著之由申了、」。(『言経卿記』)。**徳川家康、大坂へ下向。**石川家成(1534〜1609)曰く、家康は、山科言経は三人を養う必要があるから、十人扶持を与えよう、と言ったそうだ。言経は喜んだ。	6450
	9月17日	**秀忠、この日上洛。**	6451
	9月24日	方広寺大仏殿の棟上式がある。	6452
	9月27日	秀吉、おね(北政所)を同伴し摂津国有馬へ湯治。	6453
	閏9月7日	秀吉、有馬より大坂城に帰城。	6454
	閏9月12日	**徳川家康、京の前田利長邸に御成。**	6455
	閏9月13日	**家康、自らの伏見邸に縄張りに出向く。**	6456
	閏9月16日	秀吉(1537〜1598)、本願寺教如光寿(1558〜1614)を隠居させ本願寺准如(1577〜1630)を本願寺家督と決定。秀吉、教如の先行を責め、門跡を弟准如光昭に譲らせる。本願寺の東西分派(後、教如は徳川家康から寺地を寄進され、別に東本願寺を創立)の契機となる。	6457
	閏9月16日	**徳川家康、京の有馬則頼邸に御成。**	6458
	閏9月17日	信濃国飯田城主毛利秀頼(1541〜1593)、卒す、尋いで、秀頼の婚高極高知、秀頼の遺領を領す。遺領10万石の内の1万石だけが長男の毛利秀秋(？〜1615)に与えられ、大部分は毛利秀頼の娘婿の京極高知(淀殿の従弟にあたる)(1572〜1622)が継承した。	6459
	閏9月20日	**太閤秀吉、大坂城を明渡して、竣工した伏見新第(指月山城)**(京都市伏見区桃山町泰長老)**へ正式に移徙。**諸将、伏見近辺に第館を設け始める。	6460
	閏9月21日	秀吉、諸侯を招いて伏見にて茶会。	6461

文禄2	閏9月22日	**家康52歳（1543～1616）、前田利家、会津少将、有楽斎、徳善院、有馬法印、秀吉の伏見城茶会に招かれる。**	6462
	閏9月28日	「帰陣為見舞 遠路之所入念 夫僧為悦候 委細全阿弥 可申候謹言」。 家康、肥前国名護屋に見舞いの使僧をおくってきた、東漸寺（千葉県松戸市小金）に書状を記し謝す。家康が、使者を遣わして第8世霊譽円応上人に渡したものとされている。	6463
	10月1日	「木下半介（吉隆）方より申越、御ひろい様と姫君様御ひとつになさせられ候ハん由、被仰出由関白様被成還御次第、其通羽筑州（前田利家）夫婦ヲ以可被仰出由也」（『駒井日記』）。**「秀吉は秀次、秀頼へという政権継承を模索した」。** 秀吉、拾丸（後の秀頼）（1593～1615）と関白秀次の女児の婚約を決める。秀次の娘は、夭折した八百姫もしくはのちの露月院（1587～1595）とされる。	6464
	10月2日	**太閤秀吉、京の徳川家康邸・浅野長吉（長政）邸に御成。**	6465
	10月3日	秀吉、諸大名を供奉させ禁裏に参内。	6466
	10月5日	太閤秀吉（1537～1598）、禁裏に参内し、この日より3日間、後陽成天皇（1571～1617）の前で能の会を催し、秀吉、細川忠興（1563～1646）らと、舞台の橋掛かりを練り歩く。**家康も「千手」を演能する。** 「橋掛かり」とは、揚幕から本舞台へとつながる長い廊下部分のこと。	6467
	10月6日	**家康に、5日に禁裏で行われた能で「千手」を舞ったことにつき鳥目5貫が禁裏より下付される。**	6468
	10月10日	江戸亜相へ罷向、碁見物了、夕食有之、先刻一条（内基）殿渡御了、及乱酒、同黄門（秀忠）へ御出、酒有之、」。（『言経卿記』）。 山科言経（1543～1611）は家康のところで碁見物、夕食、そこに一条内基（1548～1611）が来て乱酒、続いて秀忠のところで酒を交わしたようだ。	6469
	10月11日	関白豊臣秀次、尾張国清州城から上洛する。	6470
	10月13日	**徳川家康、京の冨田一白邸に御成。**	6471
	10月14日	**家康、江戸に向けて京を発つ。**	6472
	10月16日	関白秀次、太閤秀吉、本願寺影堂留守職について裁断を下す。	6473
	10月19日	秀吉、近江国大津へ下向。	6474
	10月26日	**徳川家康、1年7ヶ月ぶりに江戸に帰城。**	6475
	10月27日	関白秀次、伏見で太閤秀吉に謁見。	6476
	10月29日	武蔵国深谷城（埼玉県深谷市本住町）の松平康直（1569～1593）、父長沢松平康忠（1546～1618）に先立って没。享年25。母は徳川家康の異母妹・矢田姫（1547～1603）。娘に蓮姫（徳川家康養女・有馬豊氏室）（1582～1652）がいる。隠居していた康忠は、翌年、家康七男の松千代（1594～1599）を康直の養子とし、深谷1万石を相続させた。	6477
	10月30日	**家康、諸士を江戸城へ集め、饗応する。**	6478
	11月9日	「分国中山金・河金・芝間事 右本」。 家康、田辺土佐に朱印状。甲斐黒川金山を採掘する金山衆の田辺土佐守。	6479
	11月9日	「定 一分国中、山金・川金・芝間」。 家康、黒河衆・阿部衆、大野弥兵衛・朳津新左衛門に朱印状。	6480
	11月11日	秀吉、大坂城に在城。	6481
	11月12日	「……其元御隙明御帰朝之由目出」。 家康、藤堂佐渡守（藤堂高虎）（1556～1630）に書状を送り、帰朝を祝す。	6482

西暦1593

文禄2	11月15日	「合六まい七両弐分二朱 右分請取」。家康、小新に請取状。	6483
	11月16日	「……至其地御上之由候、随而高麗」。 家康、小寺如水(黒田如水)(1546〜1604)に書状を送る。慶長3年(1598)ともいう。	6484
	11月18日	豊臣秀吉、尾張国へ鷹狩りに下向するため山城国伏見に赴く。	6485
	11月19日	太閤秀吉、関白豊臣秀次を伏見において引見、尾張国で放鷹のため下向。	6486
	11月19日	「その方事、来春豊後へ遣わされ候。ついては家来ことごとく召し連れまかり越すべく候。自然逐電の族、これあり候えば、追って先々成敗を加うべき也」。 秀吉、播磨国三木城6万6千石から豊後の岡7万4千石に移封の中川秀成(1570〜1612)に書状を送る。中川家中は、移封に抵抗する者らがいた。	6487
	11月20日	「　甲斐国之事、令扶助之訖、全可領知候、但此内壱万石、為御蔵入、令執沙汰、可運上候、并羽柴大崎侍従、」。 秀吉、浅野弾正少弼(長政)・浅野左京大夫(幸長)に領知判物発給。 朝鮮出兵でも功績があった浅野長吉(後の長政)(1547〜1611)、若狭小浜8万石より、加藤光泰の死後に収公されていた甲斐国府中21万5千石への転封を命じられる。 また、東国大名の取次役を命じられる。	6488
	11月20日	蒲生氏郷、肥前名護屋から会津に還る。	6489
	11月24日	秀吉、尾張国清州城(愛知県清須市一場)に到着し、3日間逗留。	6490
	11月29日	秀吉、島津義弘と鍋島直茂へ、捕獲した朝鮮人中の「細工仕者」・縫官・手先の器用な女性の進上を命令。	6491
	12月8日	豊臣秀吉、尾張国熱田から桑名を経て伊勢国亀山(三重県亀山市本丸町)に到着。	6492
	12月11日	秀吉、尾張より伏見に帰還。	6493
	12月11日	豊臣秀吉、上野国沼田城(群馬県沼田市西倉内町(沼田公園))主真田信幸の伏見城普請役を免除し、領内の開発を致さしむ。	6494
	12月14日	秀吉、伏見より淀川を下り大坂城に帰城。	6495
	12月16日	「一分国中山金・川金・芝間共尓可」。 家康、市川市左衛門(市川真久)に、朱印状をもって、山金採掘その他に関する徳川家免許状を与える。 信濃の国と甲斐国の要所であった南牧の地(群馬県甘楽郡南牧村)をおさめる市川家を家臣にしたかった徳川家康は、父の真久を江戸城に呼んだが、父は、代わりに22歳の五郎兵衛を江戸城に向かわせた。家康の前で五郎兵衛は、「志すでに武に非ず、殖産興業にあり」と答えたため、家康の領土で土地の開発を認めるという朱印状を与えられた。その後南牧の地で、砥石の採掘で私財を貯め、その私財を投じて用水開拓にいそしんだという。	6496
	12月17日	豊臣秀吉、家臣長束正家・増田長盛・石田三成・前田玄以、真田昌幸に、京都伏見城の普請役を命じる。	6497
	―	「御前講議のはじめ」。 この年、徳川家康(1542〜1616)は肥前名護屋に赴き、小早川秀秋と家康に接した儒学者藤原惺窩33歳(1561〜1619)を江戸に招いて「貞観政要」(政治のあり方を説き示した中国古典)を受講、治世を学ぶという。 徳川時代の朱子学の開祖といわれる藤原惺窩が、朱子学を絶対視しなかったことが、徳川時代の思想全体の異端に対する寛容の態度を生み出したともいう。	6498

文禄3	一	家康53歳七男・松千代(1594～1599)誕生。母は側室・茶阿局(1550～1621)で松平忠輝の同母弟。『幕府祚胤伝』では「文禄元年(1592)1月4日誕生、文禄3年(1594)2月8日死去」とされており、忠輝とは双子の兄であったとする説もある。	6499
	1月1日	秀吉、大坂城において諸大名の参賀を受ける。秀次、聚楽第で諸将の参賀を受ける。	6500
	1月3日	秀吉、伏見城築城のため六人の普請奉行を任命、朝鮮に出動していない諸大名には築城の軍役を賦課。1万石につき24人の普請役(動員)が課せられ、文禄3年2月朔日の伏見必着を令したという。	6501
	1月3日	秀吉、大坂城を子拾丸(後の秀頼)(1593～1615)に与える。	6302
	1月19日	豊臣秀吉、同秀次に、日向巣の鷹を返し、尾張・三河両国では今後鷹狩りを行わないことを伝える。	6503
	1月20日	「文禄の役」。小西行長、明あての降伏書簡を偽造。	6504
	1月23日	秀忠(1579～1632)、太閤秀吉に命じられ俄かに京を発ち、江戸に向かう。	6505
	1月29日	関白秀次、新年挨拶のため、巳刻(午前9時頃)大坂へ赴き、大閤秀吉・北政所・拾丸(後の秀頼)・淀殿(茶々)・秀次女房衆おさこ・同小浜殿お亀(清洲姫君母)・秀次侍女東殿・おね侍女茶阿局・同客人局・孝蔵主・七曲殿(おね養母・木下家利娘ふく)・朝日殿(おね母)・小出秀政室(秀吉叔母)・大蔵卿局らに進物、のち能を興行。	6506
	2月5日	「伏見御普請中法度事 一喧嘩口論一切可令停止事、付、荷担之輩於有之者、妻子共可為死罪事、一、今般御普請中、侍小者届なく上方衆成敗候共、其砌令堪忍、追而可及理事、一、御普請奉行申付儀、少茂違儀有間敷事、一、御普請中より欠落之者於有之者、妻子共可行死罪事、一、所々宿々にて、少茂狼藉有間敷事、右所定如件、」。 家康、家臣に「伏見城普請中法度」黒印状を出す。	6507
	2月一	「寄進 三嶋大明神 伊豆国田方之」。 家康、三嶋大明神(静岡県三島市大宮町)に判物発給して寄進。	6508
	2月一	「寄進 妙楽寺 相模国中郡田村之」。 家康、妙楽寺(神奈川県平塚市田村)に朱印状をもって10石を寄進。	6509
	2月吉日	「卯辰巳三年皆済事 右分相済也」。家康、内記介に年貢皆済状。	6510
	2月10日	「其家中法度以下堅可申付候、若違」。 家康、萬座助六郎・帯金刑部助に、朱印状をもって家中法度。 萬座助六郎・帯金刑部助は、旧武田家臣のようだ。	6511
	2月12日	徳川家康(1543～1616)、京へ向けて江戸を発つ。	6512
	2月13日	徳川秀忠(源秀忠)(1579～1632)、権中納言を辞退という。	6513
	2月13日	家康父・松平広忠の臣、筧正重(1523～1594)、没。72歳。	6514
	2月14日	秀吉、指月伏見城に入る。	6515
	2月16日	関白秀次、指月伏見城で太閤秀吉に謁見。	6516
	2月18日	「……仍甲州へ十六日ニ被成御越候」。 家康、浅野弾正少弼(浅野長吉(長政))(1547～1611)に書状を送る。 浅野長政は、文禄の朝鮮出兵でも功績があり、加藤光泰の死後に収公されていた甲斐国府中21万5千石を与えられて甲府城に入る。	6517

_{西暦}1594

文禄3	2月18日	「霜台其国へ御移□□□候、其許思」。 家康、八嶋久右衛門尉宛に書状を送る。浅野長吉（長政）家臣・八島増行という。	6518
	2月21日	太閤秀吉、関白豊臣秀次を招待して、伏見城小里で茶会を開催した後、直ちに大坂城に帰城。	6519
	2月24日	**家康、申刻入洛**。月日は異説あり。	6520
	2月25日	**太閤秀吉、関白秀次、徳川大納言家康ら諸大名・公家衆を従え大和国吉野山において花見を行うため大坂城を発ち、當麻**（奈良県葛城市）**に到着。**	6521
	2月27日	秀吉、大和国吉野山に登り豊臣秀保の建てた茶屋において花見を行い、29日は歌会、3月2日まで吉水院に滞在。	6522
	3月2日	**太閤秀吉ら、吉野を発ち高野山に登るも、天候急変で下山、兵庫寺に宿。 孫・孫養子である秀次・秀保・秀俊は、離脱したという。「おひろひ（秀頼）」が豊臣家の後継者」と宣言されることを難じたという。** 豊臣秀俊はこの年、秀吉の命により小早川隆景と養子縁組させられた小早川秀秋（1582〜1602）である。豊臣秀保（1579〜1595）は文禄4年4月16日急死。関白秀次（1568〜1595）は、文禄4年秀吉の命により自刃させられる。	6523
	3月2日	伏見城普請の松平家忠、京に到着。（『家忠日記』）。	6524
	3月3日	秀吉ら、吉野より高野山に参詣。大政所三回忌であった。	6525
	3月4日	**「何衣百韻」。高野山にKANにて連歌百韻が興行される。家康連歌懐紙。**	6526
	3月6日	秀吉、予定を早めて大坂城に帰城。	6527
	3月7日	指月伏見城の普請開始。	6528
	3月8日	**「今度令出頭之段、目出度存事候、」。** 家康、木村弥一右衛門（木村清久）宛に書状を送る。	6529
	3月9日	**家康、吉野から入京。家康は祖父松平清康の遺骨が納められ光徳院に止宿し、この時に家康から大徳院の院号が与えられたという。現在の蓮花院という。**	6530
	3月10日	「江戸亜相（家康）昨日南方ヨリ上洛云々、今日罷向対顔了、夕餐有之、相伴了、細川幽斎同相伴了」。（『言経卿記』）。 山科言経（1543〜1611）、家康のところで細川幽斎と共に夕餐。	6531
	3月12日	**徳川家康（1543〜1616）、細川幽斎（1534〜1610）邸に遊ぶ。** 相伴は、山科言経（1543〜1611）・金森法印（長近）（1524〜1608）・玄圃霊三（松井康之の叔父）（1535〜1608）・西笑承兌（1548〜1608）・古田織部（1544〜1615）・吉田浄慶（1554〜1614）・碁打ち利玄（1565〜?）・将棋指し宗桂（1555〜1634）ら。	6532
	3月14日	**徳川家康53歳、指月山伏見城の工事現場を視察。**	6533
	3月15日	**秀吉（1537〜1598）、自らを主人公とした能「明智討」を、大坂城本丸にて披露。家康、加わる。**新作の謡は、大村由己（1536?〜1596）に命じて作らせたという。 由己は、秀吉の伝記である「天正記」の著者として知られる。	6534
	3月15日	**家康、招かれて相国寺を訪問。**	6535
	3月17日	秀吉、大坂より伏見に到着し、翌日、指月山伏見城普請の様子を視察。	6536
	3月20日	秀吉、古淀城（京都市伏見区納所北堀堀）を廃城とする。後に天守、櫓などは指月伏見城へと運ばれる。天正17年（1589）3月に、秀吉の弟豊臣秀長が淀古城を改修し、秀吉が側室茶々に与え産所とした。これにより茶々は「淀殿」と呼ばれるようになる。この城で鶴松が産まれるが、天正19年（1591）に死去した。	6537
	3月25日	秀吉、近江国大津に下向。	6538

文禄3	3月27日	秀吉、伏見に戻る。	6539
	3月28日	秀吉、茶屋四郎次郎(清延)(1545〜1596)と亀屋栄任.(?〜1616)を菓子奉行に任命。	6540
	3月28日	秀吉、宇治見物に赴く。	6541
	4月1日	秀吉、入京し施薬院全宗邸に御成。京都所司代前田玄以邸宅を訪問とも。	6542
	4月2日	**「木下半介(吉隆)方迄書状指越候処、如此」。** 家康、越後宰相(上杉景勝)宛に書状を送る。年比定は別説もある。	6543
	4月2日	「家康、幽斎へ御出、……山科黄門(言経)同道、其外地下人・囲碁うち被召具了、……碁之中神道端々色々不審、多分令返答訖、……」。(『兼見卿記』)。 **徳川家康(1543〜1616)、細川幽斎邸に御成。**	6544
	4月7日	**前田利家(「豊臣利家」)(1539〜1599)、徳川秀忠替で権中納言・従三位に昇進。**	6545
	4月8日	**関白秀吉、前田利家邸を訪問。徳川家康以下23名の大名が付き従う。** 池坊専好(初代)(1536?〜1621)、豪華に立花する。	6546
	4月10日	**「此中の様子も無案内に候間、いか」。** 家康、指月伏見城工事を分担している長大蔵(長束大蔵少輔、長束正家)(秀吉右筆)(?〜1600)に書状を送る。	6547
	4月12日	秀吉(1537〜1598)、自らを主人公とした能「明智討」を、禁中にて披露。	6548
	4月12日	第6条目「去々年名護屋へ越され候、その子細は高麗(朝鮮国)へ太閤(秀吉)渡海せしむるにおいては、同道あるべき由申され候」。第7条目「重ねて用意いたし、来春になり候はば、相越さるべき由申され候間、太閤右の狂気人を許容いたし候かと、上(天皇)にも思し召し候てはと存じ、名護屋へまかりくだらざるようにと、御内儀申し上げ候」。 秀吉、朱印状をもって7箇条に及ぶ近衛信尹弾劾命令書を天皇側近の菊亭晴季・勧修寺晴豊・中山親綱宛に出す。近衛信尹(前久の子)は、五摂家筆頭近衛家の当主でありながら、二度も秀吉の本陣肥前名護屋(佐賀県唐津市)に下向して本気で朝鮮に出陣しようとするなど、公家らしからぬ言動は当時の人々にも奇異に映ったという。	6549
	4月14日	秀吉、伏見の蒲生氏郷邸に御成。	6550
	4月15日	**豊臣秀次、聚楽第において能を催す。** 織田信雄が「かんたん」「海士」を、徳川家康が「松風」を、前田利家が「杜若」を舞う。	6551
	4月15日	近衛信尹(前久の子)(1565〜1614)、後陽成天皇の勅勘を蒙り薩摩に流刑。 秀吉は、天皇を介して信尹に厳命した。	6552
	4月22日	**秀吉、徳川家康(武蔵大納言)(1543〜1616)からの湯治見舞いを謝し、「筋痛」により湯治する旨を通知。**家康からの見舞い使者である阿部正勝(1541〜1600)に詳細を伝達させる。	6553
	4月28日	関白秀次、聚楽第より大坂城に登城し、本丸において太閤秀吉に謁見、ついで秀吉と共に二之丸の拾い(のちの秀頼)と対面。秀吉は秀吉父子・北政所・淀殿にそれぞれ進物を贈呈。	6554
	4月29日	後陽成天皇の第一王子、若宮は、親王宣下を受け、諱を「良仁」(1588〜1648)と称す。	6555
	4月29日	秀吉、摂津国有馬に湯治のため赴く。	6556
	4月29日	**徳川家康、摂津国有馬湯治に赴いた秀吉への見舞いとして、平岩親吉(上野国厩橋城3万3千石)(1542〜1612)を派遣。**	6557

西暦1594

文禄3	5月2日	「**家康、古典籍を蒐集**」。「江戸亜相（家康）へ礼ニ罷向了、種々雑談了、竹内系図書之進了、織田一流系図令見之、」。（『言経卿記』）。	6558
	5月3日	「敬白 起請文之事 一、新陰流兵法相伝事 一、無印可以前雖親子不可他言事 一、対其方不可有疎意事 右此旨……」。 徳川家康（1543〜1616）、聚楽紫竹村で、大和柳生の柳生但馬入道（柳生石舟斎宗厳）（1527〜1606）に柳生流入門のための誓紙を差出し、新陰流兵法の相伝を受ける。 家康は、石舟斎の剣術を観覧した時、家康が打ち込む木刀を素手でとった石舟斎の剣術に感嘆し、即入門、俸禄2百石を与えたという。	6559
	5月4日	「家康来已前、幽斎・柳原（淳光）来、至門外罷出了、……碁うち各来、古田織部、百疋持来、……日本紀・当家系図見之、感之、終日機嫌也、及暮帰京了」（『兼見卿記』）。**家康、吉田兼見（京都吉田神社神主）（1535〜1610)を訪問。**	6560
	5月5日	**徳川家康、賀茂競馬を見物。**	6561
	5月6日	**家康、知恩院を訪問。**	6562
	5月8日	**家康、相国寺を訪問。**	6563
	5月9日	**徳川家康、住職を譲った南禅寺266世住持・玄圃霊三（1535〜1608)を訪問。** 相伴は、山科言経（1543〜1611）・吉田兼見（1535〜1610）・細川幽斎・西笑承兌・吉田浄慶（浄勝の弟）ら。	6564
	5月11日	**家康、京都三条衣棚通下ルの医師廣野了頓を訪問。** 山科言経、古田織部らも同席。	6565
	5月12日	秀吉、摂津国有馬より大坂城に帰城。	6566
	5月12日	**家康、公卿柳原淳光（1541〜1597)を訪問。**	6567
	5月20日	**家康、商人亀屋栄任を訪問。**	6568
	5月20日	前田利家（「豊臣利家」）、権中納言を辞退。宇喜多秀家（「豊臣秀家」）、前田利家替で権中納言・従三位に昇進。	6569
	5月21日	**家康、相国寺を訪問。**	6570
	5月28日	「江戸亜相（大納言家康）へ罷向、碁見物了、吾妻鏡少々読之」（『言経卿記』）。	6571
	5月28日	「切々、被入御念候て示給候、祝著之至候、然者、頓而伏見へ　御成之由承候、得其意存候、猶、阿部善右衛門尉・加々爪勘十郎可申候、恐々謹言、」。 家康、佐々淡路守（佐々行政）宛に書状を送り、秀吉の伏見御成を承知した旨を伝える。佐々行政は、織田信長に鷹匠として仕え、その後、秀吉の鷹匠頭となった。行政は、信長時代から徳川家康と懇意にしていたという。	6572
	5月29日	「御扶持之切手持給候、従此方可申」。 家康、福嶋左衛門大夫（福島正則）（1561〜1624）に、高麗陣の扶持に関する書状を送る。	6573
	5月29日	**家康、医師竹田定加（1546〜1600)を訪問。** 竹田法眼定加は、天正9年(1581)法印に昇進した。	6574
	6月3日	秀吉（1537〜1598）、この日と翌日と伏見城普請を視察。秀吉、工事の進んでいた徳川家康家臣・深溝松平家忠（1555〜1600）に衣服を与えて賞する。	6575
	6月3日	「新当流兵法、無残所一之太刀相伝」。 家康、松岡兵庫助（松岡則方）に起請文を送り、「一之太刀」伝授への謝意と鹿島新当流を疎略にしない旨を記した誓紙を与える。	6576
	6月5日	**秀吉、伏見の徳川家康邸での茶会に招待される。**	6577
	6月10日	「文禄の役」。琉球王国・浦添尚家の尚寧（1564〜1620）、朝鮮出兵を拒否。	6578

文禄3	6月10日	「一百五拾両 一三百七拾貫文 代」。 家康、かん兵衛に請取状。	6579
	6月16日	五郎八姫(1594〜1661)、伊達政宗(1567〜1636)長女として、京都の聚楽第屋敷にて生まれる。 後に徳川家康の六男・松平忠輝(1592〜1683)の正室となる。	6580
	6月18日	**秀吉、大坂城に帰城。夕刻、家康、伏見より上洛。**	6581
	6月19日	「江戸亜相昨夕伏見ヨリ上洛也云々、則罷向、目薬一貝遣了、先代北条系図書之遣了」(『言経卿記』)。	6582
	6月24日	**家康、医師一鴎(南條)宗悦(虎)を訪問。** 秀吉の重用する医師一鴎宗虎というそうだ。	6583
	6月26日	「廿六日、癸酉、天晴 江戸亜相(家康)御振舞、建仁寺内常光院ニテ有之、内々可来由有之之間、早朝ヨリ乗物ニテ罷向了、人数亜相・柳原・予(言経)・吉田三位・同弟シンレウ院・相国寺蕎首座・浅野弾正忠(長吉)・織部古田織部・フナコシ(船越景直)・此三人者太閤衆也、其外碁打衆本因坊(算砂)・利玄坊・仙也・仙長・将棋指(大橋)宗桂等也、其外碁打・将棋サシ大勢有之、以上相伴衆三十六七人有之、朝食・マンチウ・サウメン・アコヤ・瓜・夕食等終日済々事也、予路地悪之間早帰宅了、」(『言経卿記』)。 **建仁寺内常光院に於て、家康振舞ある。**	6584
	7月2日	「二日、戊寅、天晴 江戸亜相(家康)東福寺内正統院哲長老(惟杏永哲)振舞也、予内々被申之間、早朝ニ罷向了、朝食・饅頭・センサイ・干飯・夕食等済々之儀也、相伴衆、亜相・柳原・予(言経)・南禅寺三長老・相国寺兌長老・哲長老・有馬法印(則頼)・山岡右衛門尉(景友)・玄勝・了頓・宗喝・月齋・榮仁(榮任)等也、申下刻ニ各被帰了、」(『言経卿記』)。	6585
	7月3日	秀吉(1537〜1598)、伏見城普請を視察。	6586
	7月4日	「大坂へ可罷下之旨 仰出其旨奉存」。 家康、豊臣奏者番の石川掃部頭(石川頼明)(？〜1600)・石田木工頭(石田正澄)(？〜1600)に、秀吉の大坂城帰城を伝える。	6587
	7月12日	秀吉、大坂城に帰城。	6588
	7月22日	秀吉、大政所3回忌のため東寺五重大塔を建立。東寺長者の義演(醍醐寺三宝院門跡)が導師を勤め大塔供養を行わせる。	6589
	7月22日	「江戸亜相(家康)巳上刻ニ来臨了、則相伴衆、亜相・柳原・予(言経)・阿茶丸(言経の子)・南禅寺長松院三長老・相国寺養源院兌長老・妙壽院蕎首座(藤原惺窩)・了頓・(亀屋)榮任等也、朝食・マンチウ・茶子共・餅赤豆入・夕食・キントン等、月齋・善阿弥・小姓三人等別座敷ニテ食了、午刻ニ冷泉殿(冷泉爲満)出座、宗喝来了、善阿弥者早帰、明日亜相ニテ能有之間奉行也云々、下人衆者清六・伊兵衛等座敷ニテ□衆食ヲ申付了、申下刻ニ御帰了、跡ニ柳原・月齋相残之間勧酒了、市蔵・弥次・五兵衛・宗珎・呼勧酒了、」(『言経卿記』)。	6590
	7月28日	**徳川家康(1543〜1616)、京の前田利家邸に御成。**	6591
	7月29日	**前田利家、徳川家康邸を訪問。**	6592
	8月1日	「伏見城(指月城)、成る」。 伏見城大略なり、八朔の祝儀を期に、太閤秀吉、移徙する。祝儀の大名、多数登城する。	6593

西暦1594

文禄3	8月5日	「家 文禄三 八月五日 家康御判」。家康、最上駿河守に一字書出状。 6594

「家 文禄三 八月五日 家康御判」。家康、最上駿河守に一字書出状。 6594

徳川家康、近侍として仕え元服する、最上義光次男・義親に「家」一字を与え、最上家親(1582～1617)と名乗らせる。翌文禄4年(1595)からは家康の三男・秀忠の家臣として仕えた。父・義光(1546～1614)は、豊臣秀吉の死後、徳川家康が天下人になる事を予見して、早くから家親を徳川氏に仕えさせた。

8月10日 **細川幽斎(藤孝)(1534～1610)・徳川家康(1543～1616)・羽柴秀保(1579～1595)・織田常真(信雄)(1558～1630)・前田利家(1539～1599)・伊達政宗(1567～1636)ら、大和国吉野山について詠歌する。** 6595

織田常真(信雄)(信長の次男)は、天正18年(1590)に改易され、下野国、出羽国秋田、伊予へと流され、2年後の文禄1年(1592)の「文禄の役」の際に家康の仲介で赦免され、相伴衆に加えられて大和国内に1万8千石を領していた。

8月21日 「江戸亜相へ罷向、所対労也、少対顔了、帰路五条口ニテノリ物打落了、少々打云々、二三ヶ所痛云々、愛洲薬用之、」。(『言経卿記』)。**家康が五条口で駕籠から落ちて少し傷があったようで、山科家愛洲薬を服用したようだ。** 6596

8月22日 **徳川秀忠、信濃の人松平依田康真(1574～1653)の伏見城普請の労を犒ふ。** 6597

8月24日 「江戸亜相へ罷向了、御所労験気也、夕食有之、亜相子息三河守(秀康)殿相伴了、十人計有之、」。(『言経卿記』)。

元気になった家康のところに、次男結城秀康も来ていたようだ。 6598

9月9日 **秀吉、節句のこの日、観月の宴の正客として、伏見向島の徳川家康邸を訪問。** 6599

秀吉は大いに楽しんだようで、のちに自分も月見の城を築いた。それが、巨椋池に築いた水城・向島城(別称・四ツ谷城)で、伏見城の出城のような存在ではあったものの、遊山所としての性格をもってつくられていたという。

9月14日 「太閤検地本格化」。 6600

太閤秀吉(1537～1598)、石田三成(1560～1600)に薩摩・大隅・日向を検地させる。

三成は家臣大音新介・大橋甚右衛門を総奉行として、12月まで派遣実施。

9月15日 徳川十六神将の一人、小田原城4万5千石の大久保忠世(1532～1594)、没。享年63。 6601

9月27日とも。大久保家の家督は嫡男・忠隣(1553～1628)が相続し、相模国小田原6万5千石の領主(後に初代藩主)となる。

9月20日 「家康は、公家の文化や和歌、古筆にも関心があった」。 6602

「江戸亜相(家康)へ八時ニ罷向了、冷庵同道了、柿一盆被進了、次碁有之、見物了、次夕食相伴了、次奥ノ座敷亜相・予(言経)・冷泉(為満)・梅庵(大村由之)等ニテ家傅三代集(定家卿筆)被見了、奇特被感了、為家卿三代集ニ付面、後土御門院・後柏原院・後奈良院等 勅書共則同被見了、又為家卿ヨリ三通書状、譲状也、同被見了、又僧正遍昭家集(定家卿筆)亜相へ被進了、事外祝着也、冷可相抱之由直談也、一 梅庵ヨリ文献通考可見之由有之間、則令見之。三冊渡之、以上百四十册有之」(『言経卿記』)。

山科言経は、冷泉為満・大村由之と共に柿一盆を持参し訪問。碁を見物し夕食を共にし、冷泉為満は藤原定家筆の『冷泉伝三代集』や冷泉為家の書状を見せたり、僧正遍昭家集を献上したり家康を感動させたようだ。そして、家康はこの頃、藤原定家の子孫である、妙壽院の藤原惺窩から書物を購入したようだ。

9月21日 「知行方目録 一、千三百七石九斗 伊勢国朝明郡内羽津村……合三千五百拾八石五斗、右可被領知候也」(関地蔵院所蔵)。**豊臣秀吉、知行目録をもって、羽柴江戸大納言(徳川家康)に、伊勢国の所領などを与える。** 6603

文禄3	9月21日	豊臣秀吉、朱印状をもって、岡本良勝(1542/1544〜1600)・堀尾帯刀(吉晴)(1543〜1611)に、伊勢国鈴鹿郡の所領などを与える。 岡本良勝に鈴鹿郡1万5230石、堀尾吉晴に同郡2000石の所領を与える。	6601
	9月21日	秀吉、朽木元網・新庄直忠・土方雄氏・津田小掃部(山内一豊の与力)・滝川忠征・道違・田中吉政・山内一豊・上部貞永・長野次右衛門に知行充行状。	6605
	9月25日	是より先、上野国沼田城主真田信幸(真田昌幸の長男)(1566〜1658)、石田三成(1560〜1600)に帰国を請ふ、是日、三成、之を許す。	6606
	10月1日	「江戸亜相(家康)へ罷向、水無瀬黄門(兼成)伊勢物語講釈之内也、則聴聞了、次夕食有之、相伴衆、水無瀬・予(言経)・江戸黄門(秀忠)・同三河守(秀康)・伊達侍従(政宗)等也、亥下刻ニ帰宅了、」(『言経卿記』)。	6607
	10月3日	**徳川家康(1543〜1616)、伏見の織田有楽斎(長益)邸に御成。**	6608
	10月3日	「伏見旅宿へ妙寿院(藤原惺窩)被来了、……妙寿院へ書状対談シテ遣了、(大村)由己ヨリ文献通考ニ付而之儀也、亜相(家康)へ可有感得否之事也」(『言経卿記』)。	6609
	10月7日	**豊臣秀吉、朱印をもって、羽柴結城少将母宛に知行充行状。** 徳川家康の側室、物部姓永見氏・永見貞英の娘。通称於古茶、於万の方、小督局とも。結城秀康の生母長勝院(1548〜1620)への知行充行か。	6610
	10月12日	「旅宿へ梅庵法印被来了、草子共亜相(家康)へ可懸御目之由有之、目六有之、治平要覧百五十冊、此内三冊不足、又タウ伝・性理群書・李白詩・資治通鑑等也、……」(『言経卿記』)。	6611
	10月14日	**前田利家、徳川家康をその伏見第に訪う。** 現在、乃木神社が立っているところという。	6612
	10月16日	秀吉、伏見より入京。	6613
	10月20日	「太閤 殿下へ御成也、江戸亜相(家康)已下衣冠ニテ馬上御御供也、太閤者御車也、貴賤群衆、美麗言語道断也、江戸亜相へ可罷向トテ冷(冷泉為満)同道了、路次ニテ見物了、」(『言経卿記』)。**太閤秀吉、徳川家康らを引き連れ聚楽第の関白秀次を訪問。** 8月の秀吉の聚楽第御成が、10月に延期されていたという。冷泉為満(上冷泉家当主)(1559〜1619)は、知行分訴訟で正親町天皇の勅勘を蒙り、追放され大坂や下京で仮住まいをしていたという。為満は、山科言経室の兄という。	6614
	10月24日	**徳川家康、細川幽斎邸を訪れる。**相伴は、山科言経・冷泉為満・里村紹巴・本因坊算砂ら、夕餐。	6615
	10月25日	陸奥黒川城主蒲生氏郷(1556〜1595)、秀吉以下全国の大名800人を京の屋敷に招き、大宴会。「文禄の役」で病状が悪化し、この年春に養生のために上洛した。 しかしこの頃には病状がかなり悪化して誰の目にも氏郷の重病は明らかで、秀吉は前田利家や徳川家康にも名のある医師を派遣するように命じ、自らも曲直瀬玄朔(1549〜1632)を派遣したという。	6616
	10月29日	「廿九日、癸酉、天晴、江戸亜相(家康)へ冷(冷泉為満)同道罷向対顔了、碁・将棋(中・少)有之、見物了、舞之大夫高(幸)若一、以上五人来了、舞二番(イフキヲロシ、カマタリ)等有之、聞了、次夕食有之、相伴衆三十四人有之、酉下刻ニ帰宅了、柳原・由己其外有之、」(『言経卿記』)。	6617
	11月3日	**秀吉・秀次、家康を指月伏見城に招き茶会を催す。**	6618

西暦1594

文禄3	11月13日	「徳川家康・蒲生氏郷連署状―少庵召出状」。「為 御意申入候、貴所被召出由、被仰出候間、急可被罷上候、為其申越候、」。	6619

((秀吉様の) 御意として申し入れる。貴方を召し出されるとの仰せなので、急いで上洛するように。そのことを申し伝えます)。少庵老宛。

千少庵(せんしょうあん)(1546～1614) は千家2代。千利休の後妻宗恩の連れ子。利休の自刃後、一家離散となったが、少庵は、会津の蒲生氏郷のもとに預けられていたという。千家の再興を許す豊臣秀吉の意向をうけて、京都へ立戻るように求めた。千少庵は千家再興が許されてからは、子の宗旦(そうたん)(1578～1658) と共に茶家としての千家の確立に努めた。

	11月19日	「次亜相へ罷向対顔了、二三日淋病気也云々、夕食有之、冷 (冷泉為満) へアツラヘノ造リ猿アヤツリ、被参了、感之也、直子刻マテ雑談了、マンチウ・蕨ノモチ・茶等有之、碁見物了、常之間ニテ也、依所労オモテ無渡御了」(『言経卿記』)。	6620

家康は、淋病気で伏せってお出ましにならなかったそうだ。

	11月21日	大坂城の拾丸(後の秀頼)(1593～1615)、指月伏見城(京都市伏見区桃山町泰長老)に移徙。	6621
	11月25日	**秀吉、伏見の徳川家康邸を訪問。**	6622
	11月27日	秀吉(1537～1598)、毛利輝元(1553～1625) へ、秀吉の養子・豊臣秀俊(後の小早川秀秋)(1582～1602) の下国・祝言を喜ぶ。詳細は増田長盛・石田三成に伝達させる。	6623

豊臣秀俊は、秀吉の命により、毛利一族の小早川隆景 (1533～1597) の養子となり、備後三原城 (広島県三原市館町) にて養子縁組の祝言が挙げられる。以後小早川氏を称するようになる。

	11月30日	**太閤秀吉、徳川家康と共に伏見より入京。**	6624
	12月2日	**細川幽斎、徳川家康の夕餐に相伴**、他に柳原淳光・山科言経・山名禅高 (豊国)(1548～1626)らと、秀吉の御伽衆ほか40余名。	6625
	12月6日	秀吉、摂津国有馬へ湯治。	6626
	12月11日	家康武将であった西郷清員(きよかず)(1533～1595)、没。62歳。池上本門寺に葬られた。	6627

姫が家康の側室にと望まれたため、清員は一旦自身の養女としたのち、差し出している。その姫が後に江戸幕府第二代将軍徳川秀忠・松平忠吉の生母となる西郷局である。

	12月13日	「文録の役―文禄1年1月5日～文禄3年12月13日」、実質的に終了。	6628

降伏使節に仕立てられた小西行長の客将 ・ 内藤如安(1550？～1626) は、北京入京。明は「関白降表」(明皇帝に奉る秀吉降伏表文)を降伏文書として受け取り、和議の条件として朝鮮からの完全撤退、貿易の制限、従属国となることを求めた。如安はこれを受け入れ、大閤秀吉は日本国王に封じられることとなった。

	12月20日	秀吉、吉川広家(1561～1625) ・ 島津義弘(1535～1619) へ、朝鮮在陣衆の入替を指示、明後年に予定されている羽柴秀次・豊臣小早川秀秋・宇喜多秀家の初渡海を報告。また古米の入替を指示、来春早々の兵粮輸送を通知、詳細は浅野長政・山中長俊に伝達させる。	6629
	12月20日	**秀吉側近・木下吉隆**(？～1598)、吉川広家献上の虎を秀吉・秀次・徳川家康・前田利家ほか御咄衆らと見物、来春予定の秀次出陣、拾丸(秀頼)の伏見城移徙、兵粮輸送、豊臣秀秋が小早川隆景養子となることなどを伝達。	6630

文禄3	12月21日	浅野長吉(長政)・山中長俊、吉川広家へ来春早々の兵粮輸送船派遣を伝達、明後年の秀吉渡海予定、浅野長政・増田長盛・石田三成が随行する旨を通知。	6631
	12月21日	**冷泉為満(1559~1619)、家康から扶持を貰え雇われる。** 天正13年(1585)に、山科言経・四条隆昌と共に突然勅勘を被り、京都を出奔。 その後、為満の妹が本願寺の門主・顕如光佐の次男興正寺顕尊の室であった縁を頼り、言経・隆昌と共に本願寺に身を寄せていた。	6632
	12月27日	「廿七日、辛未、天晴、節分、石河日向守ヘ罷向了、他行也云々、江戸亜相息女、池田三左衛門尉ヘ今夜嫁娶也云々、其見舞也云々、」(『言経卿記』)。 **秀吉の肝煎りにより、家康(1543~1616)の次女・督姫(北条氏直後室)30歳(1565~1615)、三河吉田城(愛知県豊橋市今橋町)主・池田照政(のち輝政)(1565~1613)と再嫁。** 督姫は、慶長4年(1599)輝政の二男忠継を生んだのをはじめとして、忠雄・輝澄・政綱・輝興の五人の男子を儲ける。	6633
	－	**徳川家康、今川義元の菩提を弔うため、笑岩長闇を開山に万昌山長延寺創立。** 笑岩長闇は徳川家康が浜松で帰依していた僧で、江戸入りの際に伴われた。他説では、尾張犬山城主成瀬隼人正正成(1567~1625)が開基、2世と位置付けた笑岩長闇が、上野国長年寺10世喚英長応を勧請開山に迎え、文禄3年(1594)江戸市ヶ谷(新宿区市谷長延寺町)に創建したという。その後成瀬氏は檀家を離れた。寛文1年(1661)、今川直房(範英)を当寺に葬ったのを機に、今川直房を開基として改めた。以後、今川氏の菩提寺となり、歴代当主の葬地となった。明治42年(1909)、当地(東京都杉東京都杉並区和田一丁目)へ移転。	6634

文禄4	1月3日	秀吉、上野草津温泉へ湯治のため御座所の建設および中山道の行程・道中警固を発令。秀吉、信濃・甲斐・上野三国の衆に、座所普請を命じ、また諸大名をして、信濃等路次を警固を命じる。	6635
	1月15日	大閤秀吉(1537~1598)、「高麗国動御人数」帳を作成。出陣軍団・釜山海在陣軍団・船手衆・高麗城々の留守居軍団・高麗伝国在番衆・肥前国名護屋の秀次側近軍団の編成を定む。関白豊臣秀次の名護屋出陣を軸とした朝鮮渡海計画である。	6636
	1月26日	「江戸亜相(家康)ヘ冷(冷泉為満)同道罷向了、亜相者昨夜ヨリ寸白気ニテ腰痛云々、常住之座敷ニテ対顔了、次別座ニテ夕食有之、次又先刻之座ニ可来之由有之間、罷向種々雑談了、西下刻ニ立了、」。(『言経卿記』)。 寸白とは、条虫・回虫などの、人体の寄生虫。また、それによって起こる病気。**家康は寄生虫による腰痛だったようだ。**	6637
	1月27日	「梅庵(大村由之)ニテ朝食了、次亜相(家康)ヘ冷泉(冷泉爲満)同道了、午刻ニ対顔了(奥座也)、亜相腰痛験気也、針治療云々、次食有之、次奥座ヘ可来由有之間罷向了、種々雑談了、」。(『言経卿記』)。**家康の腰痛は針治療で治ったようだ。**	6638
	2月7日	会津若松城主・蒲生氏郷(1556~1595)、京都伏見において病没。享年40。 飛騨守氏郷の亡骸は、京都の大徳寺昌林院に葬り、遺髪が若松の興徳寺(福島県会津若松市栄町)に葬られる。昌林院は廃寺となり、黄梅院に統合されている。 氏郷の遺領相続問題をめぐる抗争がはじまる。	6639
	2月9日	**蒲生氏郷が死去すると太閤秀吉は、徳川家康・前田利家に諮問したのち、幼少の嗣子・鶴千代(のちの蒲生秀行)(1583~1612)に、家康の三女(振姫)(1580~1617)を娶らすことを条件に相続を許可、関白秀次も、翌日、これを承認する。**	6640

西暦1595

文禄4	2月11日	**「徳川家康・前田利家連署書状」**。**「飛州就死去、両人大坂へ被為召」。**	6641

家康（1543〜1616）、前田利家（1539〜1599）と連署で、蒲生氏郷の遺臣・蒲生源左衛門（蒲生郷成）（？〜1614）他二名に書状を送り、秀吉の命により遺児鶴千代（秀行）に跡目相続を許されたことを通告。その際、秀吉朱印状「御定之条々」に台所入算用は、その明細を家康・利家らをもって監査させると規定されていた。

2月16日	秀吉、大坂より伏見城に入る。	6642
2月16日	**家康、伏見から入京。**	6643
2月24日	**家康、茶屋四郎次郎（初代清延）（1545〜1596）に年貢皆済状を与える。**	6644
2月27日	秀吉、拾丸（後の秀頼）の叙爵を願い出る。	6645
3月2日	後陽成天皇（1571〜1617）より拾丸（後の秀頼）に剣・馬が与えられる。	6646
3月3日	**「飛弾殿儀、無是非次第共候、雖然」。**	6647

家康、蒲生源左衛門に書状を送る。蒲生氏の家老、蒲生郷成（？〜1614）。

3月7日	秀吉、伏見より入京し、前田利家邸に宿泊。	6648
3月8日	太閤秀吉（1537〜1598）、聚楽第において関白秀次（1568〜1595）と対面。	6649
3月8日	**秀忠、昨日伏見に入り、この日上洛。**	6650
3月11日	**家康、伏見より入京し、この日のうちに伏見へ戻る。**	6651
3月13日	**家康側室お亀の方（相応院）（1573〜1642）、家康の八男・徳川仙千代（1595〜1600）を生**む。尾張徳川家始祖・徳川義直の同母兄。しかし、仙千代は6才で早世。	6652
3月13日	秀吉から徳川附属を命ぜられて下総国阿知戸（千葉県旭市網戸）1万石を与えられて信濃木曽谷を退いた木曾義昌（1540〜1595）、下総阿知戸で没。56歳。	6653
3月15日	**この頃家康、伏見より入京。**	6654
3月18日	**「……仍飛州死去付而、各被失十方」。**	6655

家康、蒲生四郎兵衛（蒲生郷安）他二名に書状を送る。会津若松の城主・蒲生飛騨守氏郷が40歳で死去した。このため、氏郷の嫡男である秀行（1583〜1612）が家督を継いだが、まだ13歳の若年であった。このため、秀行に代わって蒲生家の政務を執行する補佐役が必要となった。このとき、その補佐役となったのが、元六角氏の家臣で、六角氏滅亡後に氏郷の家臣となった蒲生郷安である。

3月25日	秀吉、伏見より入京。	6656
3月27日	秀吉、禁裏に参内し先に拾い（秀頼）が叙爵した御礼などを奏上。秀吉は、3歳になったばかりの秀頼の叙爵を朝廷に奏請した。	6657
3月28日	**秀吉、聚楽第の徳川家康邸を訪問。家康は秀吉に銀3000枚、小袖100、綿1000把、八丈島500端、�に300端、太刀（光長）、腰物（光忠）、脇差（行光）、馬1疋（黒毛鞍置）を進上する。徳川秀忠は秀吉に銀500枚、小袖50、越後布100端、太刀1腰、馬1疋を進上する。** 大久保長安（1545〜1613）・伊奈忠次（1550〜1610）・彦坂元正（？〜1634）、家康の命により、秀吉を饗応するとき、諸大夫への膳部のことを司る。	6658
3月29日	「江戸亜相（家康）へ罷向、イマタ朝寝也云々、紹尊ニ申聞了」。（『言経卿記』）。**山科言経、家康を訪ねるも、朝寝中と紹尊から聞かされる。**	6659
3月29日	**「……昨日御成一段之御機嫌候て」。** 家康、有馬満助に書状を送り、秀吉訪問時の様子を伝える。有馬満助は、万助（幼名）の有馬豊氏（1569〜1642）であろうか。	6660
4月6日	秀吉、大坂城で観能。	6661
4月8日	秀吉、拾丸（後の秀頼）のはしか見舞のため、大坂より伏見城に入城。	6662

文禄4	4月10日	太閤秀吉（1537～1598）、伏見城において聚楽第より下向した関白豊臣秀次（1568～1595）と対面。秀吉が桜のために、お土居の枯竹を伐採したことで、秀次ともめる。	6663
	4月11日	**家康、在京する三男秀忠の腫物を見舞う。**	6664
	4月16日	豊臣秀保（1579～1595）、保養先の十津川で急死。享年17。秀吉は兄である関白秀次に、葬儀は簡素に行うべきことを指示した。	6665
	4月19日	豊臣秀吉、淀殿の従弟・京極高知（信濃飯田城6万石）（1572～1622）に信濃に於いて四万石を加増す。	6666
	4月20日	**家康、秀忠の病気を見舞う。疱瘡であったという秀忠は、5月中には快気した。**	6667
	4月21日	秀吉、伏見より大坂城に帰城。	6668
	4月24日	「皆済事 右天正拾六年二月廿六日」。家康、四郎次郎に年貢皆済状。 本能寺の変の際、堺に滞在中であった徳川家康一行に早馬で一報し、「神君伊賀越」といわれた脱出劇の際、物心ともに支援を行った、初代茶屋四郎次郎清延（1545～1596）であろうか。	6669
	4月28日	「如仰御下国之時分は不存候て、御」。家康、飛騨高山の金森法印（金森長近）（3万8700石）（1524～1608）に、茶道具の件で書状を送る。金森長近は、禅宗と茶道に造詣が深く文禄3年（1594）頃には秀吉の御伽衆を務めたという。	6670
	4月29日	「江戸亜相（家康）ヨリ家之系図御所望之間同心了、一巻アリト云トモ、朱之引様悪之間、（大草）月斎ニ相教了、可穿鑿之由有之」（『言経卿記』）。	6671
	5月3日	**徳川家康（1543～1616）、早朝、江戸に向けて京都を出発。** 5月中旬に1年3ヶ月ぶりに江戸城に帰城。家康は病気の秀忠を置いて江戸に戻った。交替での在京なので一緒に移動することはできなかった。	6672
	5月10日	秀吉から改易され、再び家康の配下に戻った小笠原貞慶（1546～1595）、下総国葛飾郡古河で没。享年50。	6673
	5月13日	「……仍大仏被成御塗付而、漆御用」。家康、浅野弾正（浅野長吉（後の長政））（1547～1611）に書状を送り、方広寺大仏製作の件を伝える。	6674
	5月20日	**秀吉、江戸の徳川家康へ、鯡と蝋燭の贈物の礼を述べ、新茶の壺を贈答し、口切の9月頃に茶会を開催することを申し合わせる。** 詳細は、津田隼人正（津田盛月）・富田一白（？～1599）に伝達させる。	6675
	5月21日	関白秀次、伏見で能興行。秀吉・北政所らこれに臨む。	6676
	5月23日	山科言経、今川氏真（「今川入道仙岩斎」）を同行して石川家成（徳川家臣）（1534～1609）を訪問。	6677
	5月24日	石川家成（徳川家臣）、摂津国有馬へ湯治に赴く。	6678
	5月29日	秀吉、浅野長吉（長政）・幸長父子に、米沢、白川、田村、二本松、白石、津川、梁川以下会津領内七城以外の破城を命じる。 徳川家康の指揮下で、成田氏長と大田原晴清が破却を担当した。	6679
	6月3日	秀吉、毛利輝元（羽柴安芸中納言）（1553～1625）と島津義弘（1535～1619）へ、蒲生氏郷の老臣共の不正を糾弾し、「家康헳ニまてさせられ」た蒲生秀行（会津92万石）（1583～1612）を近江国内2万石に転封することを通達。また諸大名の部下へもこの旨を通知し答書を上申するよう命令。	6680
	6月3日	前田玄以・浅野長吉（長政）・石田三成・増田長盛・長束正家、毛利輝元へ、蒲生氏郷の「跡目」について蒲生秀行が家督相続をしたが、家老共の不正を秀吉が糾弾してその旨の秀吉「御朱印」を公示し、さらに答書上申の旨を通達。	6681

西暦1595

文禄4	6月4日	「四日、乙巳、小雨、巳刻ヨリ天晴、晩陰、夜大夕立、江戸黄門（秀忠）屋敷へ昨日雷落也云々、見舞ニ罷向了、三所へ落、以上四所少ツ、損也、乍去人ニハ不当也云々、□無別義（儀）珎重之由申置了、」『言経卿記』。秀忠屋敷に雷が落ちたようだ。	6682
	6月8日	秀吉、近江水口の増田長盛（1545～1615）を大和に移し、郡山城20万石を与える。又、長束正家（1562？～1600）に近江水口5万石を与える。	6683
	6月9日	「文禄三年 あしかゝ 右午皆済也」。家康、小林に年貢皆済状。 家康が五ヶ国領国期の三河国小林村に与えたものか。	6684
	6月10日	家康の孫・長吉丸（結城秀康長男松平忠直）（1595～1650）、下総国結城に生まれる。	6685
	6月19日	太閤検地によって諸大名の石高が確定されたことを受け、佐竹義宣（1570～1633）は、常陸水戸54万石を安堵する旨の朱印状を秀吉から受領する。	6686
	6月20日	「天脈拝診怠業事件」。天皇の侍医・曲直瀬道三（玄朔）（1549～1632）が、天皇の診察より関白秀次の診察を優先したという事件が起こる。 後陽成天皇の病の際に、その主治医をしていた曲直瀬玄朔を自宅に呼び寄せた一件が、天皇診脈を怠ることになり、秀次には秦宗巴という侍医がすでに存在していただけに関白の地位の乱用を問われる越権行為と判断されたという。	6687
	6月21日	「太閤と関白の不一致」。この日付の前田利家（1539～1599）に残る書状で、蒲生秀行領没収は撤回されたという。関白秀次の朱印状が出たのであろう。 太閤と関白の不一致、「豊臣秀次事件」へと繋がる。	6688
	6月21日	「……仍鶲千世貌之様子無心許存候」。徳川家康、加々中納言（加賀中納言、前田利家）に書状を送る。父・氏郷が急死したために家督を継いだ鶴千代（のちの蒲生秀行）（1583～1612）の事が心もとなく心配だと記す。	6689
	7月3日	関白秀次、唐突に、宮中に金5千枚を献上する。	6690
	7月3日	「豊臣秀次事件7月3日～8月2日」、勃発。 関白豊臣秀次（1568～1595）、謀反の嫌疑で石田三成・増田長盛・前田玄以・富田一白ら秀吉奉行衆より聚楽第において詰問を受ける。秀次は、求めに応じて、謀反をする意思はないという7枚継ぐの誓紙を提出。	6691
	7月8日	「豊臣秀次事件7月3日～8月2日－秀次、関白・左大臣を罷免」。太閤秀吉、山内一豊・堀尾吉晴・中村一氏・宮部継潤・前田玄以を聚楽第へ派遣して、関白秀次を伏見へ召喚し、木下大膳亮（木下吉隆）（？～1598）の屋敷に入れる。秀吉、面会もせず、関白・左大臣の官職を剥奪、秀次はさらに高野山へ追放される。関白職は、慶長5年（1601）まで、空位となる。「秀次は元結をお切りになった。高野山にお住まいになるため、ということを申してきた」（『兼見卿記』）。「秀次は伏見へ赴いたものの秀吉と義絶し、夕刻に遁世して高野山に向かった」（『言経卿記』）。「関白が高野山へ元結を切って御出奔なさった」・「関白は逐電なされ」（『大外記中原師生母記』）とある。	6692
	7月8日	「豊臣秀次事件」。「関白殿ト太閤去三日ヨリ不和也、此間種々雑説有之、今日殿下（秀次）伏見御出也、則太閤ト御義絶、暮々関白殿御通世、高野へ御発可有有之由有之云々、不可説」（『言経卿記』）。	6693
	7月8日	「豊臣秀次事件」。「今朝関白殿へ太閤より御使いありて。謀反とやらんの沙汰御入候て、太閤機嫌悪く御断り候まてとて、関白殿高野へ尾登りのよし申」（『御湯殿上日記』）。	6694
	7月9日	「石河日向守へ世上雑説之由書状遣了、伏見ニ江戸黄門（秀忠）御出、其レヘ被行了、乗物ノ内ニテ被見也云々、次壽命院（秦宗巴）へ人ヲ遣了、昨日ヨリ 殿下御供也云々、次鳥養道晰人ヲ遣了、他行云々、申置也云々、」『言経卿記』。	6695

文禄4	7月10日	「豊臣秀次事件」。 秀次、高野山に到着。木食応其(1536～1608)、青厳寺(剃髪寺)に迎え入れる。	6696
	7月12日	「豊臣秀次事件－秀次高野住山令」。太閤秀吉は高野山に、秀次の身のまわりの世話をする者や料理人をつけるよう命じている。また、秀次の下山や、彼を見舞う者の侵入を見張るための番人を用意するよう、高野山の僧侶たちに命じている。	6697
	7月12日	徳川家康・毛利輝元・小早川隆景への、「霊社上巻之起請文」が作成される。 拾丸(後の秀頼)への忠誠及び「太閤様御法度・御置目」を遵守し「坂東法度置目公事篇順路憲法之上をもつて」家康が担当し、「坂西之儀」は毛利輝元・小早川隆景が支配すること、不断在京の上での秀頼への「御奉公」すること及び家康・輝元が交替で暇乞をして下国すること。	6698
	7月12日	石田三成・増田長盛、全5ヶ条の「霊社上巻起請文」を提出。 拾丸(後の秀頼)への表裏別心無く、盛り立てること。諸事については秀吉「御法度」・「御置目」の遵守すること。秀頼を疎略にし、秀吉「御置目」に違反する者は、たとえ誰であっても糺明の上成敗すべきこと。石田三成・増田長盛が分別無き所行をした場合、「御置目」を「被仰付衆」によって異見を受けて解決すべきこと。秀吉の恩恵を受けた者共は子々孫々までも公儀(豊臣氏)への忠誠をつくすべきこと、を誓約。	6699
	7月13日	京都南禅寺に預けられたりしていた蒲生秀行(1583～1612)、父氏郷の跡92万石を継ぎ、会津入りする。徳川家康や前田利家の後見を受ける。	6700
	7月14日	江戸の家康(1543～1616)、秀吉(1537～1598)から、豊臣秀次が謀反を企てたので至急上洛せよという内容の書状を受け取る。	6701
	7月15日	「豊臣秀次事件7月3日～8月2日－秀次切腹」。 秀吉の検使として、福島正則(1561～1624)・福原長堯(直高)(？～1600)・池田秀氏が兵を率いて高野山に派遣され、秀次に切腹を命じる。同日、秀次(1568～1595)は、青厳寺・柳の間にて切腹して果てる。享年28。家臣四人のほか東福寺の南昌院隆西堂(虎岩玄隆)が切腹、秀次に殉死する。 秀次は福島正則らに召し出されるのを嫌い、自刃を選んだともいう。 京三条の慈舟山瑞泉寺に豊臣秀次の五輪の塔と、処刑された者の墓がある。墓所(秀次の首塚と母日秀の墓)は、妙慧山善正寺(京都市左京区岡崎東福ノ川町)にある。	6702
	7月15日	家康、急遽、江戸を発ち京伏見に向かう。	6703
	7月16日	「豊臣秀次事件」。「昨日　殿下禅定於高野山御腹被切云々、太閤ヨリ被仰付云々、言語道断事也、御謀叛必定風聞也、於山崎　太閤御内木村常陸介腹ヲ被斬也云々、於高野　殿下禅定御相伴ニ腹ヲ切衆四人有云々、其外東福寺南昌院隆西堂（虎岩玄隆）也云々、」(『言経卿記』)。	6704
	7月16日	「豊臣秀次事件」。「くわんはくとのきのふ十五日のよつ時に御はらきらせられ候よし申、むしちゆへ、かくの事候のよし申なり」(関白殿昨日十五日の四つ時に御腹切らせられ候よし申。無実ゆえかくの事候由申すなり)(『御湯殿上日記』)	6705
	7月20日	「豊臣秀次事件」。 太閤秀吉(1537～1598)、織田常真(信雄)・上杉景勝ら28名の諸大名に、拾丸(後の秀頼)(1593～1615)に対する忠誠および法度・御置目の遵守を誓わせる血判起請文を提出させる。	6706
	7月20日	前田利家(1539～1599)、秀吉に起請文を提出し、5ヶ条にわたって拾丸(後の秀頼)への忠誠を誓い、秀頼の守役を務める旨を誓う。	6707

西暦 1595

文禄4	7月20日	「敬白天罰霊社上巻起請文前書事　一御ひろい様（豊臣秀頼）へ対し奉り、奉り、聊表裏別心を不存、」。	6708
		織田常真(信雄)・小早川秀秋・羽柴(徳川)秀忠・上杉景勝・毛利輝元・細川忠興・前田利長・羽柴結城少将(秀康)・佐竹義宣・木下勝俊・京極高知・池田照政(のち輝政)・立花宗茂・島津義弘・井伊直政・前田利政等、豊臣拾丸(秀頼)に対し二心なきことを誓ふ。**秀忠は、この時羽柴姓を与えられたという。**	
	7月20日	**家康、秀吉より秀次は抹殺したので京は安全だとの書状を受けとる。**	6709
	7月20日	「……横須賀御拝領之由承候間、八」。	6710
		家康、有馬玄蕃頭(有馬豊氏)(1569～1642)に祝いの書状を送る。	
		豊氏が家老を務める渡瀬繁詮が、「豊臣秀次事件」に連座して改易されたうえに切腹させられると、義弟(正室の弟)にあたる家臣の有馬豊氏は、豊臣秀吉の命によりその所領と家臣を全て引き継ぎ、遠江国横須賀3万石の大名として秀吉に仕えることとなった。	
	7月21日	蒲生秀行(1583～1612)、浅野長吉(長政)と共に会津に初めて入り、領内の仕置きを命じる。	6711
	7月24日	**昼夜行軍を緩めた家康、上洛、伏見に至る。**	6712
	7月24日	「敬白 天罰霊社起請文前書事 一」。徳川家康他二名連署起請文前書案。	6713
		家康、直ちに秀吉に謁見し、毛利輝元・小早川隆景と連署して秀吉・拾丸（後の秀頼）父子への忠誠を誓う起請文を提出。家康は、同月20日付起請文にも「羽柴武蔵大納言家康」と署名した。	
	7月25日	「次改衣裳、江戸亜相(家康)へ罷向対顔了、種々雑談共有之、大勢有之、未刻帰了、」（『言経卿記』）。	6714
	7月26日	**是より先、豊臣秀吉、同秀次をして、紀伊高野山に自殺せしむ、仍りて、松平依田康真（康勝、康寛）（1574～1653）、江戸に在りて、山城伏見の徳川秀忠に使者を送り連絡す、是日、秀忠、之に答謝す。**	6715
	7月26日	「京都不慮之儀出来付、節々飛脚被」。	6716
		徳川秀忠、小浜久太郎に書状を送り、「豊臣秀次事件」急報を謝す。家康書状と一対をなす。小浜久太郎は、志摩水軍小浜景隆の子・光隆(1572？～1645？)。	
	7月28日	「聚楽第破却命令」。秀吉(1537～1598)、聚楽第の破却し、その旧材を伏見に運ぶよう命じる。秀吉、改めて御所東南に新屋敷を作ることとなる。	6717
	7月29日	**家康、この日も伏見城に向かう。**	6718
		秀次事件は最上義光や伊達政宗など、関係者として連座させられそうになった大名らも多く、家康は彼らを秀吉へ取りなしていた。	
	7月―	聚楽第が破壊され、跡地は後に市街地として開発され、町組(聚楽組)に編成された。町名に、聚楽第の高台院(北政所)居宅跡に由来する高台院町などが残る。聚楽第の遺構と伝えられるものは、大徳寺唐門と西本願寺飛雲閣であるが、伏見城廃城に際し、分与されたものという。	6719
	―	「豊臣秀次事件7月3日～8月2日」。この頃、秀次一派は徹底して粛清されるが、小早川秀俊（後の小早川秀秋）(1582～1602)も、この謀反計画に関係したとして丹波亀山10万石を没収されてしまう。里村紹巴(1525～1602)、事件に連座して近江国園城寺(三井寺)の前に蟄居。曲直瀬玄朔(二代目道三)(1549～1632)は、連座して常陸国に追放される。	6720

文禄4	8月2日	「豊臣秀次事件7月3日〜8月2日－秀次妻子ら処刑」。	6721

「故殿下禅定（秀次）若君（公）三人・御妾三十二人等車ニテ京ヲ被渡、三條河原ニテ悉御生害也云々、不便〻〻、貴賤群集之見物也云々、」（『言経卿記』）。

前田玄以の丹波亀山城に預けられていた羽柴秀次の妻妾子女の仙千代丸ら、京を引き回され、貴賤群集が見物する中、三条河原に引き出され、秀次首級を据えられた塚の前に辞世の和歌を詠む。その後、秀次遺児（4男1女）及び側室・侍女ら併せて39名が処刑された。約5時間かけて行われた秀次の家族らの処刑後、その遺体は一ヶ所に埋葬され、その埋葬地には秀次の首を収めた石櫃が置かれた。

事件を通じて、豊臣政権は秀次の「出奔」を「追放」に、「無実の自害」を「切腹命令」に改ざんし、秀次を「天下の大罪人」とするためにその一族を殺戮した。

その後、秀次ら一族の埋葬地は慶長16年（1611）、豪商の角倉了以（1554〜1614）によって発見されるまで、誰にも顧みられることなく放置されていた（畜生塚）。この秀次ら一族処刑に関して、その経緯を記した絵巻「瑞泉寺縁起」が、京三条の瑞泉寺に残されている。

	8月2日	「豊臣家五大老連署掟書」。「御掟 一諸大名縁辺之儀、得御意」。	6722

徳川家康・毛利輝元・小早川隆景らが、伏見城で秀吉に、豊臣家の武家法を守ることや、拾丸（後の秀頼）への忠誠を誓うなどの起請文を提出。

秀吉、「坂東法度・置目・公事篇、順路憲法の上をもって、家康申し付くべく候」、「坂西の儀は、輝元並びに隆景申し付くべく候」とする。

	8月3日	「豊臣家五大老連署御掟5ヶ条」。	6723

「御掟 一 諸大名縁辺之儀、得御意、以其上可申定事、一 大名小名深重令契約、誓紙等堅御停止之事、一 自然於喧嘩口論者、致堪忍之輩可属理運之事、一 無実之儀申上輩有之者、双方召寄、堅可被遂御糺明事、一 乗物御赦免之衆、家康、利家、景勝、輝元、隆景、並 古公家、長老、出世衆、此外雖為大名、若年衆者可為騎馬、年齢五十以後之衆、路次及里者、駕籠儀可被成御免候 於当病者、 是又駕籠御免之事 右條々、於違犯之輩者、速可被處厳科者也」。

秀吉の命で、小早川隆景・毛利輝元・前田利家・宇喜多秀家・徳川家康の連署による5ヶ条の「御掟」を制定する。

	8月3日	「豊臣家六大老連署御掟9ヶ条」。	6724

「御掟追加 一諸公家 ・ 諸門跡被嗜家々道、可被専公儀御奉公事 一 諸寺社儀、寺社法如先規相守、専修造、学問勤行不可致油断 一 天下領知方儀、以毛見之上、三分二者地頭、三分一者百姓、可取之、兎角田地不荒様可申付事 一 小身衆者、本妻外、遣者人可召置、但別不可持家、雖為大身、手懸者不可過二両人事 一 随（したがい）知行分限、諸事進退可相働事 一 可致直訴儀、於挙目安者、先十人之衆へ可申、十人衆訴人以馳走双方召寄、 慥（たしかに）可被聞申分、直訴目安者、各別之儀候間、此六人へ可被申、以談合上、御耳へ於可入儀者、可被申上事 一 衣裳紋、御赦免外、菊桐不可付之、於御服拝領者、其御服所持間者、可著（着）之、染替別之衣裳に、御紋不可付之事 一 酒者可随様器、但大酒御制禁事 一 覆面仕往来儀、堅御停止事 右條々、於二違犯之輩者、速可被處厳科者也」。

西暦1595

文禄4	8月3日	「豊臣家六大老連署御掟5ヶ条」。「御掟 一諸大名縁辺之儀、得御意」。	6725

さらに同日、徳川家康、前田利家、宇喜多秀家、毛利輝元、小早川隆景、上杉景勝が、連署して5ヶ条の「御掟追加」を制定。

「一、大名同士の縁組は秀吉の許可を得る事。一、大小名が誓詞を交わすなどして徒党を組む事を禁ずる。一、喧嘩口論に及んだ際は、堪忍した側に理ありとする事。一、大名同士が対立に及んだ際は双方を召し寄せ、事実を究明する事。一、徳川家康、前田利家、上杉景勝、毛利輝元、小早川隆景と古公家、長老、出世衆の乗物使用を許可する。これ以外は例え大名であっても騎馬を使う事。ただし、年齢50歳以上と病気の者は路次一里以内の駕籠の使用を許す」。

江戸幕府の武家諸法度の礎となる。

	8月3日	毛利輝元、児玉元次(「児宮」)(?～1625)へ、昨日京都伏見城(「御城」)へ登城し「神文」を提出したこと、また「東ハ家康、西ハ我々へまかせ」るという秀吉の内儀を通知。	6726
	8月6日	**山科言経、徳川秀忠を訪問し暫く雑談する。**	6727
	8月8日	**家康、伏見から聚落南之私宅へ帰る。**	6728
	8月一	聚楽第が破却され、指月伏見城および支城である向島城に運ばれる。	6729
	8月22日	秀吉、伏見城に入る。	6730
	8月23日	**家康、京都より伏見に至る。**	6731
	8月29日	**この頃、徳川秀忠、摂津国有馬での湯治を終えて上洛。**	6732
	9月2日	**冷泉為満(上冷泉家当主)(1559～1619)、徳川秀忠(1579～1632)を訪問し対面する。** 為満は、知行分訴訟で正親町天皇の勅勘を蒙り、追放され大坂や下京で仮住まいをしていたという。	6733
	9月4日	山科言経(ときつね)(1543～1611)、豊臣秀次の七十七日忌(四十九日)の法要を行う。	6734
	9月8日	伊達政宗、伏見で秀吉に謁見。	6735
	9月9日	**徳川秀忠、遠江国浜松城主12万石・堀尾帯刀(吉晴)(1543～1611)宛に書状を送り、今度祝言に就き、太刀一腰・馬代銀拾枚・袷二重などの御礼し、大久保相模守(忠隣(ただちか))より詳しく述べると記す。**	6736
	9月12日	秀吉、前田玄以を通じて、京洛法華宗十六本山に、方広寺大仏開眼千僧供養への出仕を命じる。	6737
	9月15日	「榮任来了、江戸亜相ヨリ冷泉へ言傅有之、人形被誂可給由有之、」(『言経卿記』)。**呉服商亀屋栄任が来た。家康から冷泉為満への言伝があり、人形を作って欲しいと言った。後に分かるのであるが、「猿の操り人形」であった。**	6738
	9月17日	**「秀忠、お江を娶る」。** 信長の姪で秀吉養女・お江(於江与)(父は浅井長政、母は織田信長の妹・市)(1573?～1626)23歳で、家康(1543～1616)の後継者、徳川秀忠17歳(1579～1632)に嫁ぐ(再々婚)。婚儀は伏見城で執り行われた。なお、前夫・豊臣秀勝(1569～1592)との子である完子(1592～1658)は、お江長姉・淀殿(茶々)(1569～1615)の猶子(ゆうし)として引き取られる。猶子とは、実親子ではない二者が親子関係を結んだときの子。	6739
	9月25日	「月斎ヨリ明日吉田(兼見)預へ江戸亜相御出之間、可罷向之由有之間、飛脚有之、又亜相(家康)家系図可持来之由有之、内々御誂也云々」(『言経卿記』)。	6740
	9月26日	「江戸亜相へ系図見セ申了、御コノミ有之、吉田諸系図ニテ校合了重而可清書之由有之　吉田ニ源氏系図一巻借用了、細川幽斎ニ年中行事歌合借用了」(『言経卿記』)。	6741

文禄4	9月26日	「(吉田兼見、家康・幽斎・浅野長吉(長政)・柳原淳光・山科言経らと終日囲碁)山科(言経)源家系図一冊借用之、令許借了」(『言経卿記』)。	6742
	9月27日	**徳川秀忠(1579〜1632)、下野栃木(長沼)城3万5千石の皆川山城守広照(1548〜1628)へ、湯治見舞いを謝し、詳細は青山忠成(1551〜1613)に伝達させる。** 広照は、徳川家康(1543〜1616)の六男・辰千代(忠輝)(1592〜1683)を引き取って養育していた。	6743
	閏9月26日	「今日惣之屋敷割、浅弾、民法(氏法)、増右、長大、山橘、我等躰に仰付けられ候」(『駒井日記 文禄二年閏九月二十六日条』)。城下町の整備も行われる。浅野長政、前田玄以、増田長盛、長束正家、山中長俊の家臣団屋敷、大名屋敷である。	6744
	10月1日	「伏見へ冷泉(為満)同道罷向、……江戸亜相へ罷向。水無瀬黄門(兼成)伊勢物語講尺之内也。則聴聞了、……」(『言経卿記』)。	6745
	10月24日	**「就中納言祝言御吏(使)札、殊」。** 徳川家康、大友宗五郎(大友義乗)(1577〜1612)に書状を送り、中納言(秀忠)祝言の祝意を表した書札と進物を謝す。義乗預け先は武蔵の徳川家康へと変わって、嫡子徳川秀忠に近侍。浪人衆として江戸牛込(東京都新宿区)に屋敷と扶持300石を与えられていた。	6746
	11月2日	**秀吉、伏見より京都に入る。家康もこれに従う。**	6747
	11月8日	秀吉、病気のため参内を中止し、伏見に戻る。	6748
	11月17日	朝廷、御神楽を奏して秀吉平癒を祈願。同月27日も。	6749
	12月13日	秀吉、快気の御礼に禁裏へ雁を献上。	6750
	12月18日	秀吉、伏見より大坂城に入り越年。	6751

文禄5 (慶長1)	1月1日	**大閤秀吉、旧冬より体調不良。** 北政所おねと共に、大坂(小坂)で年を越す。拾丸(後の秀頼)が伏見にいるため、諸大名は伏見で越年する。	6752
	1月12日	秀吉、病気が再発。	6753
	1月13日	**徳川家康は自邸に、前田利家、浅野長吉(長政)、滝川雄利、蜂須賀家政らを招き、茶会を催す。**	6754
	1月20日	秀吉不調につき、諸大名の総礼が延期される。	6755
	1月20日	「知行充行知行分之事 高四百石者 大」。 家康、小笠原与次に、黒印状をもって知行充行。	6756
	1月21日	「爰元為見廻吏(使)札、殊大緒到来候、」。家康、甲賀郡信楽(滋賀県甲賀市信楽町)の多羅尾作兵衛尉(多羅尾光雅)(1555〜1636)に、贈物大緒の到来を謝す。 大緒とは、狩につかう鷹の足革に結びつける大きな組糸の緒。	6757
	1月23日	「太閤様弥被成御本復之由、孝蔵主」。 家康、長束大蔵太輔(長束正家)宛に書状を送り、太閤秀吉の病回復を祝す。	6758
	2月7日	家康家臣永井直勝(1563〜1626)、豊臣秀吉から豊臣姓を下賜される。この時、従五位右近大夫になったとされる。	6759
	2月10日	**秀吉、ようやく病気が回復し、大坂城において諸大名の出仕を受ける。**	6760
	2月14日	秀吉、本復し伏見指月城に移る。この月秀吉は、諸大名に支城・向島城の築城を命じる。	6761

西暦 *1596*

文禄5 （慶長1）	3月16日	**徳川家康(1543〜1616)、伏見の九鬼嘉隆邸の御成。**	6762
	3月21日	**徳川家康、伏見の前田利長邸の御成。**	6763
	4月6日	**家康、教如(1558〜1614)のもとを訪れる。** 教如上人を家康に紹介したのが金森法印(長近)であった。	6764
	4月7日	秀吉、大坂城より伏見城に戻る。	6765
	4月14日	**「約束申候桜花、被入御意、早々為」。** 家康、医師・竹田法印(竹田定加)(1546〜1600)に書状を送る。	6766
	4月16日	**徳川家康、内大臣昇進の推挙を受ける。山科言経(1543〜1611)、徳川家の家紋を「葵之丸」とすることを、家康に勧める。** 家康は、山科言経から『吾妻鏡』の講義を受け、武家政治を学んだという。	6767
	4月27日	秀吉、伏見の長宗我部元親邸を訪問。	6768
	4月30日	**前田利家、徳川家康と共に参内して、前太政大臣近衛前久・前右大臣菊亭晴季の左遷を免されんことを請ふ。**	6769
	5月3日	**「……仍御拾様就御参内、来八日九」。** 家康、民部卿法印(前田玄以)他3名に書状を送り、拾丸(後の秀頼)の参内予定を告げる。	6770
	5月6日	秀吉、拾丸(後の秀頼)の上洛に備え、先にこの日、上洛する。	6771
	5月8日	**徳川家康55歳、権大納言従二位より、内大臣正二位に昇進。以後、家康は「江戸内府」と呼ばれる。** 前田利家、権大納言。	6772
	5月9日	**拾丸(後の秀頼)(1593〜1615)、伏見城を発ち上洛して聚楽第に入る。** **伏見から聚楽第までの三里の悉くを供奉の徳川家康をはじめとする諸大夫で固めさせ、美麗な様相で行われる。** 淀殿(茶々)(1569〜1615)も共に一部破却後の聚楽第内屋敷に入ったか。	6773
	5月10日	「……次内府(家康)へ罷向対顔了、中庸抄二冊懸御目了、祝著也……」(『言経卿記』)。	6774
	5月11日	**家康、任槐(太政大臣・左大臣・右大臣のいずれかに任じること。また、任じられること)の拝賀に参内。**	6775
	5月13日	**「秀頼、初めて参内」。** 大閤秀吉・拾丸(後の秀頼)、「長者町御殿」(聚楽第)より参内。 父子の輿には前田利家・「御局」が同乗する。続いて徳川家康などの輿や浅官衆の馬が大勢続く。禁中にて三献、謡あり。秀吉と家康が舞を献上。	6776
	5月15日	大閤秀吉(1537〜1598)・拾丸(後の秀頼)(1593〜1615)、参内。 秀吉、禁中にて能を興行する。後陽成天皇(1571〜1617)をはじめ、諸家諸門跡残らず出仕する。禁中においては天皇へ名刀を二腰・銀子を千枚・沈香・練貫・綿・糸・白鳥二十、良仁親王(覚深法親王)(1588〜1648)には銀子を百枚他、勧修寺晴子(国母)(1553〜1620)・近衛前子(女御)(1575〜1630)や局たちにも残らず進物がなされた。	6777
	5月17日	**大閤秀吉・拾丸(後の秀頼)・徳川家康・前田利家、禁中にて能を興行。新公家衆が** 招かれる。その後、秀吉・拾丸以下、伏見指月城へ帰還。	6778

西暦1596

文禄5 (慶長1)	5月25日	大閤秀吉、伏見指月城において参内の答礼が行われ、諸家・諸門跡・諸大名が残らず出仕。	6779
	6月3日	「**徳川家康・前田利家連署状**」。「……**然者主計使佐野甚左衛門尉帰**」。家康・利家、岡田左近に連署書状を送る。	6780
	6月8日	秀吉、伏見城で能を催し、庶人の見物を許す。	6781
	6月19日	**徳川家康(1543〜1616)、伏見の織田常真(信雄)邸を訪問。**	6782
	7月16日	徳川家臣・本多重次(1529〜1596)、上総国に蟄居を命じられた後の蟄居先の下総国相馬郡井野(茨城県取手市井野)で没。享年68。「一筆啓上 火の用心 お仙泣かすな 馬肥やせ」の短い手紙で有名な本多重次である。家督は長男の本多成重(1572〜1647)が継いだ。岡崎城で、秀吉の母・大政所を冷遇したということで秀吉の咎めをうけ、家康に命じられ蟄居したという。	6783
	7月25日	**太閤秀吉、突然上洛する。拾丸(後の秀頼)・家康、上京。**	6784
	7月29日	「……江戸内府へ罷向了、対顔了、吾妻鏡読了」(『言経卿記』)。	6785
	閏7月11日	**秀吉、伏見の徳川秀忠邸を訪問。家康も同席。**	6786
	閏7月13日	「**慶長伏見大地震—方広寺大仏倒壊**」。13日子の刻(午前0時頃)から16日にかけて、畿内において大地震が発生、余震は数ヶ月に及ぶ。M7.5、震度6とされる。明国の使節を迎えるべく、諸大名に大動員をかけて作られた伏見城(指月城)の天守閣・御殿、伏見の大名屋敷、方広寺大仏、倒壊する。途中で金銅仏から木造仏に変更したことが災いする。本尊の大仏は大破し、左手は崩れ落ち、胸は裂けてみるも無惨な姿になる。巨大な円柱に支えられた大仏殿は、まず、安泰であった。秀吉は大仏が壊れた急場しのぎに、信州善光寺の阿弥陀如来像を移すこととなる。本願寺本堂・興正寺御堂が転倒。東寺は五重塔や大師堂など7つの堂宇が破損もしくは倒壊。嵯峨野では天龍寺・二尊院・大覚寺などが倒壊した。摂津国有馬の秀吉御殿が倒壊。大坂城は大地震の影響は受けず。	6787
	閏7月13日	**京都大地震により徳川家康の長倉が倒壊。加々爪政尚(徳川家康家臣)(1562〜1596)が死亡。** 加賀爪甚十郎政尚は若くして徳川家康に仕え、天正12年(1584)の小牧・長久手の戦いで敵を討ち取る武功を挙げた。その後、豊臣政権における九州平定、小田原征伐、奥州仕置に従軍した。近習として仕え、文禄元年(1592)武蔵国比企郡・相模国高座郡で3000石を領した。慶長元年(1596)家康上洛のとき従い、この慶長伏見地震により伏見の宿で圧死したという。嫡子忠澄(1586〜1641)は将軍秀忠の面前で元服し、その諱の一字を与えられた。	6788
	閏7月13日	**最上義光(1546〜1614)** は、家康に急いで登城しないように忠告したという。震災の混乱にまぎれて暗殺される危険性を説いたという。謹慎中だった加藤清正がいち早く家臣を連れ、秀吉らの救助に駆けつけたという。	6789
	閏7月14日	「**伏見木幡山に築城**」開始。秀吉、倒壊した指月山伏見城に替わる城を、指月の北東に位置する伏見木幡山に築城するよう命令。縄打ちが行われ、翌日より工事開始。	6790
	閏7月—	**この月、拾丸(後の秀頼)(1593〜1615)、禁裏で元服して諱を「秀頼」と称す。** 12月大坂城において拾を秀頼と改めたともされる。	6791

44

西暦1596

文禄5 (慶長1)	閏7月19日	**「徳川家康・前田利家連署状」。** 「……一たう城御ふしんそこね申候」。大納言・内府、ちや阿宛てへ書状。	6792
	閏7月27日	家康の御用商人・茶屋四郎次郎(初代清延)(1545~1596)、没。長男清忠(?~1603)が継ぐ。	6793
	8月9日	地震大凶のため、改元の沙汰がある。	6794
	8月12日	**「就善光寺本尊之儀被差下勅使并綸」・「……仍善光寺本尊之儀、依為官領」。** (善光寺本尊のことについて勅使ならびに綸旨を(甲州善光寺へ)下される由、謹んで承知申し上げる)。 家康、参議左中将中山慶親・聖護院坊官岩坊宛にそれぞれに書状を送る。 慶長伏見大地震で京都大仏殿の大仏が壊れてしまったため、豊臣秀吉は甲府の善光寺本尊を大仏殿に迎えようとし、朝廷や善光寺の本寺だった聖護院門跡を通して、甲斐を支配する家康に働きかけた。	6795
	8月20日	**秀吉(1537~1598)、伏見の徳川家康邸の茶会に赴き、家康(1543~1616)に江戸の下向を許し、合わせて60日の暇を与える。**	6796
	9月1日	秀吉、大坂城において明使との会見。	6797
	9月2日	**「慶長の役-慶長1年9月2日~慶長3年11月20日」はじまる。** 秀吉)は、明国からの使者を饗応する。 その後、秀吉は花畠の山荘に西笑承兌(相国寺)(1548~1608)・玄圃霊三(南禅寺)・惟杏永哲(東福寺)(?~1603)を呼び、明の国書を読ませた。承兌が読み上げた皇帝からの書状(詰勅)の文面には、秀吉の提示した7ヶ条の和平案の記述がなく、さらに「爾を封じて日本国王と為す」の一文があった。 秀吉は欺かれたと激怒し、再び明と合戦を行うとした。 **秀吉、2度目の朝鮮出兵決定。**	6798
	9月5日	**徳川家康が、江戸に帰国すべく、伏見を発つ。**	6799
	9月25日	**「小机未 皆済也、仍如件、文五九」。** 家康、六之介に年貢皆済状。	6800
	10月7日	**家康54歳四女・松姫(1596~1598)、伏見城で生まれる。** 慶長3年1月29日3歳で早世。母は、間宮康俊の娘・お久の方(?~1617)。天正18年(1590)父康俊が山中城にて討死したのち、家康の側室となったという。	6801
	10月10日	**「木幡山伏見城、本丸の普請、ひとまず成る」。** 昼夜兼行の工事が行われたという。	6802
	10月12日	**「従 大閤様御朱印致頂戴、忝義難」。** 徳川家康、冨田左近将監(一白)(?~1599)に書状を送る。	6803
	10月19日	フランシスコ会の活発な活動が禁教令に対して挑発的であると考えた秀吉、再び禁教令を公布。	6804
	10月19日	秀吉の逮捕令により、京都のフランシスコ会修道院、包囲される。翌日、翌々日と、京都・大坂の24名が逮捕される。	6805
慶長1	10月27日	文禄5年に大地震が立て続けに起きたことで、**慶長に改元。**	6806

西暦1596

慶長1	10月28日	隠居した徳川四天王の筆頭・酒井忠次(一智)(1527〜1596)、京都桜井邸で没。享年70。墓所は知恩院の塔頭・先求院(京都市東山区新橋通大和大路東入三丁目林下町)。門脇に「酒井忠次公御廟所」の石標が立つ。墓は知恩院山腹の墓地内。「徳川四天王」は、忠次他は、本多忠勝(1548〜1610)・榊原康政(1548〜1606)・井伊直政(1561〜1602)の三人で、この三人は、「徳川三傑」とも称される。	6807
	11月4日	徳川十六神将の一人、「鬼半蔵」の異名を取った服部半蔵正成(1542〜1596)、病没。55歳。14日とも。嫡男の正就(1576?〜1615)が三代目の服部半蔵を継ぎ、父の正成に続いて伊賀同心支配役の任に就く。	6808
	11月11日	**「重而人衆可召寄旨、依仰申遣候、太儀矣共有支度正月廿日其地、出可被罷越候、委細大久保与一郎(忠益)、三橋左吉可申也」。** 家康、松平周防守宛に朝鮮国出征日を命じる書状を送る。松平周防守は、駿河国沼津の三枚橋城に在城する松平康重(1568〜1640)か。	6809
	11月15日	秀吉、石田三成(1560〜1600)に命じて、捕えたフランシスコ会ら宣教師・信者24名を、上京一条の辻の寺院にて左耳を切り、牛に引かせた荷車に乗せ市中を引きまわす。	6810
	11月18日	淀殿(茶々)(1569〜1615)と豊臣秀頼(1593〜1615)、倒壊した指月伏見城から大坂城本丸に移る。	6811
	11月吉日	**「七嶋皆済、卯辰巳三年分也、慶元」。** 家康、孫兵衛に年貢皆済状。	6812
	11月28日	秀吉・北政所、伏見山御殿へ移徙。	6813
	12月2日	「やかてさいまつ(歳末)に参候て可申候、其ときくちをすい申候へく候」。秀吉61歳、木幡山伏見城より、大坂城の4歳の秀頼宛に書状を送る。	6814
	12月8日	再び禁教令公布。	6815
	12月15日	**家康(1543〜1616)、江戸より伏見に戻る。**	6816
	12月16日	**家康、大坂に下って秀吉・秀頼父子に謁見。**	6817
	12月17日	秀吉・秀頼父子の大坂移徙を祝う総礼のため、公家衆・諸大名が多数大坂城に登城して盛大な総礼が行われる。秀吉、自らより先に秀頼に礼を取らせる。勅使、親子に剣やそれぞれへ銀子五十枚を送る。以下、公家門跡・諸家衆数千人が参賀する。この時、拾、元服して秀頼と称すともいう。	6818
	12月18日	**家康、大坂より伏見に戻る。**	6819
	12月19日	**「26聖人殉教」。** 秀吉が長崎西坂の丘(現在の西坂公園)で、京都から送ったペトロ・バブチスタ、三木パウロらフランシスコ派キリスト教徒ら26人(日本人20名、外国人6名)を磔にする	6820
	12月27日	**徳川家康、伏見の古田重然(織部)邸の御成。** 織部(1544〜1615)は、利休死後は、その地位を継承するかのように天下の茶人となっていた。	6821
	12月27日	徳川家臣本多広孝(1528〜1597)、白井城にて没。享年70。子の本多康重(1554〜1611)は、上野国白井城(群馬県渋川市白井)主2万石の大名。	6822
	12月28日	秀吉の命令で、陸奥国黒川(会津)城主・蒲生秀隆(秀行)(父氏郷、母は信長次女冬姫)(1583〜1612)と、徳川家康の三女振姫(1580〜1617)との婚約が決まる。	6823

西暦1597

慶長2	1月1日	秀吉、木幡山伏見城より大坂城に移る。	6824
	1月1日	**「慶長の役─出兵令」。** 秀吉(1537〜1598)、諸将に朝鮮出兵を再度命ずる。秀吉は、豊臣政権の名誉回復をはかった。	6825

西暦**1597**

慶長2	1月11日	前田利家（「豊臣利家」）、権大納言・従三位に昇進。16日　利家、権大納言を辞退。	6826
	1月15日	「次黄門（秀忠）へ罷向了、内府（家康）へ御出也云々、次内府へ罷向了、対顔了、カウ若舞有之、半二罷向、タイナイサカシ也、次常ノ座敷ニテ暫雑談了、次薪ノ間ニテ鶴ノ料理、内府自身之捔也、相伴衆、内府・同黄門・予（言経）・冷泉（冷泉爲満）・冨田左近将監（知信）其外大勢有之、」（『言経卿記』）。 **家康が鶴料理を自身でしている。**	6827
	1月吉日	「息災長久・心中祈願・眼病平癒、」。内大臣家康、願文。	6828
	2月21日	**「慶長の役」。秀吉、朝鮮国出征諸将の陣立書を発す。** 14万1千4百余名の再派兵の陣容と分担を編成。釜山浦・壱岐・対馬・肥前国名護屋の4ヶ所に継船を配置し、毎日先手からの注進を報告するよう命令する。第一陣は加藤清正勢1万余名。第二陣は小西行長、宗義智、松浦鎮信、有馬晴信ら1万4千7百名。第三陣は黒田長政、毛利吉成（勝信）ら1万余名。第四陣は鍋島直茂、勝茂父子ら1万2千余名。第五陣は島津義弘勢1万余名。第六陣は長宗我部元親、蜂須賀家政、生駒一正、脇坂安治ら1万1千余名。第七陣は蜂須賀家政、生駒一正、脇坂安治ら1万1千百余名。第八陣は毛利秀元、宇喜多秀家ら4千余名。総大将は、釜山浦城守将小早川秀俊（後の秀秋）1万余名。安骨浦城守将立花宗茂5千余名。西生浦城守将浅野幸長3千余名。朝鮮は再び明に救援を求める。和平が偽りと暴かれたため、沈惟敬、彼を重用した書石星は罪人となった。	6829
	2月24日	秀吉、木幡山伏見城で茶会。	6830
	3月3日	徳川家臣・菅沼定政（土岐定政）（1551～1597）、没。享年47。文禄2年（1593）、従五位下、山城守に叙任された上、鈞命により惣領家の土岐頼芸によって没落した土岐家の跡を継いで、大名として再興することが許され、明智定政から土岐定政に改名した。この日死去し、跡（下総国守谷1万石）を嫡男の定義（1580～1619）が継いだ。	6831
	3月7日	「五人組・十人組の制」。前田玄以（「徳善院」）・宮部継潤（「宮部法印」）・石田三成（「石田治部少輔」）・増田長盛（「増田右衛門尉」）・長束正家（「長束大蔵大輔」）、「五人組」・「十人組」組織に関する全7ヶ条の「御掟」（京都御法度）を京都市中へ下す。 秀吉（1537～1598）、五奉行をして、配下の士に侍五人組・下人十人組を編ませる。江戸幕府の五人組の起源といわれる。それまで管轄していた町が前田玄以の手を離れて上京は増田長盛、下京は石田三成が担当、玄以は公家・門跡・寺社を管轄することとなるという。	6832
	3月8日	**前触れもなく秀吉、徳川家康以下の諸大名を従え、木幡山伏見城を発し醍醐寺三宝院へ観桜に赴く。** 寺内の桜馬場、金剛輪院南庭の桜を見物し、醍醐寺内に入り破損した塔婆を見た秀吉が、1500石を給付する旨を義演に伝える。ついで秀吉が菩提寺の糸桜を観た後、膳を用意し、秀吉・家康と共に詠歌を読む。その後、上醍醐にも登拝、帰路、馬場にて三宝院義演に石木を取ることを禁止する禁制を発給する旨を伝える。「醍醐の花見」の1年ほど前である。	6833
	3月9日	秀吉、大坂城に下向。	6834
	3月10日	五大老の一人・毛利輝元（「大江輝元」）（1553～1625）、権大納言・従三位に昇進。	6835
	3月17日	**徳川家康、教如（1558～1614）のもとに茶湯に訪れる。**	6836
	3月21日	秀吉、大坂城から伏見に至る。	6837
	3月24日	**午刻（11～13時）、相国寺の西笑承兌（1548～1608）、徳川家康のもとに赴く。** 一欧軒に会う。	6838
	3月25日	**伏見城御societ敷にて徳川家康、前田利家、金森長近、富田一白、西笑承兌、御伽衆12、13人が参加する茶湯が行われる。** 家康、承兌に海雲（モズク）1桶を贈る。	6839

慶長2	3月29日	秀吉、木幡山伏見城の工事を督励する。	6840
	4月2日	秀吉、伏見の前田利家邸に御成。	6841
	4月3日	**西笑承兌、徳川家康のもとに赴く。**昼食の振舞がある。承兌は織田有楽斎に会う。	6842
	4月4日	秀吉、木幡山伏見城から大坂城へ移る。	6843
	4月7日	**徳川家康56歳(1543~1616)、西笑承兌と共に、伏見の御牧景則(勘兵衛)邸に赴く。**斎を共にする。御成。御牧景則は、越前国内検地の奉行(19名)の一人。	6844
	4月10日	**西笑承兌、徳川家康のもとに赴き、舞を聴き、昼食をとった後、対談し帰る。**	6845
	4月11日	**「千姫誕生」。**徳川秀忠(1579~1632)室・お江(於江与)(1573？~1626)、伏見城内の徳川屋敷にて長女千姫(豊臣秀頼室、のちに本多忠刻室)(1597~1666)を生む。	6846
	4月12日	秀吉、「田麦年貢三分一徴収令」発布。前田玄以から山城寺社、前田玄以ら四奉行から武将らに出される。	6847
	4月12日	**徳川家康、前田利家の邸を訪ひ、近習の村井勘十郎・奥野金左衛門の能く利家に仕ふるを賞す。**	6848
	4月20日	秀吉(1537~1598)、大坂城城門掟8ヶ条を定め、豊臣秀頼(1593~1615)・淀殿(茶々)(1569~1615)の居所奥御殿へ繋がる鉄御門の出入、及び本丸奥御殿における取り決めを定める。城内の侍女たちが外部と手紙をやりとりする場合、門番の老臣を通すこと、上級の侍女が外出する場合は、ベテランの侍女が付いて門番に引き渡さなければ通れないこと、10歳以上の男子は台所で食事をさせてはいけないなど。	6849
	4月20日	**西笑承兌、伏見城に赴く。徳川家康、前田利家に会う。**	6850
	4月22日	**西笑承兌、徳川家康のもとに赴く。**織田有楽斎(1547~1622)、戸田勝成(？~1600)、津田信成(1562~1645)に会い夕食をともにする。	6851
	4月24日	秀吉、大坂城を発つ。	6852
	4月25日	秀吉、上洛。	6853
	4月26日	「京都新城の造営」、はじまる。秀吉、聚楽第に変わる豊臣政権の京での拠点として禁裏の東南隣(内裏ノ東ワカセカ池ト云所」)に、縄張りを開始。秀吉、秀頼の城として、京都新第(京都新城)の造営に着手。	6854
	4月26日	石田三成・増田長盛・前田玄以、京都に東国諸大名の邸宅を設置するため、工事を開始。9月24日に落成。	6855
	4月26日	「内府(家康)江中原家之系図書写持参了」(『舜舊記』)。吉田兼右の子で吉田兼見(1535~1610)の弟・神龍院梵舜(1553~1632)は、吉田神道の家に生まれ神道を学ぶと共に古典の書写に努めた。秀吉死後は家康とも関係が深く、慶長10年(1605)には家康に命じられて徳川氏を新田源氏に繋げる系図捏造にも携わったという。晩年家康に招かれ神道を講じ、家康没後の祭儀を執り行い、久能山に埋葬した。本日記には慶長19年(1614)の「方広寺鐘名事件」や元和2年(1616)の家康神号問題の経緯が記されている。	6856
	4月27日	**秀吉、参内して銀50枚、白鳥3、杉原10束、太刀を朝廷に進上する。徳川家康(内府)・前田利家(前田大納言)と共に供奉。**	6857
	4月28日	秀吉(1537~1598)、伏見に帰還。	6858
	4月一	**この月、徳川家康(1543~1616)は、秀忠(1579~1632)と共に上洛の際、山内一豊(1545/1546~1605)の遠江国掛川領内で丁重な接待を受けたことを感謝する礼状を送る。**一豊は、豊臣秀次死後、急速に家康に接近する。	6859
	5月1日	秀吉、伏見の青木一矩邸に御成。	6860

西暦1597

慶長2	5月4日	「秀吉、向島城から、天守と殿舎が竣工した木幡山伏見城へ、正式に移徙」。 6861

慶長2

5月4日　「秀吉、向島城から、天守と殿舎が竣工した木幡山伏見城へ、正式に移徙」。　6861
伏見には多くの大名屋敷が建てられ、城下町が形成された。「慶長伏見の大地震」
では、伏見城は大打撃を受けたが、向島は地盤がやわらかく、液状化現象で石垣
がめり込んだぐらいで、被害は少なかった。そのため伏見城の復興よりも早くに
向島城が完成したので、秀吉はいったんここに入城していた。秀吉死後は家康居
城となる。現在、巨椋池は埋めたてられ、かつて城があった辺りには向島ニュー
タウンらとなり、城跡としての面影は無いが、名残として、本丸町、二の丸町、
鷹場町などの地名が残されている。

5月7日　「内府家康御出。……延喜式等御覧之。是非可被写之由、承了」(『兼見卿記』)。　6862
**徳川家康、吉田兼見邸を訪ね、一泊。相伴は山科言経・細川幽斎・碁打本因坊算砂・
碁打利玄坊(林利玄)・将棋指し宗桂ら。**

5月8日　**家康、細川幽斉(1534〜1610)の吉田邸へ。相伴は山科言経・碁打本因坊・利玄坊・将
棋指し宗桂ら。**幽斎は、丹後田辺城城主を退いた後、吉田神社境内の茶室「髄心庵」
を建てそこに隠棲したという。　6863

5月14日　淀殿(茶々)(1569〜1615)、秀吉・秀頼に従って舟で大坂城本丸奥御殿から木幡山伏
見城西の丸へ移る。　6864

5月17日　太閤秀吉(1537〜1598)、木幡山伏見城において勅使・公家衆・諸大名の祝賀を受ける。　6865
秀頼、移住の祝として、禁裏より伝奏を通じて銀子を賜う。八条宮智仁親王（後
陽成天皇の弟)(1579〜1629)・伏見宮邦房親王(1566〜1622)・摂家・門跡衆・清華以下悉
くが礼参。秀吉・秀頼父子、夏の引直衣で参会。

5月20日　秀吉、木幡山伏見城普請を休止し能楽を興行、工事に従事する者にも見物を許可。　6866

5月22日　秀吉、上洛し京都新城の建築を監督する。正月、京都新城(太閤御所・太閤上京御　6867
屋敷)着工。当初1月23日に三条坊門より四条坊門までので四町、東洞院より東に四
町の範囲と定め立ち退きを命じていた。その後4月26日には土御門より南に六町、
東は京極より西へ三町と定め直している。

5月22日　**西笑承兌、伏見の徳川家康邸を訪れる。家康は有馬豊氏の饗応を受けることになっ　6868
ていたので承兌と共に赴く。家康は承兌に27日に相国寺へ赴くことを約す。**

5月28日　**徳川家康・浅野長政・有馬豊氏・山名禅高、相国寺を訪れる。**　6869
家康より米10石が、長政より生絹帷2、晒帷3が、有馬豊氏より生絹帷1、晒1が、
山名禅高より双樽、海苔が贈られる。

6月1日　「栄任へ罷向了。伏見へ行也云々。豊後国風土記取ニ帰了。内府(家康)ヨリ冷(冷　6870
泉為満)へ御帰(返)了」(『言経卿記』)。

6月12日　筑前・筑後の領国を小早川秀俊(後の小早川秀秋)(1582〜1602)に譲り、三原城(広島　6871
県三原市城町)を隠居城とした小早川隆景(1533〜1597)、没。享年65。
権中納言上杉景勝は、豊臣政権五大老の一人に数えられる。

6月15日　豊臣秀吉、甲斐善光寺如来を、京都方広寺大仏殿に遷さんとし、三河国吉田城主　6872
池田照政(輝政)ら諸大名に、路次送迎を命ず。

6月16日　「……次内府へ罷向、冷(冷泉為満)ヨリ常陸国風土記被借進……次内府へ罷向、　6873
冷(冷泉為満)ヨリ常陸国風土記被借進了」(『言経卿記』)。
家康は、借りていた『常陸国風土記』を返したという。

6月16日　「……長々之御在陣御苦労共難申尽」。　6874
家康、慶長の役に再出兵した浅野左京大夫(浅野幸長)(1576〜1613)に労り状を記す。

慶長2	6月16日	「江戸黄門関東へ早朝御下向……」(『言経卿記』)。**秀忠(1579〜1632)、伏見を発ち、江戸に向かう。**	6875
	6月23日	伊豆下田城(静岡県下田市中)5千石の戸田忠次(1531〜1597)、没。享年67。嫡子の尊次(1565〜1615)が家督を継ぐ。秀吉の文禄・慶長の役(朝鮮出兵)の折には、忠次は老齢の身ながら江戸城にいた家康に謁して、もし徳川軍の朝鮮出陣あらば推して従軍せんことを請うたという。秀吉はこれを聞き「壮者の亀鑑(手本)」と称賛したという。	6876
	6月27日	秀吉、醍醐寺義演はじめ諸門跡を向島城に招き、瓜見の宴を催す。28日とも。	6877
	7月13日	**秀吉、伏見の徳川家康邸に御成。**	6878
	7月18日	秀吉(1537〜1598)、霊夢があったとして、後陽成天皇の綸旨を奉じて、倒壊した方広寺大仏の替わりとして信濃国善光寺の一尺五寸の阿弥陀如来を、壮麗な大行列を仕立て運ばせ、方広寺大仏殿に安置。	6879
	7月21日	**家康(1543〜1616)より疎遠にされていた本願寺准如光昭(1577〜1630)、京都堀川に住まう山科言経(1543〜1611)に、徳川家康への口入を依頼する。**	6880
	7月24日	呂宋国(ルソン国)より使者が到来し、豊臣秀吉に黒象1双、銀盤・銀椀等16種を贈る。伏見城内にてルソン国の使者をもてなすため能3番を催す。**徳川家康、上杉景勝、前田利長が相伴する。**	6881
	7月27日	秀吉、伏見城で能を興行し、呂宋国使を饗応する。呂宋国王宛国書をもって太閤秀吉は、スペイン領フィリピン諸島(小琉球)に、日本は神国でキリスト教を禁止したことを告ぐ。	6882
	7月29日	秀吉、方広寺大仏殿に赴いた後に参内し、ルソン国から贈られた黒象を後陽成天皇に披露。	6883
	8月1日	西笑承兌、伏見城に出仕する。**承兌のもとに徳川家康、前田利家、織田常真が訪れる。**	6884
	8月4日	太泥国(マレー半島中部東海岸のマレー系パタニ王国)の使者、入京し秀吉に物を送る。天下統一を達成した秀吉は日本人の海外交易を統制し、倭寇を禁圧する必要から、天正10年(1592)に初めて朱印状を発行してマニラ、アユタヤ(現タイの中部)、パタニになどに派遣したとされる。	6885
	8月5日	**パタン国への返書の草案を西笑承兌が作成し、豊臣秀吉に見せる。徳川家康が訪れる。**	6886
	8月8日	前田利家(1539〜1599)の助命嘆願で剃髪することで一命を許された北条氏邦(氏康四男)(1541〜1597)、預けられた加賀国で没。57歳。	6887
	8月9日	豊臣秀吉、西笑承兌作成したバタン国への返書を確認のうえ、承兌に金印を捺させ長束正家に渡す。朝鮮より注進がある。唐島に駐屯し豊臣軍の軍船を止めていた朝鮮軍に対し、小西行長、藤堂高虎、脇坂安治、加藤嘉明、島津忠恒、島津義弘が唐島に夜襲をしかけ、数千人を討ち取ると共に船を焼く。**この注進を受け、秀吉は朝鮮に出陣するとの意向を示す。徳川家康、上杉景勝、前田利家を呼び出す。利家は病のため召しに応じることができず。**	6888
	8月10日	**西笑承兌、徳川家康のもとを訪れる。『群書治要』第8巻を借用する。家康の前で同書を読む。**	6889
	8月15日	「今度於其表番船被討捕之由承、誠」。徳川家康、脇坂中務少輔(安治)(1554〜1626)宛に書状を送り、軍功を賞す。脇坂安治は、慶長2年(1597)7月に戦われた漆川梁海戦では侵攻してきた元均率いる朝鮮水軍を逆襲により壊滅させた。	6890

西暦1597

慶長2	8月18日	**伏見の有馬則頼(1533〜1602)、徳川家康(1543〜1616)を招待**、相伴は細川幽斎(1534〜1610)・織田有楽斎(1547〜1622)ら、伽衆20余人。	6891
	8月18日	下総国5千石西郷家員(いえかず)(1556〜1597)、没。庶子だった長男・忠吉(ただよし)を近藤秀用(1547〜1631)の養子に出して、次男・忠員(ただかず)(1570〜1601)を跡目としている。	6892
	8月21日	**「武蔵守娘于今然々与無御座候、老」**。家康、徳川武蔵守秀忠の娘の処方をした医師・竹田法印(竹田定加)(1546〜1600)に書状を送る。慶長2年(1597)4月11日、秀忠とお江の長女として、山城国伏見城内の徳川屋敷で産まれた千姫。竹田法印は豊臣秀吉とも親交が深く、特に秀吉生母大政所を快癒させた際には多大な恩賞を得ている。その他、曼殊院覚恕、羽柴秀勝、丹羽長秀、顕如などを治療している。慶長2年(1597)秀吉が病床に伏した際、出仕がなかったために罰せられた。	6893
	8月22日	**「今度於其表番船被討捕之由、誠無」**。家康、藤堂佐渡守(藤堂高虎)(1556〜1630)に書状を送り、戦功を賞す。	6894
	8月—	京都新城(太閤御所・太閤上京御屋敷)完成。	6895
	8月28日	**「足利義昭、没」**。晩年は斯波義銀(1540〜1600)・山名禅高(豊国)(1548〜1626)らと共に、秀吉(1537〜1598)の御伽衆に加えられ、太閤の良き話相手であったとされる昌山(足利義昭)(1537〜1597)(室町幕府第15代将軍)、大坂城で没。享年61。	6896
	8月28日	秀吉、伏見城に戻る。	6897
	9月1日	**「伊予かた迄之御絵披見申候、只今」**。家康、安国寺(恵瓊)(？〜1600)に書状を送る。	6898
	9月9日	隠居した結城晴朝(ゆうきはるとも)(元下総結城城主)(1534〜1614)、白川某へ、養子の結城秀朝(家康次男秀康)(1574〜1607)の孝行を述べ、去年の秀吉へ謁見した際の様子を通知する。**徳川家康が大納言に昇進し、更に去年は、秀吉参内に際して内大臣に昇進したことに触れて嘲笑する。**	6899
	9月12日	**徳川家康、南禅寺玄圃霊三(1535〜1608)を訪問**、相伴は山科言経・吉田兼見(1535〜1610)・水無瀬親具・碁打・将棋指ら。	6900
	9月14日	**「……仍御帰国之儀、御前相済候之」**。家康、舟越五郎右衛門に書状を送り、召還されたことを告げる。秀次事件で連座した船越景直(かげなお)(1540〜1611)は、秀吉への徳川家康の求めから赦免された。	6901
	9月17日	**西笑承兌・細川幽斎、家康のもとを訪れる。**	6902
	9月24日	**太閤秀吉、秀頼・北政所おね(1549？〜1624)・淀殿(茶々)(1569〜1615)らと共に、徳川家康・富田一白(？〜1599)・織田有楽斎(1547〜1622)・西笑承兌(1548〜1608)らを従えて、伏見の大谷刑部吉継(敦賀城主)(1559？〜1600)邸を訪ねる**。吉継は病のため、吉継の子・大学介(大谷吉治)(1581？〜1615)が出迎える。吉継が数寄屋で茶を献ず。茶席後は広間で太刀・馬・金鞍具・腰物・緋緞子の小袖20・銀百・綿子百把を吉継が秀吉に進上する。午刻(11〜13時)昼食は家康他7〜8人が相伴。本因坊と利玄の碁を見て、秀吉も崇具と碁を打つ。晩におよび小漬の後、皆帰る。鹿苑寺住職同行し、その大谷家の所領に見合わぬ接待や進物の豪華さに驚く。	6903
	9月25日	秀吉、秀頼に先駆けて上洛。	6904
	9月25日	**「関東浄土宗法度之儀、従本寺知恩院被相定条々、各不可有違背儀尤候也、」**。内大臣徳川家康、諸檀林へ「関東浄土宗法度」の判物を発給。知恩院二九世満誉尊照が関東の檀林寺院に出した法度。正しくは「関東諸寺家掟之事」といわれるが、元和元年(1615)7月に徳川家康から増上寺・知恩院・伝通院に出された「浄土宗諸法度」と区別をするために関東浄土宗法度といわれる。	6905

慶長2	9月25日	**秀忠、船越景直宛に書状を送り、北国は雪が深いのでこの筋から上洛をと記す。** 船越景直（1540～1611）は、陸奥の南部信直に預けられていた。	6906
	9月26日	**秀吉（1537～1598）・秀頼（1593～1615）父子、京都新第（京都新城）へ正式に移徙し、徳川家康ら諸大名が供奉する。** 新第（高台院殿）は、現在の仙洞御所の地。 秀頼は結局、半月ほどの利用で終わる。秀吉没後は、北政所おねの居所となる。	6907
	9月28日	**秀吉・秀頼、新邸より禁裏に参内。家康も供奉して参内。摂家も皆参内する。** 秀頼、従三位下・左近衛権少将に叙任される。	6908
	9月28日	**結城秀朝（源秀朝）（家康次男）（1574～1607）、参議・従四位下に昇進。昇進の祝儀として伏見において家来に振舞い。** 秀朝（秀康）、そのときに阿国歌舞伎を見物という。前田利長（豊臣利長）（1562～1614）、参議・従四位下に昇進。	6909
	9月28日	**「耳塚施餓鬼供養」。** 秀吉の命により「大明・朝鮮闘死の衆、慈救のため」という目的で、鼻塚にて五山禅衆による施餓鬼供養が執り行われる。導師は相国寺の西笑承兌（1548～1608）。さらに、方広寺大仏殿開基の高野山の僧・木食応其も招かれる。実際は、新来の1尺5寸の如来像の霊験を飾るため、寺の門前に朝鮮から届けられた大量（15桶）の鼻を埋めて鼻塚を築き、それの供養会を行う。これは如来像の存在感を高めるためのイベントで、この生々しさで容易に人の関心を惹くことが出来ると、また戦果を誇示することで、唐入りが順調に進捗している宣伝にもなると考えたという。	6910
	9月29日	秀頼、左近衛中将に進む。	6911
	9月30日	**秀吉、家康と共に木幡山伏見城に帰城するが、豊臣秀頼は京都新城に在京。**	6912
	9月吉日	**「武蔵国小机郷獅子谷内百五拾五」・「武蔵国　一根岸内七拾三石余、一」・「上総国一勝郷弐百八拾弐石余、山」。** 家康、小田切喜兵衛（光猶）（1571～1614）・山下又助・とひ長甚四郎に、朱印状をもって知行充行。	6913
	9月一	**「武蔵国足立郡大内郷七百石之事」。** 家康、水野万千代に、朱印状をもって知行充行。万千代は、家康の意向で母の旧姓である水野氏を名乗って、外祖父水野信元の名跡を継ぎ水野万千代となり武蔵国で7百石を給付される。田原の戸田氏は今川氏に攻め滅ぼされた。そこで、知多半島の戸田氏は水野信元（家康の伯父）と講和を結んで河和を残すことを図る。ここに河和城（愛知県知多郡美浜町大字河和）主戸田孫八郎守光は、刈谷城主水野忠重の姪（水野信元の娘、妙源尼）を妻に娶り婿となって水野氏の一族に連なる。しかし、織田信雄麾下の戸田孫八郎は天正18年（1590）秀吉の小田原攻めに加わり陣中で討ち死。ところが、この知らせを聞いた河和の郷民は、なぜか大いに乱れて城を破壊してしまう。このため孫八郎の嫡子万千代（光康）ら三人の子は、一時野間大坊に身を潜めた後、河和の地を逃れ母と共に江戸表へ赴き伝通院（家康の母於大）のもとで成長する。その後、母妙源尼は万千代に旧領の内、恩のある河和の地を下し置かれるよう家康に度々願い出る。家康は万千代が河和の民に追い出されたいきさつを考慮して三州刈谷を与えると勧めたが、妙源尼は敢えて河和を望み、慶長6年（1601）家康は、これを聞き届け河和の郷千四百六〇石を給付される。こうして、水野惣右衛門光康は11年振りに河和へ帰りその地頭となった。この頃の知多郡は家康の直轄領となっており水野光康は、やがて尾張藩主義直に仕えることになる。	6914
	10月一	**この月、家康（1543～1616）、秀吉の京都新第（京都新城）近くに、聚楽第の長者町屋敷に替わる新しい屋敷を設ける。**	6915
	10月1日	秀吉、上洛。	6916

慶長2	10月1日	金森長近・浅野長吉（長政）・織田有楽斎・山名禅高、徳川家康のもとを訪れる。晩、西笑承兌が訪れる。	6917
	10月5日	浅野長吉（長政）・西笑承兌、徳川家康のもとを訪れる。承兌と長政は碁を指し、飯をともにする。	6918
	10月6日	家康、京の御殿にて西笑承兌と会う。	6919
	10月7日	「江戸内府（家康）へ罷出了、……蘭奢待二色進之、一色ハ後奈良院ヨリ正親町院ヨリ拝領之分所望之間、進之、悦喜之由有之」（『言経卿記』）。	6920
	10月8日	秀吉・家康、伏見に戻る。	6921
	10月8日	西笑承兌（1548〜1608）、有節瑞保（1548〜1633）と共に徳川家康のもとを訪れる。有節瑞保が家康に『論語』1部を贈る。	6922
	10月11日	徳川家康（1543〜1616）、上洛。	6923
	10月12日	秀吉・秀頼父子、前日に上洛した家康を従えて木幡山伏見城へ帰還。	6924
	10月13日	午後、西笑承兌、徳川家康のもとを訪れるが、家康は咳がひどく会えず。	6925
	10月13日	細川幽斎（藤孝）（1534〜1610）、家康から「出雲風土記」を借りて書写するという。 「出雲風土記」は713年（奈良時代）に60余りの諸国に出された地誌の編纂命令を受けて編纂されたが、現存する風土記は出雲国のほか4国のみだという。 「出雲国風土記」の特徴として、地名の由来が神にあると書いてあること。 風土記の多くが中世に失われ、現存しているものはほとんど徳川家康が関与した写本である。	6926
	10月15日	徳川家康、摂津国有馬阿弥陀堂からの柿1篭を謝し、詳細は阿部正勝（1541〜1600）に伝達させる。	6927
	10月20日	秀吉、伏見の京極高知邸に御成。	6928
	10月21日	午刻（11〜13時）、家康のもとに西笑承兌が訪れる。家康、承兌と共に伏見の有馬邸に赴き、有馬豊氏の口切の茶会に参加。山名禅高も参加する。茶会は本膳1汁2菜、引物。茶は上極で薄茶。	6929
	10月22日	秀吉・秀頼、伏見の前田利家邸に御成。	6930
	10月25日	徳川家康、伏見の施薬院全宗邸に御成。	6931
	10月26日	秀吉、伏見の伊達政宗邸に御成。	6932
	10月26日	西笑承兌、「学問所の記」を草し、秀吉に献じる。	6933
	10月27日	大閤秀吉（1537〜1598）、伏見の京極高次邸へ赴くも、この夜俄に発病し木幡山伏見城に帰城する。高次は、秀吉の側室である妹・西の丸殿（京極龍子）（？〜1634）や、淀殿（茶々）（1569〜1615）の妹である妻・初の七光りで出世したとされた。	6934
	10月28日	家康、伏見城城中にて西笑承兌に会う。晩、京極高次、承兌が家康邸を訪れる。飯あり。そのついで上極の茶両種を喫す。	6935
	10月―	この月、木幡山伏見城内に舟入学問所の茶亭が成る。宇治川から直接舟を横付けできるようになる。この舟入り遺構は、桃山町丹後に南北約300m、東西90mの窪地として残る。	6936
	11月5日	秀吉、午後に木幡山伏見城西の丸へ赴く。	6937
	11月8日	是より先（10月13日）、秀吉、下野宇都宮国綱の封を奪ひ、浅野長吉（長政）をして、同領内を検地せしむ、是日、秀吉、真田昌幸をして、長政に合力せしむ。	6938

西暦1597

慶長2	11月12日	西笑承兌、徳川家康のもとを訪れる。承兌が家康に『太平御覧』（たいへいぎょらん）欠本25冊分を書写して贈る。承兌に夕飯を出す。	6939
	11月13日	徳川家康、伏見の京極高次邸に御成。足利義昭が所持していた肩衝を、高次が豊臣秀吉より拝領されたのをうけ見物に赴く。茶会の後、書院にて饂飩（うどん）、飯あり。	6940
	11月13日	家康、豊臣秀吉より文梨小壺を賜る。また秀吉より台子茶の湯の認可を受ける。「台子（だいす）」は茶の湯で使う四本柱の棚のことで、純金製の茶道具が一式揃っていることから、これを用いる茶の湯は格式の一段高いものという。	6941
	11月16日	午刻（11～13時）、西笑承兌、徳川家康のもとを訪れる。	6942
	11月17日	徳川家康（1543～1616）、江戸帰国のため、伏見を発つ。	6943
	11月22日	秀吉、伏見の邸に前田利家（加賀大納言）に会う。午後に秀頼も合流する。	6944
	12月2日	秀吉、木幡山伏見城から秀頼へ、近日中に面会を欲する旨を通知する。	6945
	12月4日	秀忠、江戸より伏見に到着。	6946
	12月8日	秀吉、淀殿（茶々）へ、近日中に面会を欲する旨を通知する。	6947
	12月14日	虎松（松平忠昌）（1598～1645）、結城秀康次男として大坂に生まれる。	6948
	12月23日	毛利輝元、伏見城の秀吉に謁見。	6949
	12月23日	「鴨鷹御用之由、内々承及候之間、即二もとすへ させ令進覧候也、猶明春早々罷上 可申進候間、不能審候、恐々謹言、」（鴨鷹を所望との由、すぐに二つを御覧いただき、来春には話をします）。家康、中納言（上杉景勝）宛に書状を送る。	6950
	12月26日	徳川家康、西笑承兌に立紋鉄色の服を贈る。大久保忠隣より使者があり会う。	6951

西暦1598

慶長3	1月10日	「越後中納言」と呼ばれた上杉景勝（1556～1623）、突然、太閤秀吉（1537～1598）より越後・北信濃91万石から、会津（会津・米沢・庄内・佐渡など）120万石への移封（国替）と兵農分離令を命じられる。これは大増封の名の下での左遷と解され、米どころ越後でかつて織田信長が恐れた上杉謙信のように勢力をつけるのを恐れたからとされる。景勝は越後国・佐渡国・出羽国内庄内3郡から、旧蒲生領、会津・仙道・長井（米沢）などを合わせ、庄内、佐渡などはそのまま安堵された。徳川家康（1543～1616）・伊達政宗（1567～1636）らを牽制する役割を期待したものともいう。直江兼続（1560～1619）、米沢6万石領す。	6952
	1月16日	会津92万石の蒲生秀行（1583～1612）、家臣対立の不始末（蒲生騒動）により、会津から宇都宮12万石へと減移封される。	6953
	1月21日	秀吉、徳川家康へ、殻蠣の贈物の礼を述べ再会を約束。詳細は滝川雄利に伝達させる。	6954
	1月21日	「就御普請之儀、上意之段被仰下候、委細存其旨候、然者如御下知半役人数三月朔日以前京着之事、聊不存油断候、此旨可然之様御取成頼入候、尚近々令上洛候之間、不能一二候、恐々謹言」。（秀吉から普請の為に命じられた半役（はんえき＝全員の半分）の人数を3月1日までに京都へ到着させるから、よろしく取り成しをお願いする）。徳川家康、徳善院（前田玄以）、増田右衛門尉（増田長盛）、石田治部少輔（石田三成）、長束大蔵（長束正家）宛に書状を送る。	6955
	1月25日	秀忠、黒田長政宛に書状を送り、朝鮮蔚山における戦功を賞し、小袖・羽織を贈る。	6956

西暦1598

慶長3	1月30日	「……仍大明人数出張之処、被尽紛」。家康、朝鮮在陣の太田飛騨守（太田一吉）（？〜1617）に書状を送り、総大将格の小早川秀俊（秀秋）の目付、太田一吉が蔚山城を堅く守ったことを称賛する。一方、家康自身は、慶長2年末に暇を下されて江戸に逗留中だが、近々上洛することを伝える。
	2月6日	会津若松から宇都宮18万石で移封された蒲生秀行（1583〜1612）、宇都宮へ移る。
	2月7日	三河本願寺派の再興を果たした妙西尼（家康の母・於大の姉、石川数正母方）（？〜1598）、本宗寺（愛知県岡崎市美合町平地）草庵で没。84歳という。
	2月9日	秀吉、北政所おね・秀頼を伴い花見の下見のため醍醐寺三宝院を訪問。花見の茶屋の建築・仁王門の修理や宴の準備を命じる。さらに、山内馬場から「ヤリ山」に至る350間の両側に桜7百本を植えるよう命じる。桜は近江・河内・大和・山城の4ヶ国から集められる。
	2月10日	上杉景勝、今城次左衛門尉等をして、景勝の旧領並びに埴科郡海津（長野市松代町松代）・水内郡長沼（長野市穂保）両城を、石田三成の奉行衆に渡さしめ、併せて、会津移転につき条目を頒つ。
	2月10日	石田冶部少輔（三成）、大谷刑部少輔、若松に着く。
	2月16日	秀吉、ふたたび、三宝院に赴き、指図。秀吉、醍醐寺の山号を深雪山と定め、秀頼を和歌に歌う。
	2月19日	武蔵国本庄城（埼玉県本庄市本庄）1万石の小笠原信嶺（1547〜1598）、没。享年52。家督は養嗣子の小笠原信之（酒井忠次の三男）（1570〜1614）が継ぐ。信之は、天正16年（1588）、伊那小笠原氏の当主・小笠原信嶺の娘を娶ってその養嗣子となっていた。家康の命ともいう。
	2月20日	秀吉、三たび、三宝院に赴き、縄張りを行う。
	2月28日	遠江久野1万6千石の松下之綱（1537〜1598）、没。享年62。日にちは異説あり。之綱は、遠江頭陀寺城主として今川義元に仕えた。このときに木下藤吉郎（後の秀吉）が、仕えていたことがあるとされる。
	3月4日	「於豆州鳥子草、かんひ、ミつまた」（豆州（伊豆）にては　鳥子草、かんひ　みつまたは　何方に候とも　修善寺文左右衛門より外には切るべからず）。家康、この日付で、伊豆修善寺の紙漉文左衛門に朱印状を与える。家康は紙漉文左衛門を駿府城下の水落に召し、紙漉きの実演をさせたところ、その出来ばえが気に入った。そこで文左衛門は城下に屋敷を賜ったうえ、朱印状を下賜した。「家康使用の公方紙を漉くときは修善寺村の紙漉人は無論、隣村の立野村の紙漉人も協力すべし」。原料は駿河原産地の富士山麓の三椏であったという。
	3月6日	転封の上杉景勝・直江兼続、木幡山伏見城を発つ。
	3月6日	「就上洛岡崎迄参著候、被入御念、」。徳川家康、清須城主羽柴侍従（福島正則）宛に書状を送り、上洛途次の船の提供に対し礼を述べる。
	3月15日	家康（1543〜1616）、江戸から伏見に上がる。
	3月15日	太閤秀吉（1537〜1598）、戒厳下の醍醐寺三宝院において「醍醐の花見」を行う。その時の輿の順も記録に残されている。一番に北政所（1549？〜1624）、二番が二の丸殿（淀殿）（1569〜1615）、三番に西の丸殿（京極龍子）（？〜1634）、四番以降は、三の丸殿（信長の六女）（？〜1603）、加賀殿（前田利家の娘麻阿）（1572〜1605）、大納言殿御内（利家室まつ）（1547〜1617）と続く。花見総奉行は前田玄以、石田三成、長束正家が務めた。境内には八つの茶屋が設けられ、秀吉は嫡子秀頼（1593〜1615）を伴い、順々に茶屋を廻る。見物群衆対策で、多くの軍兵を駆り出す。

右端の番号：6957, 6958, 6959, 6960, 6961, 6962, 6963, 6964, 6965, 6966, 6967, 6968, 6969, 6970, 6971

慶長3	3月20日	徳川家康、三宝院義演(1558〜1626)に、醍醐寺三宝院に咲く牡丹を所望する。	6972
	3月24日	石田三成が越後から入り、国を受取り、上杉景勝(1556〜1623)、会津若松城に入る。以後は「会津中納言」と呼ばれる。 上杉の領地は、福島県の白河以北から山形県置賜地方と庄内地方、それに佐渡を含む広大なものとなる。	6973
	4月1日	是より先、豊臣秀吉、関一政(1564〜1625)を川中島に移す、是日、一政、水内郡妙証寺及び浄興寺をして、寺領を安堵せしむ。 蒲生氏郷の与力大名であった関一政は、信濃国飯山3万石へ移封され、同時に豊臣氏直轄領であった川中島四郡の代官にも任じられた。	6974
	4月1日	**秀吉、伏見の家康邸に御成。**	6975
	4月2日	家康の関東代官伊奈熊蔵(伊奈忠次)(1550〜1610)、「武川衆鉢形領知行覚」を発給。	6976
	4月2日	上杉景勝が会津120万石に転封した跡をうけて、堀左衛門督秀治(1576〜1606)、越前北ノ庄18万石から越後春日山30万石へと加増移封となり、越前福井より春日山城に入る。そして越後侍従と称されるようになる。秀治は一族と与力で統治する。 春日山城(新潟県上越市大字中屋敷)に秀治、蔵王堂城(同県長岡市西蔵王)に秀治の弟・秀家(後の親良)(1580〜1637)、坂戸城(同県南魚沼市坂戸)に堀直政の次男直寄(1577〜1639)、三条城(同県三条市)に直政(1547〜1608)(城代に嫡男の直清(1573〜1641))、新発田城(同県新発田市大手町)に溝口秀勝(1548〜1610)、本庄城(同県村上市二之町)に村上頼勝(義明)(？〜1604)が入る。	6977
	4月4日	**早朝、朝鮮派遣軍総大将の小早川秀秋(1582〜1602)が大坂城を出立し、伏見城に到着する。**太田一吉、熊谷直盛、早川長政(かずなお)、垣見一直(ながたか)、福原長堯、毛利高政、竹中重利が秀秋に供奉する。 **豊臣秀吉をはじめ徳川家康、福島正則、前田利家、前田利長、青木一矩(かずのり)、京極高次、伊達政宗、上杉景勝、最上義光、細川忠興、結城秀康らが秀秋を迎える。** 小早川秀秋は、「慶長の役」で再三秀吉からの帰国要請を受けており、同年1月29日ようやく帰国の途についた。	6978
	4月10日	**秀吉、伏見の徳川家康邸に御成。**	6979
	4月12日	秀吉、青葉となった醍醐を訪れる。	6980
	4月15日	**秀吉・秀頼父子、伏見より上洛。家康もこれに従う。**	6981
	4月18日	醍醐の花見によって延引されていたが、この日、秀吉・秀頼父子が参内。 秀吉は白銀・白鳥を献上し、秀頼には中納言任官の推挙があった。	6982
	4月18日	上杉景勝(1556〜1623)・毛利輝元(1553〜1625)、それぞれ権中納言を辞退。	6983
	4月20日	前田利家(1539〜1599)、嫡男利長(1562〜1614)に家督を譲り隠居。しかし、実質的には隠居は許されず、利家は、7月には、五大老・五奉行の制度を定めた秀吉より、大老の一人に命じられる。 前田利長、富山城から金沢城に入り、同日、権中納言・従三位に昇進。	6984
	4月20日	秀吉(1537〜1598)・秀頼(1593〜1615)父子、再び参内し、秀頼は従二位下・権中納言に進む。 中将から参議を経ずに中納言に直接任ずるのは、豊臣家が摂関家であることを明示している。	6985

慶長3	4月21日	元常滑城主・水野監物入道(守隆)(？～1598)、この日、京都において病死という。	6986

守隆は、織田信長の下で桶狭間の戦いで初陣。その後も佐久間信盛の配下で本願寺攻めに参陣、伊勢長嶋の合戦では水軍を率い軍船安宅船を使った戦いを展開したりしたが、和歌や茶道など風雅の道にも通じた教養人でもあった。そして、数々の武勲を上げて、守隆は3代目常滑城 (愛知県常滑市市場町) 城主とる。しかし、天正10年 (1582) 6月本能寺の変では、京にいた水野守隆は、明智光秀に味方したため城を没収され隠棲した。隠棲後は、「監物入道」と名乗り京都に滞在。連歌や茶道をたしなむ文化人として、千利休、津田宗及らと親交を結び、出身地である常滑で作られる常滑焼を茶人らに紹介したという。
水野守隆の妻(のちの総心尼)は、緒川水野信元の娘で於大の方の姪、家康の従妹にあたる。本能寺の変後、夫水野監物が京で閑居してからは、監物の妻は常滑に残り、城下の庵で家康から二十人扶持を貰って生活したという。そして、総心尼の妹の実子を養子として迎え、水野家を再興し、尾張藩に仕えて幕末に至るという。

	4月24日	秀吉、伏見滞在のため不在の中、秀頼が京都新城にて公家衆より昇進の祝の惣礼を受ける。	6987

義演はこのとき、秀頼が若干6歳にして堂々と惣礼を受けた様子を日記の中で賞賛している。
礼参の順は、龍山近衛入道(近衛前久)、照高院准后道澄、妙法院二品親王常胤)、三宝院准后義演、大覚寺二品親王空性、聖護院二品親王(興意)、梶井无品親王(最胤)、竹内无品親王(覚円)、一乗院大僧正尊勢 (近衛信尹の次弟)、大乗院大僧正義尊(足利義昭嫡子・義尋)、実相院童形(慈運)。取次は池田照政(のち輝政)及び前田玄以。

	4月29日	**徳川家康(1543～1616)、細川幽斎(1534～1610)へ、秀吉「不例」により摂津国有馬湯治が延期になった旨を通知。**	6988

	4月―	この月、小早川秀秋 (筑前名島城主) (1582～1602)、朝鮮派遣軍総大将として不首尾として、筑前・筑後の領地は悉く没収され、越前北ノ庄15万石への転封を命じられる。6月ともいう。溝江長氏(？～1600 ?)、小早川秀秋の附家老に任命される。旧小早川領は太閤蔵入地となり石田三成 (1560～1600) が代官となった (後に浅野長吉(後の長政))も代官に加わる)。	6989

	5月1日	**この日の朝、秀吉上洛。秀吉・秀頼父子、徳川家康を従えて木幡山伏見城に帰る。**	6990

	5月3日	「為端午之祝儀、帷子二之内生絹一」。	6991

家康、常陸国牛久の由良信濃守(由良国繁)(1550～1611) に御内書もって、端午之祝儀を謝す。

	5月5日	太閤秀吉が、病の床に就く。咳気を患い本格的な病となる。	6992

	5月5日	「為端午之祝儀、帷子一重之内単物」。	6993

家康、常陸国牛久の由良信濃守(由良国繁)に御内書もって、端午之祝儀を謝す。年比定が違うかも。

	5月20日	「大坂城修築の普請を開始」。	6994

天正11年(1583)、秀吉(1537～1598)は石山本願寺跡に普請を開始。秀吉、さらに大坂城修築の普請を開始する。
天守閣は外観5層7階で、鯱瓦や飾り瓦、軒丸瓦、軒平瓦などに黄金を用いた。
本丸の築造に約1年半を費やし、その後も秀吉が存命した15年の全期間をかけて、徐々に難攻不落の巨城に仕上げられた。

慶長3	5月20日	秀吉、豊臣秀頼の命令に違反した侍女「きつ」・「かめ」・「やす」・「つし」の4名の処分を命令。先に秀吉は秀頼に「さて、きつ・かめ・やす・つしについて、貴方（秀頼）の気に背いたと聞きました。もってのほかのことで、母様（淀殿）に申し付けなさって、四人を一つ縄で縛り、父様（秀吉）がそちらへ行くまで置いておいてください。予がじかに参上してことごとく叩き殺してあげるよ。決して赦してはいけない」との手紙を送っていた。	6995
	6月13日	秀吉不例の記録（義演准后日記）。	6996
	6月16日	秀吉が金剛峯寺金堂の伏見移築の普請現場を検分後、この時の無理が病状が悪化する。	6997
	6月26日	「去年者為御音信大鷹三遠路為上」。家康、南部大膳大夫（南部信直）（南部氏第26代当主）(1546～1599) に書状を送り、大鷹の贈呈を謝す。	6998
	6月一	この月、徳川秀忠 (1579～1632)、弟松平忠吉（武蔵国忍城主）(1580～1607) に書を送り、尾張大野に腫物治療を行うため潮湯治する松平忠吉を見舞う。	6999
	7月4日	秀吉、居城である伏見城に徳川家康ら諸大名を呼び寄せて、家康に対して子の秀頼 (1593～1615) が15歳になるまではと、後見人になるようにと依頼。	7000
	7月13日	「五奉行を定める」。太閤秀吉 (1537～1598)、死後の体制を考えて、石田三成 (1560～1600)・長束正家 (1562？～1600)・増田長盛 (1545～1615)・浅野長吉（後の長政）(1547～1611)・前田玄以 (1539～1602) を、五奉行と定めるという。年月日等は異説あり。一・蔵米の出納、二・治安の維持、三・徳川氏への対策の二つを職務としたという。	7001
	7月13日	「伏見内府家康見舞龍、糒十袋、進物申也、……又家康系図下書来也、……」（『舜舊記』）。	7002
	7月14日	「上様弥御気色能御座候由、目出存」。家康、甲斐在国の浅弾正（浅野長吉（長政））(1547～1611) に書状を送り、秀吉の体調が良いと告げる。	7003
	7月15日	太閤秀吉、「太閤様被成御煩候内に被為仰置候覚」という名で、徳川家康・徳川秀忠・前田利家・前田利長・宇喜多秀家・上杉景勝・毛利輝元ら五大老及びその嫡男らと五奉行のうちの前田玄以・長束正家に宛てた11ヶ条からなる遺言書を出す。第十条では、徳川家康は伏見城で政務を見るように。前田玄以と長束正家が留守居役を務めること。徳川家康が天守に上がりたいと言う場合は自由に案内すること。第十一条では、前田利家は大坂城で秀頼の守役を務めるように。城の警備は皆で協力して努めるように。前田利家が天守に上がりたいと言う場合は自由に案内すること。	7004
	7月15日	秀吉遺言書を受けて、諸大名は、秀頼お守り役・前田利家邸で、家康と利家に血判の誓書を呈して、秀頼への忠誠を誓う。	7005
	7月22日	「……仍最前不出衆、今日いつれも」。家康、大納言（前田利家）宛に書状を送る。	7006
	7月23日	会津の上杉景勝、伏見留守役の千坂対馬に、秀吉の病状が問う書状を送り、速やかに上洛すべきか問う。	7007
	7月25日	「秀吉の形見分けの取り決め」。秀吉は死期を覚り、禁中ならびに公家・諸大名にも、7月15日に決めた金銀・刀剣を与える。大名第一は内大臣家康で牧渓筆の絵画「遠浦帰帆」と金子3百枚、第二は大納言利家で三好宗三の太刀と金子3百枚、第三は北庄中納言秀秋で捨子銘の茶壷、吉光作の脇差、金子百枚。第四徳川秀忠で「枯木之絵」、第五上杉景勝で「雁之絵」、第六宇喜多秀家で「最巻」、第七毛利輝元で「七台」と続き、第二百二十七番・金森出雲守可重に至るまで、遺品または金子が贈られる。	7008

慶長3	7月27日	「江戸内府へ冷（冷泉為満）被行了、対顔也云々、草子事相済了」(『言経卿記』)。	7009
	8月1日	秀吉、伏見で能興行。	7010
	8月3日	ポルトガル人通訳のロドリゲス、単身、伏見城に呼ばれ秀吉に謁見。 秀吉は、翌日もロドリゲスを招き、ポルトガル船の商談を早急にまとめるように頼み、死期の迫った秀吉は別れの挨拶をしたという。	7011
	8月4日	太閤秀吉、田丸直昌（1543〜1609）に川中島の地を知行充行ふ、田丸直昌、鳥羽伝内の、直昌下国に就いて、物を贈れるを謝す。先に、直昌は秀吉に仕え、信濃国川中島の海津城主に封ぜられた。	7012
	8月5日	秀吉、伏見城・大坂城の城番を定める。	7013
	8月5日	秀吉、年寄衆・女房衆へ遺言を残す。	7014
	8月5日	**秀吉、徳川家康・前田利家・毛利輝元・宇喜多秀家の四人へ縁辺について談合。** **家康は3年間在京し所用の場合は徳川秀忠を江戸に下すべきこと、奉行衆の前田玄以・長束正家以外の3名中1人は伏見城留守居を担当し家康は常時伏見城留守居とすべきこと、大坂城留守居は奉行衆中の2人とすべきこと、秀頼を大坂城に入城させて諸大名の妻子を大坂に証人として滞在さすべきを命令。**	7015
	8月5日	「敬白霊社上巻起請文前書之事　一御知行方之儀、秀頼様御成人之上、為御分前不被仰付以前ニ、不寄誰御訴訟雖有之、一切不可申次之候、……」。 家康・利家と五奉行、誓書を交換する。家康と利家は、秀頼が成長し判断するようにまで、大名領知等安堵・加増の取次をしないことを誓う。	7016
	8月6日	**「秀吉、朝鮮出兵の収拾を五大老に委任」。この日未明に、重態の秀吉は、密かに前田利家と徳川家康を伏見城の病床に招いて、気がかりな死後の処置について細々と懇願する。** その大要は、一　朝鮮に在る将兵の速やかな帰国、二　撤兵が完了するまで喪を秘すること、三　五大老が力を合わせ、秀頼を守り立ててほしいなど。 遺言状の末尾には、「返々　秀より事たのミ申候〻、五人のしゆたのミ申候、いさい五人の物ニ申わたし候、なごりおしく候、以上秀より事なりたち候やうに、此かきつけ候しゆとして、たのミ申候、なに事も此ほかにわのもいのこす事なく候、かしく」。安国寺恵瓊（1539？〜1600）は、この様子を末座において見聞という。 秀吉の念願は飽くまでも豊臣家の存続であり、そのために最も気懸りなのは徳川家康の存在であった。家康は家柄から閲歴から見て秀吉の客将で、いわゆる「天下取り」の次の順番を待っている人物である。大名としては関東六か国二五〇万石という最大の大名で、地位は五大老の筆頭、律義者で知られた三河武士を譜代の忠臣とし、朝鮮両度の戦争には出征を免れて所領の経済力蓄積に努めることが出来た。その家康が一目置いたライバルは前田利家で、家康よりは四歳の年長であった。秀吉が最も期待し、信頼を置いた盟友であったが、病気勝ちで健康を気遣われていた。	7017
	8月7日	「江戸内府（家康）へ冷（冷泉爲満）被行了、対顔也云々、内府ヨリ公武大躰略記作者又一覧スヘキ由承了、……」(『言経卿記』)。	7019
	8月8日	家康、五奉行に、秀頼への奉公を誓う起請文を提出。	7020
	8月8日	石田三成（1560〜1600）、五奉行として、徳川秀忠、前田利長、宇喜多秀家の秀吉に対する誓紙を受け取る。	7021

慶長3	8月10日	「豊臣氏四大老連署契約状」。「条々 一上様長々御煩付而、御失」。	7022

「豊臣氏四大老連署契約状」。「条々 一上様長々御煩付而、御失」。
徳川家康・前田利家・宇喜多秀家・毛利輝元、「条々」全3ヶ条を発す。
その内容は「上様長々御煩付而、御失念も在之様ニ」なったため「御知行方其外御仕置」などの件は先規に従うべきこと、この8月10日以後においては秀吉が「如何様之儀被仰出」れたといえども「御請ハ先申上」て秀吉「御本復」になって「慥得御諚」（確実諚）が出されるようなってから遵守すること、「御知行方并御仕置」等はこの「誓紙」で決定した通りとすることを公表。

	8月11日	朝日殿（北政所おねの生母）、没。秀吉の死の7日前であった。	7023
	8月11日	**五奉行より重ねて、徳川家康ら五大老に起請文が提出される**	7024

	8月11日	「江戸内府へ冷州道へ罷向了、……対顔暫令雑談了、公武大躰略記進了、先日御尋之間、持参申入了」（『言経卿記』）。	7025

冷泉為満（1559～1619）、山科言経（1543～1611）と共に、家康（1543～1616）の元に、「公武大躰署記」を持参。「公武大躰略記」は、禁中・仙院・后宮・親王以下の位や別称、公武諸家の由来について解説した有職故実書。空蔵主により、室町足利義政の時代、長禄2年（1458）3月4日付で著わされた。

	8月一	前田利長（1562～1614）、秀頼（1593～1615）の博役となる。	7026

	8月一	**この月、家康は、石田三成らの留守を狙うように、六男忠輝に伊達政宗の長女を迎え、松平康元の娘を養女（満天姫）として福島正則の養嗣子・正之に、小笠原秀政の娘を養女（氏姫）として蜂須賀家政の長子至鎮に、嫁がせようと盛んに接触を重ね、加えて、三成に恩義のあった島津義久と会見するなど、精力的に動く。さらに、加藤清正、黒田長政らとも接触。加藤清正には、水野忠重の娘を家康養女として、嫁がせる画策をする。**	7027

黒田長政は、三成ら文治派との対立路線から五大老の徳川家康に接近し、後に家康の養女・栄姫（保科正直の娘）（？～1635）を、正室（継室）に迎える。

	8月16日	**徳川家康57歳、山科言経をして装束を調進させる。**	7028
	8月17日	**是より先、豊臣秀吉、甲斐善光寺如来を京都に移せるも、霊夢に依り、是日、之を信濃善光寺に送る、後陽成天皇、善光寺本尊の儀に就いて、勅使及び綸旨を下され、家康、之に奉答す。**	7029
	8月17日	**聖護院道澄（近衛前久弟）（1544～1608）、毛利輝元、前田利家、徳川家康らの五大老連名による三井寺再興の許可を得る。** 三井寺（園城寺）は、秀吉の「文禄の闕所」で取り壊されていた。	7030
	8月17日	伏見騒然、豊臣五奉行、連署状を出して、諸士の参集を禁じる。	7031
	8月18日	**「豊臣秀吉没」。午前2時頃、秀吉（太政大臣・従一位）（1537～1598）、伏見城（木幡山）で没す。享年63。側近、これを秘める。その遺命として、千姫（2歳）（1597～1666）、秀吉の嫡子・秀頼（6歳）（1593～1615）との縁組が決まる。** 淀殿（茶々）（1569～1615）は、秀頼の後見人として大蔵卿局（？～1615）・饗庭局（？～1615）らを重用して豊臣家の家政の実権を握った。	7032
	8月18日	**「家康暗殺未遂事件」。** 石川頼明（？～1600）、石田三成（1560～1600）の命で、家康伏見屋敷に放火し、家康を暗殺しようとするも、家臣に捕まるという。三成の言い訳で、何とか頼明は不問となるという。『武家盛衰記』の話であるが、真意は不明。	7033
	8月19日	**徳川秀忠（1579～1632）、江戸帰国のため伏見を発す。徳川の勢力を2分させるため、家康（1543～1616）が命じていたという。**	7034

西暦1598

慶長3	8月25日	**「朝鮮撤兵決定―家康は伏見城で政務を執る」**。家康ら五大老・五奉行、島津又八郎（島津忠恒、家久）に、秀吉の死を秘すため秀吉朱印状形式をとって、徳永寿昌(1549～1612)・宮城豊盛(1554～1620)を、長期在陣慰労のため派遣した旨を通知。秀吉の死後秀頼が成長するまでは、五大老・五奉行の合議・連帯体制によって政務代行し、豊臣政権が維持されることになった。	7035
	8月25日	「太閤様御煩い、弥御快気なされ候間、御心安かるべく候」。「豊臣家五奉行連署状」。豊臣五奉行、連署書状を、朝鮮在陣中の鍋島直茂宛に送る。朝鮮での動揺を防ぐために秀吉の死去は秘匿され、11月にかけて撤退が進められた。	7036
	8月28日	**徳川家康及び前田利家、毛利秀元・浅野長吉(後の長政)・石田三成らを、筑前博多に赴かせ、朝鮮在陣の諸軍の撤収にあたらせる。**	7037
	8月28日	**「豊臣氏四大老連署状」。「其表御無事之上を以、可被打入之」。**毛利輝元・宇喜多秀家・前田利家・徳川家康の四大老(上杉景勝は帰国中)、朝鮮在陣中の黒田甲斐守(黒田長政)・羽柴左近(立花宗茂)に対し連署の書状を送る。秀吉の喪を秘し、朝鮮で和議を成立させた上、内地に引き揚げよという秀吉の朱印状と覚書により使節を派遣すると伝える。	7038
	9月3日	「敬白霊社上巻起請文前書之事 一」。前田玄以・浅野長吉(後の長政)・増田長盛・石田三成・長束正家の五奉行は、五大老の徳川家康・前田利家・宇喜多秀家・上杉景勝・毛利輝元へ宛て、全7ヶ条の「霊社上巻起請文」を提出。	7039
	9月3日	「豊臣五大老五奉行連署起請」。「敬白霊社上巻起請文前書之事 一秀頼様御為存候上者」。徳川家康・前田利家ら、豊臣秀頼に忠誠を誓う。また家康らの年寄衆(五大老)、石田三成らの五奉行と誓約。	7040
	9月5日	**「豊臣氏四大老連署状」。「熊以飛脚令申候、一、御無事之儀、取(最)前加藤主計手前候て可仕之旨、被 仰出候、」。**徳川家康・前田利家・宇喜多秀家・毛利輝元の四大老、毛利壱岐守(毛利吉成(勝信))・伊東民部太輔(伊東祐兵)・相良宮内太輔(相良頼房)・高橋九郎(高橋元種)・秋月三郎(秋月種長)・嶋津又七郎(島津豊久)六将へ、日明「御無事」交渉に関して、加藤清正を担当とし交渉が難調である場合は代わりの者が交渉にあたること、日本の「御外聞」を考慮して「御無事」の条件に「朝鮮王子」を人質にとるか、「御調物」を貢納させるかを相談すべきこと、更に冬期中の処置を指示。「太閤様」の命令で新建造の「迎船」百艘、その他諸浦に2百艘を派遣すること、徳川家康・毛利輝元・宇喜多秀家が筑前国博多に下向する予定であったが、毛利輝元・浅野長吉(後の長政)・石田三成が出征諸将を出迎えることを通達。	7041
	9月5日	「豊臣四大老連署書状」。「……一御無事之儀、取前其方手前」。四大老、加藤主計頭(清正)宛に書状を送る。	7042
	9月5日	「豊臣四大老連署書状」。「……一御無事之儀、取前加藤主計」。四大老、黒田甲斐守(長政)宛に書状を送る。	7043
	9月5日	「豊臣四大老連署書状」。「……一御無事之儀、取前加藤主計」。四大老、羽柴兵庫頭(島津義弘)・同又八郎(島津忠恒)宛に書状を送る。	7044
	9月5日	「豊臣四大老連署書状」。「……一御無事之儀、取前加藤主計」。四大老、寺沢志摩守(広高)宛に書状を送る。	7045
	9月5日	「豊臣四大老連署書状」。「……一御無事之儀、取前加藤主計」。四大老、小西摂津守(行長)・羽柴対馬守(宗義智)宛に書状を送る。	7046
	9月5日	**家康の新しい装束、亀屋栄任(京都の豪商)(？～1616)の元へ届く。**	7047
	9月6日	前田玄以(1539～1602)、極秘裏に阿弥陀ケ峰で鎮座地の縄ばりを行う。	7048

慶長3	9月7日	阿弥陀ヶ峰に八幡大菩薩堂築造開始。阿弥陀ヶ峰の麓に神仏習合の八幡大菩薩堂建設がはじまる。	7049
	9月8日	**「豊臣五大老五奉行連署起請」**。「**大起請文之事 一敬白天罰霊社上**」。家康他9名の起請文が出される。	7050
	9月10日	石田三成に秀吉の形見分けがある。吉光作の脇差と金子50枚。	7051
	9月15日	豊臣秀頼(1593～1615)、方広寺大仏殿に八棟造の鎮守(豊国神社)を創建せんとして、縄張りの儀を行う。	7052
	9月17日	五大老の一人上杉景勝、秀吉の訃報を受けて、会津を発つ。	7053
	9月20日	**「御移国之祝儀」**。徳川秀忠(1579～1632)、上杉景勝(1556～1623)に会津移封の祝儀として、太刀一腰、馬一疋、呉服、虎皮などを贈る。	7054
	9月28日	**「後陽成天皇の」**不予御祈として是日より七箇日間、清涼殿に於て神道護摩を修せらる、是日、平野社、北野社等に近侍の御代官詣あり、又、徳川家康、御薬を献ず。	7055
	10月1日	大坂からの使者が釜山に到着。	7056
	10月1日	**大老徳川家康から使命された使僧が、この日に渡海し朝鮮南部に散らばっている各武将宛てに帰国命令を伝えたという。**	7057
	10月2日	9月17日会津を発った上杉景勝、伏見の邸に入る。	7058
	10月2日	**「御折紙之通、具令披見候、仍御仕置等被仰付、早速御上洛之段、御大儀共候、何様御上之時可申承候間、令省略候、恐々謹言」**。家康、会津中納言(上杉景勝)宛に返書状を送り、景勝が国元仕置を申し付けてそこそこに上洛することを「御大儀」として了承する。	7059
	10月7日	**「……仍大明人数少々罷出由、主斗」**。家康、黒田甲斐守(黒田長政)(1568～1623)宛に書状を送り、加藤清正の注進により黒田長政の朝鮮での軍功を賞す。	7060
	10月9日	**「秀吉亡き後、家康は旧領でも威光を示したか」**。家康の臣牧野康成(1555～1610)、岡崎城主田中吉政(1548～1609)に、家康が矢作橋普請を認めたことを伝える。	7061
	10月11日	**島津龍伯(義久)(1533～1611)、内大臣徳川家康のもとへ参上。** これは家康からのたびたびの要請に応じたものであった。	7062
	10月14日	**徳川家康、伏見の池田照政(のち輝政)(1565～1613)邸に御成。** 輝政室は、家康の娘・督姫(1565～1615)。	7063
	10月15日	**「豊臣氏五大老連署状」**。五大老の連署により朝鮮在陣の諸将に、釜山集結と帰国を命じる。	7064
	10月15日	**「豊臣五大老五奉行連署書状」**。「**……一順天城へ大明人取懸之由候**」。小西摂津守宛。小西行長である。	7065
	10月15日	**「豊臣五大老連署書状」**。「**……一順天之城へ大明人取懸之**」。黒田甲斐守宛。黒田長政である。	7066
	10月15日	**「豊臣五大老五奉行連署書状」**。「**……一順天之城へ大明人取懸之**」。鍋島加賀守・同信濃守宛。鍋島直茂・勝茂父子である。	7067
	10月16日	**「豊臣氏五大老連署状」**。「**朝鮮表之儀、大明人罷出之由相聞**」。脇坂中務少輔宛。脇坂安治(わきざかやすはる)(1554～1626)である。	7068
	10月16日	**「豊臣五大老五奉行連署書状」**。「**朝鮮表之儀、大明人罷出之由相聞**」。菅平右衛門尉宛。菅達長(?～1615)である。	7069

西暦1598

慶長3	10月16日	「豊臣五大老五奉行連署書状」。「朝鮮表之儀、大明人罷出之由相聞」。生駒讃岐守宛。生駒一正(1555～1610)である。	7070
	10月19日	後陽成天皇、三伝奏(勧修寺晴豊．久我敦通・中山親綱)を呼んで、譲位の意向を前田玄以に伝えるよう命じる。	7071
	10月19日	「……仍大明人衆出候之由、無御心」。 家康、朝鮮在陣中の黒田甲斐守(黒田長政)宛に書状を送り、撤収を指示する。	7072
	10月19日	「……仍大明人罷出候由、無御心元」。 家康、朝鮮在陣中の加藤主計頭(加藤清正)宛に書状を送り、黒田甲斐守と相談しての撤収を指示する。	7073
	10月21日	後陽成天皇(1571～1617)、皇弟八条宮智仁親王(1579～1629)に譲位すると表明する。	7074
	10月22日	「豊臣氏五大老五奉行連署状」。「朝鮮表之儀、先書ニ如申候、大明」。御弓鉄炮衆惣中宛。	7075
	10月22日	「豊臣氏五大老五奉行連署状」。「……一大明・朝鮮之人数、順天雛」。寺沢志摩守(寺沢広高)宛。	7076
	10月23日	前関白九条兼孝(1553～1636)、後陽成天皇譲位諮問の勅使に、不可を下す。	7077
	10月23日	武蔵江戸在城の徳川秀忠、上杉景勝の臣大石播磨守・岩井備中守(信能)・安田上総介の会津三奉行に書状を送り、上杉中納言景勝の上洛中も疏意なき旨を通ず。	7078
	10月24日	徳川家康、伏見の京極高次邸に御成。	7079
	10月24日	25日にかけて、徳川家康(1543～1616)、山科言経(1543～1611)・西笑承兌(1548～1608)・三要(閑室)元佶(1548～1612)らと、天皇譲位の件を緊急協議。 そして、他の大老や五奉行と連絡を取り、素早く譲位不賛同に意見を取りまとめた。	7080
	10月26日	増田長盛・長束正家が五大老らの意向を携えて、摂家を訪れる。 徳川家康は、後陽成天皇譲位の件で、すでに決定している第一宮(良仁親王(覚深法親王)(1588～1648))をさしおくことは、できぬと示す。	7081
	10月26日	「……仍輝元御同心之由、喜悦令存」。 家康、安国寺(安国寺恵瓊)(1539?～1600)宛に書状を送り、毛利輝元に加勢を悦ぶ。 天皇譲位は、「叡慮次第」で賛成に回ったのが、家康・輝元・近衛信尹であった。	7082
	10月27日	「……仍大明人数出候由承、無御心」。 家康、またまた黒田甲斐守(黒田長政)宛に書状を送り、高麗陣を労い、藤堂高虎が渡海すること、加藤清正と談合するように伝え、速やかな撤収を指示する。	7083
	10月―	箕輪城主(12万石)井伊直政(1561～1602)、箕輪城(群馬県高崎市箕郷町)から和田城(高崎市高松町)に移り、和田を「高崎」と改め、高崎藩が成立。	7086
	11月2日	「豊臣氏五大老連署状」。「去月二日龍伯人御注進状、昨日到来、令披見候、然而其表大明人、九月十九日、罷出、晋州」。 五大老、羽柴兵庫頭(島津義弘)・嶋津又八郎(島津忠恒)宛に書状を送り、泗川城攻略を賞し、敵軍の退却を見計らって釜山浦へ退却、そして帰朝すべきを通達。	7087
	11月2日	「石田三成・浅野長吉(長政)連署状」。朝鮮在陣中の島津義弘他三名へ。	7088
	11月3日	「……殊ニ高麗表之義、具ニ被仰越」。 家康、浅野弾正少弼(浅野長吉(長政))(1547～1611)に返書状。 「朝鮮のことをつぶさに報告されたのは潔いことです。相違なく撤退されることがもっともです」などと記し、「参着可申候(到着するでしょう)」と記す。	7090

慶長3	11月3日	「家康の奏上により言経の勅勘恩免」(『言経卿記』)。 **家康のとりなしにより、山科言経(1543〜1611)の勅勘赦さる。**	7091
	11月4日	「…一かうらいへ御いそき候て、」。 家康、佐州(藤堂高虎)(1556〜1630)に書状を送り、高麗陣を労い、速やかな撤収を指示する。	7092
	11月5日	**徳川家康の三女振姫(1580〜1617)、宇都宮12万石(後に会津若松藩主)蒲生秀行(父氏郷、母は信長次女冬姫)(1583〜1612)に嫁ぐ。秀行、さらに徳川家康(1543〜1616)の後見を受ける。**	7093
	11月6日	**後陽成天皇退位につき、皇位継承について相論あり。太閤秀吉の遺言である良仁親王(一宮、母は中山親子)(覚深法親王)(1588〜1648)と、嫡子政仁親王(後水尾天皇)(三宮、母は近衛前子)(1596〜1680)で相論され、結果秀吉の遺言を違えて「当今(後陽成)の意思」として政仁親王が内定される。**(義演准后日記)。	7094
	11月8日	毛利輝元(1553〜1625)、石田三成(1560〜1600)を主客に招き、筑前博多豪商・神屋宗湛邸に茶会を行う。	7095
	11月8日	是より先、仙石盛長(秀康、秀久)(1552〜1614)、肥前名護屋より上洛す、是日、小諸城(長野県小諸市丁)に帰らんとして、京都を発す。	7096
	11月9日	**家康、逮捕されていたポルトガルの宣教師ジェロニモ・ジェズス(?〜1601)と会見し、フィリピン通交の斡旋を委嘱。**彼はフィイリピン及びメキシコとの貿易の斡旋を条件に、布教の許可を得て江戸に教会を建てる。	7097
	11月10日	朝鮮から日本軍が撤退開始。	7098
	11月15日	「御折紙披見候、仍高麗表敵败北付而、何も釜山浦へ被引取之由尤存候、爾早々帰朝候様可燃候、猶期後音之時候條、不能具候、恐々謹言、」。 家康、浅野弾正少弼(浅野長吉(長政))宛に書状を送り、高麗表の戦功を賞し、早々の帰朝を促す。	7099
	11月16日	「……至其地御上之由候、随而高麗」。徳川家康、小寺如水に書状を送り、黒田長政が朝鮮から帰ってくるを伝える。小寺如水は、黒田長政の父、黒田如水(1546〜1604)。如水は、12月に上洛し伏見屋敷に居住したという。	7100
	11月18日	**徳川家康、天皇譲位の件につき、無用の旨を諫奏する。ついに譲位は、沙汰やみとなる。が、皇継者問題の決着は先送りとなった。**	7101
	11月20日	**「慶長の役―慶長1年9月2日〜慶長3年11月20日」終結。** 最後まで駐留していた島津隊が巨済島より対馬に向かい撤退し、太閤秀吉が2度目に起した朝鮮出兵・慶長の役が終結。終戦を宣言する講和条約を結ぶ間もないままに撤兵し、朝鮮とは国交断絶となる。	7102
	11月25日	**「豊臣氏五大老連署状」。「其表大明人并番船罷出候由候間、」。** 徳川家康・前田利家・宇喜多秀家・上杉景勝・毛利輝元の五大老、羽柴薩摩侍従(島津義弘)・島津又八郎(島津忠恒(後の家久))へ、大明軍出動の風聞に接し藤堂高虎の派遣、状況次第では九州駐留の船手衆やその他の軍勢派遣も計画している旨を通達。大明軍退散の場合は徳永寿昌・宮城豊盛から釜山浦撤退通知に従い帰朝すべきを命令。万端は藤堂高虎の指示に従うよう告知。	7103
	11月25日	**「豊臣五大老連署書状」。「其表大明人并番船罷出候由候間、」。**五大老、九州の高橋九郎(高橋元種)・秋月三郎(種長)・島又七郎(島津豊久)・伊東民部太輔(祐兵)・相良宮内太輔(長毎)へ、上記同様、藤堂高虎の派遣等を通達。	7104

西暦1598

慶長3	11月25日	**「豊臣五大老連署書状」。「朝鮮表へ大明人并番舟罷出候由候」。** 五大老、浅野弾正少弼(長政)・石田治部少輔(三成)へ、上記同様、藤堂高虎の派遣等を通達。	7105
	11月25日	**「為御音信、使者并ひろうと三巻送」。** 家康、黒田甲斐守(長政)宛に返信を認め、音信と贈り物を謝す。	7106
	11月25日	日本軍はこの日には、全軍が釜山浦からの撤退を終えるとされる。	7107
	11月26日	**徳川家康、伏見の長宗我部元親邸に御成。**	7108
	11月28日	**家康は是より先、朝鮮在陣中の黒田長政より、小西行長に人質を渡し釜山浦へ質物が到着次第撤退するとの報告を受けた。家康、黒田長政宛に返書状を送り、これを承認、帰朝後の面談を約する。**	7109
	11月一	**この月、泉州堺の銀吹屋湯浅作兵衛(?~1636)は、家康に伏見に召出され、御銀吹役・御銀改役を命ぜられ大黒の姓を拝領。日にち異説あり。** 大黒常是は、当時の銀座の吹所で極印打ちを担当していた常是役所の長としての代々世襲の家職に与えられた名称。	7110
	12月1日	**「秀吉遺言の遺物分配」。**徳川家中では、家康に掛物一幅・金三百枚、秀忠に掛物一幅、結城秀康に刀一腰、井伊直政に刀一腰、本多忠勝に刀一腰、榊原康政に大脇差一腰、奥平定能に黄金五枚、大久保忠隣に刀一腰が贈られた。	7111
	12月1日	**家康、島津忠恒(のちの家久)・山岡道阿弥(景友)に、島津龍伯(義久)の家康邸訪問を所望する。**	7112
	12月3日	**徳川家康、伏見の新庄直頼(摂津高槻城主)(1538~1613)邸に御成。**	7113
	12月6日	**島津龍伯(義久)、徳川家康邸を訪問する。**龍伯は、増田長盛・長束正家・前田玄以に報告し、了解を得てから家康邸を訪問したという。	7114
	12月7日	**山科言経(1543~1611)、徳川家康の強い推挙で、勅免により朝廷に復帰する。**	7115
	12月9日	**「……仍高麗表御無事相澄、何も帰」。**家康、秀吉の死を伏し、朝鮮表から軍勢を帰国させる為に渡海する藤堂佐渡守(藤堂高虎)(1556~1630)に返書状を送る。	7116
	12月9日	**徳川家康、伏見の細川幽斎邸に御成。**	7117
	12月10日	島津義弘(1535~1619)が筑前博多に到着。日本軍、全軍撤退完了。	7118
	12月10日	**徳川家康、教如(1558~1614)のもとを訪れる。**	7119
	12月11日	**家康、増田長盛邸に御成。**	7120
	12月11日	隠居し、秀吉の相伴衆となっていた家康家臣・奥平貞能(1537~1599)、伏見において病没。享年62。	7121
	12月17日	**徳川家康、伏見の有馬則頼邸に御成。**	7122
	12月18日	豊臣家が造営した方広寺大仏殿の造営が完成する。	7123
	12月18日	**家康(1543~1616)、方広寺を参詣する。さらに秀吉の眠る「新八幡」(豊国神社)に赴き、前田玄以、増田長盛らが供奉する。**	7124
	12月24日	**徳川家康、「大仏之社」のことについて神龍院梵舜(1553~1632)に尋ねる。** 梵舜は、兄である吉田兼見と共に豊国廟の創立に尽力、その社僧となる。	7125
	12月25日	**「豊臣三大老連署書状」(家康御判・秀家在判・輝元在判)。「当寺領之事都合四千六百弐拾弐石」。**醍醐寺山上山下へ所領安堵状。	7126
	12月28日	**「豊臣五大老連署書状」。「当寺領之事、都合四千三百弐拾七」。**三井寺(園城寺)へ所領安堵状。	7127

西暦1598

慶長3	12月29日	「天皇譲位の件は、沙汰やみとなる」。 この日、第二宮幸勝（梶井宮承快法親王）(1591～1609)は、仁和寺へ入室。	7128
	12月30日	「為歳暮之祝儀、小袖一重内綾一到」。 家康、常陸国牛久の由良信濃守国繁(1550～1611)に御内書を送り、歳暮祝儀到来を謝す。	7129
	12月一	この月、石田三成ら、博多から京都に戻る。	7130
	一	今川氏真61歳(1538～1615)、徳川秀忠に懇願し、次男今川高久23歳(1576～1639)を出仕させる。今川高久は、「物加波」名馬を賜る。 高久ははじめ今川を称していたが、今川宗家は兄の今川範以(1570～1608)が相続していたため今川の苗字は嫡家に限る(天下一苗字)という由緒を重んじた秀忠の意向により、屋敷地にちなんで苗字を「品川」に改めた。高家品川家の祖である。	7131

西暦1599

慶長4	1月1日	伏見城で諸大名らによる秀頼(1593～1615)に年賀の総礼が行われる。前田利家(1539～1599)、秀頼を抱き諸将から拝賀の礼を受ける。	7132
	1月2日	徳川家康、石清水八幡宮参詣という。	7133
	1月3日	島津龍伯（義久）(1533～1611)、徳川家康と往来したため、豊臣氏の奉行石田三成(1560～1600)がこれを詰問するとされる。この日、龍伯は、惟新（義弘）・忠恒（後の家久）父子に誓書を与え、異心なきことを誓う。	7134
	1月3日	家康(1543～1616)、伏見の島津義弘邸を訪ねて義弘・忠恒（後の家久）父子の朝鮮での労をねぎらい刀や馬を贈る。	7135
	1月5日	「秀吉の死を公表」。 五奉行、太閤秀吉の死を公表し、大仏鎮守として秀吉を神に祀る旨を発表する。秀吉の死後も秀頼が諸大名に奉崇されている様子を義演が記録。(義演准后日記)。次いで五奉行が誓の本結を切る。	7136
	1月7日	島津義弘・忠恒（後の家久）父子と立花宗茂（親成）・小早川秀包・高橋直次・筑紫広門ら、家康の茶席へ招かれる。	7137
	1月8日	秀頼へ諸家・諸大名の年賀総礼が延引され、諸寺による年賀の総礼のみ行われる。秀頼(1593～1615)の側には前田利長(1562～1614)が控える。取次ぎは前田玄以。	7138
	1月9日	秀頼の大坂移徙につき、家康出仕。前田利家が、家康・淀殿（茶々）の反対を押し切ったという。	7139
	1月9日	「豊臣五大老連署判物」。「……於今度朝鮮国泗川表、大明朝鮮人催猛勢相働候之處、父子被及一戦、即切崩、敵三萬八千七百余被切捕之段、忠功無比類候、依之為御褒美薩州之内御蔵入絶入分有次第一円二被宛行訖……」。 豊臣五大老（輝元　景勝　秀家　利家　家康）より羽柴薩摩少将 へ。 前田利家主導で島津氏の朝鮮の戦功（泗川の戦いなど）に対し加増を決定する。徳川家康、時期尚早と反対するも押し切られる。島津忠恒に五万石を加増。島津忠恒は少将として公家成りし、さらに長光を賜る。島津惟新（義弘）は、正宗を賜る。	7140
	1月10日	淀殿・豊臣秀頼母子、秀吉遺命により、前田利家の後見を受け、木幡山伏見城から大坂城西の丸に移る。	7141

西暦1599

慶長4

1月10日	秀頼の大坂城居城を供奉した徳川家康、大坂の片桐貞隆（1560〜1627）邸に御成。7142 片桐貞昌（石州）が記したと伝わる片桐家の秘書『片桐家秘記』。貞昌の父である貞隆は片桐且元（1556〜1615）の甥とも弟ともいう。 同書には、秀頼が15歳から20歳までの内に、天下を治めるに足る器量であれば、家康が秀頼に天下と、秀吉から譲られた「馬印」を返す約束が秀吉と家康の間であったという。家康はこの約束を誓紙血判し、秀吉の棺に入れたと記す。
1月11日	夜半、家康のいる大坂の片桐貞隆邸を窺う者あり。危険を感じた徳川家康、舟で7143 枚方方面に逃れ、途中で多勢を引き連れた井伊直政と合流という。
1月12日	徳川家康、大坂城より木幡山伏見城に戻る。「なにか変事が起こりそうで、人々7144 はしょっちゅうびくびくし、店舗も半分は店を閉じた」（『看羊録』）。
1月12日	長沢松平家10代当主、武蔵国深谷藩2代藩主・松平松千代（家康七男）（1594〜1599）、7145 6歳で没。母は側室・茶阿局で松平忠輝（1592〜1683）の同母弟。跡を忠輝が継いだ。
1月14日	「虎頭送給候、祝著之至候、此方御」。7146 家康、黒田甲斐守（黒田長政）宛に書状を送り、虎頭の贈呈を謝す。
1月19日	四大老と五奉行、家康の無断婚姻（伊達政宗、福島正則、蜂須賀家政、加藤清正らと、7147 豊臣氏に無断で次々と縁戚関係を結んだ）を、「秀吉が生前の文禄4年（1595）に制定した無許可縁組禁止の法に違反する」として、問罪使が派遣される。 家康、「難癖をつけ自分を大老から退けようとすることこそ太閤の遺命に背くものである」と反論。その紛争で、伏見騒然とし、東国の勢、多く上洛する。 問罪使は三中老とされる中村一氏（？〜1600）、生駒親正（1526〜1603）、堀尾吉晴（1544〜1611）と安国寺恵瓊（1539？〜1600）という。
1月19日	徳川家康（1543〜1616）、この日は有馬則頼（1533〜1602）の宴に招かれていたが、井7148 伊直政（1561〜1602）、藤堂高虎（1556〜1630）によって、石田三成（1560〜1600）らの襲撃陰謀を知り、やはり自邸に帰る。
1月20日	武蔵深谷1万石の松平辰千代（家康六男、後の松平忠輝）7歳（1592〜1683）、伊達政7149 宗娘・五郎八姫5歳（1594〜1661）と婚約。 秀吉御伽衆で、秀吉没後は家康と接近した今井宗薫（宗久の子）（1552〜1627）は、婚姻を仲介して、秀吉の遺命に逆らうとして窮地に陥る。
1月20日	前田利家等の徳川家康を詰問したる事件、略解決す。7150
1月21日	前田利家等、使を徳川家康に遣わして、その豊臣秀吉の遺命を奉ぜざるを詰る。7151
1月21日	諸将が、五奉行らが家康を暗殺の謀ありという事で、夜毎、家康邸に詰める。7152 家康派の武将は、伊達政宗・福島正則・池田照政（のち輝政）・黒田長政・藤堂高虎・森忠政・織田有楽斎・黒田如水・有馬則頼・金森法印素玄（長近）・新庄直頼・真田信幸（後の信之）ら。利家派の武将は、毛利輝元・上杉景勝・宇喜田秀家・細川忠興・加藤清正・加藤茂勝（嘉明）・浅野幸長・佐竹義宣・立花宗茂・小早川秀包・小西行長・長宗我部盛親・浅野長吉（後の長政）・前田玄以・増田長盛・長束正家・石田三成ら。
1月23日	石田三成・増田長盛は、連署して毛利秀元の所領について指示を送り、出雲・隠岐・7153 伯耆三郡などを与えることを伝える。（秀吉の存命中には秀元は出雲・石見、吉川広家は備後三原が与えられることになっていた）。 三成らは、武功の誉れ高き秀元らを味方につけようとした。 吉川広家（1561〜1625）は、家康に近づく事となる。

慶長4	1月24日	「去る十九日に内府へ婚姻について前田利家・宇喜多秀家・毛利輝元・上杉景勝・前田玄以・増田長盛・浅野長政・石田三成・長束正家らが使者を送った。然れども二十日におおよそ済んだ」。**山科言経、家康と四大老五奉行の間に生じた問題について、20日には解決に至ったと日記に記す。**（『言経卿記 1月24日条』）。	7154
	1月25日	「豊臣五大老連署判物」。「其方拝領分薩州之内参千石之事、」。長岡幽斎へ。細川幽斎、薩州之内参千石を賜る。	7155
	1月25日	「一家康異心有之歟之由、以前預御」。詰問状を受けた徳川家康、加賀大納言（前田利家）他5名に起請文を送る。	7156
	1月29日	「関東の兵が多数上洛」。（『義演准后日記』）。榊原康政、勤番交代のため兵を率いて上洛。	7157
	1月一	**この月、家康（1543〜1616）、有馬豊氏（遠江国横須賀3万石）（1569〜1642）に、大坂の備えとして淀城を守らせる。**豊氏は、秀吉死後、父則頼（1533〜1602）と共に家康に属し、徳川家御伽の衆となり、機密に参与する。	7158
	2月2日	豊臣家五大老の一人、会津藩120万石の上杉景勝、重臣の安田能元・岩井信能に、領国境目の仕置や領内の城郭建設を堅固に行うよう伝える。	7159
	2月2日	家康の臣高木清秀（徳川十六神将）（1526〜1610）、三河国妙源寺（前名称は明眼寺）（岡崎市大和町字呑市場）に、選択本願念仏集を寄進する。明眼寺は、三河一向一揆（1563〜1564年）の際、徳川家康は本寺に身を寄せ難を逃れた。これにより家康から「源」の一字を与えられ、「妙源寺」と改称した。	7160
	2月5日	「敬白霊社上巻起請文前書之事 一」（一、この度縁組の件につき御理の通り承り、以前と変わらず諸事入魂すること。一、太閤様の遺言、五大老・五奉行の誓紙に背かないこと。一、双方へ入魂の者へも遺恨を残さないこと。徳川家康起請文）。豊臣政権の中で孤立する不利を悟った徳川家康、加賀大納言ら四大老、五奉行に対し3ヶ条の誓書を送って、縁辺の儀についての警告を承認する。三中老される生駒親正（讃岐高松17万石）、堀尾吉晴（遠江浜松12万石）、中村一氏（駿河府中14万石）の幹旋という。	7161
	2月5日	**四大老・五奉行、家康に起請文を提出する。**	7162
	2月5日	**家康重臣・井伊直政、堀尾吉晴に対して周旋に対する感謝状を送る。**	7163
	2月5日	「豊臣五大老連署知行充行状」。「筑前・筑後領知方事、太閤様以被」。羽柴筑前中納言（小早川秀秋）（1582〜1602）、秀吉の遺命によって五大老連署の知行充行状が出され、越前北ノ庄15万石から、旧の筑前・筑後52万石へ復帰転封。徳川家康の取り成しにより、秀吉が命じた減封・移封処分は無効になる。	7164
	2月5日	「豊臣五大老連署判物」。「今度越前北庄城付廿萬石之事、太閤様（豊臣秀吉）以被仰付旨被宛行畢、如帳面全可有御知行之状如件、」。五大老、秀吉遺命として羽柴北庄侍従（青木一矩）（？〜1600）に知行充行状を発行。越前府中10万石の青木一矩、北ノ庄20万石に転封。青木一矩娘の蓮華院（お梅の方）（1586〜1647）は、徳川家康の側室の一人。慶長5年（1600）、徳川家康の外祖母にあたる華陽院の縁戚であったことから、華陽院の姪という名目で15歳で奥勤めとなり、当時すでに59歳と高齢である家康の側室となるという。	7165
	2月5日	「豊臣五大老連署判物」。「其方知行方越前為易地、賀州以江」。五大老、山口右京進（山口修弘）（？〜1600）を越前国から加賀国江沼郡へ転封。	7166
	2月9日	「……御書状拔見候、大納言殿御越しゆこん（入魂）にて御心安候へく候、」。家康、藤堂佐（藤堂高虎）（1556〜1630）宛に返書状を送る。	7167

慶長4	2月10日	「**相州大中郡之内豊田之郷清雲寺**」。家康、朱印状。	7168
		神奈川県平塚市豊田本郷の清雲寺は、徳川家康が鷹狩をした際の休息所という。	
	2月12日	**四大老・五奉行も家康へ誓書を返す。「早速同心入られ、然る上は今後遺恨ないとのこと」。**	7169
		徳川家康と四大老五奉行、先月発覚した縁談の件について起請文を交わす。	
	2月14日	**徳川秀忠(1579〜1632)、黒田長政(豊前国中津城主)(1568〜1623)宛に書を送り、家康支援に奔走した件について謝意を述べる。**	7170
		長政は、福島正則や加藤清正ら武断派と共に石田三成(1560〜1600)を襲撃した。	
	2月17日	豊臣氏五奉行、島津忠恒(家久)ら宛に、畿内で鉄砲使用禁止状を出す。	7171
	2月18日	**秀頼は大坂城に移り、前田利家が守役として補佐する。**	7172
	2月20日	「**武州男衾郡赤浜之郷赤龍山昌国寺**」。	7173
		家康、昌国寺(埼玉県大里郡寄居町赤浜)に朱印状をもって二十石の寺領を給す。	
	2月22日	「**武州橘樹郡稲毛庄川崎卿(郷)三**」。	7174
		家康、判物発給。	
	2月25日	**家康と四大老・五奉行が和解。堀尾吉晴が尽力したという。**	7175
	2月29日	**前田利家(1539〜1599)、細川忠興(1563〜1646)の周旋で、この日、大坂より病をおして加藤清正・浅野幸長・細川忠興を従え、同月30日、伏見の徳川家康の邸を訪問する。家康も利家と対立することは不利と悟り向島へ退去すること等で和解。**	7176
		利家は、秀頼のことなどを家康に頼むため、家康に対して、「あなたの上屋敷は、三成の屋敷に隣接していて、いざという時には不用心であるから、向島城に移りなさい」と、助言したという。	
	3月1日	**井伊兵部少輔直政、家康と四大老・五奉行が和解に尽力した堀尾帯刀吉晴(1543〜1611)宛に起請文を記す。**	7177
	3月5日	秀吉の遺言として「阿弥陀が峰で大社に入りたい)と徳善院と伝奏衆からの奏上があった(『御湯殿上日記』)。	7178
		前田玄以(1539〜1602)、朝廷に豊臣秀吉を神として祀ることを奏上。	
	3月6日	「**一書啓候、腫物于今然々無之由、如何無御心元候、不申及候へ共、無油断御養生専用候、猶井伊兵部少輔可申候間、不具候、恐々謹言、**」。	7179
		家康、藤堂佐渡守(藤堂高虎)宛に見舞い書状を送る。	
	3月7日	「**尚々御書状くわしく見申候、御書状令披見候、其様しゆもつ(腫物)御やうせう尤ニ候、何様面時可申承候、我らもすはく(寸白)少おこり申候、仮早々申候、**」。	7180
		大ふ(家康)、藤佐(藤堂高虎)(1556〜1630)に自筆返書を送り、腫物に苦しんでいる高虎へ養生が肝要と記す。	
	3月8日	**宇喜多秀家(1572〜1655)、徳川家康宛に起請文を記す。**	7181
	3月8日	**徳川家康、前田利家の大坂邸に来り、前の訪問に応ふ。**	7182
	3月8日	家康直参で家康の伊賀越えに随行した牧野半右衛門康成(1548〜1599)、没。	7183
		家督は子の信成(後に下総関宿藩1万7,000石の大名となる)(1578〜1650)が継ぐ。	

慶長4	3月9日	「庄内の乱(慶長4年3月9日〜慶長5年3月15日) 一伊集院忠棟殺害事件」、起る。	7184
		島津忠恒(後の家久)(1576〜1638)、伏見島津邸で、対立していた筆頭家老・伊集院忠棟(?〜1599)を斬殺する。忠棟は、秀吉に高く評価され、石田三成にも重用され、家中で権勢を誇るようになったため、島津宗家からも危険視されるようになっていた。都城8万石を給されている忠棟を殺害したことは、中央政権に対する反逆ともとれる行為とされ、忠恒(家久)は高尾山神護寺で謹慎。また忠棟の妻子は東福寺へ移る。 **徳川家康は、主君は反逆した家臣を成敗できるとして忠恒(家久)の行為を支持し、その結果、忠恒は島津邸へ戻る。伊集院幸侃(忠棟)は豊臣家の直臣扱いであったが、徳川家康はこれを島津家内部の問題として処理した。** 忠棟死後、嫡男の伊集院忠真(1576〜1602)は、領地の日向都城に籠り、「庄内の乱」が起る。	
	3月10日	「御書付披見申候、銀子之儀、委細」。	7185
		家康、徳善院(前田玄以)他五名に書状を送る。豊臣家五奉行に送ったのだろう。	
	3月11日	**徳川家康58歳、利家の病状が悪化し、病気見舞いのため、淀川を下り、大坂の前田利家の邸を訪問する。石田三成らは家康が利家の病気見舞いに合わせ襲撃を計画するが失敗したという。**	7186
	3月11日	徳川家康、大坂の藤堂高虎邸に御成、宿す。	7187
	3月11日	家康(1543〜1616)の養子で、上野国長根城(群馬県高崎市吉井町長根字上の場)7千石の松平清匡(1583〜1644)、叔父の徳川秀忠(1579〜1632)から「忠」の字を賜り、「忠明」と名乗る。日は異説あり。忠明は、徳川氏の重臣・奥平信昌(1555〜1615)の四男で、母は徳川家康の娘・亀姫(盛徳院)。	7188
	3月13日	「態以使者申入候、御煩為御見廻参候處、御気相能御座候而、緩々と申承令満足候、殊種々御馳走、祝著存候、不及申候へ共、彌無御油断御養生専一候、猶期御音候條令省略候、恐々謹言、」。	7189
		家康、大納言(前田利家)御宿所宛にに病状を問い、歓迎のお礼と養生を勧める手紙を送る。	
	3月13日	「今度大納言殿御煩為御見舞参候」。	7190
		家康、浅野左京大夫(浅野幸長)宛に書状を送り、前田利家を見舞ったことなどを伝える。	
	3月13日	「大納言殿御煩御見廻ニ参候之処、」。	7191
		家康、大津宰相(京極高次)宛に書状を送り、前田利家を見舞ったことなどを伝える。	
	3月14日	島津龍伯(義久)、京から帰国。後に伊集院忠棟殺害の報せが入り、忠棟の嫡男忠真に領地である庄内の城の無条件開城を求め、伊集院家の処分を始める。	7192
	3月15日	前田利家(1539〜1599)、嫡男利長(1562〜1614)宛の遺言状を、まつに筆記させる。	7193
	3月18日	「追而巣之廻ニ而鉄砲打候儀堅無用之由御諚候、以上、竹嶋之巣鷹……」。	7194
		豊臣秀頼の命により、徳川家康・前田利長連署して、荒木三平・井出猪介宛てに書状を送り、竹島の巣鷹を持参するよう命じる。	
	3月19日	家康、伏見の屋敷から宇治川を渡り向島城(京都市伏見区向島本丸町)へ移る(『当代記』)。	7195
	3月19日	「二三日者御気相如何無御心元存候、先日者肥前守殿御出候、心静申承、本望存候、」。	7196
		徳川家康、書を以て加賀大納言御宿所に前田利家の病を問う。	

西暦1599

慶長4	3月21日	死を悟った前田利家、室まつに筆を執らせ、遺骸の処置、兵力16,000のうち利長は8,000で大坂に残り秀頼様を補佐、金沢の守衛、利家隠居領の始末、奉公人の扱い、家臣の処遇など11ヶ条の遺言を残す。	7197
	3月22日	秀吉供養のために、秀頼(1593〜1615)の名で「慶長大地震」で倒壊した東寺金堂の再建が開始される。奉行は木食応其(興山上人)(1536〜1608)。 慶長8年(1603)再建(現存)。	7198
	3月22日	「昨日者以使者申入候之処、為御礼」。 家康、安芸中納言(毛利輝元)宛に書状を送る。	7199
	3月22日	徳川秀忠、三州宛に書状を送る。兄の結城秀康宛であろうか。	7200
	3月23日	これより先、加藤清正・鍋島直茂・毛利吉政(勝永)・黒田長政ら、小西行長と戦功を争って敗訴する。行長は、朝鮮出兵のとき、加藤清正と先陣を争う。 この日、清正ら、これを糾明することを年寄衆(五大老)に請う。	7201
	3月23日	黒田長政・鍋島直茂・浅野幸長ら武断派、石田三成の讒訴(ざんそ)を訴え出る。	7202
	3月26日	家康(1543〜1616)、石田三成(1560〜1600)が家康の屋敷に火を放ち、混乱に乗じて家康を討つとの謀略が細川忠興(丹後宮津城主)よりもたらされたため、向島城に移る。結城秀康(家康次男)(1574〜1607)も、これに従う。 『当代記』は、向島城に移ったのは、3月19日という。	7203
	3月26日	「大納言殿御煩為御見廻、只今羽越」。 大坂へ前田利家を見舞った家康、越中中納言(前田利長)(1562〜1614)に書状を送る。	7204
	3月29日	武蔵守秀忠、黒田甲州(長政)宛に自筆書状を送り、家康警固を謝す。	7205
	3月-	前田利長、徳川家康と両判を以て政令を布く。	7206
	閏3月1日	島津龍伯(義久)、石田三成宛に書状を送り、伊集院忠棟斬殺を弁明する。	7207
	閏3月3日	「豊臣五大老連署」。利長判・輝元判・景勝判・秀家判・御諱(家康)御判。「摂州之内三千八百六十石三斗八升、河州之内七百九拾六石、」。 豊臣五大老、秀次事件で失脚した舟越五郎右衛門(船越景直)(1540〜1611)へ領知充行。	7208
	閏3月3日	「豊臣五大老連署」。「摂州之内千六百七十石八斗三升、」。池田備後守へ。 池田備後守知正(1556？〜1604)は、豊臣政権内で五千石程度の知行を池田周辺で得て、家の再興を志向していた。	7209
	閏3月3日	「豊臣五大老連署」。「摂州之内千石之事、目録別紙ニ有」。池田弥右衛門へ。知正の弟・光重(重信)(？〜1628)か。	7210
	閏3月3日	大坂城で秀頼を後見する前田利家(1539〜1599)、大坂邸で没。60歳。 豊臣家の将来について心痛することの多かったのが、死期を早めたという。 まつ(1547〜1617)、剃髪して「芳春院」と称す。 嫡男前田利長(1562〜1614)、その跡を継ぎ五大老の一人となり、大坂城に留まり秀頼を補佐。 前田利家重臣篠原一孝(1561〜1616)は、徳川家康の動静を監視するために大坂に留まった前田利長に代わって利長の命で金沢まで神谷守孝と遺体を護送し、高畠定吉と共に葬儀を執行し、「利家の位牌」を持ったという。	7211
	閏3月3日	後陽成天皇(1571〜1617)の命により、木活字で印刷した慶長勅版『日本書紀』ができる。当時朝鮮から伝来した銅活字に倣って大型の木活字を作らせたという。	7212

慶長4	閏3月4日	**「武断派七将、石田三成の殺害を図る」。**	7213

前田利家死去の直後、石田三成と対立関係にあった武断派の加藤清正、福島正則、黒田長政、細川忠興、浅野長慶(幸長)、池田照政(のち輝政)、加藤茂勝(嘉明)の七将と脇坂安治・蜂須賀一茂(家政)・藤堂高虎が、三成のいる大坂屋敷を襲撃、石田三成の殺害を図る。実際は、七将は、三成に政治的責任を負わせて切腹を迫ったという。

豊臣家の不幸は、有力大名の中に文吏派と武断派の確執のあったことである。

文吏派は五奉行派で、その中心は石田三成であった。戦場の働きによって地位を得た加藤清正・福島正則らに代表される武将たちからは文官の人々は君側の奸と看做されて、互いに反目し合っていた。さらに武将たちは早くから秀吉に仕えて北政所に親近した者であり、石田らは秀頼の生母淀殿に近づき、武断派は北政所派、文吏派は淀殿派の観を呈し、党派の争いは深刻となっていった。

実は襲撃事件でなく、「訴訟問題事件」であったという。

	閏3月4日	石田三成(1560~1600)、宇喜多秀家(備前国岡山城主)(1572~1655)・常陸水戸の佐竹義宣(1570~1633)の尽力で、大坂より伏見城治部少丸(三成が伏見城内に建てることを許された上屋敷)へ逃れる。	7214

伏見邸滞在中の佐竹義宣はこの報を聞くやいなや、相馬義胤と東義久(中務大輔)(佐竹義久)とを石田邸に遣わし、自らも大坂に乗り込んで宇喜多秀家とも相談の上、三成を自分の駕籠に忍ばせ、自ら馬上でこれを守って伏見に連れ帰ったという。上杉景勝も佐竹義宣と共に救出するはずだったが、仮病を使い救出しなかったという。

	閏3月4日	**「前田家臣・徳山五兵衛去りて、徳川家康に仕ふ」。**	7215

前田利家が没し、早くから徳川家康に通じていた徳山則秀(1544~1606)が、「一徳山五兵衛世上ヲ致シ、国主ト我ラ影ヲ持知人ニ成候ト聞及候…」(『越登加三州志』)。「利家遺言で身の危険ありで」出奔したのである。閏3月10日ともいう。

	閏3月4日	**「見事之鯛十送給、祝著之至候、何」。**	7216

家康、秀吉の右筆であった、豊臣秀頼に仕える安威摂津守(安威了佐(のりすけ))宛に書状を送り、鯛の到来を謝す。安威城(大阪府茨木市安威2丁目)主・安威了佐は、明石にも知行地があったという。

	閏3月5日	**徳川家康、蜂須賀家政・福島正則・藤堂高虎・黒田長政・加藤清正宛に書を送り、石田三成の伏見入りを報じる。**	7217
		身の処置に窮した三成は、武断派も手の出せない家康に救いを求めた。	

	閏3月5日	**「……如仰此方江被罷越候、尚替儀」・「……此方江人数召連被罷越候由、」。**	7218

家康、丹後少将(細川忠興)・浅野左京大夫(浅野幸長)宛に書を送り、石田三成の伏見入りを報じる。

	閏3月7日	**仲裁に乗り出した家康、諸将を説き、中村一氏(？~1600)・酒井忠世(1572~1636)を派遣し、石田三成に近江佐和山へ隠退するように勧告。**	7219

豊臣恩願の諸大名自体が無統制となり、結局家康が五大老筆頭として権力を傘に着る状況となった。

	閏3月8日	**伏見の雑説の中、伊達政宗(1567~1636)は、今井宗薫(1552~1627)らに起請文を呈出し、家康に異心なきを誓う。**	7220

伊達政宗は、石田三成の茶会に参加していた。

	閏3月8日	北政所おね(1549？~1624)の仲裁によって伏見の雑説が落着すると、山科言経は記す。石田三成は五奉行からの退隠を承諾した。	7221

西暦1599

慶長4	閏3月8日	「……然者其元之儀、弥静之由被仰」。	7222
		家康(1543～1616)、藤堂佐渡守(藤堂高虎)(1556～1630)に書状を送る。	
	閏3月9日	石田三成(1560～1600)の奉行職解任と隠居が決せられる。	7223
		三成は、騒動の責を負い公務から身を引いた。	
	閏3月9日	「石田治部少輔佐和山ヘ閉口ニ相定、明日可参候、子息昨晩我ら所ヘ被越候、猶井伊兵部少輔可申候、恐々勤言」。	7224
		(三成はその居城佐和山に閉口することに決定し、明十日出発する予定であり、その子重家が人質として既に昨八日の晩、伏見の徳川邸に来着した)。	
		徳川家康、清須侍従(福島正則)、 蜂須加阿波守(蜂須賀家政)、浅野弾正(浅野長政)宛に書を送り、石田三成を蟄居処分としたを報じる。	
	閏3月9日	毛利輝元(1553～1625)、叔父・末次(毛利)元康(元就の八男)(1560～1601)に書を送り、石田三成の隠居と、安国寺恵瓊を三成と家康の元に派遣し、諸事相談させる事を報じると共に、今回の決定について不快感を露にする。	7225
	閏3月10日	石田三成、この日の早朝に、結城秀康（家康次男）(1574～1607)に守られて近江佐和山城(滋賀県彦根市佐和山町・鳥居本町)へ向かう。	7226
		「伏見・京方喜ぶ」と山科言経は、日記に記載。	
	閏3月10日	吉川広家(1561～1625)、石田三成の隠居を報じ、増田長盛（大和郡山城主）(1545～1615)については、これまで通りとし、長盛への追及自体なかったこととして扱うと報じる。	7227
	閏3月10日	「此中御湯治之由承候、御煩如何候」。	7228
		家康、嘉竹法印宛に湯治見舞いの書状を送る。秀吉に仕えていた嘉竹法印（長谷川与次）は、病で慶長5年4月20日に没した。	
	閏3月11日	石田三成、近江佐和山城に帰城、隠遁。結城秀康（家康の次男）、佐和山へ帰る石田三成を膳所の大樹（瀬田橋）まで警護。刀（石田正宗、切込正宗とも）を贈られる。	7229
	閏3月11日	「石田治部、佐保山ヘ家康子人質ニ取置候て城ヘハイリ候、先 静ニ成候、」（『多聞院日記』閏3月11日条）。家康、自分の息子を「家康子人質」として佐和山の三成のもとへ送っている。（『浅野家文書』110号）も。同年秋、前田利家の跡を継いだ加賀の前田利長(1562～1614)に謀反の噂が立った。家康は利長が挙兵しないよう慎重に動く。その際に家臣の柴田左近という者を佐和山城に派遣して、三成に問題解決への協力を要請したという。	7230
		かくして同年11月、石田三成は、家康の指示で、大谷吉治（吉継弟、子とも）と三成の内衆千名と共に越前表に出兵させている。	
	閏3月13日	前田玄以(1539～1602)、木幡山伏見城大手門はじめ全ての門の鍵を、井伊直政39歳(1561～1602)に引き渡し退く。長束正家(1562？～1600)はこれを拒んだが、黒田長政・堀尾吉晴・真田信幸（後の信之）らにより押し切られてしまったという。	7231
	閏3月13日	「家康、伏見城西の丸ヘ移る―豊臣政権執権としての地位を確立」。	7232
		徳川家康、秀吉築城の向島城からより木幡山伏見城西の丸へ移る。家康、政権担当の意思を内外に表明。家康は、伏見の町の復興を約束し、松平下野守忠吉（家康四男）(武蔵国忍城主)(1580～1607)に、「初代伏見奉行」を命じる。	
		この間、真田昌幸・信幸・信繁父子は、一貫して家康に臣従し伏見に在住した。	
	閏3月中旬	五大老の一人（及び豊臣秀頼の傅役）前田利長(1562～1614)、伏見に至り徳川家康を訪ふ。前田氏は対徳川の急先鋒的立場に立たされた。	7233

| 慶長4 | 閏3月19日 | **「豊臣氏五大老連署状」。「朝鮮蔚山表後巻之仕合、今度様子」。** | 7234 |

五大老が連署して蜂須賀家政（1558〜1639）、黒田長政（1568〜1623）他二名に対し、「蔚山城の戦い」における行動を落ち度とはしない旨を伝え、先に没収した所領を返還する。朝鮮出兵時に落ち度があったとして、慶長2年（1597）に豊後杵築城に移封された早川長政にも、豊後府内城（大分城）2万石が返還される。

| | 閏3月21日 | **「今度天下之儀、各申分在之処、被」。** | 7235 |

家康、安芸中納言に誓書を出す。徳川家康（1543〜1616）と毛利輝元（1553〜1625）が起請文を交わす。家康、輝元に「今後いかなることがあっても貴殿へ裏切りの気持ちはなく、兄弟のつもりでいる」と記し異心なきことを誓う。
輝元、家康に対し「父兄と思っている」との誓書を出す。

| | 閏3月23日 | **「今度以御肝煎、御城へ内府被罷移之由承候、御番等被致候段、」。** | 7236 |

徳川武蔵守秀忠、黒田長政宛に自筆書状を送り、黒田長政の肝煎で家康の伏見入城が果たされたことを了承、御番（警護）についても了承する。

| | 閏3月25日 | これより先、真田信幸（信之）、徳川家康の伏見城に移れるを、武蔵江戸城の徳川秀忠に報ず。この日、秀忠、之に答える。 | 7237 |

| | 閏3月26日 | **「先度大野修理御代官所之儀ニ付、」。** | 7238 |

家康、片桐市正（且元）宛に返書状を送る。大野修理（治長）が預かる代官所の問い合わせに対し、採決を浅野・増田・長束へ申し渡し委細は堀尾吉晴・中村一氏から且元へ説明すると記す。

| | 4月1日 | **「豊臣氏五大老連署状」。「態令申、相守時分柄、自然下〃とばはニ　罷渡族可有之候之間卜同、」。** | 7239 |

利長・輝元・景勝・家康より羽柴薩摩宰相（島津義弘）・羽柴薩摩少将（島津忠恒（後の家久））へ連署感状を送る。「五大老」は慶長4年正月以降は寄合の場を有さず、文書を回覧して出していたという。

| | 4月1日 | **「豊臣氏五大老連署状」。「態令申、相守時分柄、自然下〃と態令申、相守時分柄、自然下〃とばはニ　罷渡族可有之候之間卜同、」。** | 7240 |

利長・輝元・景勝・家康より羽柴柳川侍従（立花宗茂）他四名へ連署感状を送る。

| | 4月2日 | **「敬白起請文前書之事　一、被対秀頼様御疎略有間数之由尤候事　一、対御父子御両三人疎略毛頭有之間数候付抜手表裡有之間敷事　一、侫人之族在之而御間相さまたくる輩雖有之直談申互相晴可申事…」。薩摩宰相・同少将へ。** | 7241 |

徳川家康、先に応え、島津義弘・忠恒（後の家久）宛に起請文を提出。
家康、島津父子に異心なきことを誓う。

| | 4月5日 | **「一内府へ、惣別、御用之義、頼入ニ付而、虚言表裏、毛頭有間敷事、一密々之儀、為御聞候ニ、他言仕間敷事、乍勿論無二無三内府公江申合候間、向後縦如何様ノ世上ニ成行候共、一筋ニ内府御手前ヲ守リ可奉一命候間、萬事御心易可預御取成事、」。** | 7242 |

伊達政宗、有馬中書（則頼）と家康側近で茶人の今井宗薫宛に起請文を送り、今後どのような世の中になっても一筋に内府様（家康）を守り一命を捧げると伝える。

| | 4月8日 | 山城伏見の森忠政亭火災。延焼して徳川秀忠の亭に及ぶ。 | 7243 |

| | 4月13日 | **「伏見城から秀吉遺骸が運ばれ阿弥陀ヶ峰山頂に埋葬される」。** | 7244 |

前年没した豊臣秀吉の墓所が阿弥陀ヶ峰に移され、その西山麓（太閤坦）に、新しく廟舎（仮殿）が造営される。秀吉を祀る豊国廟・豊国社が創建され毎年祭礼が行われた。とくに慶長9年（1604）には町衆が大規模な踊りを奉納した。

慶長4	4月13日	「御息松寿殿袴着之儀、任承候処、」。 家康、安芸中納言（毛利輝元）に書状を送り、長男秀就（1595～1651）の元服を祝う。松寿丸は豊臣秀頼の近侍となり、秀頼を烏帽子親として元服、豊臣姓を与えられ、その偏諱を受けて、秀就と名乗った。	7245
	4月16日	仮殿が完成した豊国社で、仮殿遷宮行事が行われ、「大仏鎮守遷宮条々」が発表される。神竜院梵舜（1553～1632）、創建の際には、その神宮寺別当となる。梵舜は吉田兼右の子で吉田兼見（1535～1610）の弟。写本に努め、後陽成天皇に「古事記」・「先代旧事本紀」を献じた。	7246
	4月17日	故豊臣秀吉、後陽成天皇・朝廷から「豊国大明神」の神号が贈られる。勅使は、勧修寺大納言晴豊と正親町中納言季秀。後陽成天皇宸筆勅額が豊国神社に残る。秀吉自身の望み「新八幡」とは相違した。	7247
	4月18日	天皇による正遷宮の日時宣下が行われ、即日、亥刻、人々が群集する中、豊国社で正遷宮が、にぎにぎしく挙行される。 多くの公卿、門跡らが参列。神体を羽車に乗せ、四神旗が立てられた。前駆は吉田兼見が、後駆は吉田兼治が担当。宗源行法、清祓の神事が行われる。秀吉廟内には黒田如水（1546～1604）の僧房も建てられたという。	7248
	4月18日	秀頼、大仏復興を決め、大仏は金銅仏とする。	7249
	4月19日	故豊臣秀吉、朝廷から「神階正一位」の神位が贈られる。	7250
	4月19日	幼い秀頼の名代として、徳川家康が社参する。毛利輝元、上杉景勝、生駒親正、中村一氏、堀尾吉晴、小出秀政ら諸大名も社参。山内一豊、家康に従う。	7251
	4月20日	神楽奉納。結城秀康、池田照政（のち輝政）、加藤茂勝（嘉明）、大谷吉継、京極高次、脇坂安治、堀直政が、豊国社参拝。	7252
	4月21日	天道祓200座を勤修。豊国社正遷宮祭で、真田昌幸、最上義光、伊達政宗、里見義康、立花宗茂、小西行長、木下家定、村上頼勝（義明）、中川秀成、宗義智が、豊国社参拝。	7253
	4月22日	吉田家による神道護摩行事。宇喜多秀家、加藤清正、浅野長吉（長政）、蜂須賀家政、鍋島直茂、田中吉政が、豊国社参拝。	7254
	4月22日	家康（1543～1616）の養女・かな（清浄院、水野忠重の娘）（1582～1656）、加藤清正38歳（1562～1611）に嫁ぎ、大坂屋敷に入る。父・忠重（1541～1600）は、水野信元（？～1576）と於大の方（伝通院、徳川家康の生母）（1528～1602）の弟。	7255
	4月22日	徳川家大番頭で従五位下土佐守に叙任した高力正長（1558～1599）、父高力清長（1530～1608）に先立って没。42歳。家督は長男・忠房（1584～1656）が継ぐことになる。	7256
	4月23日	舞楽10番を奉納。万歳楽、延喜楽など。増田長盛、前田玄以、長束正家、浅野幸長が、豊国社参拝。	7257
	4月24日	細川幽斎（藤孝）（1534～1610）、豊国社参拝。	7258
	4月24日	大和四座が猿楽を奉納。豊国社正遷宮祭が終了。諸侯から金子3百70余枚、銀子百99枚が奉納された。公卿らからは3百30貫文が奉納される。	7259
	4月25日	北政所おね（1549？～1624）、諸大名に供奉されて豊国社へ社参し、その後方広寺千僧会を聴聞。	7260
	4月26日	徳川家康、豊臣秀頼、毛利輝元、加藤清正、前田玄以、高台院、淀殿らが黄金58枚、銀190枚を豊国社に献納。	7261
	4月28日	「伏見城江戸内府ヨリ冷（冷泉為満）ニ可被来由有之間、俄ニ被罷向了、草子事談合也云々、……」（『言経卿記』）。	7262

慶長4	4月30日	秀頼、豊国大明神遷座につき諸門跡に黄金20両、禁裏へ銀子千枚、摂家・諸門跡・その他公家衆へ黄金20両などを、諸役人以下に及ぶまで残らず配る。	7263
	4月—	**この月、家康、島津忠恒(家久)に帰国を命じる。** 島津忠恒は謹慎処分となっていたが、前田玄以・増田長盛・長束正家が話し合い、処分は解除され、伏見の屋敷へ戻っていた。	7264
	5月—	この月、『孔子家語』・『三略』・『六韜』開版(伏見版)。	7265
	5月5日	「爲端午之御祝儀、生絹帷子三、贈給候、御懇切欣悦至候、委曲勝長門守可有演説候、恐々謹言、」。 羽柴武蔵守(秀忠)、安房侍従(里見義康)に書状を送り、端午の祝儀到来を謝す。	7266
	5月7日	豊臣秀頼、方広寺大仏の用材を求める。島津義弘(1535～1619)には、仏像鋳造のため、唐銅の購入をさせている。	7267
	5月10日	**徳川秀忠、黒田長政(豊前国中津城主)宛に書状を送り、長政が下国する事を尤もだと伝える。**	7268
	5月11日	「豊臣五大老連署」。「御禁制条々 一はくち諸勝負之事」。徳善院他三名へ。	7269
	5月19日	4月に病気療養のため上洛した長宗我部元親(1539～1599)、伏見屋敷で病没。享年61。盛親(元親の四男)(1575～1615)、家督を継いで土佐の国主となる。	7270
	5月29日	**五大老の一人、前田利長(1562～1614)、襲封の賀筵を開き、家康を招く。家康、病と称して之を辞す。**	7271
	6月1日	「豊臣五大老連署判物」。「於朝鮮数年防戦付面、其方之及迷」。羽柴対馬侍従(宗義智)へ連署感状。	7272
	6月4日	毛利秀元(毛利元就の四男毛利元清の長男)(1579～1650)、徳川家康に通じることなきを安国寺恵瓊に誓う。家康は、「三成襲撃事件」後、毛利秀元は長門・周防吉敷郡、安芸佐伯郡が与えられ、吉川広家の所領(備後三原)は変更なしとしていた。	7273
	6月6日	**徳川秀忠、仙石秀康(秀久)(信濃小諸城主)(1552～1614)の巣鶴を贈れるに答謝す。**	7274
	6月11日	**お江(於江与)(1573？～1626)、次女・珠姫(前田利常室、前田光高の母)(1599～1622)を江戸城で出産。**	7275
	6月13日	「豊臣五大老連署判物」。前田利長・毛利輝元・上杉景勝・小早川秀家・徳川家康。「**其方知行、越前府中方内千石之事**」。江原小五郎へ越前府中方内千石を与える。	7276
	6月13日	「豊臣五大老連署判物」。「**其方知行、越前府中方内五百石之**」。友松忠右衛門へ越前府中方内五百石を与える。江原と友松は、府中城の「御留守居」堀尾可晴の与力である。	7277
	6月30日	「……**羽左太(福嶋正則)様、藤佐(+黒甲州)御両三人之儀は、別而余人に相替被存之旨……内府被申候**」。井伊直政、黒田長政宛に書状を送り、福島正則・藤堂高虎・黒田長政三人への家康の信頼を記す。	7278
	6月30日	井伊兵部少輔直政(1561～1602)、相良佐兵衛(頼房)(1574～1636)御陣所宛に書状を送り、番替のため下国する事を告げる。	7279
	6月—	**この月から8月、山城伏見にあった諸大名、帰国する。家康の独断となる。**	7280
	7月上旬	**4月、大泥国の使船が渡来して書簡と贈呈品を奉呈す。よってこの月上旬、徳川家康より返書と武器を遣わす。**	7281
	7月1日	「遠路御使札、殊葡萄酒・生姜之漬」。 家康、黒田甲斐守(黒田長政)(豊前国中津城主)宛に書状を送り、贈物の到来を謝す。	7282

西暦1599

慶長4		
7月3日	「向嶋へ令徒授食籠一荷送り給り、」。 家康、新庄東玉（新庄直忠（1542～1620））宛に書状を送り、向島城への食籠到来を謝す。食籠は、食物を入れる蓋付き、身の深い容器。近江新庄城（滋賀県米原市箕浦）主・新庄直忠は、秀吉の没後は、京都に病と称して隠棲していた。	7283
7月9日	「御下以後不中人候間以使者申候、仍伊集院源次郎于今城を相抱申由承候、為御譜代家人之義加様之儀は自今以後候間早々御成敗尤候、雖然無聊爾人数等無異儀様被仰付肝要候、委細者彼使（山口直友）者口上ニ申候」。 家康、薩摩少将（島津忠恒（後の家久））宛に書状を送る。 「庄内の乱」。家康もこの乱に介入する。「家康は、伊集院忠真が立て籠ることを曲事と看做し、開城従わない場合は成敗するよう申し付けた」。	7284
7月9日	「御下以来不中人候間以書状申候、偽伊集院源二郎居城相抱在之由承候間嶋津父子為見廻使者差下候、竜伯父子被仰次第自身御立候御馳走尤候…」。 家康、人吉の相良左兵衛尉（相良頼房）（1574～1636）宛に書状を送る。	7285
7月9日	「同上」。家康、伊藤豊後守（伊東祐兵）（1559～1600）宛に書状を送る。	7286
7月16日	「……源二郎先手之者、籠置候城、」。 家康、薩摩少将（島津忠恒（後の家久）宛に書状を送る。	7287
7月23日	伏見の佐竹義宣（常陸水戸城主）（1570～1633）、国元の家老和田昭為（安房守）・人見藤道（主膳）に書状を送る。「昨日城（伏見）へ参ったところ、内府（家康）から国元へ下向して休息するようにいわれたので、来月初めには発途する所存である。東海道を下るから、伝馬百駄ほど用意し、小田原まで廿騎ほど出迎えよ。また江城（江戸）へもすぐ下るつもりである」と記す。	7288
7月25日	徳川家康、秀康養父・結城晴朝宛に書状を送る。	7289
7月26日	「徳川家康、三河岡崎の田中吉政をして、旧領近江佐和山に入らば、逃散せる百姓を還住せしむ、」。	7290
7月28日	上杉景勝、大坂城で豊臣秀頼、徳川家康に帰国の挨拶をする。景勝は8月3日、伏見を発つ。	7291
7月29日	家康、豊前国中津の黒田長政宛に、五奉行との和解が成ったことを報ずる。	7292
8月4日	「為遠路音信、呂宋酒壺一幷漬物壺」。家康、肥前国玖島城（長崎県大村市玖島）主・大村丹後守（大村喜前）（1569～1616）に書状を送り、贈物を謝す。	7293
8月7日	「豊臣五大老連署判物」。「山城国内里村之内五百石事、為御」。豊光寺へ。	7294
8月7日	「豊臣五大老連署判物」。「濃州池田郡片山村之内千石事、被」。池田勝吉へ。	7295
8月7日	「豊臣五大老連署判物」。「就今度盗人還忠、尾州中嶋郡三宅」。山本与三へ。	7296
8月7日	「豊臣五大老連署判物」。「江州栗大（太）郡駒井中村内弐百」。大野半左右衛門へ。	7297
8月7日	「豊臣五大老連署判物」。「江州愛智郡吉田村之内、吉田喜三」。山田忠左衛門へ。	7298
8月7日	「豊臣五大老連署判物」。「大和国十市郡たいゑ村内弐百石之」。落合藤右衛門へ。	7299
8月7日	「豊臣五大老連署判物」。「河内国志紀郡北条村内弐百石事、」。大村長吉へ。	7300
8月7日	「豊臣五大老連署判物」。「丹波国何鹿郡およき村二百石之事」。荒木勘十郎へ。	7301
8月7日	「豊臣五大老連署判物」。「御幸之宮為社領小栗栖村之内三」。御幸宮社人中へ。	7302
8月7日	「豊臣五大老連署判物」。「濃州池田郡田畑村五百六十石、河」。井上小左衛門へ。	7303
8月7日	「豊臣五大老連署判物」。「大和国十市郡たいゑ村内三百石事」。一柳茂左衛門へ。	7304
8月7日	「豊臣五大老連署判物」。「河内国志紀郡林村内三百石事、被」。伊木七右衛門入道へ。	7305

慶長4	8月7日	「豊臣五大老連署判物」。「河内国志紀郡林村々之内百二十二」。郷司孫左衛門へ。	7306
	8月7日	「豊臣五大老連署判物」。「摂州芥田川郡広瀬村内百三十五」。溝口源太郎へ。	7307
	8月7日	「豊臣五大老連署判物」。「播州餝西郡小塩村五百六石之事」、下方小吉へ。	7308
	8月14日	**「家康、三献の儀で天下人と認定される」。** 内大臣徳川家康、参内す、常御所に於て謁を賜ふ。	7309
	8月14日	「江戸は道筋に程近いから御立寄り下されることと思っていたが、すぐに御下りの由で御残り多い。久々の御帰国だから御急ぎは尤もなこととお察しする」。 **江戸の秀忠、帰国途中の上杉景勝に使者を遣わし見舞いする。**	7310
	8月18日	豊国社、豊国明神遷座一年祭大神楽。四座能が行われる。秀頼、名代京極高次(後の浅井初の夫)(1563～1609)を豊国社へ遣わし、太刀折紙を奉納する。勅使・勧修寺晴豊、豊国社へ参拝し奉幣する。**また徳川家康も社参する。**	7311
	8月18日	豊臣秀吉の一周忌のため、豊国社に北政所おね(1549 ?～1624)が社参する。 豊国社の例祭日が、秀吉の弔日8月18日(新暦では、9月18日～19日の本社例祭)と神号授与の4月18日(豊国廟祭)となる。豊国社は、30万坪もの広大な社地、1万石の知行地を有していた。別当は神龍院梵舜が務めた。	7312
	8月20日	**「豊臣五大老連署書状」。「ばはん海賊之儀、従先年被成御停」。** 五大老、松浦式部卿法印(松浦鎮信)・羽柴薩摩少将(島津義弘)宛に書状を送り、海賊行為・密貿易の取締を命じる。	7313
	8月20日	**「先書中入候伊集院源次郎、于今不致下城之由不屈儀共候、依之寺沢志摩守方指下申候、為自今以後候間寺沢志摩被相談自身有御出陣被誅果尤候……」。** 家康、嶋津中務大輔(島津忠豊(豊久))(1570～1600)宛に書状を送り、寺沢志摩守広高と相談し「庄内の乱」出陣を命じる。	7314
	8月20日	**「……伊集院源次郎事、于今不致下城之」。** 家康、「庄内の乱」につき、財部の秋月長門守(秋月種長、日向高鍋城主)・人吉の相良左兵衛尉(相良頼房、肥後人吉城主)に書状を送り、「庄内の乱」出陣を命じる。	7315
	8月20日	**「……伊集院源次郎事、于今不致下城之」。** 家康、日向国縣(延岡)の高橋右近大夫(高橋元種)に書状を送り、「庄内の乱」出陣を命じる。	7316
	8月20日	**「……伊集院源次郎事、于今不致下城之」。** 家康、飫肥の伊藤豊後守(伊東祐兵)に書状を送り、「庄内の乱」出陣を命じる。	7317
	8月20日	**「……仍伊集院源二郎対嶋津慮外」。** 家康、筑後の高橋主膳正(高橋直次、立花直次)(1572～1617)に書状を送り、「庄内の乱」出陣を命じる。	7318
	8月22日	上杉景勝(1556～1623)、会津に帰国する。9月上旬帰国ともいう。 景勝、「領国の仕置き」を表向きの理由に、翌慶長5年(1600)2月にかけて、直江兼続(1560～1619)に命じて新たに神指城(福島県会津若松市神指町本丸)を築城、領国内の城の普請や道路整備を行い、武器を調達し牢人を召し抱えはじめる。いやこれは、上杉氏は慶長3年越後から会津へ移ったばかりで、新領国支配の体制がまだ固まらず、領国経営に腐心していたという。	7319
	8月28日	**「反家康派大名の中心だった前田家が政局から退く」。** 五大老・秀頼傅(守)役の前田利長(1562～1614)、徳川家康の勧めにより、利家の遺命(3年は上方を離れるな)に背き、大坂を立ち金沢へ帰国。	7320

西暦1599

慶長4	9月1日	「……至日伊集院儀、先日寺沢志摩」。 家康、薩摩少将（島津忠恒）宛に書状を送り、「庄内の乱」につき、寺沢志摩守広高を派遣したことを告げる。	7321
	9月5日	「先度侍従殿（佐竹義宣）が此元（江戸）に御出のところ、早々御帰路にて御残り多く思う。それで島田次兵衛（利正）を見舞に差し上げる」。 **江戸の秀忠、東義久（佐竹義久）宛に書状を送る。**東義久は佐竹一族で6万石を領する第一の重臣であり、天正19年（1591）には、秀吉から豊臣姓を賜わり、朝廷から従五位下中務大輔に任ぜられ、家康・秀忠にも度々会ったことがある人物で、関ヶ原の戦い時は、最初から石田・上杉方に付くことに賛成でなかったようだ。	7322
	9月6日	山村良利（1514～1599）、木曽福島に卒す。享年86。	7323
	9月6日	「増上寺従前々紫衣之儀歴然之処、」・「増上寺紫衣之儀、暦（歴）然無紛候」。 家康、知恩院宛に書状を送る。	7324
	9月6日	「為重陽之祝儀、小袖一重送給候、」。 家康、薩摩少将（島津忠恒）宛に、重陽之祝儀到来を告げる。	7325
	9月6日	「為重陽之祝儀、小袖一重送賜、祝」。 家康、信濃国小諸の仙石越前守秀久宛に、重陽之祝儀到来を告げる。	7326
	9月7日	**徳川家康、重陽の節句を賀すとして、井伊直政・本多忠勝・榊原康政らを引き連れ大坂へ赴く。木幡山伏見城の守りを結城秀康（家康次男）（1574～1607）に任せて、伏見を発ち、大坂の片桐且元邸に御成。次いで家康、大坂の旧石田三成邸に入る。**	7327
	9月7日	「家康暗殺謀反の疑い」。深夜、豊臣五奉行の増田長盛（大和郡山城主）（1545～1615）が徳川家康の宿所（旧三成邸）を訪ね、前田利長・浅野長吉（長政）・大野治長らの家康暗殺の謀議の噂を報じる。家康、井伊直政らと対策を講じる。 次いで家康、前田利長を疑い、予め小松城（石川県小松市丸の内町）主丹羽長重に先鋒たるべきを命ず。	7328
	9月9日	**徳川家康、通常の倍の家臣を引き連れ大坂城に登城して豊臣秀頼に対し、重陽の節句における祝意を述べる。**	7329
	9月9日	**徳川家康（1543～1616）、前田利長（利家の嫡男）（1562～1614）・浅野長吉（長政）（1547～1611）・大野治長（1569～1615）・土方雄久（前田利長の従兄弟）（1553～1608）の4名が家康の暗殺を企んだとして、糾弾。**	7330
	9月11日	大坂にて騒ぎあり。伏見より人が遣わされる。「北野社家日記」。	7331
	9月12日	徳川家康、大坂城内の石田正澄（三成の兄）の屋敷に移り、在伏見の将を大坂に集結させる。	7332
	9月12日	「一切経五千蔵一部、并不足本、遠」。 家康、毛利中納言（毛利輝元）宛に書状を送り、一切経到来を謝す。	7333
	9月13日	山科言経（1543～1611）、「大坂における雑説が大方静まった」と記す。	7334
	9月14日	禁中より、大坂城の秀頼と、また、屋敷（石田正澄邸）に留まっていた家康に、使者・勧修寺光豊が遣わされる。	7335
	9月14日	「……仍御帰国之儀、御前相済候之」。 徳川家康、会津中納言（上杉景勝）からの近況報告に対し、返書を送る。 「会津の無事の到着を「珍重」と喜び、自分が大坂入りして仕置きを発していること、大坂では特に変わったことがないから安心してほしい」。関ヶ原の戦いの1年前である。	7336

慶長4	9月21日	「内府様が天下の仕置を命じられたことについて。どのような詳細なのか、加賀に在国している前田利長殿を上洛しないようにと命じられた。万一強引に上洛するなら、越前で留めるべく、大谷吉継の養子吉治殿と石田三成の家来一千余で越前へ下し置かれる事になった。加藤清正も上洛しないようにと命じられ、上洛する場合は淡路方面で防ぐよう菅達長・有馬則頼の両人に命じられた」。 島津義弘、島津忠恒(家久)宛に書状を送る。 **加藤清正は、島津家で起きた「庄内の乱」で、伊集院忠真に物資を支援していたことが発覚。家康は、清正を領国肥後にて謹慎処分とし、上洛を禁止した。**	7337
	9月24日	「従薩摩上下之者、嶋津殿被申次第」。 家康、豊後国岡城主中川修理大夫(中川秀成)・豊後臼杵城主太田飛騨守(太田一吉)宛に書状を記し、島津氏の「伊集院忠真殺害事件」鎮静化をはかる。	7338
	9月26日	北政所おね(1549?~1624)、噂通り大坂城西の丸を出て、古くから仕えてきた孝蔵主(?~1626)らと共に京都に向かい、京都新屋敷(三本木屋敷、京都新城)へ移る。 京都新屋敷とは、豊臣秀吉が聚楽第破却後、豊臣関白家の正式な邸宅・秀頼(1593~1615)の城として京都御所東南の「わがぜが池」に構えた城郭である。 現在の京都仙洞御所(京都御苑内)の場所にあった。高台院おねの退去後、広大な跡地は、京都仙洞御所として転用された。	7339
	9月28日	「家康、大坂城二の丸へ移る」。家康、大坂における執政の屋敷として使っていた石田正澄邸を出て、大坂城二の丸へ移る。諸大名も大坂の屋敷へ移動する。	7340
	9月30日	「……仍源二郎噯之儀、表裏之由曲」。 家康、龍伯(義久)・薩摩少将(忠恒)に書状を送る。家康は、源次郎(伊集院忠真)を曲者とした。	7341
	9月-	**前田利長(1562~1614)、越中に行きて放鷹し、その譏を構へられたる報を宇喜多秀家より得。次いで横山長知を大坂に遣はして、徳川家康に分疏せしめ、母・芳春院(まつ)を江戸に質たらしむべきを約す。**	7342
	10月1日	「徳川家康、大坂城二の丸から西の丸に移る」。 大坂城西の丸と伏見城を拠点とした家康は、福島・伊達・最上・黒田・藤堂など有力大名に書状を送って、自己の指導力を強めようとした。そして、伊予板島(現在の宇和島市)8万石の藤堂高虎(1556~1630)をして奉行とし、天守造営を命じる。	7343
	10月1日	「豊臣三大老連署判物」。「越前国府中之城為御留守居、其方」。 家康・宇喜多秀家・毛利輝元、堀尾帯刀(堀尾吉晴)に判物発給。 遠江国浜松城主12万石堀尾吉晴(1544~1611)は、老齢を理由に家督を次男の忠氏(1578~1604)に譲って隠居した。この時、豊臣三大老は、堀尾吉晴に越前府中の留守居を命じ、与力の武将を付け越前府中に5万石を隠居料として与えた。 この日、吉晴、府中城の留守居として5万石の領地を得て入部。	7344
	10月2日	**徳川家康、加賀の前田利長が自身の暗殺を企んだとして、前田一派の摘発に乗り出し、「家康襲撃計画に対する処罰を決定」。**	7345
	10月3日	家康家臣西尾吉次(1530~1606)、従五位下・隠岐守に叙任。	7346
	10月3日	**徳川家康、大坂城西の丸に諸将を集め、加賀の前田利長征伐を命じる。 なんと、家康の命令は公儀となった。**	7347

西暦1599

| 慶長4 | 10月一 | 「庄内の乱―慶長4年3月9日～慶長5年3月15日」。 | 7348 |

この月、徳川家康、島津龍伯（義久）・忠恒（後の家久）と伊集院忠真（忠棟の嫡男）の対立に関して、寺沢正成（広高）（1563～1633）を派遣して調停を図る。

島津氏重臣伊集院氏が主家に反旗を翻した「日向国庄内の乱」において、加藤清正が反乱を起こした伊集院忠真を支援していたことが発覚した。庄内の乱は家康が五大老として事態の収拾を図っていた案件であり、清正の行動は家康からすれば重大な背信行為であった。家康は清正の上洛を禁じて、前月9月、清正が上方に向かった場合にはこれを阻止するように有馬則頼に命じていた。

10月6日　家康、前田征伐の準備を続ける中、佐和山の石田三成（1560～1600）に家臣柴田左近を派遣し、問題解決への協力を要請する。三成は誓紙を家康に提出する。　7349

10月8日　家康の暗殺を企んだとして、大野治長（1569～1615）は下総国の結城秀康（家康次男）（1574～1607）のもとへ、土方雄久（前田利長の従兄弟）（1553～1608）は常陸国水戸の佐竹義宣（1570～1633）のもとへ預かりとなる。　7350

10月8日　前田利長の従兄弟土方雄久、徳川家康の命により、是日配所常陸太田に赴く。　7351

10月12日　「浅野長政、蟄居」。　7352

家康の暗殺を企んだとして、甲斐国府中21万5千石の浅野長吉（長政）（1547～1611）は、武蔵国府中で隠居の上、蟄居させられ、家督を嫡男幸長（1576～1613）に譲る。

10月17日　「急度申遣候、去廿七日大坂相移、無残所申付條、可御心易候、然者其表之儀、堅固之手置等肝要候、委細阿彦將監可申候、恐々謹言、」。　7353

（急ぎ連絡します。（27日に大坂城へ移り、残っていた指示命令を出し終えましたのでご安心ください。そこで、（上杉と国境を接する）貴殿の事ですが、（会津）国境の守りを固めて下さい。詳しい事は、阿彦将監が申します）。

徳川家康（1543～1616）、出羽国山形の出羽侍従（最上義光）（1546～1614）に書を送り、上方の近況を報じる。義光は、上杉景勝（1556～1623）とは庄内地方を巡り激しく争っていた。

10月21日　神龍院梵舜、徳川家康へ移徙見舞のため大坂へ下向する。家康へ蜜柑を贈る。　7354

10月22日　「……当表弥無相替儀候間、可御心」。　7355

家康、会津中納言（上杉景勝）宛に書状を送り、当表（大坂）では変わりなく、安心するようにと記し、会津で景勝が仕置きを行っている事を了承する。

10月24日　「細川家、徳川家康に忠誠を誓う」。　7356

家康（1543～1616）、細川忠興（幽斎長男）（丹後宮津城主）（1563～1646）の前田利長（1562～1614）と通ずるを疑う。忠興の長男・忠隆室は、前田利長の妹・千世姫である。

この日、細川幽斎（1534～1610）・細川興元（幽斎次男）（1566～1619）・松井康之（1550～1612）が連署した誓詞を、榊原康政（1548～1606）・有馬則頼（1533～1602）・金森可重（1558～1615）宛に送り、細川家は、徳川家康に忠誠を誓う。

松井康之は、窮地に陥った忠興を救うため、久美浜特産の「コノシロの麹漬け」（このしろ寿し）を端午の節句の贈物として家康に献上させ難を逃れたとされ、その礼状と思われる文書が残る。

10月26日　家康、大崎少将（伊達政宗）宛に書状を送り、鷹の到来を報告し謝す。　7357

10月28日　「豊臣三大老連署判物」。「播州神東郡藪田村内百拾石事、中」。　7358

家康・秀家・輝元、一色民部大輔に知行充行。一色民部大輔は足利義昭家臣であったが、元亀4年（1573）「槙島城の戦い」で足利義昭が織田信長勢と戦い敗退したため、羽柴秀吉に仕えた。慶長2年（1597）、河内国錦部郡内で312石を領した。

慶長4	10月一	家康は加賀小松城(12万石)主・丹羽長重(1571～1637)を先鋒として利長を征伐するという情報を流す。加賀松任（石川県白山市）4万石の丹羽長重は、小田原の役での戦功で加増されていた。この月、加賀金沢の前田利長(1562～1614)、老臣横山長知を三度、家康に派し、他意なき旨を陳述させる。母・芳春院まつ(1547～1617)の江戸下向と、家康に臣従するという誓詞を書くこと、利光(利常)・珠姫(秀忠娘、後の天徳院)の結婚の三事を約すこととなる。	7359
	10月一	この月、徳川秀忠(1579～1632)、京伏見の黒田如水(官兵衛)(1546～1604)宛に書状を送り、如水からの贈物に謝礼し、「上方は穏やかに治まり喜ばしい」と綴る。また如水が国元へ戻り、嫡男長政が上方に参じるという黒田家の考えに対し、「もっともだ」と評価している。	7360
	10月一	この月、細川忠興(丹後宮津主)(1563～1646)、三男・光千代(後の忠利)(1586～1641)を、江戸に人質に出すことを決める。忠興の嫡男忠隆の正室千世は、前田利家の娘で縁戚関係にあった。	7361
	11月5日	「……仍爰元仕置等万事無油断申付」。家康、会津中納言(上杉景勝)宛に書状を送り、爰元(大坂)に於いては仕置き等万事油断なく行っているので安心するよう、変わった事があれば申渡すと伝える。家康は9月・10月・11月と、たびたび景勝と音信を通じ合い、上方の無事、会津の普請などを知らせ合っていた。	7362
	11月7日	蠣崎慶広(1548～1616)、大坂城西ノ丸にて徳川家康に蠣崎家の系譜及び松前(蝦夷国)の地図を見せる。慶広は姓を「松前」に改める。	7363
	11月15日	「……仍為御音信蜜柑二桶、遠路送」。家康、駿河府中14万石の中村式部少輔（中村一氏）宛に書状を送り、蜜柑の贈呈を謝す。	7364
	11月16日	義演准后、この日大般若経転読の為大坂城に出仕。大坂城の華麗さに瞠目する。この日秀頼の病について祈祷する。	7365
	11月20日	「大坂対論—慶長4年11月20日・慶長5年6月26日」。これより先、妙覚寺日奥(1565～1630)ら、不受布施の説をなす。召喚された大坂城での受布施派妙顕寺日紹らとの「大坂対論」において、日奥は「教えに背くことは例え国主であっても従えない」と主張。大仏供養への出仕をねらうが、メンツを潰された家康は、日奥を丹波の山奥・小泉に監禁し、翌年、対馬へ配流する。「不受布施」とは、日蓮宗以外の者から施しを受けず(不受)、日蓮宗以外の僧侶に施しをしない(不施)ということ。	7366
	11月23日	秀頼、病がようやく回復。義演の祈祷に淀殿(茶々)大いに喜び、これに謝す旨を義演に伝える。	7367
	11月27日	「……将又庄内之儀、侘言申筋目就」。家康、龍伯(島津義久)宛に書状を送り、薩摩「庄内の乱」の調議を図る。	7368
	11月27日	「……将又庄内之儀、龍伯・維新へ」。家康、薩摩少将(島津忠恒(後の家久))に書状を送り鉄炮の到来を謝し、龍伯(島津義久)・維新(島津義弘)に書をもって薩摩「庄内の乱」の調議を図ったことを記す。	7369
	11月一	この月、細川忠興(丹後宮津城主)(1563～1646)、徳川家康に誓書を進める。	7370
	12月1日	「豊臣三大老連署判物」。「其方本知近州愛智郡岸本村内五百」。家康・秀家・輝元、小倉に所領安堵状。近江の小倉氏であろうか。	7371
	12月1日	「豊臣三大老連署判物」。「其方本知近江国愛智郡内菩提寺」。家康・秀家・輝元、羽柴左衛門佐に所領安堵状。羽柴左衛門佐は、信長七男の織田信高(1576～1602)。	7372
	12月1日	「豊臣三大老連署判物」。「其方本知江州犬神郡之内宇瓦村」。家康・秀家・輝元、羽柴武蔵守に所領安堵状。羽柴武蔵守は、信長八男の織田信吉(1573～1615)。	7373

慶長4	12月3日	徳川家康、井伊直政・本多忠勝らを引き連れ摂津茨木に赴き、鷹狩。	7374
		武蔵国川越の酒井忠利(1559〜1627)、兄重忠(1549〜1617)と共に之に従ふ。	
	12月14日	施薬院全宗(1526〜1600)、没。享年74。比叡山に葬られるが、現在は施薬院家代々の葬地・十念寺(京都市上京区寺町通今出川上ル鶴山町)に墓がある。	7375
	12月24日	「今度庄内表人数等被入精、加勢之由」。	7376
		家康、高橋右近大夫(高橋元種)(日向国縣城主)宛に感状。	
	12月24日	「今度庄内表人数等被入精、加勢之」。	7377
		家康、相良左兵衛佐(相良頼房、肥後人吉城主)宛に感状。	
	12月24日	「今度庄内表人数等被入精、加勢之」。	7378
		家康、嶋津中務大輔(島津豊久)(1570〜1600)宛に感状。	
	12月24日	「……庄内之儀、得其意候、重而山」。家康、龍伯・薩摩少将宛に書状。	7379
	12月26日	「北国中於津湊泊、田中清六船之儀、諸役等在之間敷者也、仍如件、」。家康、敦賀の田中清六に北国中の諸浦での諸役を免除。敦賀の豪商・田中正長(?〜1614)は、戦国時代後期から江戸時代初期の商人。通称は清六。士農工商の身分が流動的な時代にあって、いわば「代官的豪商」、あるいは「豪商代官」として活躍した。	7380
	12月27日	「為歳暮之祝儀、遠路使札殊小袖一」。	7381
		家康、嶋津中務大輔(島津豊久)の歳暮祝儀が遠路届いたことを書状をもって謝す。	
	12月29日	伏見に火災があり、大名屋敷等が焼ける。	7382
	12月30日	「為歳暮之祝儀、小袖一重之内綾一」。	7383
		家康、生駒隼人佑の歳暮祝儀が届いたことを書状をもって謝す。生駒家長の四男、生駒家第5代の生駒隼人正利豊(1575〜1670)であろうか。	
	12月一	この月、小西行長(1558〜1600)が高麗陣から帰国した。	7384
		石田三成追放後、家康は小西行長を味方に引き入れようと務めた。朝鮮における事績や三成への忠誠心を賞賛し、政権をとった時には陣営に立つであろうと誓約をとりつけようとした。しかし小西行長はその誓約に応ずることはなかった。他の大名たちは、いとも容易に家康の誓約に応じたとされる。	
	12月一	「庄内の乱」。家康は山口直友を派遣し、講和調停を継続する。	7385
	一	「上方大名の子弟が徳川家人となる初め」という。武蔵国府中で隠居・蟄居の浅野長吉(長政)、家康の命で三男長重を徳川家に奉公させる。浅野長重(1588〜1632)は翌年1月、家康の三男秀忠の小姓として仕える。	7386

| 慶長5 | 1月1日 | 「大坂城城主が二人」。諸大名、5日まで秀頼8歳(1593〜1615)・家康59歳(1543〜1616)に年頭の挨拶をする。豊臣秀頼が諸大名の参賀を大坂城中で受け、次いで諸大名は西の丸に赴き徳川家康に年賀を述べる。大坂城内には本丸、西の丸に、二つの大天守が聳え立つ。他の大老はすべて本国に帰り、五奉行のうち石田三成と浅野長政が失脚していたため、伏見城には官僚的な三奉行長束正家・増田長盛・前田玄以のみが残った。事実上、家康の独裁となっていた。しかし、会津の上杉景勝と常陸の佐竹義宣は上坂しなかった。 | 7387 |
| | 1月一 | 正月、上杉景勝(1556〜1623)は、家臣藤田信吉(1559〜1616)を代理として大坂城の豊臣秀頼と徳川家康に年賀を述べさせる。家康の重臣・本多正信(1538〜1616)、年賀に訪れた藤田信吉を丁重にもてなす。更に越後、羽後の大名達から会津の動きについて情報収集活動を行う。徳川家康は、信吉に銀子や青江直次の刀等を贈る。 | 7388 |

慶長5		
	1月5日	「宇喜多騒動―慶長4年秋～慶長5年5月22日」。夜、備前国宇喜多家旧臣派の戸川 達安、宇喜多詮家、岡越前守、花房秀成ら(すでに宇喜多家から追放されている)が、 大坂の中村次郎兵衛(？～1636)を襲撃。その後、襲撃勢は大谷吉継に庇護を求める。[7389]
	1月7日	「為大坂相移祝儀、使者殊大鷹五居」。家康、三戸城(青森県三戸郡三戸町梅内)の南 部信濃守(南部利直)(1576～1632)に書状を送り、祝儀到来を謝す。[7390]
	1月9日	徳川家康、鷹狩のため摂津茨木へ赴く。体調を崩す。[7391]
	1月13日	「諸国廻船何の於諸浦も役儀従先年被成御免許候、」。 長束正家・増田長盛・前田玄以三奉行、田中清六に諸役を免除。[7392]
	1月23日	松平依田康真(依田康勝、依田信蕃の次男)(1574～1653？)、大坂に於いて小栗三助 を殺害し、紀伊高野山に遁る、康真、某所普請につき、徳川秀忠の督励を受ける。[7393]
	1月25日	長岡(細川)忠興(丹後宮津城主)(1563～1646)、三男光千代(後の忠利)(1586～1641) を質として江戸に送る。諸大名が江戸に人質をだすのは、これが第1号になる。[7394]
	1月30日	徳川家康(1543～1616)、下総国古河の小笠原秀政(1569～1615)の長女・氏姫(敬台院) (1592～1666)を養女とし、これを阿波徳島の蜂須賀家政(1558～1639)の長男・豊雄 (至鎮)(1586～1620)に嫁がせる。 氏姫母は、家康の長子・松平信康の長女・登久姫(1576～1607)である。[7395]
	1月―	「宇喜多騒動」。大谷吉継(1559？～1600)や家康家臣榊原康政(上野国館林城主)(1548 ～1606)が仲裁に入るも解決できず。しかし、家康は反宇喜多秀家派を煽り、味方 に付けようと考えていた。そのため康政は叱責され、江戸に返される。[7396]
	2月1日	「家康、他の大名抜きの単独署名の宛状をもって、太閤蔵入地北信の豊臣大名 を横すべりで異動させる」。 徳川家康、伏見城占拠の手引きをした羽柴右近(森忠政)・田丸中務太輔忠昌(具直、 直昌)らに私的加恩を施す。いや、豊臣家の確認もあるともいう。 家康、宇都宮城・蒲生秀行の与力大名だった信濃川中島4万石の田丸忠昌(直昌)(海 津城主)(？～1609)を美濃兼山に移して、同国恵那・土岐・可児3郡の地4万石を与え、 関一政(飯山城主)(1564～1625)に美濃多良3万石、同国兼山(金山)7万石の森忠政(可 成の六男)(1570～1634)を信濃川中島に移し、更級・埴科・高井・水内4郡の地13万7千 石を与える。親徳川方の有力大名の転封は、会津に移封された上杉景勝が旧領回 復のため越後奪還に成功した際に備える、家康の措置であった。[7397]
	2月1日	「濃州恵奈郡壱萬九千六百八拾七石」。 家康、田丸中務大輔(田丸忠昌)に領知判物発給。[7398]
	2月1日	「信州川中嶋更科郡三萬四千七百」。 家康、羽柴右近(森忠政)(1570～1634)に領知判物発給。[7399]
	2月5日	井伊直政、島津忠恒(家久)宛に返書を送る。[7400]
	2月7日	「内府公被任御一行之旨、全可有御知行之状如件」知行方目録。 徳川家康は独断で、細川忠興(丹後宮津城主)(1563～1646)に「大坂の台所料」なる名 目で豊後国速見郡(大分県杵築市杵築)6万石を加増する。次いで忠興、老臣松井康之 (1550～1612)に、これを守らせる。忠興は、いち早く人質を出していた。[7401]
	2月7日	家康家臣平岩親吉(上野国厩橋城3万3千石)(1542～1612)の養子となった仙千代(家 康八男)、没、享年6。母はお亀の方。お亀の方(相応院)(1573～1642)は、石清水八 幡宮社務であった田中家の分家の正法寺(京都府八幡市)・志水宗清の娘という。[7402]
	2月7日	「父勝内分越前国飯塚村内弐百参」。家康、三輪半左衛門尉に判物発給。[7403]

西暦**1600**

慶長5	2月8日	狭山城主・北条氏規（氏康の五男）（1545～1600）、病没。享年56。 氏規は、文禄3年（1594）には河内国の河内郡に6,980石を宛てがわれ、万石以下ながら狭山城主として相応の礼節を持って報いられている。 氏規の長男・北条氏盛（1577～1608）、家督を継ぎ、五大老筆頭の徳川家康（1543～1616）からも河内狭山にあった父の遺領7千石を安堵され、養父氏直の遺領、下野国4千石と合わせ、計1万1千石の大名となり、狭山藩の初代藩主となった。	7404
	2月10日	**越後春日山30万石の越後侍従（堀秀治）（1576～1606）の家老・堀直政（1547～1608）が、昨年より上杉景勝が神指城の築城や道路整備を始めていること、直江兼続が武具を調達し、越後旧領で一揆を計画し岩井備中を越後に送り込んだことなど上杉家の動向の不審（謀叛の兆候）を、榊原康政（上野国館林城主）（1548～1606）を通じて徳川家康に報じる。** 本多正信（1538～1616）、堀直政の使者を呼んで、景勝の動向を尋問。	7405
	2月13日	上洛した加藤清正、織田信雄・山岡景友らと会談。許された加藤清正は、1月に家康と会見している。	7406
	2月16日	「古今集之事、連々幽斎存分候、老」。家康、徳善院（前田玄以）宛に書状を送り、細川幽斎が智仁親王へ古今伝授の意向をもっている事を伝える。	7407
	2月25日	**家康、鷹狩に出る。**	7408
	2月29日	「起請文前書之事　伊集院源次郎到寺沢志摩守殿当家江者堪忍仕間敷候、由以墨付申候儀、雖遣恨深重候、内府様御曖候条差捨候、然者源二郎罷出候て奉公上者以来之儀、無異儀可召仕候……」。島津竜伯・忠恒（家久）、徳川家臣山口勘兵衛（直友）に、伊集院忠真の島津家に対する謀叛は「遺恨深長」であるが、忠真の島津家への復帰を認める起請文を提出する。	7409
	2月―	上国に徳川家康加賀を征すとの流言止み、上杉景勝を討伐すべしとの風聞漸く盛んなり。	7410
	2月―	この月、直江兼続（1560～1619）、会津に出入りする7ヶ所の街道に軍備を配置し、防衛の体制を整え始める。上杉景勝（1556～1623）は出羽・仙道方面の守備を厳重にし、南山城には弟・大国実頼（1562～1622）、福島城には本庄繁長（1540～1614）、白河小峰城には芋川正親（1539～1608）と平林蔵人正恒（1550～1622）、岩代長沼城（福島県須賀川市長沼）には島津忠直（？～1604）、梁川城（福島県伊達市梁川町）には須田長義（1579～1615）、白石城には甘糟景継（1550～1611）を、それぞれ配備、迎撃体勢を構築した。	7411
	2月―	**家康・本多正信とも懇意にあった上杉家臣・藤田能登守信吉（1559～1616）が妻子と家臣200人を連れて下野国那須に立ち退き、後には徳川勢に駆け込み、仕える。** 信吉は上杉景勝に安易に挑発に乗らぬよう諫言すると共に、自らは大坂に赴いて家康に対して懸命に弁明して避戦に努めた。ところが直江兼続が、信吉は家康に買収されて内通していると讒言したという。	7412
	2月―	**この月、伏見版『貞観政要』開版。** 家康は、有用な書物が広く読まれるように、臨済宗の僧侶で足利学校の校長を務めた閑室元佶（1548～1612）に木活字10万個を与えて出版を命じた。慶長4年（1599）刊『孔子家語』・『六韜』・『三略』から、同11年刊の『七書』まで。 これらの出版物は、閑室元佶が伏見の円光寺の開山となったことから、伏見版（円光寺版とも）と呼ばれている。	7413
	3月6日	淀殿（茶々）、義演に花を贈り見舞い及び祈祷を謝す。また義演は北政所へ庭先の桜を一枝と初蕨を贈る（豪姫へは9日、家康へは9日と11日に桜蕨を送っている）。	7414

慶長5	3月7日	「……殊為御音信、鱒十送給、祝著」。家康、羽柴北庄侍従（青木一矩（1541～1600）、秀以）（？～1600）に書状を送り、贈物到来を謝す。	7415
	3月10日	「庄内の乱ー慶長4年3月9日～慶長5年3月15日」。これより先、島津龍伯（義久）（1533～1611）・忠恒（後の家久）（1576～1638）、徳川家康の調議を入れ、伊集院忠真（1576～1602）の罪を許し、頴娃郡1万石の地を給す。この日、忠真、家康の使者山口直友（1544～1622）の勧降を受け、義久の富隈城（鹿児島県霧島市隼人町住吉）に赴く。	7416
	3月10日	徳川家康の家臣・伊奈図書昭綱（？～1600）らが、会津への使者として伏見を発つ。上洛を勧告したが、上杉景勝は応じなかった。	7417
	3月11日	先に上杉家臣の津川城主（1万1千石）の藤田能登守信吉と大森城主（8500石）の栗田刑部が家康方に走る。藤田は妻子を連れ200人出奔。この日、栗田刑部国時は、岩井信能（1553～1620）に追撃され二本松の岳温泉入口で一族80人が討たれる。免れた信吉は、江戸に向かう。	7418
	3月13日	上杉景勝（1556～1623）、先代謙信の23回忌法要を行う。法要を兼ねた軍議という。直江兼続（1560～1619）、法要に欠席した藤田信吉（1559～1616）を裏切り者と断定。景勝は領内の諸城主を黒川城（福島県会津若松市追手町）に集めたが、伊達氏との境界域を守る城主たちは、このためにわざわざ人質を伊達方に送るなどして参列。	7419
	3月13日	真田昌幸、真田信幸（後の信之）宛書状。「……将又先日申し入れ候如く、其の方屋敷の事、場所然るべき所候間、此の以前請取り候屋敷に引替へ置き申し候、左衛門佐（幸村）屋敷、其の方並びにて候、二間（軒）の内一間地形低く候て手間入り申し候、其の方事は留守と申し、よき所を請取り候はでかなはぬ由に存じ、手間入り候屋敷は左衛門佐かたへ相渡し候、然れば内府様（家康）大坂に御座成され候に付いて、大名・小名悉く伏見の衆大坂へ引き移られ候、我等も近日相移るべく仕度せしめ候、替る儀候はば追々申し入るべく候、」	7420
	3月13日	家康（1543～1616）、真田昌幸（1547～1611）も大坂に屋敷を求めようとしていることを、長男真田信幸（後の信之）（1566～1658）に伝える。	7421
	3月15日	「庄内の乱ー慶長4年3月9日～慶長5年3月15日」終結。伊集院忠真（1576～1602）、家康の調停を受け入れ、都城を明け渡し島津氏に降伏。降伏後、忠真は頴娃郡1万石へ移され、後に帖佐2万石へ移された。都城には旧領主であった北郷氏が復帰し乱は終結。「庄内の乱」により島津家は義久が実権を取り戻す。島津義弘は上方にいたため関与できず、また伊集院忠棟を失ったことで発言力が弱まる。	7422
	3月15日	信濃国川中島13万7千5百石への加増転封となった森忠政（可成の六男）（1570～1634）、この日、川中島へと入領。海津城（長野市松代町松代）は兄森長可の居城であり、待望久しかったことから「待城城」と改称したという。忠政が異例の大加増で兄の遺領に入府出来たから、家康の恩顧に応えて北信を守ることは必定である。 これによって北信は家康の強固な勢力基礎に組込まれた。東西決戦という時に、東日本を一機に抑えてしまうためには、家康にとって北信の領主異動は、きわめて重要な布石であった。	7423
	3月16日	オランダ船リーフデ号、豊後国佐志生（大分県臼杵市佐志生）に漂着。航海長イギリス人ウイリアム・アダムズ（後の三浦按針）（1564～1620）・水先案内人はオランダ人のヤン・ヨーステン（1556?～1623）らが、日本に漂着。	7424
	3月18日	豊臣秀頼、方広寺拡張の工事にかかる。この頃には七重塔・講堂・廻廊が建造されていて、寺観が整っている。	7125

西暦1600

慶長5	3月19日	八条宮智仁親王22歳、細川幽斎67歳へ古今伝授の誓状を提出。春歌・夏歌・秋歌…と講釈が進められる。	7426

3月21日　徳川秀忠(1579〜1632)、上杉景勝(1556〜1623)からの使者の来訪を受け、返書を送る。秀忠は景勝に「会津領内の普請は、領国の仕置のためであるから、もっとものことである。家康も気にしていない。上方は平穏だと家康から伝えられている」と記し、上洛を促す。　7427

3月22日　「其表之様子被仰越具承候、伊集院儀可被討果被相極処、重而山口就指下少将殿被及御異見被赦免之上、勘忍分壱万石被知行充行之由尤候、」。
家康、龍伯(島津義久)宛に書状を送り、「庄内の乱」仕置きを了承する。　7428

3月22日　「伊集院侘言申付而、宥免之由尤候」。
徳川家康、薩摩少将(島津忠恒(後の家久))(1576〜1638)宛に、「庄内の乱」仕置きを了承し、「上洛は急がなくてよい」旨の書状を送る。　7429

3月23日　元上杉家臣・藤田信吉(1559〜1616)がこの日、江戸城に入り、徳川秀忠(1579〜1632)に、上杉景勝の謀叛を報じる。秀忠は家康に飛脚を送り、信吉は飛脚の後を追い西上、家康のいる大坂に向かう。
その後、信吉は大徳寺で剃髪、源心と号した。関ヶ原戦い後、家康に仕え下野国西方(栃木市西方町本城)で1万5千石を与えられ、還俗して諱を「重信」と改名する。　7430

3月23日　「其元之様子被入念切々書状、祝著」。
家康、青山修理大夫に書状を送る。秀吉に仕えた越前丸岡城(46,000石)(福井県坂井市丸岡町霞町)の青山修理亮宗勝(1561〜?)であろうか。　7431

3月27日　「……羽越中殿其地へ御越之儀候間」。
家康、羽柴越中中納言(前田利長)(1562〜1614)宛に書状を送る。　7432

3月27日　家康の家臣・伊奈図書昭綱(?〜1600)、家康の第八子仙千代(平岩親吉の養子)が死去し御見舞い書状を記してきた島津忠恒(家久))に、返書を記す。　7433

3月28日　嫡男忠元(1576〜1620)の所領であった相模国沼目郷(神奈川県伊勢原市沼目)に隠居した、家康の臣水野忠守(1525〜1600)、没。76歳。
水野忠政の三男または四男といい、兄弟には信元、忠重、於大の方(家康母)らがいる。　7434

3月30日　これより先、家康(1543〜1616)が指示し、船長代理として、ウィリアム・アダムズ(後の三浦按針)(1564〜1620)とヤン・ヨーステン(1556?〜1623)らを大坂に護送させ、併せて船も回航させる。この日、大坂城において会見する。
家康、その船の中に乗組員が使用した西洋の兜と鎧がいくつかあり、家康はそれらを江戸に送り、関東の甲冑師の手で和風にアレンジされるという。さらに、リーフデ号を浦賀へ回航させたのは、積んでいた20門近い大砲を陸上げするためであった。東京八重洲の地名は、ヤン＝ヨーステンに因む。　7435

3月一　この月、出羽山形城24万石の最上義光(1546〜1614)、大坂に上り、家康に、上杉の不穏な動きを進言する。
義光は、上杉景勝(120万石)(1556〜1623)・伊達政宗(58万石)(1567〜1636)と所領が接し、政宗の母(保春院)(1548?〜1623)が、義光の妹・義姫で、政宗とは伯父・甥の関係。　7436

慶長5	3月—	「日本とのふゑすはんにやとの渡海の儀、可相調之旨伴天連被申候ニ付、去年春五郎右衛門尉相渡候処、于今不致帰朝候、心元なき事ニ候間、為仰又船を調、則伴天連を相渡候間、弥彼地へ渡海之儀談合ニて相調、則五郎右衛門尉此伴天連同船ニて可相越者也」（日本とヌエバ・エスパーニャとの渡海について調整するようパテレン（ジェロニモ・デ・ジェズス神父）に申し付け、去年の春に五郎右衛門尉を渡海させたところ、今まで帰国していない。心元ないことであるので、家康の命令として再度船を整え、パテレンを渡航させた。ヌエバ・エスパーニャへ渡海の件を談合にて調整し、すぐに五郎右衛門尉をこのパテレンと同じ船で寄越すように）。**家康、フィリピン総督宛に書状を送る。**	7437
	4月1日	「**家康、上杉景勝の非道を詰問し入京を求める**」。 家康（1543〜1616）、京都相国寺の西笑承兌（1548〜1608）に、上杉景勝（1556〜1623）の非道を条記（非違8ヶ条）させる。「直江兼続へ、景勝に対する穏やかでない噂が京都で広まり、家康も疑っている。香指原築城、越後川口道の橋架けや近隣の堀氏の件、武具の収集などを問い質す」として早期の上洛を勧めるというもの。家康は自ら出陣して景勝を攻める姿勢を見せるも、宇喜多秀家・毛利輝元・大坂の奉行衆たちが反対し、景勝に釈明と上洛を求める使者を派遣することになったという。	7438
	4月2日	**是より先、森忠政（1570〜1634）、埴科郡海津城に移り、之を徳川秀忠に報ず、是日、中納言秀忠、之を祝す、尋いで6日、また秀忠、忠政に物（金子100枚・鉄砲100丁）を贈りて、海津入城を祝す。**	7439
	4月6日	「**豊臣三大老連署**」。「山城国久世郡市田村千石之事、被」。家康・秀家・輝元、御牧助三郎（信景）に所領安堵状。信長・秀吉に仕えた御牧勘兵衛（景則）の子という。	7440
	4月7日	家康の臣阿部正勝（1541〜1600）、大坂で没。60歳。家督は長男正次（1569〜1647）が継ぐ。	7441
	4月8日	島津惟新（義弘）（1535〜1619）、忠恒（後の家久）に書を送り、秀吉生前に西国大名は伏見在番と定められたにも関わらず、諸大名が大坂に居を移している現状に不満を表し、自らは特に指示も受けていないので、伏見に留まっていると報じ、上杉景勝が出仕（上洛）しないことが問題視され、伊那令成（図書）（徳川家臣）が十日に会津へ出立すると記す。	7442
	4月8日	「**豊臣三大老連署**」。「河内国所々知行方合七千石之事、」。家康・秀家・輝元、北条助五郎に所領安堵状。北条氏盛（1577〜1608）は、実父氏規が死去するとその家督を継ぎ、五大老筆からも河内狭山にあった父の遺領7千石を安堵された。	7443
	4月8日	「**豊臣三大老連署**」。「近江国栗太郡蘆浦村内四百二十」。家康・秀家・輝元、観音寺朝賢に観音寺知行分の芦浦村内420石所領安堵状。芦浦観音寺館（滋賀県草津市芦浦町）の10世朝賢か。	7444
	4月8日	「**豊臣三大老連署**」。「越前国所々知行方壱萬七百七十三」。家康・秀家・輝元、溝江彦三郎（溝江長晴）（？〜1646）に所領安堵状。溝江長晴は、父・溝江長氏の遺領越前国金津城（新潟県秋葉区金津字坪ヶ入）1万773石を継ぐ。	7445
	4月10日	「**豊臣三大老連署**」。「父筑後守知行之内七百石之事、任」。家康・秀家・輝元、寺西下野守に所領安堵状。寺西是成は、父寺西正勝の遺領のうち700石を加増。	7446
	4月10日	「**豊臣三大老連署**」。「所々知行方五千四百石之事、被対」。家康・秀家・輝元、寺西新五郎（寺西是成の弟）に所領安堵状。	7447
	4月10日	家康、伊奈図書昭綱（？〜1600）を正使として西笑承兌に書かせた書状を持たせ、再度、上杉景勝のもとへ問罪使として派遣する。	7448

西暦1600

慶長5	4月10日	**「家康、貪欲にヨーロッパ情報を入手」**。徳川家康、ウィリアム・アダムズ（後の三浦按針）と会見。たびたび、重ねる。アダムズからは地理学・天文学・数学・幾何学を学ぶ。家康は情報の重要性をかなり意識していた。当時は情報を「表裏」とも呼んで、敵の裏と表を明らかにする意味であった。	7449
	4月12日	慶長4年（1599）10月、前田利長らと共に家康から暗殺の嫌疑をかけられて謹慎し、家督を幸長に譲って武蔵国府中（東京都府中市）に隠居した浅野長政（1547～1611）、再び江戸に下る。	7450
	4月13日	**「庄内之儀悉相済由、従少将殿之書」**。家康、少将（島津忠恒（家久））からの書状を披見して惟新（島津義弘）（1535～1619）に書状を送り、庄内之儀を知らせる。	7451
	4月13日	徳川家康の使者、家臣の伊奈昭綱（図書）と増田長盛の家臣河村長門が会津に入り、景勝に上洛を促す。家康が西笑承兌に書かせた書状が直江兼続に到着。「上杉方に申し分あらバ家康に万事申し含められ候大谷吉継・増田長盛を頼って言え」。	7452
	4月14日	**「直江状一家康への謀反の疑いをかけられた上杉景勝が上洛・弁明を求められたのに対し、上洛の困難な理由、家康への逆心のないこと、讒言を用いるべきではないこと等、直江兼続が反論を加えたもの」**。「直江状」の文面は『古今消息集』所収の豊臣家中老奉行連署状の文面と一致するので、「直江状」の内容は信頼してよいとし、追而書（追伸）は、のちに偽作挿入された可能性があるとの指摘がある。 直江兼続（1560～1619）が西笑承兌（1548～1608）に、この日付の返書を送る。兼続は、西笑承兌からの上洛要請に対し、16ヶ条に及ぶ返書を認めた。	7453
	4月17日	**家康、大坂城を出て、伏見城へ移る。**	7454
	4月18日	豊国明神祭礼が行われ、諸国諸大名が社参する。朝廷は権大納言日野輝資を勅旨として豊国社に派遣。秀頼は京極高次をして代参、家康も参詣。	7455
	4月19日	**家康（内大臣）が参内、天皇の常御所（清涼殿）で三献。** 宇喜多秀家・小早川秀秋・最上義光・佐竹義宣も参内も、常御所での振舞はない。	7456
	4月20日	**「会津の件伝え来られ、只今は上洛しないことを聞き申した」**。徳川秀忠（1579～1632）、遠江浜松城主・堀信州（堀尾忠氏、吉晴の次男）（1578～1604）に書を送り、北国の情勢を報せ、上杉景勝の上洛は見込めそうにないとの見通しを報じる。	7457
	4月21日	**徳川家康と家臣榊原康政（1548～1606）、大雨の中、相国寺豊光寺の西笑承兌を訪ねて進物を届ける。**	7458
	4月22日	**家康、伏見城から大坂城へ戻る。**	7459
	4月24日	**家康（1543～1616）、細川忠興（1563～1646）・福島正則（1561～1624）・加藤茂勝（嘉明）（1563～1631）に、上杉氏征伐先鋒を命じる（25日説あり）。**	7460
	4月26日	榊原康政・大谷吉継、連署状を越後春日山30万石の越後侍従（堀秀治）（1576～1606）宛に送る。	7461
	4月27日	「島津惟新は島津竜伯に対して上国の形勢を報じ、併せて家康から伏見城の警備を依頼されたので、兵員、糧食の急送を申し入れた」。島津惟新（義弘）（1535～1619）、家康に大坂城で謁し、伊集院忠真（1576～1602）との調停の労を謝す。 **家康、自身の会津遠征に当たり、島津義弘に木幡山伏見城の留守の任を託す。**	7462
	5月1日	**「爲端午祝儀、帷五内生絹三送給、祝著之至候、猶西尾隠岐守可申候之間、令省略候、恐々謹言」**。家康、羽柴右近太夫（森忠政）（信濃待城主）（1570～1634）に書状を送り、端午の祝儀の到来を謝す。	7463
	5月3日	徳川家康の使者、家臣の伊奈図書昭綱ら、会津から大坂に戻る。	7464

慶長5	5月3日	世に言う「直江状」。創作という。**直江兼続の返書、上杉家との交渉に当たっていた西笑承兌に到着。**	7465
	5月3日	**「今度会津表之儀、令注進候、其国上堅可被相守候、追付出馬可討果候、恐々謹言、」。** 家康、下野国大田原城主・大田原備前守(大田原晴清)(1567～1631)・下野国伊王野城主・伊王野下野守(下総守)(伊王野資信)宛に書状を送り、警備を厳重にするよう指示する。4月、晴清は上杉氏の情況を偵察し、また会津の密使を捕え、同じ那須衆の伊王野資信等と共に家康に報告した。慶長6年説もある。	7466
	5月3日	**「為端午之祝儀、生絹三送給、祝著」。** 家康、中川修理大夫(中川秀成)(豊後国岡城主)に書状を送り、端午之祝儀を謝す。	7467
	5月4日	細川幽斎、吉田に智仁親王・烏丸光広・今出川晴季らを招いて「乱舞(宴)」を催し、太鼓や「鯉の包丁」で皆をもてなす。	7468
	5月5日	**「為端午之祝儀、帷子三之内単物一」。** 家康、仙石越前守(仙石秀久)(信濃国小諸城主)に書状を送り、端午之祝儀を謝す。	7469
	5月7日	**「一 迚も秀頼様、御取立之儀ニ御座候間、上方ニ御座候而、天下静謐ニ被仰付、遠国ニ出入候ハ、……」。堀尾帯刀吉晴(隠居後は、越前府中城主)・生駒雅楽頭親正(讃岐高松城主)・中村式部大輔一氏(駿河府中城主)の三中老(太閤記)と、長束大蔵大輔正家・増田右衛門尉長盛の二奉行が連署して、井伊直政宛に書状を送り、徳川家康に会津への出兵延期を求める。** 直江兼続へのご立腹はごもっとも、相手は田舎者だから出馬は中止か来年でもよい、秀頼様を見捨てるように下々に思わせる行為はいけないと諌めた。	7470
	5月7日	出羽国山形城の最上義光、由利郡の仁賀保・赤尾津・滝沢諸氏に、家康に組みすることを勧告する。	7471
	5月8日	**是より先、徳川家康、仙石盛長(秀康、秀久)と、上杉景勝を陸奥会津に攻めんことを議す。この日、家康、仙石盛長をして、佐久郡小諸城に帰り、北国筋鎮撫に当らしむ。**	7472
	5月9日	**これより先、森忠政、林長兵衛をして徳川秀忠に太刀・馬代銀等を贈らしむ。この日秀忠、信濃国川中島の羽柴右近(森忠政)宛に書状を送り、贈物を謝す。**	7473
	5月10日	伊達政宗、家康より、伊達・信夫(福島県)の町人百姓らと不意に上杉領へ乱入するよう密命を受ける。	7474
	5月12日	徳川家康、リーフデ号の乗員ウィリアム・アダムズ(後の三浦安針)とヤン・ヨーステンを大坂城で引見する。	7475
	5月12日	「宇喜多騒動─慶長4年秋～慶長5年5月22日」。大谷吉継、西笑承兌および奉行衆は、長束正家邸において宇喜多氏の騒動について協議を行う。	7476
	5月15日	「石清水八幡宮社務職之事、元来雛」。家康、田中秀清に判物を発給し、石清水八幡宮社務四家に対し回職の順序を決める。	7477
	5月17日	**これより先、羽柴筑前守(前田利長)(1562～1614)は、長束正家・増田長盛・前田玄以に促され、徳川家康と和を講じ生母芳春院(まつ)(1547～1617)を質とする。この日、家康、これを伏見より江戸に送る。** 芳春院が人質として自ら江戸に赴くのは、6月6日ともいう。芳春院まつは、加賀前田家が家康から謀反の嫌疑がかけられた際、交戦を主張する利長を宥め、それを解消させるため自ら人質となって江戸に下り、14年間をそこで過ごす。利家の五男・前田利孝(1594～1637)は、共に人質として江戸に送られて幼年期を過ごす。前田家宿老・村井長頼(1543～1605)も、芳春院に従って江戸に下る。	7478

西暦1600

慶長5	5月18日	内大臣徳川家康、唐朝の玻璃酒器を献ず。玻璃は、無色の水晶。	7479
	5月18日	**徳川秀忠**(1579~1632)、信濃国松城(元の海津城)主の森忠政(1570~1634)に返書を送り、上杉景勝(1556~1623)が上洛する旨、徳川家康からの使者に約束した旨を報じる。しかし、家康は上杉討伐に動く。	7480
	5月19日	捕虜として日本に送られた朝鮮の儒者姜沆(カン・ハン)(1567~1618)が、徳川家康の施策により帰国する。姜沆は、慶長の役で捕虜となり、京都に幽閉される。播磨竜野城主赤松広通の保護下に藤原惺窩とまじわり、朱子学を伝えた。釈放され、4月に伏見を立ち、対馬を経由して朝鮮に帰国したという。	7481
	5月20日	この日、徳川家康と上杉景勝の和睦との情報が、醍醐寺の義演へ届く。	7482
	5月20日	「其元緩々与仕匡等仰付、左右次第御上洛尤候」。家康、薩摩少将(島津忠垣)宛に返書状を送り、島津義弘に伏見城留守居を依頼した事を伝える。	7483
	5月20日	「そちらの様子を詳細に報告いただいた。内容は心得た。詳しいことは西尾隠岐守吉次(1530~1606)が述べるので、詳しくは述べない」。**家康、上杉の動向を伝えた越後侍従(堀秀治、越後春日山30万石)(1576~1606)に書状を送り、越後方面の情報を問う。**	7484
	5月21日	「禁制　興福寺　一軍勢甲乙人等濫」。家康、興福寺に禁制を与える。	7485
	5月22日	「宇喜多騒動―慶長4年秋~慶長5年5月22日」。前田利長(1562~1614)、宇喜多家中の問題に目処がついた事を報じる。この騒動で直家以来の優秀な家臣団や一門衆の多くが宇喜多家を退去することとなる。大谷吉継は首謀者の処分を家康に委ね、家康は戸川達安(1567~1628)を自国への配流として家臣とさせ、その他三名は宇喜多家に復帰させた。宇喜多秀家は自らが家臣の処分を行うと、さらにほかの家臣の反発を受ける可能性があったので、家康の力を借りねばならなかったという。この一件が原因で、秀家は家康に対し逆恨みの念を抱く様になったとされる。	7486
	5月24日	**大坂城の徳川家康、浅野幸長(長政の子)と会見。幸長、上杉討伐の先手(先鋒)を命じられる。**	7487
	5月24日	中村一氏(駿河国府中城主)、病気のため、大坂から国許へ下る。	7488
	5月25日	「下奈良村之内新知貮拾石事、全可令寺納候也、」・「八幡庄内拾九石五斗三升事、全可社納候也、」・「八幡庄内拾四石六斗三升事、全可社納候也、」。徳川家康、知行充行状三通(石清水八幡宮栗本坊、相撲神人の柏村藤兵衛・柏村善八の各宛)により石清水八幡宮領を確定。秀吉より4倍の知行という。7月17日に出される「内府ちかひの条々」で「内縁の馳走をもって、八幡の検地を免れさせた」と糾弾されることになる。	7489
	5月25日	「石清水八幡宮社務職之事、元来雖　」。家康、田中・新善法寺・善法寺・壇宛に御内書を送る。その他、30以上の箇所に、朱印状等をもって知行充行。	7490
	5月26日	**飛騨高山の金森可重(1558~1615)、上杉討伐の出陣を家康より命じられる。**	7491
	5月28日	醍醐寺の義演准后、毛利輝元・宇喜多秀家・徳川家康の連名で、慶長3年12月25日付けの寺領安堵を書面で受ける。	7492
	5月29日	**細川幽斎、参陣用意のため丹後へ下国。古今伝授は中断。**	7493

慶長5	6月一	徳川家康、武蔵深谷の松平康直(1569～1593)の娘・連姫(1582～1652)を養女とし、この月、遠江国横須賀3万石の有馬豊氏(1569～1642)に嫁がせる。	7494

連姫は、家康の外姪にあたる。家康は、父・松平源七郎康直が急逝し孤児となったのを哀れんだ。

	6月1日	江戸中納言徳川秀忠、信濃松城主・羽柴右近(森忠政)宛に書を送り、徳川家康の陸奥会津出陣の時期(今月上旬)を報じる。同月6日も書状を送り、家康下国は今月中旬に変更の旨を報じる。	7495

	6月2日	「家康、諸大名に会津出征を命令」。	7496

大坂城で奥州出陣の軍議が行われる。参集した大名は、藤堂高虎・池田照政(のち輝政)・浅野幸長・黒田長政・細川忠興・加藤茂勝(嘉明)・山内一豊など親徳川派と、故秀吉子飼いの一族加藤清正・福島正則ら、東国からは伊達正宗・最上義光・岩城貞隆・南部利直・村上義明・堀秀治・佐竹義宣らであった。

「……仍七月下旬奥州表出陣之事候」。

徳川家康、書状により、本多彦二郎(本多康重)(上野国白井城2万石)(1554～1611)・松平又七郎(松平家信)(1565～1638)・小笠原新九郎広勝(1571～1601)、松平弥三郎(五井松平伊昌)(1560～1601)ら関東の諸将に、上杉征伐の期日(7月下旬)を告げ、その準備を命じる。

	6月5日	藤堂高虎、徳川家康宛に、東国への出陣について見舞いをもらったことへの礼状を出す。	7497

	6月6日	家康、諸将を大坂城西の丸に集め、上杉景勝討伐の会津遠征の部署を定める。四方から会津を制圧する方針であった。	7498

家康(1543～1616)・秀忠(1579～1632)父子は、藤堂高虎・池田照政(のち輝政)・細川忠興・加藤茂勝(嘉明)・黒田長政・山内一豊・寺沢広高ら西国・東海の80余諸将を率いる主力軍10万余は奥州街道白河口から、常陸水戸の佐竹義宣(1570～1633)・岩城貞隆は西の仙道口から、伊達政宗(1567～1636)は伊達・信夫口から、出羽山形の最上義光(1546～1614)と仙北(最上川以北)の諸将は米沢口(最上口)から、前田利長(1562～1614)・堀秀治(1576～1606)・堀直寄(1577～1639)・村上頼勝(義明)(?～1604)・溝口秀勝(1548～1610)は、津川口(越後口)からと定める。

	6月6日	徳川家康、信濃国高遠城2万5千石の保科正直(1540～1601)の娘・栄姫(?～1635)を養女とし、黒田長政(如水の長男)(豊前国中津城主)(1568～1623)に嫁がせる。	7499

栄の輿は大坂城西ノ丸より出発し、本多忠勝、村越直吉が付き従い、輿の受け取りは母里友信が担う。このため、長政の先妻の蜂須賀氏(蜂須賀正勝の娘、豊臣秀吉養女)は離別される。

	6月8日	「あきのもりちうなこん、くにへくたりのよし申されて、くわんしゆ大こんまて、しまのかみ御つかいにて、しろかね甘まい、おのみちの御たる十しん上申」(『お湯殿上日記』)。この日頃、毛利輝元(安芸広島城主)、宇喜多秀家(備前岡山城主)が、大坂から帰国する。	7500

	6月8日	後陽成天皇(1571～1617)、家康の会津出征にあたり、権大納言勘修寺晴豊(1544～1603)を大坂に遣わし、会津出馬をねぎらい、曝布百端を下賜する。	7501

	6月8日	結城秀康(家康次男)(1574～1607)、上杉景勝を討つため伏見を発ち、家康の待つ大坂城に向かう。	7502

西暦1600

慶長5	6月10日	「覚悟なき者には遠慮なく暇を与える。自分に従うか否かは心のままにせよ」。 [7503] 家康の遠征計画を知った上杉景勝(1556〜1623)、安田能元(1557〜1622)、甘糟景継(1550〜1611)、岩井信能(1553〜1620)、大石綱元(1532〜1601)、本庄繁長(1540〜1614)に書状を送り、上洛に至らなかった経緯(遅延の理由と讒訴糾明の拒否を受けた事)と、上方勢と一戦に及ぶ自らの覚悟を示す。
	6月11日	**徳川家康、会津の城主上杉景勝を伐たんとし、軍令を発して前田利長を津川口の先鋒たらしむ。** [7504]
	6月12日	**家康、奥州会津の上杉氏征伐のため道普請を命じると、義演准后は記す。** [7505]
	6月14日	毛利輝元、安国寺恵瓊宛に書状を送り、東征する毛利勢は、安国寺恵瓊と吉川広家が率いるとした。 [7506]
	6月14日	**佐竹義宣・伊達政宗・最上義光、大坂を発ち、上杉景勝を討つため、帰国の途に就く。伊達政宗は大坂を発ち、同月16日、伏見発という。** [7507]
	6月14日	「自其元、佐渡・庄内之働之儀一切無用候、会津へ働、彼處相済候得者、不入儀候間、其意得尤候、猶西尾隠岐守可申候、恐々謹言」。 [7508] 家康、堀秀治の与力大名、越後国村上城主村上周防守(村上頼勝(義明))(?〜1604)と越後蒲原郡新発田城主溝口伯耆守(溝口秀勝)(1548〜1610)宛にこの日付で書状を送る。西尾吉次が詳しく述べるとした。**家康、大名の動きを事前に封じる。** 家康は頼勝に対して、勝手に上杉領国である佐渡島や庄内地方へ攻め入ることをとどめ、上杉景勝が居る会津へ出陣することを求めた。豊臣政権下では「惣無事令」で私戦が禁止されていた。村上頼勝が勝手に領国の拡大を狙って佐渡や庄内地方へ侵攻することを抑止する目的で出されたものという。
	6月15日	**豊臣秀頼(1593〜1615)、西の丸の徳川家康(1543〜1616)を訪れ、正宗の脇指・肩衝茶入・茶壺を、軍資金として黄金2万両、兵糧米2万石を下賜する。** [7509] **ここに朝廷・豊臣氏から、家康の上杉征伐(会津攻め)は、「豊臣氏の忠臣である家康が、謀反人の景勝を討つ」という義戦となる。「五大老」の一員であるにもかかわらず、上杉景勝が会津に引っこんだまま、領内の軍事強化を進めていることを、「豊臣家に対する謀反」と断じる。**
	6月15日	**自らが指揮官として、諸大名を率いて東下する徳川家康、天野康景(大坂城西の丸城代)(1537〜1613)と佐野綱正(西の丸留守居役)(1554〜1600)に城守備を任す。** [7510] 西の丸には、家康の側室の阿茶局(1555〜1637)、英勝院(お勝の方、お梶の方)(1578〜1642)、養寿院(お万の方)(1548〜1620)らがいた。
	6月15日	前田玄以・増田長盛・長束正家の三奉行、兼松又四郎正吉(1542〜1627)・伊丹甚大夫ら諸将宛に書状を送る。 [7511] **「会津表への各々の出陣の定日は、関東(家康)から命じる予定なので、7月10日以前に出立することは無用である。急いで出立しても在陣したところの地下人が迷惑するので、家康がそのように命じた、先陣における軍法のことは、どのようにでも家康の下知次第に働くべきであり、家康の下知に背いて、もし思い思いに働いたならば越度とする、路次中の「泊々」のことは、兵粮を丈夫に遣わされるうえは、自弁で申し付けるようにする、目付として、使番衆を所々に置くので、もし下々に非分の者があれば、その主人の越度とする」、とした。**

慶長5	6月16日	「徳川家康、上杉征伐に出征」。	7512

関東・奥州の諸大名を帰国させた家康、自らも次男・結城秀康らを従え、大坂城京橋口より、軍勢を率いて上杉征伐に出陣する。織田有楽斎・長孝父子、山名禅高、金森長近・可重父子、山岡景友、池田輝政、池田長吉、福島正則・高晴兄弟、浅野幸長、黒田長政、細川忠興、藤堂高虎、有馬則頼・豊氏父子、筒井定次、徳永寿昌・昌重父子、生駒一正、田中吉政、蜂須賀至鎮、小出吉政、中村一栄、山内一豊、堀尾吉晴・忠氏父子、一柳直盛、津田信成、津田小平次(秀政)、富田信高、古田重勝、稲葉道通、古田重然(織部)、市橋長勝、九鬼守隆、桑山相模守、亀井茲矩、寺沢広高、石川康長、天野雄光、奥平貞治、河村助左衛門、山城秀宗、佐藤信元、赤井五郎八、岡田助右衛門、丹羽氏次、遠藤慶隆、西尾光教、中川忠勝、三好為三、大島光義、長谷川重成、兼松正吉、三好房一、船越景直、平野長重、池田光重、佐々顕政、平田若狭守、落合顕公、森可政、清水小八郎、松波秋徳、佐久間安政、佐久間勝之、祖父江法斎、鈴木重慶、溝口政一、堀田重国、戸川達安、宇喜多詮家(坂崎直盛)、野間秋弘、伊丹忠親、別所孫四郎、本田周防守、松倉重政、村越兵庫頭、神保相茂、秋山右近、野尻彦次郎、仙石式部少輔、分部光嘉、極楽院、水野河内守、佐々喜三郎、山岡修理亮、岡田少五郎、箸尾半左衛門が家康に従う。総勢55800。**家康は伏見城に1千8百人余、大坂城西の丸には5、6百人を置いたという。**

家康は「五大老」の一員であるにもかかわらず、上杉景勝が会津に引っこんだまま、領内の軍事強化を進めていることを、「豊臣家に対する謀反」とした。

	6月17日	教如(1558〜1614)、伏見城の徳川家康を見舞う。	7513

	6月17日	「家康のねらいの一つは、一時上方を離れて三成の挙兵を促すことであった」。	7514

伏見城に入った家康(1543〜1616)、鳥居彦右衛門元忠(1539〜1600)・内藤弥次右衛門家長(1546〜1600)・松平五左衛門近正(1547〜1600)・松平主殿頭家忠(1555〜1600)を御前に招き、「石田三成の所行が疑わしく思われ、汝等を選びこの城を守らせる。各々心を合わせ、深く計って勇を励まし、忠義を尽くすように」と命ぜられ、木下勝俊(北政所の兄・木下家定の嫡男、長嘯子)(1569〜1649)を松の丸援兵に定める。また、内藤家長軍の安藤定次(目付)(1540〜1600)も残留させる。家康は伏見城に千八百名程を残し置いた。

	6月17日	「御念を入れられ、大久保治部少輔ところまで御状の通り、披見せしめ候 然らば、今度奥表出陣に就いて、その元御下り然るべきの由申さるるにより、御下着の由尤に候 なほ治部少輔ところより申し入るべく候の条、詳にする能はず候 恐々謹言」。	7515

江戸中納言(徳川秀忠)(1579〜1632)、真田伊豆守(真田信幸(後の信之))に返書を送る。信幸は、徳川家康から上杉氏征伐のため奥表(陸奥)出陣の命を受けた旨を、大久保忠隣(1553〜1628)を通して秀忠に知らせていた。

	6月18日	早朝、伏見城を発した徳川家康、秀吉ゆかりの方広寺大仏殿前を通過する。巳刻(9〜11時)醍醐寺を通過した家康、大津城へと立ち寄り、午餐の饗応をうける。**家康、京極高次(初の夫)(1563〜1609)に上杉征伐(会津攻め)を頼む。**高次は、老臣・山田大炊良利を人質として家康に伴わせる。信濃飯田で10万石を領していた京極高知(高次弟)(1572〜1622)は、最初から家康に与して会津討伐軍に参加していた。	7516

	6月18日	**家康、近江の石部(滋賀県湖南市)に泊まる。夜に急遽出立。** 長束正家(近江水口城5万石)・石田三成等が夜襲するとの噂を聞き、夜半、遽に出発して伊勢の関に向かう。	7517

西暦1600

慶長5		

6月19日　家康、鈴鹿峠を越えて伊勢の関地蔵に泊まる。家康、佐々山理兵衛に鈴鹿郡の代官を命じる。関宿(三重県亀山市関町中町)代官である。　[7518]

6月19日　徳川秀忠(1579〜1632)、江戸城で諸将に会津出陣命令を出す。　[7519]

6月20日　家康、四日市に到り、お供には陸路を周らせ、夜半に海路三河に赴く。伊勢桑名城(三重県桑名市吉之丸)の氏家行広(1546〜1615)、伊勢国神戸城(三重県鈴鹿市神戸本多町)の滝川雄利(1543〜1610)の襲撃を警戒したともいわれる。　[7520]

6月20日　「先日、御細書を預かり返事をいたしました。家康は一昨日の18日に伏見を出馬し、かねてからの作戦が思うとおりになり、天の与えた好機と満足に思っております。私も油断なく戦いの準備をいたしますので、来月初めに佐和山を出発し、大坂へと向かいます。毛利輝元・宇喜多秀家そのほかは、無二の味方です。会津方面の作戦を承りたく思います。中納言様(景勝)にも手紙を送っています。しかるべき御意を得るようお願いする次第です。……」。　[7521]
石田三成(1560〜1600)、上杉景勝の老臣直江兼続(1560〜1619)に書状を送る。
江戸時代に編纂された軍記物に記された物で、内容に信憑性に欠けると指摘される書状とされる。

6月21日　家康(1543〜1616)、三河湾に浮ぶ佐久島に着岸。さらに進行の路次、池鯉鮒大明神(知立神社)にて野太刀を奉納、神主永見貞親には伊予安定の槍と備前在光の短刀を与える。永見貞親の妹「お万」は、徳川家康との間に結城秀康(家康次男)(1574〜1607)をもうけ徳川氏とも親密な関係があった。永見貞愛(1574〜1605)は秀康の双子の弟という。さらに、佐久島にて、岡崎城(愛知県岡崎市康生町)の田中吉政(1548〜1609)の饗応を受ける。刈谷城主・水野忠重(1541〜1600)も家康に面会。　[7522]

6月22日　家康、三河吉田に上陸、吉田城(愛知県豊橋市今橋町)主・池田照政(のち輝政)(1565〜1613)の饗応を受ける。夜、白須賀に宿泊。　[7523]

6月22日　「先日就境目之儀、度々被申越候、趣喜悦之至候、就夫其元各被致相談、人留之儀堅可申付候、委細之儀石川八右衛門へ申合候、恐々謹言」。　[7524]
徳川秀忠、下野国大田原城主の大田原備前守(大田原晴清)(1567〜1631)の報告に返書を送り、会津街道を封鎖させる。
当時大坂にあった家康は、東北諸侯の諜報を得て、「大田原城は関東最北の要衝にあたる。宜しく防備を厳重にすべし」との命を出し、6月普請奉行内藤金右衛門忠清、石川八右衛門重次は、歩卒千余人を率いて大田原に行き、城郭の修理をし、塹濠をさらい、大久保山を掘削して副道を通じたという。

6月23日　家康、遠江浜松城に入り、城主堀尾忠氏(吉晴の次男)(1578〜1604)の饗応を受ける。中泉に宿泊。　[7525]

6月23日　結城秀康(下総結城城主)、上杉氏の抑えとして活動する家臣多賀谷三経(下総太田城主)(1578〜1607)に書状を送り、「22日巳の刻に、多賀谷三経が着いたとのことで、一段と急がれたからと「我等令満足」している、昨日、江戸(徳川秀忠)より「其表」の「模様次第」に(秀忠が)出馬する予定である旨を申し来たので、変わったことがあれば、早々に秀康へ注進するように、「其元」では油断なく精を入れることが専要である、家康(「内府様」)も(6月)26日には江戸まで着く(予定)であるので、そのように心得るよう」と指示する。　[7526]

6月24日　徳川軍に参加の山内一豊(1545〜1605)、家康より先に伏見を出発して掛川城に帰り、この日、江戸に向かう家康を遠江国佐夜(小夜)の中山(静岡県掛川市)で迎え、茶亭を設けて昼食の接待をする。家康、駿河島田で宿泊。　[7527]

慶長5	6月25日	**「公儀から兵粮が給付される」。**	7528
		前田玄以・増田・長束の豊臣家三奉行、連署して、会津攻めのため東海道を出陣する兼松又四郎正吉(1542~1627)への兵粮・馬料の給付を、沿道の諸将に命じる。	
	6月25日	**家康(1543~1616)、駿河丸子に到着。** 中村一氏(?~1600)の病気を疑う家康は、家臣を府中の領主・中村一氏に派遣。家康は駿府城二ノ丸にて城主の名代・横田内膳の饗応を受ける。その後、輿に乗って訪れた中村一氏と対面し、一氏を労わる。一氏は、嫡男一忠(1590~1609)が幼いため、弟中村一栄(?~1604)を陣代として、家康に従軍させることを申し出る。 **この日、家康は清見寺で宿泊。**	7529
	6月25日	上杉領に攻めかかる伊達政宗、白石城(宮城県白石市益岡町)を攻め落とす。 刈田郡は再び伊達氏の領土となった。	7530
	6月26日	**家康、沼津を経て伊豆三島に到着。**	7531
	6月26日	是より先、日根野高吉(1539~1600)、上杉景勝征伐の先鋒を命ぜられる、是日、高吉、諏訪郡高島城(長野県諏訪市高島)に卒す。享年62。	7532
	6月27日	**家康、箱根を越えて小田原に到着、宿泊。**	7533
	6月28日	**秀忠、羽柴右近(森忠政)宛に書状を送り、家康の16日大坂出陣を報ずる。**	7534
	6月28日	**家康、相模藤沢に到着、宿泊。**	7535
	6月28日	下総古河の小笠原秀政(1569~1615)、陸奥会津に出陣せんとし、穂苅太郎左衛門尉等の軍役を定む。	7536
	6月29日	丹後の細川忠興、近江国今津(滋賀県高島市今津町)を発する。	7537
	6月29日	**家康、相模藤沢より鎌倉の鶴岡八幡宮に詣で、戦勝を祈願する。**	7538
	6月29日	家康の臣・内藤家長(上総国佐貫城主)(1546~1600)、三河国遍照寺の大日如来像を再興する。内藤家長は、次男内藤元長、鳥居元忠や松平家忠らと共に伏見城を守備している。	7539
	6月29日	真田昌幸・信繁(幸村)父子、徳川家康に合流するため上田城(長野県上田市二の丸)を出発。	7540
	7月1日	宇喜多秀家(備前国岡山城)(1572~1655)が豊国社で出陣式を行い、北政所おね(1549?~1624)は、側近の東殿局(大谷吉継の生母)を代参させる。 秀家正室豪姫(1574~1634)は、秀吉の養女(前田利家の四女)で、外様ではあるが秀吉の一門衆としての扱いを受けている。	7541
	7月1日	西尾光教(美濃国曽根城主)(1544~1616)、田中吉次(三河国岡崎城主)宛に書状を送り、「田中吉次が白須賀(遠江国)に陣取りしていることを承った、自身は二川(三河国)まで来た、家康の出馬がいつ頃なのか聞いていれば教えて下さい」、と記す。	7542
	7月1日	家康の臣石川康通(1554~1607)・本多忠勝(1548~1610)、田中吉次(?~1617)宛に書状を送り、今日家康が江戸に着いた事を伝え、三河国佐久島(三河湾に浮かぶ離島)における家康への接待を謝し、江戸より会津への出陣予定(7月24日、同25日)について伝える。	7543
	7月1日	家康の臣永井直勝(1563~1626)、三河国隠居ながら大禄をもつ田中吉政(吉次の父)(1548~1609)宛に書状を送り、家康への接待を謝す。	7544
	7月1日	**家康、相模神奈川(横浜市神奈川区)に到着。鷹狩りをしながらという。**	7545

西暦 1600

| 慶長5 | 7月2日 | **「家康、江戸城に入る」。** | 7516 |

秀忠(1579～1632)、徳川家康を武蔵品川まで迎え、共に江戸城に入る。家康(1543～1616)、会津侵攻軍の軍律を下す。

| | 7月2日 | | 7547 |

家康の臣榊原康政、三河国岡崎城主田中吉次宛に書状を送り、会津出陣の日程などを伝える。榊原康政は、家康から南蛮渡来の漢南の甲冑を下付されたという。

| | 7月5日 | | 7548 |

石田三成、長男重家を徳川家康のもとから佐和山へ呼び戻す。

大谷吉継は、三成と家康を仲直りさせるために三成の嫡男・石田重家を自らの軍中に従軍させようとした。重家(1586/1588～1686)は、父・三成が加藤清正ら七将に襲撃されて引退を余儀なくされた後に、代わって大坂城の豊臣秀頼の下に出仕し、徳川家康からもかわいがられたという。

| | 7月6日 | 吉川広家、家康の会津平定の援軍として出雲を発つ。 | 7549 |

| | 7月7日 | 大谷吉継、石田三成からの西軍加担要請を断り、一旦垂井に戻る。 | 7550 |

| | 7月7日 | **「家康、朱印状をもって会津征伐の軍令を発する」。** | 7551 |

徳川家康、外様諸将を江戸城に集め饗応、会津出陣の期日を21日と定め、15ヶ条の軍法(陣中法度)を下す。白河口は徳川家康・秀忠および東海・畿内の大名、仙道口は佐竹義宣、伊達・信夫口は伊達政宗、米沢口(最上口)は最上義光と仙北(最上川以北)の諸大名、津川口(越後口)は前田利長・堀秀治・同直寄・村上義明・溝口秀勝。

御陣中御条目　一、喧嘩口論堅停止の上違背の輩にをいては理非を不論隻方共に誅罰すべし　或は傍輩に思ひをなし或は知音の好みにより荷担の族あるにおいては本人より可レ為二曲事一旨急度可二申付一自然於レ令二用捨一はたとひ後日に相聞候共可レ為二重科一事　一、味方の地に於て放火並乱妨狼籍停止の事　付作毛を取ちらし田畑の中に不レ可二陣取一事　一、敵地に於て男女猥に不レ可レ取事　一、先手を差越縦高名せしむと言とも軍法背之上は可レ為二成敗一事　一、子細なくして他の備へ相交る輩あらば武具馬具ともに可レ取レ之然上は其主人異儀に及ばゝ共に可レ為二曲事一事　一、時の使として如何様之旨遣といふとも不レ可二違背一事　一、諸事奉行の指図不レ可二違背一事　一、持鑓は軍役の外たるの間長柄を差置持たする事令二停止一但長柄の外持たするに於は主人馬廻に一本可レ持事　一、不レ可二押買狼籍一事　一、小荷駄押之事兼而軍勢等相交はらざる様に可二申付一若相交輩あらば其者可レ為二曲事一但路次申合の方ニ付て二押通一事　一、出陣中に馬を不二取放一様に可申付事　一、舟渡の儀他の備に不レ交一手越たるべし夫馬以下同前之事　一、無二下知一して不レ可陣払事　右の条々若違背之輩於二有之一は可レ処二罪科一者也仍如レ件。

| | 7月7日 | **「南部・秋田・横手・六郷・戸沢」。** | 7553 |

徳川家康、最上義光への使者を務める、最上家臣の中川市右衛門忠重・津金修理亮胤久に覚書を与え、奥羽諸勢の配置について指示する。

両名の名で出した5ヶ条の条書では、「1、南部利直・秋田実季・小野寺義道・六郷政乗・戸沢政盛・本堂茂親は最上口へ出陣すること、2、赤津(赤尾津孫次郎)・仁賀保挙誠は庄内(上杉領)の押さえになること、3、北国の人数は米沢表へ出陣し、会津へ討ち入った場合は、最上義光が先手となるべきこと、4、南部利直・秋田実季・仙北衆は米沢の押さえになること、5、扶持方の兵粮は、1万石でも2万石でも必要次第に最上義光から借りて、米沢において扶持方を出すべきこと」、が命じられた。

| 慶長5 | 7月7日 | 「急度申入候、仍会津表出陣之儀、来廿一日」。 | 7554 |

(急度申し入れ候、仍って会津表出陣の儀、来る廿一日に相定まり候、その表の衆、同心有り、御参陣有るべく候。然者、最寄(前)申し候如く、北国表にて北国の人衆を相持ち、会津へ打ち入らるべく候、猶、津金修理亮・中川市右衛門申し達すべく候、恐々謹言)。

徳川家康(1543～1616)、出羽国山形の出羽侍従(最上義光)(1546～1614)に書(第一報)を送り、21日に出陣する旨を報じ、会津に討ち入ることを依頼する。

| | 7月7日 | 「急度申遣候仍会津表出陣之儀、来廿一日相定候、其方事山形出羽守（最上義光）有同心、米沢表へ可有来陣候、猶田中清六（遠国奉行）可申候、恐々謹言」。 | 7555 |

徳川家康、出羽秋田郡の秋田藤太郎(秋田実季)(1576～1660)に黒印状を送り、21日に会津に向けて出陣する旨を報じ、出羽山形の最上義光(1546～1614)の指揮下に入るように指示する。田中清六が申し上げると記す。

| | 7月7日 | 「書状到来祝著之至候、仍会津表出陣之儀、来廿一日相定候、其方事山形出羽守有同心、米沢表へ可有参陣候、猶田中清六可申候、恐々謹言、」。 | 7556 |

徳川家康、出羽角館城の戸沢九郎五郎(戸沢政盛)(1585～1648)に書を送り、21日会津向けて江戸出陣を告げ、越後の警備を命じる。

| | 7月7日 | 「急度申候仍会津表之儀、来廿一日日相定候、其方事山形出羽守有同心、米沢表へ可有参陣候、猶中川市右衛門津□修理亮可申候、恐々謹言」。 | 7557 |

家康、またまた秋田実季に書状を送る。中川市右衛門忠重・津金修理亮胤久が申し上げるとした。

| | 7月7日 | 「飛脚到来祝著候、仍会津表出陣之儀、来廿一日相定候間、其方事庄内江為押可被罷在候、猶田中清市(六)可申候、恐々謹言、」。 | 7558 |

徳川家康、出羽由利郡の国人仁賀保兵庫頭(仁賀保挙誠)(1560～1624)・小介川(赤尾津)孫次郎に黒印状をもって、21日会津向けて江戸出陣を告げる。詳しくは田中清六が述べるとした。

| | 7月7日 | 「……仍会津表出陣之儀、来廿一日」。 | 7559 |

家康、出羽仙北の小野寺遠江守(義道)(1566～1646)に書状を送り、21日会津向けて江戸出陣を告げる。

| | 7月7日 | 「一加賀中納言殿（前田利長）北国筋を米沢へ打出、会津へ乱入候者、案内者ニ候之間、先手者山形出羽守、中納言殿可為旗本事、 一置目以下之儀中納言殿可被仰付候、御隔意有間敷候事、 一越後侍従津川筋出陣之義、無落度様可然段已上ニ可申候、兼又村上周防（義明）・溝口伯耆（秀勝）両人之内、向寄次第一人、中納言殿為案内者、北国筋へ可有参陣事、以上」。 | 7560 |

徳川家康、軍令官の家臣・屋代左衛門(屋代秀正)(1558～1623)に条書朱印状を送り、加賀中納言殿(前田利長)が北国筋を米沢へ打込むと告げ、北陸の諸将の上杉征伐(会津攻め)の手順について指示を与える。「1、前田利長は北国筋を米沢へ出陣し、会津へ乱入した時は、先手は最上義光は前田利長の旗本がなる、2、置目以下は前田利長が命じる、3、堀秀治は津川筋から出陣する、4、村上頼勝・溝口秀勝両人のうち、一人が前田利長の「案内者」として北国筋へ参陣する」、というように北国の諸大名の出陣について指示した。屋代秀正は、家康の命を受けて越後、及び加賀国へ赴き、堀秀治・前田利長等に軍令を伝えた。

西暦1600

慶長5	7月7日	**「西尾(吉次)所迄書状令披見候、仍会津表出陣之儀、来廿一日相定候、者其方事、羽柴加賀守(丹羽長重)有同心、越後城々番手之儀可被仕候、猶西尾隠岐守可申候、恐々謹言、」。**

7561

徳川家康、越前丸岡城(福井県坂井市丸岡町霞)4万6千石の青山修理亮(青山宗勝)(1561～?)宛に返書黒印状を送り、21日会津向けて江戸出陣を告げ、丹羽長重(加賀小松城主)に同心して「越後城々番手」をするように命じる。詳しくは西尾隠岐守吉次が申すとした。

	7月7日	**「今度屋代左衛門尉差遣候之条、御」。**

7562

徳川家康、越後春日山30万石の越後侍従(堀秀治)(1576～1606)宛に書状を送り、屋代左衛門尉(屋代秀正)を差し遣わすこと、村上頼勝・溝口秀勝の中一人をして、前田利長の嚮導たらしめんがする事、自分は21日に会津に向けて出陣する旨を報じる。

	7月7日	**徳川秀忠、越後村上城(新潟県村上市本町)9万石の村上頼勝(?～1604)に書状を送り、会津表への家康の出馬は、来る21日に決まったことを報じ、秀忠は19日に(江戸を)出陣すること、そちらの様子は家康から聞いていると伝える。**

7563

	7月7日	**結城秀康(家康次男)(1574～1607)、上杉征伐(会津攻め)で、異母弟・徳川秀忠(1579～1632)指揮下に入り前衛部隊を構成。家康四男・松平忠吉(武蔵国忍城主)(1580～1607)も前衛軍に配される。**

7564

	7月9日	石田三成、東下した諸大名の妻子を大坂城中に収め人質としようとする。西軍に対する戦意を削ごうとした。12日、大坂で東軍諸将の人質収監が開始される。

7565

	7月9日	**「……然者爰許出陣之義、委細先書」。**

7566

徳川家康、越後国新発田城主・溝口伯耆守(溝口秀勝)(1548～1610)に書を送り、上杉征伐(会津攻め)の指示を与える。

	7月―	**この頃、福島正則・黒田長政・細川忠興・堀尾忠氏・浅野幸長・池田照政(のち輝政)・中村一栄といった秀吉恩顧の諸将も、相次いで江戸に集結。7万の兵という。**

7567

	7月11日	**「石田三成挙兵」。**

7568

大谷吉継、石田三成の説得に応じこれに加担する事を決心し、近江佐和山城へ入る。佐和山城で三成、大谷吉継、増田長盛、安国寺恵瓊が会談。石田三成は、越前敦賀城主大谷吉継の援助を得て、毛利輝元を総大将に家康打倒の挙兵を決めた。

	7月―	**西軍挙兵後に、佐野綱正(大坂城西の丸留守居役)(1554～1600)は、西の丸の明け渡しを条件に、家康側室の阿茶局、お勝の方(お梶の方)、お万の方(長勝院)(1548～1620)を連れ八幡に移す。**

7569

	7月12日	「一筆申入候、今度於樽井大刑少両日相煩、石治少出陣之申分、爰許雑説申候、猶追々可申入候、恐々謹言、」。

7570

増田長盛(大和郡山城主)(1545～1615)、石田三成と大谷吉継の動向に不審ありとの書を、徳川家臣・家康祐筆の永井右近大夫直勝(1563～1625)に発する。
原本が見つからず偽書状という説が多い。

慶長5	7月12日	「大坂御仕置之儀付而、可得御意儀候間、早々可被成御上候、於様子者、自安国	7571

寺可被申入候、長老為御迎可被罷下之由候得共、其間も此地之儀申談候付而、無
其儀御座候、猶早々奉待存候、恐惶謹言、」。
（大坂の御仕置について、ご相談がありますので、早々に御上がり下さい。詳細
は安国寺恵瓊から申し入れます。（本来なら）安国寺恵瓊長老を御迎として指し下
すべきですが、現在恵瓊も多忙でそれも叶いません。早々の（御上坂）をお待ちし
ています）。
**増右（増田長盛）・長大（長束正家）・徳善（前田玄以）の豊臣三奉行、広島の毛利輝元
へ上坂呼出状を送る。**

	7月12日	石田正澄（三成の兄）、近江の愛知川に関所を設けて行軍を阻止。	7572

鍋島勝茂・龍造寺高房・毛利吉政（毛利勝永）らは、奉行衆の指示で大坂へ引き返す。

	7月12日	伊達政宗、相馬を経由して仙台の北目城（宮城県仙台市太白区郡山4丁目）に入る。	7573

| | 7月13日 | **毛利家家臣益田元祥・熊谷元直・宍戸元次が連署して、家康側近の榊原康政・本多
正信・永井直勝宛に書状を送る。** | 7574 |
|---|---|---|---|

「1、この度、安国寺恵瓊が（上杉討伐のために）出陣して、江州まで出たところ、
石田三成・大谷吉継と（会って）どのように分かったのであろうか、（出陣せずに）
大坂へ帰って、そのうえ、毛利輝元の考えにより（大坂へ）呼び戻されたように申
し回った、2，このことは、どうにもならない次第であるが、このことについては、
毛利輝元は、決して知らなかったと思う、3，このことを（そちらが）聞き届けた
ならば、きっと釈明するつもりであるが、（国許の）広島より申し入れていては遅
れるので、まず御分別のために、御方々様まで、留守居の者共として、前後の事
情を飛脚により申し入れるものである」、と報じる。

	7月13日	石田三成の臣・島左近の部隊が大坂城に入り、市中に戒厳令を布く。	7575

島左近（清興）(1543〜1600?)に、増田長盛・長束正家の二奉行が対面して家康討伐に
関する石田三成の意向を伝え、即刻豊臣の旗本勢を動員して在大坂の諸大名の妻
子を大坂城内に拘束するように要求。
五人の奉行のうち三成と浅野長政は家康によって蟄居させられ、前田玄以は京方
面にあり、大坂には増田、長束の二人の奉行しかいなかった。

| | 7月13日 | 家康と合流するため出雲を出陣し、明石で安国寺恵瓊からの使者が来て大坂城へ
入るよう指示を受けた、吉川広家(1561〜1625)はこの日、大坂城へ到着する。 | 7576 |
|---|---|---|---|

	7月13日	家康が上杉征伐（会津攻め）のため留守につき、大坂の情勢不穏という。	7577

義演は荷物を伏見から京へ避難する。義演准后は記す。

| | 7月13日 | **家康**(1543〜1616)、**上杉討伐先鋒として榊原康政（上野国館林城主）53歳**(1548〜
1606)**らを出陣させる。** | 7578 |
|---|---|---|---|

康政は15日には大田原城（栃木県大田原市）に着陣し、那須衆が拝謁する。

	7月14日	「六月廿九日御状到来、其表諸口丈夫ニ被申付候旨、大慶不可過之、」。	7579

石田三成、直江兼続宛に書状を送り、敵の侵攻に備えて諸口を防備すること、越
後は景勝の本領であると、秀頼の内意を得ていることが記される。そして成り行
きによっては、景勝が越後に残した牢人を手なずけることが肝要で、越後の堀秀
治も豊臣方に志があると記す。
信憑性が低い書状とされる。

西暦1600

慶長5	7月14日	「去五日雲州罷立、至播州明石罷着候処、安国寺於江州、石治少・大刑少手前、見及子細候哉、大坂罷帰候て、我等事も可相控由二申候條、昨日罷着候、然は右御両所御企承、驚入存候、殊更安国寺自輝元被呼帰候様申越候段、無是非次第二候、於輝元は前後存間敷候、不審二存計候、爰許之様子留守居之者、至広島申遣候、頓而可有到来候間、追々可申上候、此由御心得所仰候、恐惶謹言、」。

7580

吉川蔵人広家 (1561～1625)、家康家臣榊原式部大輔康政宛に書状を送り、「1、去る5日に雲州を出て、播州明石に着いたところ、安国寺恵瓊が江州において、石田三成と大谷吉継を見て子細があったのか、大坂へ帰って吉川広家に対しても控えるように言われた、2、そして、石田三成と大谷吉継による企てを聞いて大変驚いたが、特に、安国寺恵瓊が毛利輝元から（大坂へ）呼び返されたように申し回っていることは、どうにもならない次第である、3、毛利輝元は前後（の事情を）知らなかったであろうと不審に思うばかりである、4、「爰許」の様子は留守居の者共が（上方での状況を国許の）広島に申し遣わしているため、やがて（その返事が）到来するので、追々申し上げる予定である」、と報じる。

	7月15日	毛利輝元、三奉行からの呼出状が届いたこの日に出陣、広島から海路で大坂へ向かう。毛利輝元、加藤清正宛に書状を送り上洛を誘う。	7581
	7月15日	増田長盛・長束正家・前田玄以は、大阪城総構えの番手を配置。人質の妻子を出さないよう指示する。	7582
	7月15日	「雖未申通候、令啓候、今度内府貴国江出張二付、輝元秀家を始、大坂御老衆小西大形少治部少被仰談、秀頼様御為二候条、貴老御手前同意可然候由申候間、拙者も其通二委曲石治方（より）可被申候、以上」。 （いまだ書信のやりとりはございませんが、ご連絡いたします。このたび内府（徳川家康）が会津へ出陣された件で、毛利輝元・宇喜多秀家を筆頭に大坂の御年寄衆、小西行長・大谷吉継・石田三成らで御談合なされ、秀頼様の御為には（家康ではなく）貴方様との連携こそがとるべき途との結果に至りました。拙者もその通りと考えます。委しいことは、石田三成から連絡があると存します）。	7583

東軍として伏見城留守居の予定であった、大坂の惟新（島津義弘）、上杉景勝宛に書状を送る。偽書説がある。島津義弘は、伏見城留守居役鳥居元忠に断られたとされる。

	7月15日	**京都に残された徳川の諸将、「変」を聞き伏見城に籠もる。**	7584
	7月15日	**石田三成、先ず使いをもって伏見城を明け渡すよう申し入れる。「攻めよ」と答えた鳥居元忠らは、城下を焼き払い、守禦を堅くする。**	7585
	7月15日	「小田原迄参陣、其地ヨリ直二被相通」。	7586

家康、小田原まで参陣した山内対馬守（山内一豊）宛に書状を送り、7月21日出陣を告げ、小田原より（江戸を経由せずに）直に（会津へ向かって）通ることを了承する。

| 慶長5 | 7月16日 | 「態啓上候、仍今度石治・大刑逆意、無是非在候、」。 | 7587 |

蜂須賀阿波守家政、毛利輝元家臣堅田兵部少輔元慶宛に書状を送る。

「1、この度の石田三成・大谷吉継の逆意については、やむを得ないと思う、
2、それについて、輝元も同意のように「爰元」では言っており、不安に思っている、
3、もし、事実であれば、世間の批判を毛利輝元が受けることは勿体ないと思う、
4、もちろん、近年、家康は御届のないことなどがあったが、秀頼公に対して、
あまりに「相違之題目」であり、拙者は承知できない、
5、そうであるならば、御覚悟をもって「天下之乱」が起こるであろう事は、嘆か
わしいことであり、御分別をするのに過ぎることはない、と記して、これらのこ
とを輝元へ披露するように頼む、としたうえで、
6、なお、両人(石田三成・大谷吉継)に輝元が同意したということは、初めは雑説
であると思い、事実でないと思っていたところ、安国寺恵瓊より聞いたことでは、
この度、東国への御人数を差し止める旨について(輝元が)秀頼の仰せを受けた、
とのことで、そのことについて全く驚いている」と記す。
しかしこの書状は行き違いとなり、大坂に上り大坂城を占拠した輝元により家政
は逼塞させられる。

	7月16日	豊臣奉行衆、諸大名の在坂人質を確保。	7588
	7月16日	石田三成、佐和山城を出陣。	7589
	7月16日	「……**会津表出馬之儀、今月廿一日**」。	7590

家康、若狭少将(木下勝俊)(1569〜1649)宛に7月21日出陣を告げる書状を送る。
木下長嘯子は、東軍に属して伏見城留守居の将であったが、鳥居元忠に退去を
迫られ、これに従った。

| | 7月16日 | 金森可重(1558〜1615)、上州へ到着。可重は、養父金森長近(飛騨高山城主)(1524〜1608)と共に上杉征伐に参加した。 | 7591 |

| | 7月17日 | 毛利軍を率いる毛利秀元(長門国主)(1579〜1650)、徳川軍を駆逐し、家康のいた大坂城西の丸を占領する。 | 7592 |

| | 7月17日 | **毛利輝元、大坂城西の丸に入城。豊臣秀頼を奉じて西軍の主将となる。** | 7593 |

| | 7月17日 | **「内府ちかひの条々ー家康主導軍の公儀性の剥奪を宣言」。** | 7594 |

長束正家・増田長盛・前田玄以の三奉行が、家康の罪条13ヶ条「内府ちかひの条々」
を挙げ、全国の諸大名に家康討伐の檄文を送る。
「急度申入候、今度景勝発向之儀、内府公上巻之誓紙並被背太閤様置目、秀頼様
被見捨出馬候間、各申談及鉾楯候、内府公御違之条々別紙に相見候、此旨尤と思
召、大閤様不被相忘御恩賞候ヽ、秀頼様へ可有御忠節候、恐々謹言、」
(今度、家康が上杉景勝征伐のため出発したのは、誓詞や秀吉の遺言に背いて、
秀頼を見捨てて出陣したことになるので、豊臣家の五奉行等が相談して、家康を
討つべく挙兵した旨を告げ秀吉の恩を忘れないでいたら、秀頼に忠節してくれる
ように求める)。

その副署の一通には三奉行、他の一通には毛利輝元・宇喜多秀家(備前国岡山城主)
(1572〜1655)の両大老が連署、西軍に与同を求める。

| 慶長5 | 7月17日 | **家康の罪条13ヶ条「内府ちかひの条々」。** | 7595 |

一、五人の御奉行、五人の年寄共、上巻誓紙連判候て、幾程もなく年寄共内二人
追い籠こめられ候事（石田三成、浅野長政の二人の奉行を大坂から追放した）。

一、五人の奉行衆の内、羽柴肥前守の事遽て誓紙を遺され候て身上既に果たされ
候処に、先ず景勝討ち果たすべき人質を取り、追い籠め申され候事。

一、景勝何の科もこれなきに、誓紙の筈を違へ、又は太閤様御置目に背かれ、今
度討ち果たさるべき儀、歎かわしく存じ、種々様々其の理をし候へ共、終に許容
なく出馬なされ候事。

一、知行方の儀、自分に召し置かれ候事は申すに及ばず、取次をもある間敷由、
是又上巻誓紙の筈を違へ、忠節もこれなき者どもに、出いだし置かれ候事。

一、伏見の儀、太閤様仰せ置かれ候留守居（前田玄以）共を追い出され、私に人数
入れ置かれ候事。

一、拾人の外、誓紙取やり有る間敷由、上巻誓紙に載せられ、数多取やり候事（勝
手に諸侯と誓紙を交わしている）。

一、政所様御座所に居住候事。

一、御本丸の如く、殿守をあげられ候事（西ノ丸に本丸のような天守を築いた）。

一、諸将の妻子晶屓々々候て、国元へ返され候事。

一、縁辺の事御法度に背かれ候について、各其の理を申し合点候て、重ねて縁辺
其の数を知らざる事。

一、若き衆にそくろをかい、徒党を立させられ候事。

一、御奉行五人、一行に一人となし判形候事（大老五人で行うことに、一人で署
名している事）。

一、内縁の馳走をもって、八幡の検地を免され候事。

| | 7月17日 | 「安芸中納言（毛利）輝元・備前中納言（宇喜多）秀家連署状」。 | 7596 |

「憑申し入れ候、去年以来内府御置目に背かれ、上巻誓紙に違わるるの恋の働き、
年寄衆より申し入れらるべく、奉行年寄一人ずつ相果たされ候ては、秀頼様争取
立てらるべく候や、其の段違いに存じ詰め、この度各申し談じ鉾楯に及び候、御
手前も定めて御同然たるべく候、この節秀頼様へ御馳走あるべき段、申すに及ば
ず候か、御返事待ち入り候、恐々謹言」。

二大老・四奉行が連署、8月上旬にかけて諸大名に対し、豊臣秀頼のために徳川家
康を討伐することを促す。

| | 7月17日 | 増田長盛、伏見城の鳥居元忠に退城を促すが断られる。 | 7597 |
| | 7月17日 | **伏見城に籠城する徳川家康家臣の鳥居元忠・松平家忠の軍勢が、城の明け渡しを求めに来た島津義弘家臣新納旅庵（1553～1602）を射撃し追い返す。** | 7598 |

| | 7月17日 | 家康側室を無事移した佐野綱正（大坂城西の丸留守居役）は伏見城に入る。佐野綱正は西の丸の明け渡しを条件に、家康側室を連れ八幡にこれを移した。その後側室らを知人に預け、同心与力を率いこの日に徳川方が守る伏見城に入城。伏見城の戦いでは大砲を自ら放つなどして二の丸を守備するが、7月29日に討死した。阿茶局、お勝の方、お万の方は、それぞれ、阿茶局（お須和の方・雲光院・飯田直政の娘）（1555～1637）、お八の方（お勝の方・お梶の方・お勝・英勝院・江戸但馬守の娘・太田康資の養女）（1578～1642）、於万の方（於古茶、長勝院）（1548～1620）であろう。 | 7599 |

| | 7月18日 | **細川幽斎、丹後宮津の諸城を焼き、丹後田辺城（京都府舞鶴市）に籠城する。** | 7600 |
| | 7月18日 | **伏見城の留守居である徳川家臣・鳥居元忠（1539～1600）が西軍挙兵を報じる書を家康に発する。** | 7601 |

慶長5	7月18日	**「伏見城攻防戦7月18日～8月1日」、はじまる。**	7602

西軍は鳥居元忠が預かる伏見城(木幡山)に開城要求を勧告。石田三成のねらいは、伏見城占拠であった。城将の一人木下勝俊(北政所の兄・木下家定の嫡男、長嘯子)(1569～1649)は、要請に応じ伏見城を退去したが、元忠は拒絶。

木下勝俊は一説として、彼の歌道の師匠である細川幽斎同様に、天皇をはじめとした朝廷による助命工作があったとされる。戦後、改易され、京都東山に挙白堂を建てそこに隠棲、高台院(北政所おね)の庇護のもと風雅を尽くした暮らしを送る。歌人としては「長嘯子」と号する。最晩年は丹波・大原野勝寺に移住という。

| | 7月18日 | 稲葉通孝(郡上八幡城主稲葉貞通の三男)(?～1607)、明行坊・経聞坊宛に書状を送り、「関東陣沙汰」も延びた、ということで、(途中の)道より帰城したと報じる。豊臣三奉行の指示であったという。 | 7603 |

| | 7月19日 | **夕刻、毛利輝元(1553～1625)が、大坂城西の丸に入り、豊臣秀頼(1593～1615)を擁立して西軍の総大将になる。**輝元、嫡男毛利秀就(1595～1651)を本丸に送りこみ、秀頼付きとする。 | 7604 |

| | 7月19日 | 「伏見城攻防戦」。伏見城の鳥居元忠、伏見の増田長盛邸、前田玄以邸を焼き払う。 | 7605 |

| | 7月19日 | 「伏見城攻防戦7月18日～8月1日」。 | 7606 |

西軍、家康留守居が守る木幡山伏見城を猛攻開始。西軍ピークの陣容は、総大将は宇喜多秀家(備前国岡山城主)、副将は小早川秀秋で、その他に毛利秀元、吉川広家、小西行長、島津惟新(義弘)、長宗我部盛親、長束正家、鍋島勝茂などが攻城側に参加し、総勢4万人の大軍であった。
これに対して、守備軍は、家康の重臣鳥居元忠・内藤家長は本丸を守り、松平近正・深溝松平家忠は西丸の守将として千8百兵でよく防ぎ戦う。

| | 7月19日 | **「田辺城の戦い7月19日～9月18日」、はじまる。** | 7607 |

石田三成は、忠興実弟細川幸隆(1571～1607)・父細川幽斎(1534～1610)ら一族が籠る田辺城を制圧するために、西軍に与した小野木重次(重勝、公郷)(丹波福知山城主)・前田茂勝(丹波亀岡城主)・織田信包(丹波柏原城主)・別所重友(丹後綾部城主)・山崎家盛(摂津三田城主)・谷衛友(丹波山家城主)・讃岐の生駒親正家臣・丹波の川勝秀氏・小出秀政(但馬出石城主)・小出吉政(但馬国有子山城主)・杉原長房(但馬豊岡城主)・斎村政広(播磨竜野城主)ら、丹波・但馬の諸大名を中心に豊後の三将(竹中重利・早川長政・毛利高政)を加えた1万5千余の軍勢を向かわせる。

| | 7月19日 | 三河池鯉鮒(愛知県知立市)にて酒宴中、加賀井重望(美濃加賀野井城主)(1561～1600)が、水野忠重(刈屋城主)(1541～1600)を斬り殺す。両人らに饗応をうけ同席していた越前府中の堀尾吉晴(1544～1611)ら数人を負傷させ、自身もその場にいた兵士達によって殺害される。重望は石田三成(1560～1600)と親しかったという。 | 7608 |

水野忠重は、文禄3年(1595)に再び本領・三河刈谷城主に戻されていた。忠重娘(清浄院)は、家康の養女となり、慶長4年(1599)、18歳で加藤清正と結婚し正室として大坂屋敷に入った。会津征伐には子の勝成(1564～1651)が従軍し、三河国に留まっていた。
これより先、備中国成羽(岡山県高梁市成羽町)の国人・三村親成の食客となったいた水野勝成は、秀吉の死去すると、慶長4年(1599)妻子を残して上洛し、徳川家康の臣下となった。そして、家康の要請を受けた山岡景友の仲介により父・忠重と15年ぶりに和解していたという。

西暦1600

| 慶長5 | 7月19日 | 江戸の徳川家康(1543〜1616)、増田長盛(大和郡山城主)(1545〜1615)が、12日家康家臣永井直勝(1563〜1626)に報せた「三成らが家康打倒の謀議を行っている」という書状を受ける。増田長盛書状は偽書状とされる。 | 7609 |

7月19日「早ミ其元迄御出陣之御苦労共ニ候、上方雑説申候間、人数之儀者被止、御自身者是迄御越可被成候、委細悉黒田甲斐・德法印可被申候間、不能具候、恐々謹言」。(さて、(上方で石田治部少輔三成が決起した)との上方雑説が伝わってきたので、将兵についてはその地でお留めになって、御自身はここ江戸までお越しいただけまいか。詳しいことは黒田甲斐守長政・德永法印寿昌が申し上げるでありましょうから、詳しくはここで記すことはできません。謹んで申し上げます)。

家康、清州侍従(福島正則、尾張清州城主)(1561〜1624)に書状を送り、諸兵はその地に留め、福島正則を江戸へ招聘。 7610

7月19日「就下国遠路吏(使)札、殊朝倉山桝」。
家康、秀吉時代の生野奉行・伊藤石見守に書状を送り、見舞いの贈呈を謝す。山口直友(1544〜1622)が述べるとした。 7611

7月19日「為下国見舞遠路使者、殊帷子十・」。
家康、大坂の屋敷で病に伏す、日向飫肥城主・伊東豊後守(伊東祐兵)(1559〜1600)に書状を送り、見舞いの贈呈を謝す。永井直勝が述べるとした。偽作書状説がある。 7612

7月19日「上杉討伐第二陣、奥州白河口の大将として秀忠出陣」。
徳川秀忠(家康三男)、前陣として江戸城を出陣。供奉は結城秀康(家康次男)、松平忠吉(家康四男)、蒲生秀行、松平忠明、井伊直政、榊原康政、本多忠勝、真田信幸、森忠政、石川玄蕃頭(康長)、松平飛騨守(奥平忠政)、仙石越前守(秀久)、日根野းー郎(吉明)等6万9千3百余騎、佳例によって榊原康政を先駆と定めた。康政が大田原に到着しているのに後陣はまた古河、栗橋に充満していた。 7613

7月20日「就其元雑説出陣延引之由尤候、愈岐阜中納言殿(織田秀信)有談合、仕置等肝要候、猶加藤太郎左衛門可申候、恐々謹言」。
家康、美濃黒野(岐阜市黒野)の加藤貞泰(1580〜1623)宛に出陣延引を認める書状を送り、加藤成之(1552〜1603)が述べると記す。 7614

7月21日「家康、江戸城出陣」。
徳川家康、予定通りこの日、上杉征伐のため江戸を出陣、武蔵鳩谷に宿する。その後に福島正則以下の諸将が出陣、その数は、7万近くに膨れ上がっていた。 7615

7月21日　徳川秀忠、古河(茨城県古河市)に着陣。 7616

7月21日　細川忠興、細川領の飛地の豊後杵築城(大分県杵築市杵築)留守を預かる家臣の松井康之・四良右(有吉立行)・市正(魚住昌永)宛に書状を送り、それぞれの今後の対応を指示し、1、石田三成と毛利輝元が協議して「色立候由」について、上方より家康へ追々注進があったが、このようになるだろうとかねて言っていたことである、2、そのほか、「残衆」はことごとく「一味同心」とのことなので、多分、家康は早速上洛するだろう、3、そうなれば、即時に(家康の)「御勝手」になるだろう、4、家康は江戸を今日に出陣し、忠興は昨日宇都宮まで来た、5、しかし、多分(このあとは)ひっくり返して上方へ出陣するだろう、と報じる。 7617

7月21日　森忠政(1570〜1634)、徳川家康の軍に投ぜんとして、江戸より下野宇都宮に到る。 7618

7月21日　常陸の佐竹義宣(1570〜1633)はこの日、出発して石那坂(茨城県日立市石名坂町)を越え、多賀郡に陣する。 7619

慶長5	7月21日	信夫口の伊達政宗、本拠北目城を発して、上杉の属城白石城（宮城県白石市益岡町1丁目）を攻める。	7620
	7月22日	**家康、武蔵国岩槻に到着。城主の高力河内守清長(1530〜1608)の饗応を受ける。**	7621
	7月22日	**京極高次（浅井初の夫、近江大津城主)(1563〜1609)から、石田三成が逆心したと家康に報せが届く。家康、京極高次の人質・山田大炊良利に、密旨を含め帰国させる。家康は、東軍参加の諸将の人質を江戸城に留めていた。**	7622
	7月22日	「永井右近かた迠之書状、令披見候、依煩然々与無之由、養生一候、此方へ披下儀必無用候、其元在所ニ候而、上方於替儀者、何時成共可申越候、恐々謹言、」。 岩槻の家康、永井直勝に東軍に付くという報告をした、妻木城（岐阜県土岐市妻木町本郷）の妻木雅楽頭（助、介)（妻木家頼、頼忠)(1565〜1623)宛に書状を送り、私の元へ参上する必要はない。領地に留まり、上方に何かあった際は出陣をと指示する。妻木家頼（頼忠)は、森忠政の信濃国川中島転封には同行せず美濃に残り、変わらず妻木城を領した。森忠政の移封で代わりに田丸直昌（大坂城番）が川中島から岩村城に移った。この時、森忠政は東軍に味方し、岩村城（岐阜県恵那市岩村町）に移った田丸直昌は西軍についた。その後、妻木は、弟の吉左衛門を関東の徳川家康のもとに遣わして東濃の形勢を報告すると共に、あくまで味方することを伝え、子の主水（頼利)(1585〜1653)を人質として送った。また度々書状を交わし、上方の情報収集など諜報活動を行った	7623
	7月22日	「……仍昨廿一日至宇津宮著陣之」。 家康、川中嶋侍従（森忠政)(1570〜1634)宛に書状を送り、昨日宇都宮着陣を慰労し、自らの江戸出陣を知らせ、近々の面談を伝える。	7624
	7月22日	「……然ハ其許雑沙汰申候、大坂御奉行中、貴所各被仰談、別儀無之由珍重候」。 下野古河の徳川秀忠、大坂の滝川雄利（伊勢神戸城主)(1543〜1610)宛に返書状を送り、家康は7月21日に江戸を出馬し、秀忠は7月19日に江戸を出陣したと記すが、大坂奉行衆は特には目立った動きは無いとの報告を受けていた。	7625
	7月22日	**徳川秀忠、宇都宮着陣を報じた羽柴右近（森忠政)宛に書状を送り、宇都宮着陣を喜び、昨日古河着と家康21日江戸発を報じる。**	7626
	7月22日	那須衆の大関資増、大田原晴清、伊王野資信は、石橋（栃木県下野市石橋）で宇都宮を目指していた徳川秀忠に拝謁。同じく那須衆の那須資景、蘆野政泰、福原資保は宇都宮付近の白沢（栃木県宇都宮市白沢町）で拝謁した。	7627
	7月22日	「越後一揆、起こる」。上杉景勝の軍勢、六十里越から越後に侵攻。	7628
	7月22日	上杉景勝、会津黒川（若松）を出発して長沼（福島県須賀川市長沼）に陣する。	7629
	7月23日	西軍毛利秀元は、この日、大津瀬田へ向かう。 瀬田橋近辺の普請（城・橋の修築工事）のためである。追って吉川広家、安国寺恵瓊も普請に携わり、東国衆を迎撃する準備を行う。	7630
	7月23日	**第二陣徳川秀忠ら、宇都宮に着陣。先鋒部隊は那須の佐久山・太田原に進出していた。**	7631
	7月23日	**家康、下総国古河に到着。**	7632

西暦*1600*

| 慶長5 | 7月23日 | **「家康は、初めて上洛を明言」**。 | 7633 |

「其元之様子、具被申越候、祝著之至候、近日可令上洛候間、彌其表之儀、無油断様肝要候、猶道阿彌江雪可申候、恐々謹言」。

家康は、山崎左馬允(山崎左馬允家盛)と宮木丹波守(宮城丹波守豊盛)宛に返書を送り、近日(家康が)上洛する予定なので、「其表」のことは油断しないように指示する。奏者は山岡道阿弥と板部岡江雪斎。
山崎家盛は、親戚の宮城豊盛と共に石田三成の挙兵を、会津征伐で下野国小山にいた徳川家康に伝えるという。

| | 7月23日 | **「家康、上杉征伐進軍中止を書状で指令」**。 | 7634 |

「急度申入候、治部少輔・形部少輔以才覚、方々触状を廻付而、雑説申候条、御働之儀、先途者御無用候、自此方重而様子可申入候、」。
(急度申し入れ候、治部少輔(石田三成)・刑部少輔(大谷吉継)才覚を以って、方々に触状を廻らすに付て、雑説申し候条、御働の儀、先途御無用せしめ候、此方よりせ重ねて様子申し入るべく候、大坂の儀は、仕置等手堅く申し付け、此方は一所に付、三奉行の書状披見の為これを進せ候、恐々謹言)。

下総国古河の徳川家康(1543~1616)、出羽侍従(最上義光、出羽山形城主)(1546~1614)に書(第二報)を送り、石田三成(1560~1600)と大谷吉継(1559？~1600)が方々に触状を送っていることを報じ、増田長盛、長束正家、前田玄以連署による上方の不穏な情勢を報じた書状を廻送、米沢口に進撃するのを中止し、後命を待つよう申し入れる。

| | 7月23日 | 常陸の佐竹義宣(1570~1633)、石田三成に書状を送り、相互の情勢を詳しく報せ合う。実はこの前から義宣は、三成と頻繁に情報交換をしていた。 | 7635 |

| | 7月24日 | **「家康、小山に着陣」**。 | 7636 |

徳川家康、下野国小山に到着。結城秀康は結城に本隊を残し、わずかの供廻を連れて家康の本陣に馳せ参じた。そして、夜、鳥居元忠が伏見より遣した使者が、井伊直政の陣に着く。家康の元に、伏見城死守の決意と西軍挙兵を報じる7月18日付書状が届く。

| | 7月24日 | **「早々其元迄、御出陣之旨、御苦労共ニ候、上方雑説申候間、人数之儀者被止、御自身は是迄可有御越、委細黒田甲斐・徳法印可被申候間、不能詳候、恐々謹言」** | 7637 |

(さて、上方で石田治部少輔三成が決起したとの雑説が伝わってきたので、将兵についてはその地でお留めになって、御自身はここ小山までお越しいただけまいか。詳しいことは黒田甲斐守長政・徳永法印寿昌が申しあげるでありましょうから、詳しくはここで記すことはできません。謹んで申し上げます)。

家康、清州侍従(福島正則、尾張清州城主)(1561~1624)に書状を送り、小山陣中へ招聘。これは『武徳編年集成』(江戸時代中期に編纂された徳川家康の伝記)による19日の家康書状写しで、「小山評定」があったとするため、24日の日付にしたとされる。

慶長5	7月24日	「今度安房守（昌幸）罷り帰られ候処、日比の儀を相違へず、立たれ候こと、奇特千万に候、なほ本多佐渡守（正信）申すべく候の間、具にする能はず候、恐々謹言」。	7638

真田信幸（真田伊豆守、後の信之）（1566～1658）、父昌幸離反を徳川秀忠に報告し、嫡子・信政（1597～1658）を人質として江戸へ送ることを確約し、忠誠を誓う。
これを知った**家康からこの日付でその忠節を賞せらる。詳しくは本多正信が述べるとした。**
信政3歳は、江戸城へ人質として差し出され、家康に抱かれ泣き出したため、家康が腰の吉光の短刀を与えたという。これが「泣き吉光」と言われ、重要書類と共に幕末まで大切に保管された。
「短刀 銘吉光」は、真田家が徳川家康から拝領したもので、真田藩が明治維新までとりつぶしの憂き目にあわず存続できた要因のひとつだったとさえいわれている。真田家では重宝の筆頭として、緊急時に担ぎ出す長持ちの奥深く保管していた。花の丸御殿の玄関に次ぐ大広間の床の間に、腰の物、箪笥、惣青貝の槍、大太刀と共に安置され、番頭1人、武士5人が列座して昼夜警護を怠らなかったという。

	7月24日	**家康、信濃松本城の石川康長（1554～1643）と待城城（長野県松代町）の森忠政（1570～1634)を封地に帰し、真田昌幸に備えさせる。**	7639
	7月24日	**長束正家・増田長盛・前田玄以の豊臣家三奉行の「内府ちかひの条々」が家康のもとに届く。**	7640

7月24日　下野国北部で上杉と対峙する那須衆の大関資増（黒羽城主）、大田原晴清、伊王野資信は秀忠の指示により、小山に着陣した家康を訪ね拝謁。　7641
家康から上杉軍に対し防備を命じられ、刀、金子を与えられ、それぞれの城に帰る。
宇都宮城が家康の「旅館」、黒羽城（栃木県大田原市）が秀忠の「陣城」と想定していた。

7月24日　**家康、水戸城へ嶋田治兵衛利政を送り、佐竹義宣が上洛しなかったことや江戸の軍議に参加しなかったことを問い糾す。**　7642
城代家老の和田為昭（1532～1618）は、義宣は病気で太田城（茨城県常陸太田市中城町）に居って動けないことを説明。嶋田治兵衛は、直り次第馳せ参じるよう命じている。また、母と妻子を人質として上洛させているが、さらに弟の蘆名盛重（会津の領主であったが天正17年、伊達政宗に磐梯山麓の摺上原で敗北、会津を去る）と岩城貞隆（石城城主）を人質に出すよう要求されるが、拒否する。
嶋田治兵衛は、島田重次（1545～1637）であろう。

7月24日　佐竹義宣（1570～1633）は会津方面へ進軍するが、赤館（福島県東白川郡棚倉町）で進軍を中止する。表向き家康に協力し、上杉景勝を攻めるふりをするが、景勝と通じる。　7643
9月半ばまで、佐竹義重（義広）の軍勢を置いたが、動かなかった。

7月24日　伊達政宗、上杉景勝領の白石城を攻撃。25日に攻略する。家康は、政宗に信夫口からの上杉領侵攻を命じていた。　7644

	7月25日	**秀忠、羽右近（森忠政）宛に書状を送り、無事下国を尋ね、忠政眼病を問う。**	7645
	7月25日	**朝、家康の元に、伏見城攻撃を受けるとの飛報が入る。**	7646
	7月25日	「和泉殿不慮之仕合ニ而被相果、不及是非候、然者六左衛門指越候、和泉殿ニ不相替馳走肝要候、謹言」。	7647

家康（1543～1616）、水野忠重の死を知り、水野家家臣上田清兵衛・鈴木次兵衛・同久兵衛の三名宛に忌懇の書を送り、六左衛門勝成（1564～1651）に、水野家（三河国刈屋3万石）を嗣がせる。

慶長5	7月25日	**「今度被罷上候惣人数之扶持方、可」。** 7648

「今度被罷上候惣人数之扶持方、可」。　7648

家康、豊臣政権の五奉行の一人、長束大蔵大輔(長束正家)(近江水口城12万石)に書状を送る。正家は石田三成の暗殺計画を知らせた。創作書状との説がある。

正家は、秀吉に仕える期間が長くなるにつれて、徳川家とのつながりも深くなり、天正18年(1590)、豊臣秀吉が諸大名から人質を確保しようとした折、家康から人質として差し出された秀忠を迎えたのは長束正家であった。徳川家臣本多忠勝の妹(栄子姫)を正室とし、徳川家と良好な関係を構築していた。

7月25日　**「一昨廿三小金御着陣之貴札、今廿五於宇都宮ニ令拝見候、中納言(徳川秀忠)も昨廿四至于宮着陣被申候、今日者滞留候、」。**　7649

大久保治部少輔忠隣、安房侍従(里見義康)宛に返書状を送り、近況を報告する。

7月25日　**家康は、水戸城へ送った嶋田治兵衛の報告を受け、古田織部正重勝(伊勢国松坂城主)(1560~1606)を水戸城へ送り、速やかに出馬しなければ、上杉討伐を後にし、先に佐竹義宣を攻めると告げた。**　7650

水戸城代の和田昭為(1532~1618)は驚き、早馬を義宣と棚倉の梅津と戸村へ報じ、義宣は水戸城へ戻った。義宣(1570~1633)は、赤館城の須田盛秀に慎重な行動を指示する。

7月25日　**「小山評定─家康の大旋回」。**小山須賀神社境内に、三間四方の仮御殿を急造して軍議が開かれる。軍議には家康と秀忠を中心に、本多忠勝・本多正信・井伊直政・戸田一西(1543~1604)ら家康家臣の他、上杉征伐に従っていた福島正則・池田照政(のち輝政)・山内一豊・堀尾忠氏・京極高知・黒田長政・浅野幸長・細川忠興・加藤茂勝(嘉明)・田中吉政・藤堂高虎・生駒一正・寺沢広高・桑山元晴(大和御所)・蜂須賀至鎮・有馬豊氏・西尾光教・一柳直盛らの豊臣恩顧の諸将が集まる。家康は諸将に、このまま会津に向かうか、引き返して三成と戦うか、それとも三成に味方するかと意向を聞いたという。福島正則が人質を捨てても家康の先鋒として西上すべきであると進言し、又、堀尾忠氏と相談した山内一豊の発議によって東海道に城や領地を持つ大名たちがこれらを明け渡すこととなり、家康への協力を誓う。この「小山評定」は一次資料は無く創作という。　7651

7月―　**小山にて、堀尾忠氏は徳川家康に異心が無いこと示すため、家康近習のいずれかと忠氏の妹の婚姻を結ぶことを家康に請う。家康は忠氏の要請を受け、大久保忠総(忠隣の次男)(1582~1651)と忠氏の妹の婚姻を約す。**　7652

7月25日　伊達政宗、井伊直政宛に書状を送り、家康に上杉領白石城を包囲して攻撃しているが、堅く守備され未だ雌雄を決していない事を報告する。　7653

7月26日　前田玄以・増田長盛・長束正家、連署状を中川修理(秀成)御宿所宛に送り、濃州のことは、織田秀信(岐阜城主)・稲葉貞通(美濃郡上八幡城主)と大垣城・犬山城はすべて秀頼様に忠節をすることに決まり、人質を進上した、と報じる。　7654

7月26日　**黒田長政(豊前国中津城主)(1568~1623)、相模厚木に至るも家康に呼び返され、福島正則(1561~1624)の後見を託される。**この時、改造された南蛮甲冑を拝領する。長政は調略においても西軍の小早川秀秋や吉川広家など諸将の寝返りを交渉する役目も務める。**黒田長政、再び西上。**　7655

7月26日　**「就今度佐和山江相働、彼表在々地」。**　7656

家康、田中兵部太輔(田中吉政(三河岡崎城主))(1548~1609)に朱印状を送り、佐和山城攻めの際、住民宣撫について指示を下す。

田中吉政は、佐和山に入ったなら逃げ散った地下人を速やかに還住させるよう命じられた。

慶長5	7月26日	「其許之様子、早々示給、祝著之至候、……仍石田治部少輔・大谷刑部少輔逆心付面、上方人衆今日廿六日悉登申候、……其地仕置弥堅固可被仰付候、肥前衆も此時候間、随分可被出精之由候」。 徳川家康、越後侍従（堀秀治、越後春日山城主）(1576～1606)に返書を送り、越後表の様子を知らせてきた事を謝し、石田三成・大谷吉継挙兵での「上方人衆」が今日二十六日にことごとく西上して行った事を告げ、家康も会津表の仕置等を堅く申し付け、即時に上洛する、堀秀治にはその地の仕置を堅固にするよう命じた事、「肥前衆」（前田利長）もこの時であるので随分出精するとの事を伝え、情勢に応じて同心するように要請する。榊原康政・西尾吉次が述べるとした。	7657
	7月26日	「従今日廿六日、御人数差上候……我等事も急度令上洛候間、御」。「……就今度之仕合申談筋目、一途」。 是より先、徳川家康、京極高知に軍陣のことを命ず、是日、徳川家康(1543～1616)、大津城の大津宰相（京極高次、浅井初の夫）(1563～1609)に書を送り、今日（7月26日）より御人数が西上し、家康も確かに上洛するので「御手前」のことはいよいよ堅固に申し付けるように指示する。山城宮内少輔忠久が述べるとした。また追伸で、京極高知(1572～1622)は先手に加わったと伝え、京極高知・井伊直政が述べるとした。	7658
	7月26日	「……此表之儀、仕置等堅申付、即」。 家康、京伏見に侍衛する、越前国蔵入地代官であった上田主水正（上田重安）(1563～1650)宛に書状を送り、即刻上洛することにした、と報じて、警備を厳重にするよう要請する。西尾吉次が述べるとした。	7659
	7月26日	家康は、総督結城秀康とし、伊達政宗、堀秀治、最上義光、蒲生秀行、相馬義胤、里見義康、下野国那須党を、上杉押さえ役として留め置いた。	7660
	7月26日	「翌日にかけて、小山の東軍先鋒部隊の西への転身が、はじまる」。 福島正則（清州城主）・池田照政（のち輝政）（吉田城主）ら諸将、出陣。本多忠勝、井伊直政、軍監として出陣。伊勢方面に所領を持つ富田信高（伊勢安濃津城）、古田重勝（伊勢松坂城）、氏家行広（伊勢桑名城）、福島正頼（高晴）（伊勢長島城）、九鬼守隆（志摩国鳥羽城）らは居城防備のため各居城へ戻る。30日にはほぼ完了。	7661
	7月26日	家康、小山の陣を引き払い江戸に向かう。	7662
	7月26日	榊原康政（上野国館林城主）、大田原城（栃木県大田原市城山2丁目）を巡視し、江戸城への人質の差し出しを命じる。	7663
	7月26日	常陸の佐竹義宣(1570～1633)、23日に続き石田三成に書状を送り、相互の情勢を詳しく報せ合う。	7664
	7月27日	八条宮智仁親王、丹後田辺城の細川幽斎に侍臣大石甚介を派遣し開城を勧めるが幽斎は拒否。	7665
	7月27日	「田辺城の戦い7月19日～9月18日」。 田辺城（京都府舞鶴市南田辺（舞鶴公園））総攻撃はじまる。	7666
	7月27日	「伏見城攻防戦7月18日～8月1日」。 石田三成等、鳥居元忠が籠る伏見城を攻撃する。なかなか落城しないため、「大鉄砲」を用いる。	7667

西暦**1600**

慶長5

7月27日　「今度安房守別心之処 其方被致忠節儀、誠神妙候、然者、小県之事者親之跡候 間、7668

無違儀遣候、其上身上何分ニ茂可取立之条 以其旨弥如 在被存間敷候、仍如件、」

（今度安房守別心のところ、その方「忠節」を致さるの儀、誠に神妙に候、然らば、

小県の事は親の跡に候の間、違儀なく遣わし候、その上身上何分にも取り立つべ

きの条、その旨を以って、いよいよ如在に存ぜらるまじく候、仍って件の如し）。「徳

川家康判物」。

真田伊豆守（真田信幸（後の信之））（1566～1658）の忠節を喜ぶ徳川家康、昌幸（上田

城主）の小県領没収後は信幸（信之）に与える事、その上、今後どのようにも取り

立てる、という旨を約束する書状（安堵状）を、この日付で送る。

7月27日　「就式部少輔死去、其国諸仕置等弁軍」。7669

徳川家康、中村彦右衛門尉（中村一栄、一氏の弟（三枚橋城主））（？～1604）と重臣横

田内膳正（村詮）（中村一氏妹の婿）（田中城城主）宛に書を送り、駿府城主・中村式

部少輔（中村一氏）の死に対し領地の仕置きや軍法を指示し、味方に引き留めよう

とする。

7月27日　「就上方忩劇、従路次有帰上之由尤」。7670

家康、伊勢国桑名城に在る氏家志摩守（氏家行継）（1551？～1615）・寺西備中守（寺

西信乗、寺西直次）（1557～1649）宛に返書状を送り、「上方忩劇」のため、（上杉討伐

のための東下の途中で）路次より（国許へ）帰ったことを（家康が）了承し、徳永寿

昌と京極高知が参陣するので、「彼方」とよくよく申し合わせるように指示する。

村越直吉が詳しくはが述べるとした。

7月27日　**榊原康政（1548～1606）、修築の奉行として黒羽城（栃木県大田原市前田）を巡視し、江**7671

戸城への人質の差し出しを命じる。家康は黒羽城と大田原城の両城を上杉景勝領

に近接する最前線の徳川方城郭と位置付け両城を支援した。

7月27日　「大久保忠隣・本多正信連署書状」。7672

大久保忠隣（1553～1628）・本多正信（1538～1616）、山内一豊宛に連署書状を送る。大

坂の様子を伝えてきたこと（大坂の山内屋敷が送ったと思われる）、（家康は）とて

も喜んでおられたので面倒でもこちらまで来て欲しいと申している、と伝える。

7月27日　上杉景勝の臣直江兼続、川俣城（河股城）（福島県伊達郡川俣町大字東福沢字館山）を伊達7673

軍から奪還。

7月28日　石田三成、某へ書状を送り、国友鉄炮の新儀吹き替えを禁じる。7674

7月28日　**西上の東軍諸将、江戸到着。**7675

7月28日　西上の細川忠興、武蔵岩槻に到着する。7676

7月28日　**家康、下野国小山の陣所に、主家木曽氏の没落により、浪浪を余儀なくされた木**7677

曽家の旧臣、千村平右衛門・山村甚兵衛・馬場半左衛門・千村助左衛門の四人を招

き、忠節を尽くすべき朱印状を与える。

木曾義昌旧臣の千村良重（1566～1630）・山村良勝（1563～1634）・馬場昌次（？～1618）ら四

人が、下野小山の陣中で家康に拝謁、石田三成（1560～1600）挙兵により、大坂方の

武将石川備前守光吉（貞清）（犬山城主）管轄の木曽谷を奪取し、中山道を西へ向か

う秀忠の軍勢を先導せよと、木曽路の交通を確保するよう命じられる。

千村助左衛門は、千村助右衛門重次（良重の従弟）のようだ。

慶長5	7月28日	「使札披見、祝著之至候、其許御出陣之由尤候、此方も小山令在陣、将亦上方之儀、[7678]

慶長5

7月28日

「使札披見、祝著之至候、其許御出陣之由尤候、此方も小山令在陣、将亦上方之儀、[7678]
実儀之由申来候、猶本多佐渡守可申候、恐々謹言、」。
家康、内密に報じた常陸国江戸崎4万5千石の蘆名平四郎（蘆名義広（盛重））（1575～
1631）宛に返書を送り、蘆名氏の軍勢出陣したことを了承したこと、軍勢の小山在
陣を告げ、上方の挙兵は事実であること、詳しくは本多正信から報せることを告
げる。
佐竹義宣実弟である蘆名平四郎は、上方の様子を探ったようである。

7月28日

「切々被入念飛札祝着之至候、今日廿八日先手之衆上申候、爰元之様子申付、近[7679]
日可令上洛候、猶一庵可申候、恐々謹言」。
徳川家康、小出播磨守（小出秀政）（岸和田城主）（1540～1604）宛に返書を送り、秀政
が懇切に飛脚を寄越したことへの礼をする。豊臣秀頼を支える秀政は、次男秀家
（1567～1603）に兵300を率いさせ、家康に付き従わせ上杉征伐に従軍させた。

7月28日

「許会津口へ令出陣」。[7680]
家康、大和国内に1万8000石を領する常真（織田信雄）宛に書状を送り、会津口出
陣を告げる。

7月28日

直江兼続、与板衆の山田喜右衛門尉宛に書状を送り、越後一揆を各地一斉に起こ[7681]
す旨を指示。上杉景勝の直轄領である信濃蔵入地の管理は山田喜右衛門尉と窪田
源右衛門尉が奉行を任されていた。

7月下旬

佐竹義宣（1570～1633）は水戸城を発し、渋井内膳5千は棚倉の寺山（福島県東白川郡棚[7682]
倉町）へ、梅津半右衛門が矢祭の大洪（福島県東白川郡矢祭町）に1万、義宣本隊は、棚
倉の赤館城と陣に2万3千、その他も合わせ、合計4万の大軍を仙道口へ移動させ、
義宣は8月下旬まで、葦名盛重は9月中旬まで陣を敷いていた。
この陣へ、直江兼続が訪れ、再度の協力を要請したが、義宣は作戦を断り、上杉景
勝はその報告に失意したという。

7月29日

毛利軍（村上元吉・景親兄弟ら）、毛利輝元により逼塞させられ、蜂須賀家政が返[7683]
上した阿波国へ侵攻、徳島城を占領する。家政自身は剃髪（出家）し、蓬庵と号し
て高野山光明院に上る。

7月29日

「……羽肥州（前田利長）ハ老母人質ニ出候間、先引切候事迷惑之由、内儀之理ニ[7684]
候」。豊臣家五奉行の長束正家・増田長盛・前田玄以、上田城の真田昌幸に、連署
状をもって豊臣方に忠節を尽くすよう要請する。

7月29日

「伏見城攻防戦」。石田三成等、伏見城を攻撃する。島津義弘が城を極楽橋より攻[7685]
めるも、留守居の鳥居元忠に退けられる。

7月29日

「伏見城攻防戦7月18日～8月1日―佐野肥後守綱正三千石、一連の関ヶ原の役に[7686]
おいて徳川直臣で唯一改易」。
佐野綱正（大坂城西の丸留守居役）（1554～1600）、伏見城戦で討死。落城の後、その
首は晒し首となったが、旧領誉田村の農民四郎左衛門がそれを持ち出し、京の知
恩院の塔頭如意庵に葬った。しかし「側室の守護を放棄し功を挙げようと伏見城
に入った」として、その行動を家康は評価しなかった。また嫡男の佐野吉綱が幼
少の為として、吉綱は近江国野洲800石のみを相続し小姓となった。

7月29日

石田三成、佐和山から伏見に入る。三成、近江国国友村に対して、鉄砲の真儀吹[7687]
き替えを禁じる。

7月29日

田辺城に籠城中の細川幽斎、死を覚悟して智仁親王に古今伝授証明状を授ける。[7688]
その際、源氏抄二十一代集など禁裏へ進上する古典籍を智仁親王に託す。

西暦1600

慶長5	7月29日	**「三奉行が家康と対立したことを、家康は初めて明かしたのか、いや知ったのか」**。[7689] **「先度御上以後、大坂奉行別心之由来候間、重可令相談と存候処、御上故無其儀候、委細之様子、羽三左へ申渡候之間、能様可被相談候、猶山本新五左衛門・犬塚平左衛門可申候、恐々勤言」**。 徳川家康、黒田甲斐守（黒田長政、豊前国中津城主）(1568～1623)と田中兵部太輔（田中吉政、三河岡崎城主）(1548～1609)宛に書を送り、三奉行が石田三成に同調したことを報じ、再度相談したいが既に西上されているので（後続の）池田照政（のち輝政）（三河吉田城主）(1565～1613)に事を伝えた、相談するようにと伝える。使番である山本重成(1555～1617)・犬塚忠次(1556？～1613)が詳しく述べるとした。
	7月29日	**「和州之内其方本領、如前々返被下」**。家康、松倉弥三郎に判物発給。[7690] 大和の松倉重政(1574?～1630)は、単身参陣した。
	7月29日	**「急度申し入れ候、仍って上方奉行衆一同の者、鉾楯の由申し来るに付て、会津の閣、先ず上落せしめ候、併、中納言（秀忠）差し置き候条、彼表働の儀を相談尤に候、猶、後音の時を期すべく候、恐々謹言」**。[7691] 徳川家康、出羽侍従（最上義光、出羽山形城主）(1546～1614)に書（第三報）を送り、上方奉行衆一同との戦いになったので会津のことはひとまずさしおいて、まず上方にもどり石田三成を討つとし、徳川秀忠を対会津の大将として残したので、今後の対上杉氏の戦略ことは、秀忠と相談するようにと伝える。
	7月29日	**「今度筒井順斎遣之候間、伊賀守令」**。徳川家康、柳生但馬入道（柳生宗厳、石舟斎）のもとへ書状を認め、子の宗矩を走らせる。家康、大和掌握を策し、筒井順斎(1551？～1610)を派遣し、伊賀国上野の筒井定次(1562～1615)との協力について記す。筒井順斎は、家康に仕え数々の功を上げ、家康の異母妹・市場姫(？～1593？)を妻（異説あり）とし、粉糚料として武蔵国足立郡に千石を得ていたという。[7692]
	7月29日	**「今度上方忩劇無是非次第二候、急」**。徳川家康、紀伊和歌山の桑山治部卿法印・同修理大夫に書状を送り、増田長盛（大和郡山城主）(1545～1615)の所領・紀伊の地を没収後、与える旨を約束する。山岡道阿弥が詳しくはが述べるとした。桑山宗栄重晴（羽柴秀長の家老）(1524？～1606)と桑山一晴（宗栄の孫）(1575～1604)である。[7693]
	7月29日	**「濃州境目之儀、随分成次第可有御才覚候、恐々謹言」**。家康、飛騨高山の金森法院（金森長近）(1524～1608)・同出雲守（金森可重）(1558～1615)に書状を送り、美濃衆の調略を指示する。可重正室は、遠藤慶隆（美濃小原城主）(1550～1632)の娘。[7694]
	7月29日	**「濃州之内郡上、其方本地之儀候間、如前々可有領知候、其表萬事可才覚尤候、委細従金森法印可被申候、恐々謹言、」**。[7695] 家康、遠藤左馬助（遠藤慶隆、美濃小原城主）・遠藤小八郎（遠藤胤直）に書状を送り、美濃郡上回復のための侵攻を許可し、旧領の郡上八幡を与えると記す。金森長近が申し述べるとした。当時は、稲葉貞通(1546～1603)が郡上八幡城主であった。
	7月29日	**家康の臣榊原康政、出羽国の秋田実季(1576～1660)に書状を送る。**[7696] 「上方における石田三成と大谷吉継の別心により、大坂より御袋様（淀殿）と三人の奉行衆、「北国羽肥州」（前田利長）などが、早々に家康が上洛するように申して来た、よって、この別心の両人を成敗するため、この度、「此方」（小山）へ下ってきた上方衆に同道して家康は上洛する、路次中の城々（尾張・三河・駿河・相模国など東海道筋の諸城）へも番勢を入置き西上する、「此表」（小山方面）の仕置は徳川秀忠に申し渡すので安心するように、榊原康政はこの度は、「此方」（小山）に残し置かれることになったので、変わったことがあれば、切々申し達する予定である、「其表」（最上方面）での「御断之儀」（上杉討伐）も延引するように」、と報じた。

慶長5	7月30日	夜、伏見の石田三成は大坂城へ移り、毛利輝元と会見・協議する。	7697
	7月30日	「伏見城攻防戦7月18日〜8月1日」。この夜、城兵甲賀長原の者、敵に内応して、寅刻(3〜5時)松の丸より小早川秀秋の軍勢を引入れ火を放たれ、黎明に及んで城半は焼亡する。城兵が力を尽くして防ぐと雖も、内外の大敵に当たる事が出来ずに、皆大手の城門に集まり、暫く支え戦う。松平家忠は、黒糸の鎧に桃なりの兜を着し、累代伝わる三原の刀を帯し、今日を最後と極め、士卒を指揮して奮い戦い、島津の部将別所下野守某と名乗って、築地の辺りに進んで来たのを、家忠自ら鎗を捧げ突いて出て、忽ち別所を追い払い、なおも軍士を左右に従え、城中より進み出でて、勇を奮って苦戦し、敵を退ける事凡そ三度にして寄手敢えて近く事得ず。しかし既に左の腋に創を被り、数度の戦いに疲れたので、一先ず城中に引入り、家人をもって、競い来る敵を追い退け、暫く息を整えて、再び斬って出ようとしたが、門を守る者が既に死んで、鎗あるところが判らずに開ける事が出来なくなり、家人等に敵を防がせ、腹掻っ切って死する。(『寛政重修諸家譜』)。	7698
	7月30日	「去る廿一日に両度の御使札、同廿七日に江佐(近江佐和山)に到来候 拝見候……一羽肥前(前田利長)儀も、対公儀毛頭無疎意覚悟ニ候、雖然老母江戸へ遣候間、内府(徳川家康)へ無疎略分之躰ニ先いたし候間、連々公儀如在不存候条、各御心得候て給候へとの申され分ニ候事、一自此方三人使者遣候、右内一人は貴老返事次第案内者そへられ、此方へ返可被下候、残弐人は会津へ之書状共遣候条、其方より慥かなるもの御そへ候て、ぬまた越に会津被遣候て可有候、御在所返事持来帰候者、又其方より案内者一人御そへ候て上着待申候事、……」。 (去る廿一日の書状が廿七日に佐和山へ届き拝見した。前田利長は「公儀」に対し疎意はないが、老母を江戸に遣わしているので、家康に対し疎略なきよう先ずしたいので、公儀に如在はないので、各々心得て欲しいと返事が来たと知らせる。そして、私から使者を三人遣わしました。そのうち一人は貴老(昌幸)が返事を書き次第、案内者を添えて私の方に下してください。残りの二人は、会津(景勝・兼続)への書状と共に遣わしているので、貴老の方から確かな人物を添えて、沼田(群馬県沼田市)を越えて会津に向わせて下さい。貴老のところに返事を持って帰ってきたら、案内者を一人添えて、三成まで遣わしてください)。 石田三成、真田昌幸宛に書状を送る。	7699
	7月30日	徳川家康の臣大久保忠隣(1553〜1628)等、山村良勝等をして、木曽の本年年貢収納を沙汰せしむ。	7700
	7月30日	**家康、小山から宇都宮へ移陣する。**	7701
	7月30日	「……一昨日具其番ニ申渡候キ、道」。 徳川家康、藤堂佐渡守(藤堂高虎、伊予板島8万石)(1556〜1630)宛に書を送り、高虎からの書状を詳しく披見した旨を述べて、開戦に向けてのほか、何事も福島正則(尾張清須城主)、池田照政(のち輝政)(三河吉田城主)、田中吉政(三河岡崎城主)と相談するように指示する。	7702
	7月30日	「……**将亦東国惣事之儀、中暖事候**」。家康、下野国塩谷郡の塩谷弥七郎宛に書状を送る。年代比定が違うかも。子の塩谷惟久宛か。	7703
	7月30日	黒羽城の加勢のため、下総山崎城主の岡部長盛が派遣され、合わせて証人(人質)を江戸へ出すよう家康が命じたことを、家康の「大御番御馬廻」の久代景備(榊原康政の家臣)が記録する。	7704
	7月30日	**秀忠、伊達政宗宛に返書状を送る。25日書状が今日到着したこと、白石城での首尾を賞し、今後は桑折方面へ向かう事を了承する。**	7705

慶長5	8月1日	「天下之儀、輝元様御異見被成候様にと奉行衆被申、大坂城御うつりなされ候事、目出度存候、左候て、秀頼様へ別心有者あるましく候条、やかて目出度しつまり可申候、左様候て、九州・四国衆人しち、てるもと様御あつかり候やうに被仰上、可然存候、九州にても鍋賀州（鍋島直茂）・賀主（加藤清正）・羽左近（立花宗茂）・毛壱（毛利吉成）・嶋津（島津義弘）此衆専存候、甲州人しちハ、貴所様・てるもと様より御あつかり候やうに御才覚給へく候、左候て、何様にも御馳走可申候、人しち、奉行衆候へハ、てるもと様御馳走不成事候条、其御分別専一候、内府公上国ハ必定あるへきと存候、左様時ハ、又貴所様御きもいりニて、てるもとさま御事、相澄可申候、とかく此節御分別専用候、扨々不慮之事共如何に御成行可申候や、其表様子具被仰聞、一人御下候へかしと存候、左候て、我等心中も貴所様へハ不残可申上候、かしく、」。	7706
		黒田如水、吉川広家宛に書状を送り、九州の大名も与同するだろうし、人質をとにかく奉行衆には渡さないよう依頼、家康の西上は必至と記す。	
	8月1日	「長岡越中妻子は、可被召置候由、申候処に、留守居之者聞違、生害仕候と存、指殺、大坂之家に火をかけ、相果候事、」。石田三成、真田昌幸・真田信幸（信之）・真田信繁宛に書状を送り、細川ガラシャの死の様子を伝える。	7707
	8月1日	「今度上方より東へ出陣之衆、上方之様子被承悉帰陣候、然者於尾・濃令人留、帰陣之衆一人ヽ之所存、永々之儀秀頼様へ無粗略究仕、帰国候様ニ相ト止候事、」。石田三成、真田昌幸宛に書状を送り、諸将を尾・濃両国に留め、上杉攻めを中止、上方に戻る事を伝える。	7708
	8月1日	**関ヶ原の戦いの前哨戦「伏見城攻防戦（7月18日～8月1日）」、終結。** 木幡山伏見城、西軍の攻撃で落城、本丸・松の丸・名護屋丸以下ことごとく焼亡。甲賀衆は石田三成の要求に従って城門を内側から開けて裏切り、城は陥落という。徳川方の鳥居元忠（徳川十六神将）（1539～1600）は、鈴木重朝（孫市）（1561?～1623）と一騎打ちの末、討死という。内藤弥次右衛門家長（1546～1600）、自害。松平近正（1547～1600）・深溝松平家忠（1555～1600）、戦死。安藤定次（目付）（1540～1600）も、敵に左の股を矢で射抜かれながらも奮戦したが、61歳で討死にした。「三河武士の鑑」と賞された。鳥居元忠享年62、首は大坂城京橋口に晒されたという。 この時の彼らの血潮に染まった床板が、後に京都市内の養源院・宝泉院・正伝寺・源光庵・天球院（妙心寺塔頭）・栄春寺・興聖寺（宇治市）などの寺に移築され、今もなお「血天井」として現存しているという。	7709
	8月1日	上林竹庵政重（1550～1600）は、騎兵13と足軽132人を率いて伏見籠城に加わる。茶筅を馬印に、茜染めの布を鉢巻として戦ったが、太鼓郭の戦闘で鈴木善八郎に討たれたという。	7710
	8月1日	「景勝・佐竹可為一味候、其子細者、此中内証承候」。増田長盛・長束正家、真田昌幸宛に書状を送り、上杉景勝・佐竹義宣が味方している事を伝える。	7711
	8月1日	**「山岡道阿弥所江之書状披見、懇意」。** 家康、脇坂中務少輔（脇坂安元）（1584～1653）に返書を送り、安元の家康に対する忠節への謝意と戦いに向けて防備を固めるようにと指示を出し、近いうちに上方へ向かうため西上する旨を記す。詳しくは城信茂が述べるとした。会津征伐では、父脇坂安治（1554～1626）は大坂に留まり、次男・安元は関東に下向し徳川方に参陣しようとしたが、関東へ向かう途中で、家康に対抗して挙兵した石田三成に遮られてやむ無く、近江から大坂に戻ることになった。安元は家康に同行していた山岡景友に書状を送って事情を説明し、家康に味方する所存であることを伝えた。	7712

慶長5	8月1日	「……急度申候、仍山岡道阿弥備前衆差添、あのゝ津へ遣候之間、其許船丈夫被申付可被渡海候、委細道阿弥可申候、恐々謹言、」。	7713

家康、田中兵部太輔（田中吉政、三河国西尾城主）(1548～1609)に書を送り、山岡道阿弥（山岡景友）、備前衆を安濃津へ遣わすので、船の手筈を整え伊勢国渡海のため船の用意を求める。また、田中吉政は、池田輝政に伝える旨の書状を送られる。

	8月1日	「信州木曽中諸侍如先規被召置之條、善存其旨罷出可致忠節、猶山村甚良勝馬場半右衛門千村平右衛門千村助左衛門可申置也」。	7714

家康(1543～1616)、本多佐渡守正信・大久保十兵衛長安を奏者となし木曽奉公人中宛の一書（諸侍召し出しにつき朱印状）を託し、木曾義昌の旧臣の山村良勝(1563～1634)・千村良重(1566～1630)らに忠節を求め挙兵を指示する。

	8月1日	徳川家康、土方雄久を前田利長に使せしむ。	7715

	8月1日	「前軍が江戸を発し西上する」。	7716

先鋒は福島正則、池田照政（輝政）・黒田長政・浅野幸長・加藤嘉明・細川忠興らが続く。軍監として本多忠勝が同行、井伊直政の眼病による交代であった。

	8月1日	家康の命により秋田の戸沢氏、直江兼続の動静を報告する。	7717

	8月2日	宇喜多秀家・毛利輝元・前田玄以・石田三成・増田長盛・長束正家、「徳川家康の非行」を挙げ、書を発し、真田信幸（信之）を誘う。	7718

	8月2日	西進の細川忠興、小田原に到着する。	7719

	8月2日	家康、堀尾帯刀（吉春）宛に見舞状を送り、傷の養生をするよう記す。	7720

家康は、井伊直政・本多忠勝に堀尾帯刀の状態を窺わせた。

	8月2日	「覚　一大坂奉行中相違付而、従駿州尾州清須迄、城々人衆を入置、家中人賃（質）等迄、堅仕置申付事、一中納言此地ニ差置候條、万事可有御相談事、」。	7721

徳川家康、伊達政宗（岩出山城(宮城県大崎市岩出山)主）(1567～1636)宛に密書状を遣わせ、駿河国から尾張国清須に至る諸城の守備を固めたこと、家中の人質等まで堅く仕置を申し付けた事、秀忠を宇都宮に差置いた事などを伝える。

	8月2日	「……意候、其表之儀無聊爾候様、御仕置尤ニ候、爰元ニ者、中納言差置、我等者清須迄之手置ヲ申付、近々為上洛可申、先到于江戸帰陣申候、川中嶋へ被着候哉承候、」。	7722

家康、信濃国川中島侍従（森忠政）(1570～1634)宛に返書状を送り、信州表の処置に聊爾なきように命じ、且つ川中島帰国の安否を問う。また豊臣奉行衆離反と、会津方面に秀忠を残し、自らは上洛のため清須まで近々出陣すると報じる。森忠政は、宇都宮に参陣したが、信濃松本城の石川康長（父は石川数正）(1554～1643)と共に、真田への抑えとして備えるよう家康に命じられ領国へと帰還している。

	8月2日	「至駿州被相越、付而使札祝著候、誠不能面取存外候、万事無油断様ニ肝要候、謹言」。徳川秀忠（家康の三男）、駿河に至った同母弟松平下野守（松平忠吉、家康四男）に返書状を送り、戦いに備え、万事油断の無いよう伝える。松平忠吉を総帥とし、軍監に井伊直政、本多忠勝は騎卒5万を率い東海道を進んだ。	7723

	8月3日	細川忠興（丹後宮津城主）(1563～1646)、三島に到着。大坂屋敷留守居・河喜多石見の家臣からガラシャの最期の様子を聞く。	7724

	8月3日	仙石秀康（秀久）、関東に出陣するも、徳川家康の命により、佐久郡小諸城に帰り、真田昌幸に備ふ。	7725

	8月3日	上杉旧臣による上杉遺民一揆が、上杉家臣信濃上田到着をもって一斉蜂起。上杉景勝は、堀領の越後に兵を入れ、一揆を蜂起させた。	7726

慶長5	8月3日	「……**殊平内病中候之処、被差越候**」。徳川家康、加藤左衛門尉（美濃黒野城主）宛に書状を送り、病気の弟・光直を人質として差し出した加藤貞泰を褒すと共に、近日中に上洛することを伝える。詳しくは永井直勝が述べるとした。 7727
	8月3日	**酒井忠世・永井直勝、美濃黒野城主加藤貞泰宛に家康書状添状を送る**。永井直勝は、加藤平内（光尚、光直）の出陣に対する家康の賞詞を伝え、家康軍の概況を報じ、伊達政宗が会津に向けて出陣し、白石城を攻め落とし数万人を討ち取り、城主を生け捕った事などを報じる。 7728
	8月3日	「内府ちかひの条々が上杉景勝に届く」。長束正家・増田長盛・前田玄以の三奉行の家康の罪条13ヶ条「内府ちかひの条々」である。 7729
	8月3日	「一　上邊之儀縦如何様之儀御座候共、惣別是程之事者、若輩なから見届申ニ付而、大坂に而江雪道阿弥を以内々申上候キ、大坂之城三奉行被籠、御奉公に御座候へハ、先以肝要ニ存候、三奉行衆哀々末々迄、一途之御奉行念願迄候、慥成御手前之衆被指置候様にと、乍不及申上候キ、唯餘ニ世上を御心安思召候故、如此之義出来と存候、是者御両人迄へ申事候、……上邊之義如此上之者、尚白河表会津へ之御乱入火急ニ被成候様ニ、」。 7730 伊達政宗（1567〜1636）、家康家臣・井伊兵少（井伊直政）と村茂助（村越直吉）宛に書状を送り、家康が伊達軍と相呼応して諸軍の上杉領白河口への早期攻撃を強く求める。また、大坂城に三奉行が籠っていることを報じ、大坂の地は肝要第一の城であるが、景勝を討てば大坂の状況も変ると告げ、併せて大坂の妻子を捨て一意御奉公申すべきことを披瀝する。 家康をなじるような辛辣な書き方で、家康の苦境を物語るとする。
	8月4日	「去月廿三日御状、昨日拝見申候、一、天下成行不及是非候、かやうあるへきとつねつね分別仕候間、おとろき不申候、一、豊臣儀、少御気遣いなされましく候、加藤主計申談候間、いつれより仕懸候ハ、一かせんにて可相澄候、」（去月二十三日の手紙を昨日拝見した。天下の成行は是非もなく、このようになるかと常に思っていたので驚かない。…この度の戦は成立しないと思う。活躍できず残念だ。…日本がどう変わっても、貴方と私の仲は変わらない）。 7731 黒田如水、吉川広家(1561〜1625)宛に自筆返書状を送る。
	8月4日	「**尾州明地所務之儀、従其方可被仰**」。家康、羽柴左衛門大夫（福島正則、清須城主）宛に書状を送り、尾張国内の明地における年貢の徴収を申し付ける。**豊臣公儀に対する叛逆の意思を露わにした家康は、福島正則に尾張の無領主の地を与えた**。 7732
	8月4日	「……**今度為先勢井伊兵部少輔差**」。下総国古河の徳川家康、関東より先勢として尾張国に向かった、吉田侍従（池田照政（輝政））・浅野長吉（長政）（家督を幸長に譲って武蔵国府中に隠居したが、家康を支持し復帰）・九鬼守隆・丹後宰相（細川忠興）・加藤茂勝（嘉明）・金森可重・市橋下総守（市橋長勝）らに書を送り、井伊直政を先鋒として出馬させた旨を報じ、その指示に従うよう求める。 7733
	8月4日	「……**仍今度為先勢井伊兵部少輔差**」。家康、清須侍従（福島正則）宛に書を送り、井伊直政を先鋒として出馬させた旨を報じ、その指示に従うよう求める。 7734
	8月4日	「……**仍今度為先勢井伊兵部少輔差**」。家康、浅野左京大夫（浅野幸長）宛に書を送り、井伊直政を先鋒として出馬させた旨を報じ、その指示に従うよう求める。 7735
	8月4日	「……**仍今度為先勢井伊兵部少輔**」。家康、中村彦左衛門尉（中村一栄、駿河国三枚橋城主）宛に書状を送り、井伊直政の派遣を告げ、人質の進上を申し出たことに礼を述べる。 7736

慶長5	8月4日	「……今度為先勢井伊兵部少輔差」。 家康、福島掃部頭（福島高晴（正頼）、伊勢国長島城主）宛に書状を送り、井伊直政の派遣を告げ、人質の進上を申し出たことに礼を述べる。	7737
	8月4日	「**家康、江戸へ向かう**」。東山道を西上させる方針を定めた徳川家康、秀忠を宇都宮に留め、江戸に向かう。上杉の追撃に備え、その様子を見定めていたという。	7738
	8月4日	**江戸中納言秀忠、信濃国川中島の羽柴右近（森忠政）宛に書状を送り、家康の指示に従うよう命じ、使者を遣わした事を告げる。**	7739
	8月5日	毛利輝元・宇喜多秀家連署を以て、鍋島直茂・毛利勝永の伏見城攻略の戦功を賞す。	7740
	8月5日	長束正家・増田長盛・石田三成・徳善院玄以・毛利輝元・宇喜多秀家の四奉行・二大老、雑賀の鈴木重朝宛に連署状を送る。鈴木重朝は、西軍本隊に属して伏見城攻防戦の先鋒となって一番乗りを果たし、伏見城に籠もる鳥居元忠を討ち取ったという。	7741
	8月5日	「一従越後（堀秀治）も無二ニ秀頼様へ御奉公可申旨申越候間、妻子も上方ニ在之事候条、偽も在之ましく候、羽肥前（前田利長）儀母江戸へ遣故候か」。 石田三成、真田房州・同豆州・同佐衛門介（信濃国上田城主真田昌幸・信幸父子・真田信繁（幸村））宛に書状を送り、「越後」（堀秀治）よりも無二に秀頼へ奉公申すべき旨を申越した、妻子も上方にいるので偽ではないと思う、羽肥前（前田利長）は未だ「むさとしたる返事」である、こちらでは伏見城留守居を一人残らず討ち果たした事などを報じ、昌幸には小諸・深志・川中島・諏訪が与えられると述べる。自分は織田信秀（美濃岐阜城主）と相談し、まず尾張方面に人数を出し、清須城主福島正則と交渉の上、説得できたら三河国を攻撃する、そうでなければ伊勢勢と清須を攻撃する方針を伝え、また、三成は、軍勢を遣わすなり、金品を贈るなりしてでも、書状を上杉景勝の元に届けたいと昌幸に依頼している。 三成が託した書状とは、上杉家に関東出兵を依頼するものであった。	7742
	8月5日	安国寺恵瓊、山城国醍醐を通って尾張国方面に出陣する。	7743
	8月5日	毛利秀元、吉川広家ら、安国寺恵壇、長束正家らと伊勢に展開。	7744
	8月5日	石田三成、大坂城から佐和山城へ戻る。三成は、瀬田の守備を熊谷直盛・垣見一直・相良頼房・秋月種長・高橋元種等に委せ、毛利秀元・吉川広家は伊勢に入って、関に陣し、長束正家・安国寺恵瓊等は、進んで伊勢国安濃郡椋本に陣した。	7745
	8月5日	**西進の上方衆、一同に箱根を越える。多勢であったので一足二足ずつ歩んでは先が閊える。**	7746
	8月5日	「**家康、下野国小山より江戸に戻る**」。4日に宇都宮を出発、古河に泊まり、5日古河より舟に乗ったとされる。以後、9月1日江戸を出発するまで、家康は主として豊臣系諸将に書簡を送って、その多くを味方とすることに成功する。	7747
	8月5日	「**三日之御状、今日申刻於江戸令披見候、聊油断無之候間、可御心安候、羽三左・藤佐・井伊兵部少輔進之候間、御談合候而、一刻も其道筋御明候事専一候、猶替儀候者可被仰越候、恐々謹言**」。 徳川家康、清洲侍従（福島正則）（1561〜1624）・徳永法印（徳永寿昌）（1549〜1612）（美濃国松ノ木城3万石）宛に返書状を送り、池田照政（輝政）・藤堂高虎・井伊直政らの尾張国方面派遣を伝え、相談して一刻（も早く）その道筋をあけることを専一にするように指示する。**開戦指示である。**	7748
	8月5日	上杉景勝、白川城守将岩井信能に、徳川家康の下野小山に在陣するを報じ、陸奥白川城の備を堅固にせしむ。	7749

西暦**1600**

慶長5	8月5日	「佐竹より使者昨日罷越候、従義宣如御断者、今度上方之儀に付而、内府より証 人請われ候得共、不通と申切候条、定而手切可有之候、左様に候者、御加勢申請 度との旨に候条、此儀は深々請合、使者返し申候、可御心安候、」。 直江兼続、陸奥福島城の岩井信能宛に返書状を送り、佐竹より注進があり佐竹は 上方の事についての証人を断り、家康と手切れとなった事、上杉氏からの加勢を 受けたい事などを言ってきたと伝える。	7750
	8月6日	豊臣秀頼、豊国社に参拝。	7751
	8月6日	「去三日之御状、今日六日子之上刻至佐和山参着、令披見候、……此方為仕置明 後八日尾州表へ被出候、岐阜申談候、不可有御気遣候、……」。 石田三成、信濃国上田城主真田昌幸宛に返書を送り、丹後田辺城主細川幽斎・大 坂城西の丸毛利輝元のこと、尾張国攻撃の予定、ならびに加賀井重望による三河 国刈谷城主水野忠重殺害、前田利長・丹羽長重・堀秀治・堀尾吉晴の様子、中村一 氏の死亡などについて伝える。森忠政への遺恨は格別と報じ、また昌幸長子・信 幸(信之)の去就を問う。	7752
	8月6日	**池田照政(輝政)(三河国吉田城主)、田中吉次(岡崎城主)に、徳川家康からの指示** **を伝えるため、行軍の途次で待機するよう求める。**	7753
	8月6日	**「先度以来無音之条申入候、扨〻其以後、不能面談、御床敷過候、度〻如申入、** **内府へ別而被入御念義共、祝著無申計候、雖不及申候、弥、無沙汰なき儀共、可** **為本望候、我〻も罷上度候へ共、内府無用事候、恐〻謹言、」。** 秀忠、家康取次江雪宛に書状を送り、色々問い合わせているのに、内府は情報を 出さないと記す。板部岡江雪斎(1537~1609)は、秀吉の死後は長男・岡野房恒(1570 ~1658)が仕えていた徳川家康に接近し、関ヶ原の戦いでも家康に随従し、小早川 秀秋の説得にあたったという。	7754
	8月6日	**宇都宮に在陣中の徳川家臣の本多正信・大久保忠隣、会津の上杉景勝に備える那** **須資景(1586~1656)宛に書状を送り、江戸の母や妻などの人質(8月3日に出す。大** **関氏は8月1日に出す)、宿や扶持について配慮するよう事などを記す。**	7755
	8月7日	石田三成、常陸の佐竹義宣(1570~1633)宛に返書を送り、大坂城西の丸の処置と伏 見城の攻略に併せて、諸将の去就と西軍の作戦を報じる。	7756
	8月7日	**「切々御飛脚、御懇意之段祝著之至候、上方三人之奉行相替付而、各相談、為可** **令上洛、一昨五日江戸より帰城候、當表之儀、中納言宇都宮差置、佐竹令談合、白** **川表へ可相働申付候間、其陣御働之儀、無越度様被仰付尤候、委細者先書大屋小** **平次申候間、不能具候、恐々謹言、」。** 徳川家康(1543~1616)、大崎少将(伊達政宗)(1567~1636)宛に返書状を送り、上洛の ため西上するべく自身は5日に江戸に戻ったこと、秀忠を宇都宮に置き佐竹義宣 と談合し会津へ進撃させる計画を告げる。委細は大家小平次が述べるとした。 これには政宗を励ますための誇張がある。秀忠はこの時すでに中仙道を攻め登る 手筈を定めている。だがしかし、常陸水戸の佐竹義宣は、いっこうに動くそぶり をみせない。	7757
	8月7日	「……**此節候条、何様ニも可被入精**」。 家康、堀家与力の越後本庄城(のち村上城と改める)9万石の村上周防守(村上頼勝 (義明))宛に返書状を送り、上杉遺民一揆を打ち破ったことを賞す。	7758

慶長5	8月7日	「従會津上田庄へ手出候處、即被遂合戦、敵五百余人被討取之由、手柄之儀共誠無申計候、此上無越度様之手置尤候、猶西尾隠岐守可申候、恐々謹言」。 家康、越後魚沼郡坂戸城主・堀丹後守(堀直寄)宛に感状を送り、西軍方の上杉旧臣による上杉遺民一揆を打ち破ったことを賞す。委細は西尾吉次が述べるとした。堀直寄は会津から越後上田庄下倉城 (新潟県魚沼市下倉字滝沢) へ攻め込んだ上杉勢500余人を打ち捕えた。	7759
	8月7日	「今度平内雖病中候被差越儀、懇意」。 家康、内応した加藤左衛門尉(加藤貞泰、美濃国黒野城主)宛に、再度、書状を送り光直(平内)(貞泰弟)を人質として差し出したことを褒める。委細は大久保長安が述べるとした。	7760
	8月7日	**秀忠、坂戸城**(新潟県南魚沼市坂戸)**主・堀丹後守(堀直寄)宛に書状を送り、上杉遺民一揆を打ち破ったことを賞す。**	7761
	8月8日	毛利輝元、益田元祥宛に書を送り、伊勢進出に関しての毛利秀元からの援軍要請を当面拒絶し、追って到着する軍勢を遣わすと答える。	7762
	8月8日	吉川広家(1561~1625)が東軍に内応したとの報を聞き、益田元祥(1558~1640)は、近江瀬田から伊勢路へ移動する。	7763
	8月8日	武蔵騎西2万石の松平康重(1568~1640)、在番を命じられた遠江国掛川城を受け取る。康重は、7月家康に命じられ、氏家(下野国)(栃木県さくら市)から引き返し、8月2日に騎西(埼玉県加須市根古屋)を発った。	7764
	8月8日	**総師松平忠吉(家康四男)の軍監本多忠勝(1548~1610)は、同じく軍監井伊直政の急病により、本軍先鋒として清須へ向かう。**	7765
	8月8日	**毛利家の吉川広家(1561~1625)の内応の手紙が、黒田長政(豊前国中津城主)(1568~1623)経由で家康に届く。**広家は、毛利輝元が石田三成に与同したことについて、それが安国寺恵瓊一人の画策によるものであると弁明した。	7766
	8月8日	「従吉川殿之書状、具令披見候、御断之段、一々令得其意候、輝元如兄弟申合候間、不審存知候處、無御存知儀共之由承候、致満足候、此節候之間、能様被仰遣尤候、恐惶謹言、」。吉川広家書状を見た徳川家康、黒田甲斐守(黒田長政)宛に書状を送り、吉川広家(出雲富田城主)が黒田長政を頼り毛利家の立場を弁明したのに答える。家康は「毛利輝元(1553~1625)を兄弟のように思っていたのに、今度の事で不審を抱いたが、輝元自身御存知なかったのを知り満足した」と記す。関ヶ原本戦での毛利軍傍観は、この時伏線が張られた。	7767
	8月8日	**家康の臣本多正純(1565~1637)、黒田長政宛に家康書状添状を送り、使者を家康へ披露した事、出陣に油断がない事、井伊直政(1561~1602)が急病のため、本多忠勝を尾張国清須に派遣する事を伝える。**	7768
	8月8日	「先度飛脚到来之勘、可為返礼之庭、飛脚其儘帰帰候間、無其儀候、其方兄弟之事、連々懇切之事候間、弥不可有無沙汰と存候、委細田中可申候、恐々謹言」。 徳川家康、犬山城主石川備前守(石川貞清、尾張犬山城主)(?~1626)に返書を送り、貞清(光吉)兄弟への信頼を表明し、委細は田中清六が告げると報じる。貞清は、同月二十八日、木曽谷において攻撃の命をうけた、徳川方の千村良重、山村良勝のため、犬山城から潰走を余儀なくされて「関ヶ原の戦い」には西軍に応じる。	7769
	8月8日	「……加・越・信計策頼入候、猶重」。家康、信州小諸5万7千石の仙石越前守(仙石秀久)宛に書を送り、加賀・越後・信州の警戒を依頼する。	7770
	8月8日	**徳川秀忠、坂戸城主・堀直寄宛に書状を送り手柄を賞賛する。**	7771

西暦1600

慶長5	8月8日	**上杉征伐（会津攻め）のため山形に出陣していた北出羽の秋田実季**(さねすえ)**(1576〜1660)、家康家臣・榊原康政(1548〜1606)宛に返書し、帰陣することを伝える。**	7772
	8月9日	石田三成(1560〜1600)、6千余騎を率いて美濃垂井へ陣する。三成、西軍側の大垣城主・伊藤盛正(?〜1623)を説いて、大垣城を提供させる。盛正は、近くの美濃国今村城に退去するという。	7773
	8月9日	尾張黒田3万石の一柳直盛(1564〜1636)、下野小山から尾張黒田城(愛知県一宮市木曽川町)に帰城。小川祐忠(伊予今治城主)(室は直盛妹)は、直盛に西軍に与するよう勧めるが拒絶したという。	7774
	8月9日	**徳川秀忠、堀直政宛に感状を送り、敵の首500余り討ち捕え誠に比類なきと手柄を賞賛する。**越後春日山30万石の堀秀治(1576〜1606)の家老・堀直政(1547〜1608)であろうか。	7775
	8月10日	大坂の屋敷で病に伏していた飫肥城(おびじょう)(宮崎県日南市飫肥)主の伊東祐兵(すけたけ)(1559〜1600)、再び、黒田如水(官兵衛)(1546〜1604)に東軍に寝返りたいと手紙を出す。	7776
	8月10日	**前田利長(1562〜1614)、金沢に帰城する。** **利長、大聖寺での戦勝を家康に報じ、家康の出陣を要請。** 前田利長は金沢に留まり、軍を建て直し、再び出陣するのは9月12日。	7777
	8月10日	美濃方面を抑えるべく、石田三成、佐和山城から美濃大垣城に入り、西軍の拠とする。次いで、三成、その先の岐阜城主・織田秀信(信忠の嫡男、信長の嫡孫)(1580〜1605)を、秀頼の後見と美濃・尾張加増を条件に正式に西軍へ引き入れることに成功する。	7778
	8月10日	石田三成、佐竹義宣宛に書状を送り、8月8日自身が「尾・濃境目」の仕置のため尾張方面に出陣し、「岐阜衆」(岐阜城主の織田秀信)と協議したこと、毛利輝元の人数1万余について、吉川広家・安国寺恵瓊・長束正家が同道して伊勢へ8月8日に出陣したと報じる。	7779
	8月10日	「家康ほとの者十人上り候共可御心安候、討果候より外他事不可在之候」。 石田三成(1560〜1600)、また、上田城主・真田昌幸(1547〜1611)宛に書状を送り、「家康が十人上ってきても問題ない。討ち果たすより他なしとし、尾張・三河両国に在陣する東軍諸将の動向を報じ、信州のみならず甲斐までも昌幸に任せることを西軍幹部で決めた事」を記す。	7780
	8月10日	「去五日之御状、今日於濃州大垣令拝見候事、」(とにかく早々に(真田から)会津へ使者を送り、公儀(秀頼)の意向を疎略にしないよう、私(三成)と連携されるようご相談下さい。言うまでもないことですが、お国柄もあって、上杉景勝は何かと気になさる方です。しかし、このように入魂の間柄になれば、さほど気にすることとはないので、物腰柔らかく景勝に気に入られるよう申し入れ、成し遂げることです)。 大垣城在陣の石田三成、またまた、昌幸宛に返書状を送り、真田昌幸・信繁(幸村)父子をして、東軍諸将の領地を侵し、また、陸奥会津の上杉景勝と謀議するよう要請する。	7781
	8月10日	**東軍の藤堂高虎(伊予板島8万石)(1556〜1630)、尾張熱田に到着。**	7782
	8月10日	**東軍先鋒、岡崎城**(愛知県岡崎市康生町)**へ入る。**	7783
	8月10日	**徳川家康(1543〜1616)に、伏見城落城の報が届く。**	7784

慶長5	8月10日	「一両人方へ之書状披見見申候事　一大津之事令得其意候事　猶々一刻も其元道御明候様専一候、此方之儀者、少も無油断出馬可申候間可御心安候、恐々謹言、」	7785
		徳川家康、清洲侍従(福島正則)(尾張国清洲城主)(1561～1624)・徳永法印(徳永寿昌)(美濃国松ノ木城3万石)(1549～1612)宛に書状を送り、忠誠を誓う旨の誓書が届いた事を報じ、上方への通路確保に尽力を求め、油断無きを伝える。	
	8月10日	家康の会津出兵中止を聞いた直江兼続、これを追撃しようとするも、上杉景勝が許さず、会津若松城に引き上げる。伊達政宗の白石城の攻略などが、景勝の関東出兵をためらわせたとも、最上領侵攻を意図していたともいう。	7786
	8月11日	醍醐寺義演、親徳川の蜂須賀家政(徳島城主)が西軍によって逼塞の身となり、配下の将兵を豊臣秀頼の馬廻として北国への出陣を命じられ、京都周辺に到着したと日記に記す。この時、家政(1558～1639)は、やむなく西軍に呼応するが、代理を従軍させたのみで自身は領国と大坂の屋敷を返上し、諱を「秋長」に改めた後、「蓬庵」と号して高野山へ出家する。家政は、秀頼への忠誠という石田三成の掲げる大義名分と、現実の家康の力との板ばさみとなるという。	7787
	8月11日	石田三成、小西行長(1558～1600)らを美濃大垣城に招き合流。	7788
	8月11日	東軍の福島正則・市橋長勝(美濃今尾城主)(岐阜県海津市)(1557～1620)・徳永寿昌(美濃国松ノ木城3万石)ら、正則の居城・清州城(愛知県清須市一場)に到着。	7789
	8月11日	夜、市橋長勝と徳永寿昌は、美濃に帰国する。岐阜城主織田秀信（信忠の嫡男、信長の嫡孫）が西軍に加担したため、両将は、急ぎ城の防御を固める。	7790
	8月11日	上杉景勝に備える伊達政宗(1567～1636)、家臣片倉景綱(1557～1615)ら宛に書状を送り、上杉から奪いとった白石城(宮城県白石市)修築が雨のため延期された事などを伝える。	7791
	8月12日	西軍の毛利秀元ら、近江瀬田から伊勢に向かって進撃を開始する。	7792
	8月12日	「東濃における関ヶ原の戦い8月12日～9月25日」、はじまる。	7793
		西軍・岩村城(岐阜県恵那市岩村町)の田丸直昌(具直、忠昌)(？～1609)の兵3百、多治見・池田に出動。妻木城(岐阜県土岐市妻木町本郷)の妻木貞徳((1544～1618)・家頼(頼忠)(1565～1623)父子、これを迎え撃つ。	
	8月12日	山村甚兵衛良勝・千村平右衛門良重らは、各地に離散した山村・千村・馬場・三尾らの一族、木曽衆を集め、木曽に向かい攻め込み、木曽在住の旧臣と呼応してたちまちのうちに石川光吉の軍を木曽から追い払い、さらに進んで、苗木の旧主遠山友政と共に、美濃の国苗木・岩村の二城を抜き、東濃の西軍を一掃する。	7794
	8月12日	「此者加藤左衛門尉長敷者候、然者大山へ左衛門尉相籠付而、様子之儀申達候、於其地羽左太今相談、可然様才覚尤候、猶彼口上可申候、謹言」。	7795
		家康、井伊兵部少輔(井伊直政)・本多中務太輔(本多忠勝)宛に書状を送り、西軍として犬山城に籠城しているものの、人質を提出してきた加藤貞泰（左衛門尉、美濃黒野城主）への対処を、福島正則(尾張清洲城主)と協議するよう伝える。	
	8月12日	「雖今度上方梓楯候、御方之儀、別條無之由、祝著之至ニ候、然ハ肥後・筑後両国進置之間、成次第可被申付候、此節候條、随分無油断様ニ専一ニ候、猶津田小平次・佐々淡路守可申候間、令省略候、恐々謹言、」。	7796
		家康、自国謹慎を命じていた、肥後の加藤主計頭(加藤清正)宛に書状を送り、軍事行動を解禁し相違なく味方をするならば、成次第で肥後・筑後両国を与えるとした。その中で、「肥後国両目付」津田秀政・佐々淡路守から詳細な内容を伝えるとする。佐々淡路守は、佐々行政であろうか。	

西暦1600

慶長5	8月12日	「……然者丹後之儀者不及申候、但馬」。徳川家康、羽柴越中守（長岡忠興）宛に書状を送り、丹後国に加え但馬国を与えるとした。金森長近・津田秀政が詳しく述べるとした。細川忠興の歓心を、より買うために出したとされる。	7797
	8月12日	「御懇使札、祝著之至候、先度如申入候、上方打捨、会津表雖可申付覚悟候、羽柴左衛門大夫・田中兵部・羽柴三左衛門尉・羽柴越中守、各先々上方仕置申付候ハて不叶由、再三依被申、先江戸迄帰陣仕候、仙道之儀者何時成共、手間入間敷候間、差合可申付候條、有其御意得、御働御分別専一候、恐々謹言、」。 家康、8月3日付大崎少将（伊達政宗）の書状に応え、福島正則・田中吉政・池田照政（輝政）・細川忠興らの上方を先にすべきだとの熱心な意見で、江戸に帰城したことを告げる。そして、その方面については、善処してもらいたいと申し入れる。	7798
	8月12日	「其表之様子無御心元存候處ニ、今井宗薫、山岡志摩守被差越、口上通」。宇都宮在陣中の江戸中納言（徳川秀忠）（1579〜1632）、大崎少将（伊達政宗）（1567〜1636）宛に返書を送り、政宗の善処を賞め、以後、家康の指揮に従うようにと諭し、秀忠自身は宇都宮に在ることを報じる。	7799
	8月12日	直江兼続、岩井信能（1553〜1620）宛に書を送り、越後に援兵を差し向けた旨を報じ、出羽の由利衆、小野寺氏も味方であると伝える。また、「一昨々」伊達政宗が、桑折（福島県伊達郡桑折町）から退いたことを知らせる。そして、佐竹の使者が一両日中に来るそうだから、若松到着次第状況を報せると伝えた。	7800
	8月13日	豊前中津城（大分県中津市二ノ丁）の黒田如水（官兵衛）（1546〜1604）、中川秀成（豊後岡城7万4千石）（1570〜1612）宛に書状を送り、自身の帰国を告げ、子の長政が今日（8月13日）・明日（同月14日）に尾張清須に着陣予定であることを伝え、上杉征伐（会津攻め）諸将の下野小山（栃木県小山市）での軍議や西上を知らせる。	7801
	8月13日	毛利輝元（1553〜1625）、増田長盛（大和郡山城主）（1545〜1615）・宇喜多秀家（備前岡山城主）（1572〜1655）らに、伊勢出陣を命じる。	7802
	8月13日	「……出馬之儀者油断無之候、可御」。家康、清須城に在る吉田侍従（池田輝政）・池田備中守（長吉）・九鬼長門守（守隆）宛に書を送り、「そちらの様子を承りたく村越茂助を行かせたので相談しこちらへ報告ください、出馬については油断なく進めている」と伝える。	7803
	8月13日	「……御談合候而可被仰越候、出馬」。家康、福嶋左衛門大夫（福島正則）他四名宛に書状を送り、「出馬の際、油断なきよう」伝える。	7804
	8月13日	「……御談合候而可被仰越候、出馬」。家康、伊勢国の福島掃部頭（福島高晴（正頼））・稲葉蔵人（稲葉道通）・古田兵部少輔（古田重勝）宛に書状を送り、「よく相談して出馬するように伝える。詳しくは村越茂助が述べる」と記す。	7805
	8月13日	「……御談合候而可被仰越候、出馬」。家康、中村彦左衛門尉（中村一栄）（三枚橋城（静岡県沼津市大手町）主）宛に書状を送り、「よく相談して出馬するよう」伝える。	7806
	8月13日	「其表御存分之由承、目出度存候、弥其元御陣之様子承度候間、以使者申入候、此方之儀者各令談合、美濃口へ可罷出与存候、雖不及申候、何分ニも無卒爾様ニ被仰付尤候、猶使者口上ニ可申候、恐々謹言、」。 徳川家康（1543〜1616）、加賀中納言（前田利長）（1562〜1614）宛に使者を通じて書状を送り、「大聖寺城（石川県加賀市大聖寺八間道（錦城山公園））の勝利を讃え、北陸の形勢を問い使者を遣わした事、あわせて、諸将と談合の上、自身が美濃口へ出陣する予定」を告げる。	7807

慶長5	8月13日	「……**出馬之儀者油断無之候、可御**」。家康、7月29日小山を出発した一柳監物（一柳直盛）・西尾光教・市橋長勝・横井時泰宛に書状を送り、出馬の際、油断なきよう伝える。詳しくは村越茂助が述べるとした。	7808
	8月13日	家康、丹後宰相（長岡忠興）・加藤左馬助茂勝（加藤嘉明）宛に書状を送り、出馬の際、油断なきよう伝える。詳しくは村越茂助が述べるとした。	7809
	8月13日	家康、浅野左京太夫（浅野幸長）宛に書状を送り、出馬の際、油断なきよう伝える。詳しくは村越茂助が述べるとした。	7810
	8月13日	家康、堀尾信濃守（堀尾忠氏）・山内対馬守（山内一豊）・有馬玄蕃頭豊氏・松下右兵衛尉重綱宛に書状を送り、家康出馬を報せ、御心易くするよう、委細は使者の口（村越茂助）がすると伝える。	7811
	8月13日	「……**出馬之儀者油断無之候、可御**」。家康、宮部兵部少輔（宮部長房）・木下重堅・垣屋恒総・田中吉次宛に書状を送り、出馬の際、油断なきよう伝える。詳しくは村越茂助が述べるとした。	7812
	8月13日	「……**無御心元候、無御油断御養生**」。家康、隠居した堀尾帯刀（堀尾吉晴）宛に書状を送り、浜松から参陣せず隠居地の越前への帰国を命じる。	7813
	8月13日	「……**弥真田安房守敵対申由、中納言**」。家康、信州小諸5万7千石の仙石越前守（仙石秀久）宛に書を送り、真田安房守（真田昌幸）が敵対し、中納言（秀忠）が進軍することを伝える。	7814
	8月13日	「**美濃筋之儀申越尤候、愈境目江人**」。家康、木曾衆宗家の山村甚兵衛（山村良勝）・千村平右（千村平右衛門良重）宛に書状を送り、美濃境の情況を探らしむ。二人は各地に離散中の木曾衆一門の者を糾合し戦い、知悉していた中山道の先導役を務めた。	7815
	8月13日	徳川家康は、東軍諸将に開戦を促すため、使者として村越茂助直吉（1562〜1614）を選び、家康書状を携えた直吉は、この日の夜、江戸を出発する。家康書状により、直吉は、堀尾吉晴の様子も窺う。	7816
	8月13日	「**然者上方之様子如何、承度存候**」。宇都宮在陣の徳川秀忠、尾張国在陣の浅野幸長（甲斐府中城主）・一柳直盛（尾張黒田城主）宛に書状を送り、上方の様子を尋ね、上洛するため速やかに西上することを伝える。	7817
	8月13日	「**一書令啓上候、其許御著被成、上方之様子如何被聞召届候哉、承度存候、然者此方相替儀無御座、内府為可被致上洛之、先江戸迄歸城被申候、中納言殿此邊為置目未宇都宮二在**」。宇都宮在陣の大久保新十郎忠常（忠隣の長男）（1580〜1611）、西上して行った山内対馬守一豊宛に書状を送り、上方の様子を聞きたいと伝え、「此方」では変わったことはなく、家康は上洛するためにまず江戸に帰城した、秀忠は「此邊」の置目のためにいまだ宇都宮にいる事などを報じる。	7818
	8月13日	直江兼続（1560〜1619）、福島城の在番衆に書を発し、伊達政宗が兵を出してきた際は自ら、これを討ち取ると報じる。	7819
	8月14日	**東軍先発諸将が清須に会集する。**集結したメンバーは、福島正則（尾張清州城主）・池田照政（のち輝政）（三河吉田城主）・黒田長政（豊前中津城主）・浅野幸長（甲斐府中城主）・加藤茂勝（嘉明）（伊予松前城主）・細川忠興（丹後宮津城主）・藤堂高虎（伊予板島城主）・生駒一正（讃岐高松城主）・桑山元晴（紀伊和歌山城主重晴の子）・田中吉政（三河岡崎城主）・一柳直盛（尾張黒田城主）・堀尾忠氏（遠江浜松城主）・山内一豊（遠江掛川城主）・有馬豊氏（遠江横須賀城主）ら。やや遅れて、家康から軍監として本多忠勝・井伊直政、そして松平忠吉（家康の四男）も派遣されて参集。	7820

西暦**1600**

慶長5	8月14日	「**今度上方桙楯付而、其方儀別而入**」。 徳川家康、九鬼長門守（九鬼守隆（志摩鳥羽城主））（1573～1632）宛に書を送り、戦功次第で南伊勢五郡の加増を約し、忠節を促す。守隆父・九鬼嘉隆（1542～1600）は西軍に与していた。	7821
	8月14日	「**来札披見、祝著之至候、仍其表無**」。 家康、黒田甲斐守（黒田長政）の報せに対して返書を送る。	7822
	8月14日	**徳川家康、尾張国に在陣する福島正則らのもとに使者村越直吉を送り、先陣の様子を尋ねる。**	7823
	8月14日	上杉攻めの伊達政宗（1567～1636）、家康が江戸城に退いたのを知り、白石城（宮城県白石市益岡町）から兵を収めて、北目城（宮城県仙台市太白区郡山）に撤退する。政宗は、伏見城が落城した事を知った。	7824
	8月15日	「天下無事ノ義、禁裏仰セ出サレ候。広橋大納言、勧修寺宰相ノ両人、大坂へ明日差シ越エラルト」（『時慶卿記』）。 近衛信尹（前左大臣）（1565～1614）、参内して後陽成天皇より「天下無事義」について仰せ聞かさる。	7825
	8月15日	西軍の宇喜多秀家、この日、醍醐を通過、草津から伊勢を経由して大垣城へ向かう。	7826
	8月15日	西軍の毛利秀元、近江土山（滋賀県甲賀市土山町）に到着する。	7827
	8月15日	西軍の島津惟新（義弘）（1535～1619）、伏見を出て近江佐和山に到着する。	7828
	8月15日	「田辺城の戦い7月19日～9月18日」。 西軍の田辺城攻めが膠着状態になる。西軍、この日から砲撃を中心にした攻撃に切り替える。	7829
	8月15日	「**急度申候、仍、木曽谷中之儀ニ付、山村甚兵衛、千村平右衛門差遣候処、妻籠へ相移り候由、申来候、人数之義、右両人申次第、御加勢頼入候、猶、江雪可申候間、令省略候、恐〻謹言、**」。 徳川家康の依頼で挙兵した木曾義昌の旧臣（山村良勝・千村良重）救援のため、家康、書を遣わし伊那侍従（京極高知・信濃飯田城主）・石川康長（信濃松本城主）に加勢出兵を命じる。詳しくは板部岡江雪斎が述べるとした。 その旨をこの日家康書状「……**今度早々参其地之儀申付之由**」をもって報じられた山村甚兵衛（山村良勝）・千村平右衛門（千村良重）は、徳川秀忠の先駆けとして木曽路の確保を命じられていた。	7830
	8月15日	「……**殊其方居城普請出来、人質に**」。 徳川家康（1543～1616）、妻木城（岐阜県土岐市妻木町本郷）の妻木雅楽介（妻木頼忠）（1565～1623）宛に直筆書状を送り、居城の普請完成し、西軍方に人質等を出さぬことを祝着とし、この地域を守るよう命じる。詳しくは永井直勝が述べるとした。	7831
	8月15日	「急度申入候、其元之様子如何□無御心□儀存候、」。 宇都宮在陣の本多忠政（1575～1631）、田中吉次（吉政の嫡男）宛に書状を送り、西上地の様子を尋ねる。	7832
	8月16日	朝廷、勅使として権大納言広橋兼勝・参議勧修寺光豊を大坂に派遣し、出陣の不可を伝え、豊臣秀頼に徳川家康と講和するように勧める。	7833
	8月16日	西軍の島津惟新（義弘）、美濃垂井（岐阜県不破郡垂井町）に到着する。	7834

慶長5	8月16日	これより先、福島正則(1561~1624)は、市橋長勝・徳永寿昌と相談の上で配下の尾張赤目城(愛知県愛西市赤目町)主・横井伊織介時泰をその援軍として加勢させる事とし、両将に福束城(岐阜県安八郡輪之内町福束)の攻略を命じる。	7835
		この日朝、東軍は軍を進め、福束城の南東の大樽川左岸の勝賀村付近(岐阜県海津郡平田町北部一帯)に布陣。迎え撃つ福束城の丸毛三郎兵衛兼利(?~1647)も対抗して川を挟んだ右岸一帯に出陣。兼利から報せを受けた石田三成は、大垣城主・伊藤盛正・長松城(岐阜県大垣市長松町)主・武光式部忠棟に、福束城救援を命じ、自らも手兵を割いて舞兵庫(前野忠康)ら計3千の救援軍を福束へ向かわせるも、**東軍は福束城を攻落する。丸毛兼利は敗走し、大垣城に入る。**	
	8月16日	「……**仍其城及行候処、早々御懸付**」。これより先、西軍は、東軍の金森法印(長近)(1524~1608)の飛騨高山城を攻撃。長近の養子・可重(1558~1615)、美濃小原城(岐阜県可児郡御嵩町小原)主・遠藤慶隆(可重岳父)(1550~1632)と共に、西軍を撃退する。	7836
		徳川家康は可重(金森出雲守)の報告をうけ、この日、金森可重宛に書状を送り、その功を褒める。	
	8月16日	「……**仍出馬之儀油断無之候、夫馬**」。家康、福島正則からの注進状を受け取ったとし、細川(長岡)忠興・黒田長政・藤堂高虎の出馬要請をうけ、この日、羽柴越中守(長岡忠興)らに返書を送り、先勢は三島まで指遣わした事、「其元」では万事油断なく正則と談合をする事などを伝える。	7837
	8月16日	「……**清須ニ御座候而左右と御同意**」。家康、西尾豊後守宛に書状を送り、その功を褒め、近日同地に出陣予定であることを伝える。	7838
		美濃曾根2万石城主西尾光教(1544~1616)は、岐阜城の戦い・大垣城の戦い、並びに美濃の地形に詳しかったことから先導役を務めるなどの功績を挙げたという。	
	8月17日	近衛信尹、徳川方・大坂方和議のことについて西洞院時慶へ申し聞かす。	7839
	8月17日	毛利秀元ら伊勢方面隊の小早川秀秋(1582~1602)は、西軍として大坂城を出発するも、病と称して近江国石部・日野らに滞在する。27日まで近江に留まる。	7840
	8月17日	奉行中の下知により、島津惟新(義弘)(1535~1619)、佐和山から美濃垂井に着陣。さらに大垣城に向かう。	7841
	8月17日	「……**御内意之通、内府公へ申上候へ者、拙者所へ被成御書候間、則御使ニ懸御目候、**」。	7842
		東軍の黒田長政(豊前国中津城主)(1568~1623)、西軍として行軍する羽蔵(羽柴蔵人頭、吉川広家)(1561~1625)宛自筆書状を使者に渡し、「家康に広家の申し出が伝わっていること、家康は輝元が西軍の総帥になった背景は安国寺恵瓊の策略であると思っている、家康へは長政が調停するので輝元に家康と敵対することないよう尽力するように、家康が毛利輝元を兄弟同然と思っている」旨を記し、毛利氏と徳川氏の講和を促す。	
	8月17日	東軍の福島正則(1561~1624)、今尾城(岐阜県海津市平田町今尾)に入り、市橋長勝(美濃今尾城主)・徳永寿昌(美濃松ノ木城主)の戦功を賞した上で、引き続き高木盛兼城主の高須城(岐阜県海津市海津町高須)奪取を命じる。	7843
	8月17日	**これより先、待城(長野市松代町松代)主・森忠政(1570~1634)は、徳川家康へ上方へ同道したき旨を申出た。**	7844
		この日家康、書状をもってこれを賞するも、川中島侍従(森忠政)同道を停め、そなたの仕置きは秀忠とし、且つ領内守備を命ずる。	

西暦1600

| 慶長5 | 8月17日 | 「……上方種々申様御座候間、上方」。 | 7845 |

「……上方種々申様御座候間、上方」。
家康、大崎少将（伊達政宗）宛に書状を送り、上方の動静を伝える。

8月17日　7846
「其表一揆蜂起候所ニ、早々御成敗 」。
家康、越後国蔵王堂に4万石を領す羽柴美作守（堀親良）（1580～1637）宛に書状を送り、一揆撃その功を褒める。
親良は、会津の上杉氏が越後で仕掛けた上杉遺民一揆の鎮圧に奔走した。

8月18日　秀頼、神号を長浜豊国神社などに回書して送る。　7847

8月18日　7848
早朝、北政所おね、秀吉月忌につき社参して奉納・進物する。その後、神事を見物する。また、勅使・烏丸光宣、社参し奉納・奉幣。

8月18日　7849
「遠路大鷹二井蝋燭三百挺到来、悦」。
家康、湊城（秋田市土崎）主・秋田藤太郎（秋田実季）からの「大鷹二井蝋燭三百挺到来」を謝す。

8月18日　7850
最上義光（出羽山形城主）（1546～1614）、直江兼続（上杉景勝家臣）（1560～1619）宛に書状を送り、上杉景勝に対し異心のないことを誓い、嫡男・義康（1575～1603）を人質に出す。
義光自ら1万の兵を連れて上杉の味方になると申し入れる。「上杉家記」に収められている文書だが、偽書説がある。

8月19日　宇喜多秀家・豪姫夫婦、祈祷のため豊国社にて湯立二釜・男巫を執行する。　7851

8月19日　7852
「田辺城の戦い7月19日～9月18日」。

也足軒素然（中院通勝）、田辺より上洛。中院通勝（1556～1610）は、天正8年（1580）6月には勅勘を被り丹後に隠棲、同14年（1586）出家し、名は素然。也足軒と号す。慶長4年（1599）、許されて帰京。丹後では田辺城の細川幽斎（1534～1610）と親交を結び歌道を学び、また三条西実枝（1511～1579）の「源氏物語」の講筵に侍し、熱心に学究したという。

8月19日　7853
豊臣奉行長束正家（1562？～1600）、近江水口城（滋賀県甲賀市水口町水口）から伊勢に向かう。

8月19日　7854
島津惟新（義弘）、子忠恒（家久）に、徳川家康方の軍勢が清須城に着陣したことを告げる。

8月19日　7855
東軍の徳永寿昌（美濃松ノ木城主）・市橋長勝（美濃今尾城主）らは、高木盛兼の高須城（岐阜県海津市海津町高須町）を攻め落とす。盛兼は、城を捨てて舟で津屋城（海津市南濃町津屋）へと退却。

次いで、東軍は、高木帯刀の駒野城（海津市南濃町駒野）・高木正家の津屋城を落す。駒野城の高木帯刀は降伏、高須城の高木盛兼と津屋城の高木正家は大垣城へ逃れる。**高木一族の拠る諸城を落し、これで、南濃の大部分は東軍の配下になり、東軍は、大垣・岐阜方面と伊勢を分断することができた。**

8月19日　7856
家康の使者・村越直吉（1562～1614）、清州城（愛知県清須市一場）に到着。
東軍諸将に「すみやかに美濃に進軍し、家康への忠誠を見なければ、家康は出陣しない旨」・「戦果あれば家康はすぐにも出馬する旨」を伝え、開戦を促す。

| 慶長5 | 8月19日 | 「……内府様御馬きりゝと出不申はか不参候間、何事も不入義候、一刻も急川ヲ越、いか躰ニ成共可相果候由誰々なく就被申出、各其分ニ同意ニ候、然者天下之勝負川越ニ相究候間、御両所急御越候て……」。 | 7857 |

黒田甲斐守長政・徳永法院寿昌・奥藤兵衛三明、家康の臣井伊兵部（井伊直政）・本中書（本多忠勝）宛てに連署して書状を送り、「此表」（尾張清須方面）のことは「跡々人数」が揃ったので、犬山城方面へは「押之城」をつくり、おのおの「家康御出次第」に木曽川を越えて出陣することを決めた、しかし、村越直吉が使いとして来て急に相談して変わり、どんなにしても家康の出馬がすぐにできず、はかどらないので、何事も必要なく、一刻も急いで木曽川を越えて、どのようになっても果てるべき旨を「誰々なく」申し出て、おのおのそのように同意した、よって、「天下之勝負」はこの木曽川越えに極まるので、御両所（井伊直政・本多忠勝）が急いで来て、とりあえず相談すべきであり、御人数は置いておき、御自身のみで片時も早く出てくるのが肝要であると思う、と報じる。

| | 8月19日 | 福島正則、池田輝政らの東軍先遣隊による軍議（いわゆる清須評定）が行われ、進軍が決まる。 | 7858 |

| | 8月19日 | 「其元迄御出陣之由、御大儀候、内々田中清六ニ申候間、御参陣有間敷ト存候処、それ迄御出陣祝著之至候、早々有帰陣、御休息尤候、恐々謹言、」。 | 7859 |

家康（1543〜1616）、南部信濃守（南部利直）（1576〜1632）宛に書状を送り、参陣の労をねぎらい休息命令（上杉討伐の停止）をする。
南部信直の病死後、南部領内の動揺を配慮し、嗣子利直に米沢口出陣を見合せるよう田中清六を使者に派したのに対しての書状という。
陸奥盛岡の南部利直は、最初、晴直と名乗ったが、「小田原の役」で父信直（1546〜1599）と共に参陣した際に、前田利家の偏諱を受けて「利直」と改めた。

| | 8月19日 | 「其元迄御出陣之由、御大儀候、内々田中清六ニ申候間、御参陣有間敷ト存候処、御出陣祝著之至候、早々有帰陣、御休息尤候、恐々謹言、」。 | 7860 |

家康、横手（小野寺義道、出羽国横手城主）（1566〜1646）宛に書状を送り、参陣の労をねぎらい休息命令（上杉討伐の停止）をする。

| | 8月19日 | 「其元迄御出陣之由、御大儀候、内々田中清六ニ申候間、御参陣有間敷与存、致油断候処、其元御出陣祝著之至候、早々有帰陣、御休息尤候、恐々謹言、」。 | 7861 |

家康（1543〜1616）、六郷（六郷政乗、義道配下の仙北七人衆）（1567〜1634）宛に書状を送り、参陣の労をねぎらい休息命令（上杉討伐の停止）をする。

| | 8月19日 | 「来書本望至候、仍内府出馬次第其方可為御上之由尤存候、此表丈夫ニ申付候間、可御心安候、尚大久保相模守可申候、恐々謹言、」。 | 7862 |

徳川秀忠（1579〜1632）、堀越城（青森県弘前市堀越）の津軽右京亮（津軽為信）（1550〜1608）宛に返書を送り、上方への出兵を促す。

西暦**1600**

慶長5	8月20日	「尚々、たしかなる人御越候へと御留守中申遣候、御参次第追々可申候　一去月廿三日御状昨日拝見申候　一天下成行不及是非候、かやうあるへきと仰程候、分別仕候間、おとろき不申候　一甲州事御気遣なされ候よし、忝存候　一豊前儀、少御気遣なされましく候、加藤主計申談候間、いつミより被進候て、一かせんにて可相澄候　一京之使書状進之候、可相着候　一今度弓矢成立候ましきと存候、残多候、又弓矢御なれ候衆、貴殿まてさし申候　一口上ニて申候間不委候　一日本何様替候共、貴殿我等半替申ましく候条、其御心得候へく候、尚追々可申入候、恐惶謹言、」。 (後々信頼できる確かな者を寄越して欲しいと留守の者に頼んでおいたのですが広家殿が来たら順次申し上げるつもりです。先月23日の書状を昨日拝見しました。一天下の成り行きですが、今更もうどうにもならないでしょう。こうなってしまうものだと思ってしまえば、驚くことはありません。 一甲州の息子長政のことですが心配して下さってかたじけなく思います。 一豊前の事ですが、少しも気に病むことはありません。加藤清正が申す通りになればいつどこからでも兵を進めることができ、一時のことで済ませることができるでしょう。 一京の使いから書状が届けられました。これも一緒に添えるようにいたします。 一すぐに戦が起こることはないだろうと思います。思うところは多くありますが、戦に慣れた兵士たちを貴方の所に差し出します。 一使者に口上で述べるようにと伝えているので手紙には詳しくは書いていません。 一日本がどのように変わろうとも、貴殿と我らの仲が変わるようなことはないことはわざわざ申す必要もないでしょう。そういう覚悟でいて下さい。また詳しいことは後ほど申し上げたいと思います。恐れ謹んで申し上げます)。 黒田如水、吉川広家（1561〜1625）宛に返書状を送る。先月四日日付書状の返書ともされる。	7863
	8月20日	島津惟新（義弘）、国許の家老本田正親宛に書状を送り、家康の臣井伊直政・榊原康政らが清須城に着陣した事を告げ、援軍を求める。	7864
	8月20日	豊臣家五大老、肥前平戸の松浦鎮信（1549〜1614）に海賊行為の停止を命じる。 8月5日に、肥前の神集島で開かれた去就会議に参加した鎮信（下松浦党の棟梁）は、東軍に通じることを確認していた。	7865
	8月20日	石田三成、島津惟新（義弘）の兵をして、美濃墨俣を守らせる。 この頃、義弘は大垣城に入る。	7866
	8月20日	**徳川家康の開戦督促をうけ、福島正則・池田照政（のち輝政）・加藤茂勝（嘉明）ら東軍先鋒隊、清州城で軍議。3万5千の兵力で岐阜城・犬山城を攻める事を決定。攻撃に向けて各将の持ち場を定め（一説にくじで決めたという）、22日を開戦日と決める。**	7867
	8月20日	石川康長（数正の嫡男）（信濃国松本城主）からの人質が、大久保長安の代官所の日野（武蔵国）まで到着する。	7868
	8月20日	大久保長安（1545〜1613）、朝、江戸を発ち、武蔵国高井戸（東京都杉並区）へ移動。 木曽谷平定を報じた山村甚兵衛（山村良勝）・千村平右衛門（千村良重）の書状を披見する。 **家康は、大久保長安に木曽谷（信濃国）へ行くことを命じる。**	7869

| 慶長5 | 8月20日 | 「……仍其元へ敵動之処、仕合能数」。 | 7870 |

家康、美濃妻木城(岐阜県土岐市)の妻木雅楽助(妻木頼忠)(1565〜1623)宛に直筆書状を送り、近日出馬を伝える。詳しくは永井直勝が述べるとした。

| | 8月20日 | 「……信濃守有同心、其城御移之由」。 | 7871 |

家康はこの日、分部左京亮(分部光嘉)宛に返書を送り、富田信濃守信高と同心してその城に移った事を了承し、近日中に出馬すると伝える。

東軍の分部光嘉(伊勢上野城1万石)(1552〜1601)・富田信高(富田一白の長男)(伊勢安濃津城主)(?〜1633)らは、「小山評定」のあと、西軍進出に備え、伊勢に戻る。西軍は伊勢攻略に主力を投じてきたため、光嘉は伊勢上野城(三重県津市河芸町上野)を放棄し、信高と共にと安濃津城(三重県津市丸之内)を守備する旨を家康家臣・西尾吉次(1530〜1606)に報じた。

| | 8月20日 | 「……仍三州表江被御出之由尤候、」。 | 7872 |

家康(1543〜1616)、伊那侍従(京極高知)(信濃国飯田城主)(1572〜1622)宛に書状を送り、三河国から尾張・美濃両国国境方面に陣替するよう求める。三河に攻入らんとする高知をして、濃州口に出陣せしむ。

京極高知は、岐阜城攻めでは本丸一番乗りを果たすという。

| | 8月20日 | 「美濃国之内郡上郡、為今度之忠節」。 | 7873 |

遠藤小八郎(胤直)が西軍に奔ったことを知った徳川家康、遠藤左馬助(遠藤慶隆、美濃小原城主)(1550〜1632)宛に書状を送り、再度美濃国郡上郡回復のための侵攻を許可し、成功時には、旧領・郡上八幡を与えることを約束する。詳しくは金森長近が述べるとした。

| | 8月20日 | 「……上方之模様一々被申越、令得」。 | 7874 |

家康、細野入道宛に返書を送る。秀吉側室の松丸殿(京極竜子)や大政所の家司を務める細野藤敦(1541〜1603)であろうか。

| | 8月20日 | **徳川秀忠、越後の蔵王堂城主羽柴美作守(堀親良)(1580〜1637)宛に書状を送り、上杉遺民一揆撃破を賞す。** | 7875 |

| | 8月20日 | **秀忠に従う榊原康政、秀忠書状添状を堀親良宛に送り一揆撃破を賞し、此表は家康が仕置きを堅く申し付けており、また、伊達政宗・佐竹義宣・最上義光も別叛条ない旨を報せ、安心するよう伝え、家康もまもなく上洛の途に就く事を伝える。** | 7876 |

| | 8月21日 | 岐阜攻めの東軍対する西軍は、竹ヶ鼻城(岐阜県羽島市)に杉浦五左衛門(重勝)、岐阜城に織田秀信、犬山城に城主・石川貞清と援将稲葉貞通(美濃郡上八幡城主)・稲葉典通(貞通の長男)・加藤貞泰(美濃黒野城主)・関一政(美濃多良城主)・竹中重門(半兵衛の子)(美濃菩提山城主)がひかえる。 | 7877 |

さらに、石田三成(近江佐和山城主)・小西行長(肥後宇土城主)は、岐阜城西方の河渡方面に進出し、垂井(岐阜県不破郡垂井町)に駐屯していた島津惟新(義弘)も墨俣に陣を移しており、迎撃の準備をする。

| | 8月21日 | 東軍先鋒の福島正則・池田輝政らが、清州城を出陣し、池田照政(のち輝政)隊(浅野幸長、池田長吉、堀尾忠氏、山内一豊ら)と、福島正則隊(黒田長政、加藤茂勝(嘉明)、細川忠興、田中吉政、藤堂高虎、筒井定次、京極高知ら)の二手に分かれて木曽川を渡り、共に、織田秀信(信忠の嫡男、信長の嫡孫)の岐阜城を目指す。 | 7878 |

「河田の渡し」には池田輝政や浅野幸長ら1万8千人の兵が、下流の「起の渡し」(尾西市起・濃尾大橋付近)には福島正則や黒田長政ら1万6千人の兵が、それぞれ到着。

慶長5	8月21日	**「木曽川渡河作戦」**。福島正則・本多忠勝らの軍勢は、起の渡しから渡河しようとしたが、水・砂ともに深く、加えて対岸には、竹ヶ鼻城主杉浦五左衛門や織田秀信の援軍梶川三十郎・花村半左衛門、石田三成の援軍毛利掃部(広盛)(1533~1616)が待機していた。このため、21日夜に船を集めて下流の加賀野井を渡河する。 7879
	8月21日	**「……仍信州口、会津口境目手置等」。** **(書状披見、祝著の至りに候、仍って信州口・会津口境目手置き等丈夫に申し付けらるるの由尤もに候、将又其の表の儀、委細本多佐渡守申し付け遣はし候の条、能々相談ぜらるべく候、恐々謹言)。** 徳川家康、上野沼田城主真田伊豆守(信幸)宛に返書状を送り、信濃口・会津口守備を厳にせるを嘉す。詳しくは本多正信が述べるとした。 7880
	8月21日	**「飛札殊遠路初鮭祝著之至候、仍上方出馬之儀、可為廿六日時分候、其表之義、委細従中納言(秀忠)所可申入候由、可有其心得候、恐々謹言」。** 家康、川中島侍従(森忠政、信濃松城主)(1570~1634)宛に書状を送り、鮭の贈物を謝し、忠政の家康の軍に参ぜんとするを停め、領内守備を厳にせしむ、そして自らの出馬予定を26日と告げ、さらに別状で忠政には、先日報じてきた事は虚説であろうとし、秀忠近日出馬につき相談し、その指揮下に加わるよう命じる。 7881
	8月21日	**「……仍従富信濃守注進付而、羽三」。** 徳川家康、伊賀上野の伊賀侍従(筒井定次)(1562~1615)宛に書状を送り、尾張国より伊勢国方面への渡海を承認する。そして自らの出馬予定を26日と告げる。詳しくは永井直勝が述べるとする。 7882
	8月21日	**「便札披見祝著之至候、仍先書田中所より如申遣候、上方鉾楯付而令上洛候條、先々下被罷歸、従此方重而左右次第迄可有在国候、猶西尾隠岐(吉次)可申候、恐々謹言」。** 家康、出羽秋田郡の秋田藤太郎(秋田実季)(1576~1660)宛に返書状を送り、「上方鉾楯」ため上洛する旨を伝え、上杉征伐(会津攻め)の中止での帰国を指示する。詳しくは西尾吉次が述べるとする。 7883
	8月21日	**「……仍最上表へ早々着陣之由太儀」。** 家康、出羽国山本郡六郷を支配する六郷兵庫頭(六郷政乗)(1567~1634)宛に書状を送り、上杉征伐(会津攻め)の中止での帰国を指示する。詳しくは本多正純が述べるとする。 7884
	8月21日	**「……仍庄内江を押在陣候由太儀」。** 家康、羽国由利郡の南部を支配する仁賀保兵庫頭(仁賀保挙誠)(1560~1624)宛に書状を送り、上杉征伐(会津攻め)の中止での帰国を指示する。詳しくは本多正純が述べるとする。 7885
	8月21日	**「……仍庄内江為押三崎表在陣之由、」。** 家康、由利衆の赤尾津(小介川)孫次郎宛に書状を送り、上杉征伐(会津攻め)の中止での帰国を指示する。詳しくは本多正純が述べるとする。 7886
	8月21日	是より先、徳川家康、信濃等諸国の城に麾下の大名を配し、人質を江戸に送らしむ、是日、**本多正純**(1565~1637)、旨を最上義光の臣赤尾津孫次郎に報ず。 7887
	8月21日	**「其許弥堅固申付候由、尤肝要ニ候、此度之忠儀感悦候、然者、為加勢遠山久久衛・小笠原靱厦(負)・今泉五介差遣候条、可相談候、委細大久保十兵衛可申候也、」。** 徳川家康、前日に木曽谷平定を報じた山村甚兵衛(山村良勝)・千村平右衛門(千村良重)宛に感状を送り、木曽谷をいよいよ堅固に申し付けることが肝要である、としたうえで、家康に味方したことを忠義である、として、感悦の意を表わす。そして、遠山友政、小笠原長巨、今泉五介を加勢として遣わすので相談するように命じる。詳しくは、大久保長安(家康の近習出頭人)(1545~1613)から申し述べるとし、援軍を送ることを告げる。 7888

慶長5	8月21日	「其許様子、十六日之御状、昨廿日ニ高井土ニをひて令披見候、則江戸へ御状共指遣申候、此中十一日之心得其許之様子被為聞度之由、御意候つる間、御中間衆飛力被越申候つる事」。 大久保長安、34ヶ条の一つ書きからなる長文書状を、木曾衆の山甚兵(山村良勝)・千平右(千村良重)宛に送る。	7889
	8月21日	**宇都宮在陣の江戸中納言秀忠、羽柴右近(森忠政)宛に書状を送り、家康近日上方出馬を報じ、守備を厳にするよう伝える。**	7890
	8月21日	「内府も……此四五日比ニ江戸可被罷立由ニ候」。 宇都宮在陣の羽柴秀康(家康次男)、越後の蔵王堂城主羽柴美作守(堀親良)(1580〜1637)宛に書状を送り、一揆撃破を賞し、家康の江戸入りを告げる。	7891
	8月21日	京極高知(信濃国飯田城主)(1572〜1622)からの人質が高崎(上野国)へ到着。日根野吉明(信濃国諏訪高島城主)(1587〜1656)からの人質が横山(武蔵国)(東京都八王子市)へ到着。	7892
	8月21日	真田信幸(後の信之)(1566〜1658)、会津と上田の中間に位置する上野国沼田で国境の警備を指揮するために、居城沼田城(群馬県沼田市西倉内町)に向けて出発。	7893
	8月22日	西軍立花宗茂、美濃垂井(岐阜県不破郡垂井町)付近に出陣。	7894
	8月22日	岐阜攻めの東軍の動きを察知した石田三成(1560〜1600)、岐阜城西方の河渡には、舞兵庫(前野忠康)(1560〜1600 ?)ら、墨俣には、垂井に駐屯していた島津惟新(義弘)を派遣し終え、自身は小西行長と沢渡に布陣する。	7895
	8月22日	「河田木曽川渡河の戦い」。戦いは、22日の明け方を待って始まる。池田照政(のち輝政)隊が木曽川を渡る際、出撃してきた織田秀信の鉄砲隊と交戦する。	7896
	8月22日	「米野の戦い」。 池田照政(のち輝政)・一柳直盛・堀尾忠氏・浅野幸長・山内一豊ら率いるら東軍上流軍は次々と木曽川を渡河し、西軍織田秀信(兵数3千)は鉄砲隊で応戦。昼、両軍は米野村で激突する。東軍は、織田方の守備兵を激しく攻めて敗走させ、織田秀信(信忠の嫡男、信長の嫡孫)は、岐阜城内へと退く。	7897
	8月22日	「竹ヶ鼻城落城」。 福島正則ら東軍先鋒隊下流軍は、木曽川の萩原渡、尾越渡(愛知県一宮市)を渡り、加賀野井城・竹ヶ鼻城を攻撃。福島正則によって攻囲され、二の丸、三の丸に詰めていた援軍の毛利広盛らが知己であった福島正則に降伏してしまったため竹ヶ鼻城(羽島市竹鼻町)は落城。織田秀信(岐阜城主)の旗下の守将・杉浦五左衛門重勝は自刃。西軍の前線に当たる美濃岐阜城に向かう。	7898
	8月22日	岐阜城に追いつめられた織田秀信、夜、大垣城と犬山城に救援要請を飛ばし、軍評定を開いて諸将の持ち場を定め、援軍到着までそれぞれ死守するよう命じる。	7899
	8月22日	「此表存之外ニ各被出精候、今朝之注進ニ八」。 井伊兵部少輔直政、本多佐渡守(正信)・西尾隠岐守(吉次)・村越茂介(直吉)宛に書状を送り、諸将の戦況を報告し、垂井には島津義弘と立花宗茂が在陣していると記し、岐阜城攻めについて注進。	7900
	8月22日	**軍監の井伊直政と本多忠勝、徳川家康宛に書状を送り、尾張・美濃両国国境における岐阜城主織田秀信との合戦についてなどの戦況を報告し、明日、諸将一同が岐阜城を攻め崩すべく評議が一決した事、来ないと思われるが万一大坂から後詰(毛利輝元)が来た場合は先にその援軍を抑えて大垣城を攻撃する事、明日の様子を見て出馬をお願いする事などを報ずる。**	7901

西暦1600

慶長5	8月22日	世にいう「**百万石のお墨付**」。「覚 一苅田 一伊達 一信夫 一二本松 一藍松 一田村 一長井 右七ヶ所御本領之事候間、御家老衆中へ為可被宛行、進之候、仍如件」。 徳川家康（1543〜1616）、上杉景勝を会津に釘付けにしておくため、大崎少将（伊達政宗）（1567〜1636）の東軍参加が是非とも必要であったことから、百万石のお墨付き（領知覚書）を与え、東軍参加を促す。戦勝の暁には現在の所領58万石に加え、旧領の苅田・伊達・信夫・二本松・塩松・田村・長井郡の7ヶ所49万石の領土を与えることを約す。しかし、東軍勝利の後、政宗への褒美は自力で奪取した刈田郡の2万石のみであった。	7902
	8月22日	小松城（石川県小松市丸の内町）の丹羽長重（1571〜1637）、家康の使者として来た土方雄久（利長の従兄弟）（1553〜1608）の勧めに従い、本多正信（1538〜1616）らに使者を送り、東軍の前田利長（1562〜1614）との和議の意思を、家康に知らせる。 土方雄久は、「関ヶ原の戦い」前の会津遠征で、大野治長（1569〜1615）と共にその罪（家康襲撃計画）を許されて、家康に仕えていた。	7903
	8月22日	**夜、村越直吉、江戸に戻り、清州の状況を家康に報告。**	7904
	8月22日	「**北国之儀も羽柴肥前（前田利長）守殿被対内府（家康）、毫頭別条無之候、賀州之内大勝寺之城ニ罷在候間山口玄蕃別心之衆与致一味候間、即肥州州彼地へ被取懸責崩、山口父子被被打捕之由注進御座候、……**」。家康の臣榊原康政（1548〜1606）、出羽国の秋田実季に返書を送り、上方への路次の城々をはじめ、尾張国の諸城も東軍方諸勢を入れ置いた事を伝え、さらに前田利長の大聖寺攻めの勝利を告げる。	7905
	8月22日	「**一北国肥前殿（前田利長）去月之末より被相働、加州表小松羽五郎左（丹羽長重）居城へ被取懸、はし〲放火取出二ケ城被申付、其先へ被相働、大庄寺へ取懸……、一丸岡青山修理（宗勝）・北庄青木紀伊守（一矩）・府中堀尾帯刀（堀尾吉晴）かやう之衆も無別儀、肥州次第之由候事、**」。 家康の会津征伐に参加した佐々淡路守正孝、秋田藤太郎（実季）宛に書状を送り、前田利長の小松城攻め、青山宗勝・青木一矩・堀尾吉晴らの加勢や、真田信幸（信之）が、（信繁以外の）弟を連れ東軍入りした事などを知らせる。 佐々淡路守正孝は、佐々行政であろうか。	7906
	8月22日	東軍に与した有馬則頼（1533〜1602）、この日付で秋田藤太郎（実季）宛に返書状を送り、家康の出馬が決まった事、庄内口への出馬要請の事、家康の軍勢が尾張国清須以東の諸城に入れ置かれることを伝え、（家康による）「上方色々御調略」の子細共がある、と報じる。	7907
	8月23日	伊勢方面の毛利秀元、吉川広家、長束正家、安国寺恵瓊、長宗我部盛親らが伊勢へ侵攻、安濃津城（兵数1,800）を攻撃する。	7908
	8月23日	西軍の宇喜多秀家（備前国岡山城主）（1572〜1655）、伊勢攻略に参戦する予定を変更して、桑名を経由して大垣城に入る。	7909
	8月23日	「**岐阜城落城**」。 福島正則・池田照政（のち輝政）・細川忠興・加藤茂勝（嘉明）・浅野幸長・一柳直盛・井伊直政・本多忠勝・田中吉次（吉政男）ら、東軍の一斉攻撃、福島正則は七曲口から、池田輝政は搦手から火を放ち、黒田長政、藤堂高虎は大手門を攻めた。それにより、兵五千三百の岐阜城落城、織田秀信降伏。城を出た秀信は、上加納の浄泉坊で剃髪して、尾張知多へと送られる。正則・輝政らの助命嘆願もあり、家康は信長の嫡孫であるとして、秀信の命を助ける。 秀信（信忠の嫡男三法師、信長の嫡孫）（1580〜1605）は、「関ヶ原の戦い」終結後に、岐阜13万石は没収されて紀伊高野山へと送られることになる。	7910

慶長5

8月23日 **「河渡川の戦い」。** 7911
朝、東軍の黒田長政・田中吉政・藤堂高虎は、大垣から岐阜城への援軍が来ると読み、これを阻止すべく岐阜城の西・長良川左岸へと軍を進める。しかし西軍が既に布陣していたので、直ちに機先を制し銃撃を浴びせ、激しい銃撃戦となり、西軍の舞兵庫(前野忠康)(1560～1600？)らを破る。
東軍はそのまま西へ進み、大垣城北西の岡山へ着陣する。

8月23日 石田三成は、この日の朝8時頃、沢渡に小西行長・島津惟新(義弘)らを呼び軍議を開いていたが、そこへ河渡の敗報が届き、あわてて大垣へ退却。 7912

8月23日 **岐阜城を落城させた東軍、犬山城(城主石川貞清)に降伏勧告を出す。**犬山城は9月3日に開城する。 7913

8月23日 **「……仍其表之儀、委細中納言申付」。** 7914
徳川家康、西尾隠岐守吉次をして川中島侍従(森忠政、信濃松城主)(1570～1634)宛に書状を送り、信州表について委細は秀忠に申しつけたから、秀忠と相談することを命じる。

8月23日 **「家康、軍事行動を諸将に指示」。「村越茂介ニ一々之段承、祝著之至」。** 7915

前日22日の井伊直政と本多忠勝からの注進状を見た家康は、江戸へ戻った村越茂助から話を聞いたが喜ばしいことだ、全て理解したと伝える。諸将に対して、「其許」ではどのようにでも各自(の諸将)が相談して、落度のないように「御行」(軍事行動)をすることが肝要であると記した書状を出す。使番米津(よねきつ)親勝(正勝)が申すとした。黒田甲斐守(黒田長政)、加藤左馬助茂勝(加藤嘉明)、横井伊折助(横井時泰)、一柳監物(一柳直盛)、浅野左京大夫(浅野幸長)、伊那侍従(京極高知)、福嶋掃部頭(福島高晴(正頼))、中村彦左衛門(中村一栄(かずしげ)らの諸将であった。

8月23日 **「美濃筋之様子委申越尤候、弥堺目」。** 7916
家康、山村甚兵衛(良勝)・千村平右衛門(良重)宛に書状を送り、美濃の状況を探らしむ。松本の石川玄蕃允(康長)の下にいた山村八郎左衛門一成、川中島の森忠政にあった千村助右衛門重次も内応した。

8月23日 **「其谷中之儀付而、山村甚兵衛・千」。**家康、原図書助他二名 に朱印状を送る。 7917
石川備前(石川貞清)の下にいた原図書之助、千村次郎左衛門良照、三尾将監らも内応して山村良勝等に協力して軍功を致すを褒す。

8月23日 家康の臣大久保長安(1545～1613)、信濃国の千村重照(良照)宛に書状を送り、家康が近日尾張・美濃両国方面に出陣することを告げる。 7918

8月23日 **「……彼表左衛門大夫丈夫御座候」。** 7919
家康(1543～1616)、大崎少将(伊達政宗)(1567～1636)宛に書状を送り、清須城に派遣した使者村越直吉の帰着を告げ、様子を見るのでと出馬延期を伝える。出馬予定は同月24又は25日であった。

8月23日 **「雖無指儀候、令啓候、于今其元在留候哉、御床敷候、当表隙明候間、信州真田表為仕置、明廿四日出馬候、猶、自彼地可申候、恐ゝ謹言、」。** 7920

秀忠、家康取次江雪宛に書状を送り、信州真田仕置のため明日出陣すると伝える。

8月23日 **「当表隙明候間、信州真田表為仕置、明二十四日出馬候」。** 7921
宇都宮城の徳川秀忠、美濃国奉行大久保石見守長安の代官を勤める岡田庄五郎(岡田善同(よしあつ))(1558～1631)宛に書状を送り、信州真田仕置のため明日出陣すると伝える。

西暦1600

| 慶長5 | 8月23日 | 「当表隙明候間、信州真田表為仕置、明二十四日出馬候」（猶々今度長々御苦労察入候、切々書状を以て成り共、申し述ぶべく候処、何かと取り紛れ、心中に任せず無音、所存の外に候、以上、差したる儀なく候と雖、啓達せしめ候、今に其の元御在留候哉、御床敷候、当表隙明候間、信州真田表仕置きの為、明二十四日出馬せしめ候、尚彼の地より申し述ぶべく候。恐々謹言」。[7922] |

宇都宮城の徳川秀忠、野間久左衛門尉（家康の先鋒として出陣した福島正則の家臣）宛に書状を送り、信州真田仕置のため明日出陣すると伝える。

| | 8月23日 | 「当表隙明候間、信州真田表為仕置、明二十四日出馬候」。[7923] |

秀忠、尾張国に在陣する平野九左衛門（長泰の弟・長重）宛に書状を送り、信濃国上田城出陣を伝える。

| | 8月23日 | **徳川秀忠、尾張国に在陣する佐久間久右衛門安政（1555〜1627）宛に書状を送り、安政の辛労をねぎらい、自身の信濃国上田城出陣を伝える。**[7924] |

| | 8月23日 | 「態令啓候、仍明廿四日ニ此地を罷立、ちいさ形（小県）へ相動候条、其分御心得候而、彼表へ可有御出張候、尚大久保相模守・本多佐渡守可申候、恐々謹言」。[7925] |

（明24日この地（下野）を立って、信濃国小県を攻めるから、信幸（信之）もそのように心得て、小県へ出馬するように）。

上杉征伐のため、宇都宮に滞陣していた徳川秀忠（1579〜1632）、上野国沼田城の真田伊豆守信幸（後の信之）（1566〜1658）に、明24日この地を立って小県を攻めるから、中山道隊への参陣を命じる書を発する。大久保忠隣と本多正信が奏者であった。

| | 8月24日 | **「安濃津城の戦い〜25日」。**[7926] |

長束正家（近江水口城主）・毛利秀元（周防・長門20万石）・安国寺恵瓊（毛利家外交顧問）・吉川広家（毛利家軍事顧問）・鍋島勝茂（肥前佐賀城の直茂の子）・長宗我部盛親（土佐浦戸城主）ら西軍3万、伊勢安濃津城（三重県津市丸之内）攻撃を一斉にはじめる。

| | 8月24日 | 石田三成、大谷吉継に使者を遣わし、早く関ヶ原付近へ来るよう伝える。[7927] |

北国方面の大谷吉継は、大坂へ戻り毛利輝元と相談しようと南下した時、三成・小西・島津から使者が来た。

| | 8月24日 | **岐阜城を攻落した東軍先鋒隊、美濃赤坂（岐阜県大垣市）の高台を占拠して大垣城の西軍と対峙する。そして、家康の出陣を待つ。**[7928] |

| | 8月24日 | **「本田中務・井伊兵部連署 禁制」。**本多忠勝・井伊直政連署禁制。[7929] |

「野口村（岐阜県各務原市）での乱暴狼藉、放火、陣取り、田畑の刈り取りなどの略奪行為、竹木の伐採、人取り（人身売買）を禁止する」。

| | 8月24日 | 「内々如申候、中筋岐阜昨日乗落候、然庭、為後巻治部少輔先手之者共、江戸川端迄差出候、即及一戦追崩悉討果候、早々内々其筋目可引退候、此通駿河衆へも申達候、可被成意候、恐々謹言」。[7930] |

井伊兵部少輔（直政）、城主石川貞清と共に犬山城籠城の竹中丹後守重門・加藤左衛門尉貞泰・関長門守一政宛に書状を送り、昨日岐阜落城や石田三成先手衆を討ち果たした事を伝え、早々に犬山城開城を促すと共に、攻城にあたる駿河衆にもこの事は伝えてあると報じる。

| | 8月24日 | 犬山城の西軍援将の稲葉貞通（美濃郡上八幡城主）・稲葉典通（貞通の長男）・加藤貞泰（美濃黒野城主）・関一政（美濃多良城主）・竹中重門（美濃菩提山城主）、井伊直政（1561〜1602）の誘降により、東軍に内応を約定して、次々と城を出て引き上げる。[7931] |

後には、犬山城主・石川貞清（？〜1626）も城を出て、西軍として関ヶ原に向かう。

慶長5	8月24日	「遠路御状忝拝見仕候、爰元之様子羽三左殿、左京殿申談候、随而一昨日廿二日ニ三左衛門殿、左京殿遠州衆川越在之處ニ、岐阜衆少々罷出候を、被及一戦被追崩候、手柄共ニ候、次昨日羽越州殿、加左馬殿、我等いなは山へ取つめ、早束落去仕候、中納言殿（織田秀信）儀いろゝかうさん被申候間、」 （ここの状況は池田輝政と浅野幸長と話合っています。一昨日池田輝政・浅野幸長、遠州衆が川を越えた処、岐阜衆が少し出てきたのを一戦に及び追い崩されお手柄でした。次に昨日細川忠興・加藤嘉明・我等（福島正則）が稲葉山へ取り詰めすぐに落城させました。織田秀信は降参したので小姓二、三人で尾張へ送りました。…秀頼様のため良きように働きます）。 清須城主福島正則、甲府の浅野長政宛に返書状を送り、岐阜城を攻略し織田秀信の身柄を尾張国に送ったことなどを伝える。	7932
	8月24日	福島正則、羽柴三河守秀康（結城秀康）宛に書状を送り、岐阜攻城など戦況を伝える。	7933
	8月24日	「左京大夫慮、万入御念被仰越候段、難申尽存候」「……**中納言信州口へ為相働候間、**」。徳川家康、甲府の浅野弾正少弼（浅野長政）宛に書状を送り浅野幸長の活躍を褒め、秀忠の信州口出陣にあたり、共に出陣しての補佐を依頼する。本多正純・大久保長安が詳しく述べるとした。	7934
	8月24日	「**其許無心元存候而度々以飛脚申入候処に、御注進之状本望之至候、殊大正持被乗崩、始山口父子数多被討捕之由**」。徳川家康、加賀中納言（前田利長）(1562～1614)宛に書状を送り、大聖寺での戦勝を賞し、「先に小山（金沢）迄御帰陣之由尤候」と記す。	7935
	8月24日	榊原康政（1548～1606）、遠藤慶隆（郡上八幡城主）宛に書状を送り、この度の「別心之衆」（石田三成などを指す）は始終「天下之仕置」をすることができるだろうか、と記す。	7936
	8月24日	「**家康に命じられた秀忠、宇都宮を発ち西上**」。 上杉景勝の動きを見定め、結城秀康（下総結城城主）をとどめた徳川秀忠（1579～1632）、榊原式部大夫康政（上野館林城主）を先鋒に、後陣は大久保忠隣（相模小田原城主）・本多佐渡守政信（相模甘縄城主）・酒井右兵衛大夫重忠・本多美濃守忠政・真田伊豆守信之・仙石越前守忠俊・石川玄番頭康長・日根野徳太郎吉重・牧野石馬允貞成・大久保忠佐（ただすけ）（上総国茂原領主）・奥平家昌（上野小幡城主）ら諸大名と徳川家臣の精鋭部隊約3万8千の軍勢で、宇都宮を発ち、中仙道を経由し西上へ出発。 **家康は、上杉・佐竹への抑えとして、次男の結城秀康を総大将に、里見義康（安房館山城主）(1573～1603)、蒲生秀行（下野宇都宮城主）、那須資景（下野福原城主）らを宇都宮に留め、監視させた。**	7937
	8月25日	「太閤様不慮以来、内府（徳川家康）御置目に背かれ、上巻・誓紙に違われ、ほしいままの仕合せ故、おのおの仰せ談ぜられ、御置目を立てられ、秀頼様御馳走の段肝要至極存じ候事」。毛利輝元・宇喜多秀家の二大老と長束正家・増田長盛・前田玄以石田三成の四奉行、上杉景勝宛に連署状を送り、徳川家康の非を列記し、共闘を要請する。細川家の改易も記されていた。	7938
	8月25日	石田三成、近江国瀬田を守る熊谷直盛・垣見一直らを大垣城に移動させる。	7939
	8月25日	「**安濃津城の戦い-伊勢安濃津城開城**」。毛利秀元らの西軍、木食応其（興山上人）らを、持ちこたえる安濃津城内に遣わして降伏開城を勧める。受け入れた城将富田信高（富田一白の長男）(?～1633)は、城を明け渡し、剃髪して高野山へと向かう。	7940

西暦 1600

| 慶長5 | 8月25日 | 「猶以、内府も早駿河府中迄出馬之由、夜前申来候以上 先書に申入候、相届候哉、菟角輝元御家、相続申候様に、御分別尤候、御返事に委可被仰越候、恐惶謹言、」。[7941]

本当に広家が東軍に味方する気があるのかと心配する黒田甲斐守長政(1568～1623)、羽蔵(吉川広家)(1561～1625)に再度自筆密書を送り、家康が駿河府中(駿府)まで出馬することを伝え、毛利輝元の自重を念押しし、返事をくれるよう要求する。既に家康が駿府に達したとのことは虚報である。 |
| | 8月25日 | 「乍好便以一書申上候、今度之御出陣御苦身共奉察候、今度之御手がら共中中申上もおろかなる御車ともに候、左衛門尉いぬ山に居中候て、なに共めいわく仕候」。[7942]

加藤貞泰(美濃黒野城主)の叔父加藤図書光政、美濃国在陣中の山対州(山内一豊、遠江国掛川城主)宛に書状を送り、加藤貞泰が犬山城に籠城していることについて何とも当惑しており、犬山城主石川光吉がまもなく城を明け渡すと思っていると伝える。 |
| | 8月25日 | 「……仍萩原・おこし被取越、翌日」。[7943]
22日岐阜からの注進状に対し、この日家康、井伊兵部少輔(井伊直政)・本多忠勝(1548～1610)・石川康通(1554～1607)宛てに返書を送る。 |
| | 8月25日 | 「急度申候、上口出馬之儀先々令延引候、爰許ニ在之事候、自然景勝其口へ可罷出候、於其儀者早々可有注進候、即乗付可討果候、為其申候、恐々謹言」。[7944]
家康、宇都宮侍従(蒲生秀行)(1583～1612)宛に書状を送り、様子を見るのでと出馬延引を伝え、上杉軍が南下の時は注進するよう命じる。その時には、家康自らが出馬し、これを討ち果たすと記す。
蒲生秀行室は、徳川家康の三女・振姫(1580～1617)である。 |
| | 8月25日 | 「急度申候、上口出馬之儀者、先々令延引候、爰元ニ在之事候、自然景勝其口へ可罷出候、於其儀者早々可有注進候、則乗附可討果候、為其申候、恐々謹言」。[7945]

家康、大田原備前守宛に書状を送り、上方への出馬は引き延しとなり、上杉軍が南下の時は注進するよう命じ、その時には、家康自らが出馬し、これを討ち果たすと記す。大田原備前守は、下野国大田原城主大田原晴清(1567～1631)。 |
| | 8月25日 | 「急度申入候、仍去廿二日、萩原・魚鵬被越之由、殊ニ翌日岐阜可被相働之由、井伊兵部少輔輔・本多中務少輔申候、尤存候、其許何様ニも各御相談無越度様ニ御行肝要ニ候、出馬之儀聊無油断候間可御心易候、猶追々御吉左右待入候、恐々謹言」。[7946]
家康、清州侍従(福島正則)宛に書状を送り、8月22日の木曽川渡河作戦、同月23日の岐阜城攻城戦について、井伊直政と本多忠勝から報告を受けたことを記したうえで、(上方への)家康の出馬については少しも油断していないので安心するように、と記す。 |
| | 8月25日 | 徳川家康、堀尾信濃守(堀尾忠氏)・池田備中守(長吉)・一柳監物(直盛)・山内対馬守(山内一豊)・有馬玄蕃頭(有馬豊氏)・松下右兵衛尉(重綱)・浅野左京大夫(幸長)宛に書状を送り、岐阜城攻めの戦勝を祝す。[7947] |
| | 8月25日 | 「……仍去廿二日萩原之渡・同小越」。[7948]
家康、清須侍従(福島正則)・池田照政(輝政)・浅野幸長・黒田長政・加藤嘉明・長岡(細川)忠興宛に書状を送り、竹ヶ鼻城での戦勝を賞する。そして、尾張国萩原・起を攻めた後、美濃国岐阜へ向かうことについて満足の意を表す。 |

慶長5	8月25日	「……依去廿二日萩原之渡・同起川」。 家康、田中兵部太輔(田中吉政)・一柳直盛・西尾光教・徳永寿昌・池田長吉宛に書状を送り、竹ヶ鼻城での戦勝を賞す。そして、尾張国萩原・起を攻めた後、美濃国岐阜へ向かうことについて満足の意を表す。	7949
	8月25日	「……仍去廿二日萩原之渡・同おこ」。 家康、藤堂佐渡守(藤堂高虎)・本多俊政・生駒一正・桑山元晴宛に書状を送り、竹ヶ鼻城での戦勝を賞す。	7950
	8月25日	「……仍去廿二日萩原之渡・同おこ」。 家康、堀尾信濃守(堀尾忠氏)・山内対馬守(山内一豊)・有馬玄蕃頭(有馬豊氏)・松下右兵衛尉(重綱)宛に書状を送り、竹ヶ鼻城での戦勝を賞す。	7951
	8月25日	「……上方之異賊悉弱り、岐阜中納言」。 家康、信州小諸の仙石越前守(仙石秀久)宛に書状を送り、岐阜城に籠城した岐阜中納言(織田秀信)の開城など戦況を伝える。	7952
	8月25日	**本多忠勝、井伊直政と相談の上、家康本陣を、美濃赤坂南方の岡山に決定する。**	7953
	8月25日	「**自如水公此中貴様へ参候御礼共数通被下候、拝見仕候、内府披見ニ入可申候、今度於御国本ニ、別而御精被入、殊而御人数数多御抱被成、内府次第、何方へも成共御行候ハん由候、此節ニ御座候間、何分ニも被入御精、又御手ニ可入所ハ、なにほとも御手ニ被入候へと可被仰遣候、何事も面上ニ可申上候、恐惶謹言、**」。 井伊直政、黒甲州(黒田長政)宛に書状を送り、黒田如水の九州敵方所領進出を家康も承認している事、領地も切り取り自由だと伝える。	7954
	8月25日	下総多胡城(千葉県香取郡多古町多古)主・保科正光(1561～1631)は、家康の命により堀尾忠氏に代り浜松城(遠江国)を守備し美濃・尾張に戦い、戦況を多胡の老臣等に報ず。	7955
	8月25日	上杉景勝(1556～1623)、本庄繁長(1540～1614)を福島城に移し、伊達政宗(1567～1636)に備える。	7956
	8月25日	「家康が上洛すれば、来月中にも佐竹と相談して関東表へ乱入する」。 伏見城落城を知った上杉景勝は、毛利輝元・宇喜多秀家・長束正家・石田三成・前田玄以ら西軍諸将宛に書を送り、越後の諸大名が味方についたので一揆も鎮まった事と、当面、伊達・最上両氏を征伐するが、「御置目」に背いた家康が西に向かった場合、常陸の佐竹氏と連携して、万事を投げ打って関東を攻めるつもりであると報じる。	7957
	8月25日	上杉征伐(会津攻め)の佐竹義宣(1570～1633)、この日、赤館に弟芦名盛重を残して、突如として水戸城へ引き上げる。しかし東軍の優勢を知った佐竹義宣は、家康に対し、重臣小貫頼久(1544～1603)を使者として派遣し、水戸城へ帰った理由(上杉軍の関東進撃を防ぐこと)を釈明させ、また、上田城に向かう徳川秀忠への援軍として、一族の重鎮・佐竹義久(東義久)(1554～1601)に率いさせた3百騎を送る。	7958
	8月26日	「今度津之城、被乗崩候刻、御手柄之段、」。 大坂の増田長盛、安濃津城の吉川広家(1561～1625)宛に書状を送る。津城を乗り崩したことは手柄であり満足している、美濃では敵は大川を越えて赤坂で放火し留まっているので、そちらの軍勢を向かわせること、大坂からも軍勢を派遣すると伝える。	7959
	8月26日	西軍の動きは緩慢で、石田三成(1560～1600)は美濃大垣城を出て、一旦、近江佐和山城(滋賀県彦根市佐和山町・鳥居本町)に帰る。	7960

西暦 1600

慶長5	8月26日	近江佐和山城の石田三成、大坂城の毛利輝元に出馬要請の使者を出す。 その使者が東軍に捕らえられるという。いや、輝元が出陣できないと伝えたともいう。三成、戦備を拡充して、9月初旬に再び大垣へ戻る。	7961
	8月26日	「猶々廿三日之御状参着拝見忝候、次貴殿存分之徹奥向申分候、……」。 堀尾吉晴(越前国府中城主)(1543～1611)、美濃国在陣中の山内一豊(1545/1546～1605)宛に返書状を送り、岐阜城を攻め取ったことを祝い、犬山城・大垣城開城についてと、家康出馬を伝える。	7962
	8月26日	**この日、江戸から徳川家康出馬の予定だったが、9月3日に延期される。**	7963
	8月26日	「……其許川表相抱候処、被及一戦」。 家康、清須侍従(福島正則)宛に書状を送り、その活躍を褒める。	7964
	8月26日	「去廿二日之御注進状今廿六午刻参着候、其元川表相抱候処ニ、被及一戦数千人被討補(捕)岐阜へ被追付之由、誠心地能儀共候、彌(弥)各被相談御行御吉左右待入候、恐々謹言、」。 家康、注進してきた吉田侍従(池田輝政)宛に返書を送り、その活躍を褒める。	7965
	8月26日	「……然ニ其許川表相抱候処、被及」。 徳川家康、堀尾信濃守(堀尾忠氏)・山内対馬守(山内一豊)・有馬玄蕃頭(有馬豊氏)・松下右兵衛尉(松下重綱)・池田備中守(長吉)・一柳監物(直盛)・浅野左京大夫(幸長)ら諸将宛に書状を送り、「誠に心地能き儀」と、「木曽川・米野の戦い」での戦勝を賞す。そして、尾張国から美濃国に入り岐阜城まで攻め込んだことに満足の意を表す。	7966
	8月26日	**家康、浅野弾正少弼 (浅野長政) (1547～1611) 宛に書状を送り、岐阜城攻めの浅野幸長(1576～1613)の活躍を褒める。**	7967
	8月26日	「濃州表之儀注進状、為御披見進之候、心地能儀共候、委細宗薫、村越茂助可申候、恐々謹言、」。 徳川家康(1543～1616)、大崎少将(伊達政宗)宛に書状を送り、美濃国での先勝を報ずる。今井宗薫・村越直吉が詳しく述べるとした。	7968
	8月26日	「今度は、ひせん殿、かゝ之国之内、大しやうしおもてへ、御はたらき、御てから之やうす申来、ちうせつと存候、一入ゝまんそく無申計候、此上はほつこく之儀、きり取に進し候、此よしはうしゆいん殿へ、よく心得御申候て可給候、其方も長々御くろうと存候、やかて上方きりなひけ、はうしゆいん殿御むかいまいらせ申へく候、めてたくかしく、尚々われら、ひさゝふみかき申さす候へ共、まんそく申事候間、自筆にて申入候、以上」 (このたびは、前田肥前守利長殿が加賀国内の大聖寺の戦場で働きされてお手柄の様子。その情報が自分のもとに伝わって来たので、忠節を尽くしてくれたと思っています。ひとしお満足して言いようのないほどです。この上は北国(加賀国)切り取り次第と芳春院殿に伝えます。其方(村井豊後守長頼)も長い事ご苦労と思いますが、そのうち上方(西軍)を討って平定した暁には、芳春院殿が国元へ戻られるよう江戸にお迎えを参らせるでしょう。追伸・自分は久しく自らの手で文を書かなかったけれども、満足したことを伝えたいので、自筆で申し入れました。以上)。 **内府(家康)、芳春院付となった村井ふんこ(村井豊後守長頼)(前田家重臣)経由で芳春院まつに自筆書状を送る。**	7969

慶長5	8月26日	「……**真田表之儀、少も油断申間敷候**……」。	7970
		高崎在陣の徳川秀忠(1579〜1632)、本多正純(1565〜1637)と村越直吉(1562〜1614)宛に書を発し、傅役・青山常陸守忠成(1551〜1613)を通じて家康からの指示(真田討伐)を承知した旨を報じる。	
	8月27日	宇喜多秀家、伊勢方面から大垣城へ入城する。	7971
	8月27日	池田輝政隊の山内一豊、西へ進軍。 垂井・関ヶ原を焼き払い、赤坂(岐阜県大垣市赤坂)・青野原(大垣市青野町)に着陣する。 大垣城攻撃のため付城を築く。	7972
	8月27日	美濃国在陣中の遠江国掛川城主山内一豊、留守居の寺村重次・山内一吉宛に、尾張国から美濃国へ攻め込んだことを伝える。	7973
	8月27日	「**岐阜之儀早々被仰付候処、御手柄**」。	7974
		岐阜城落城の報が、江戸の家康のもとに届く。 家康、岐阜城攻めの清須侍従(福島正則)・吉田侍従(池田輝政)宛にそれぞれに書状を送り、岐阜城のことは、早々に申し付けたところ、御手柄は書中に申し尽くし難い、秀忠はまず中山道を出陣して上るように家康が申し付けた、家康は「此口」(江戸)から出陣する予定である、軽率なことのないように「御働」をすることが専一であり、(次の軍事行動までは)我ら父子を待つようにと伝える。	
	8月27日	「**岐阜之城早々乗崩、御手柄何共難申儀候、中納言先中山道可押上之由申付候、我等者自此口押可申候、弥羽三左御相談、無聊爾之様働専一候、我等父子を御待候て尤候、恐々謹言、**」。	7975
		家康、岐阜城攻めの諸将(藤堂高虎・黒田長政・田中吉政・神保相茂・秋山光匡(直国)・松倉重政・本田(多)俊政・生駒一正・加藤茂勝(嘉明))宛に書状を送り、軍功を褒め、秀忠が中山道・家康は東海道を西上するから、家康・秀忠の到着を待って、次の行動に移るよう、諸将に申し送る。	
	8月27日	「……**自身御高名、早速岐阜被乗崩**。 家康、岐阜城攻めの池田備中守(池田長吉)(輝政の弟)(1570〜1614)宛に書状を送り、軍功を褒める。	7976
	8月27日	「……**近日令出馬候間、弥万事無油断**」。 徳川家康、美濃国土岐郡の妻木雅楽助(妻木頼忠)(1565〜1623)宛に書状を送り、近日の出馬を報ずる。永井直勝が詳しく述べるとした。	7977
	8月27日	「**急度申し入れ候、去る廿三日午の刻、岐阜之城乗崩し、中納言(織田秀信)兄弟一人も洩らさず撫切申す由注進候条、書状持たせ進せ候、政宗より参るべく候、我等父子も出陣申し候間、万事そこもと御行仰せ付けられ給うべく候、委細(今井)宗薫申すべく候間、具にする能わず候、恐々謹言**」。	7978
		徳川家康、最上義光(出羽侍従、出羽山形城主)(1546〜1614)宛に書(第四報)を送り、岐阜城落城を伝達、また、義光の山形も油断なく命じるよう指示する。	
	8月27日	「……**仍我等上洛之節、同道有度由**」。 徳川家康(1543〜1616)、信濃松城主・川中島侍従(森忠政)(1570〜1634)宛に書状を送り、秀忠に信州表の処置を申し付けてある旨を報ず。	7979

西暦1600

慶長5	8月28日	「尚々急ぎ御忠節尤に存じ候、以上　先書に雖申入候、重而山道阿彌所より両人遣之候條、到啓上候、貴様何方に御座候共、此度御忠節肝要候、二三日中に内府公御着に候條、其以前に御分け此處候、政所様へ相つづき御馳走不申候ては、不叶両人に候間、如此候、早々返事示待候、委敷は口上に可得御意、恐惶謹言」。 東軍の黒田甲斐守(黒田長政)(1568〜1623)・浅野左京大夫(浅野幸長)(1576〜1613)が連署して、西軍として出陣の筑前中納言(小早川秀秋)(1582〜1602)に対し、「北政所おねの為にも徳川方に加勢するように」と要請する。 秀秋は、木下家定(北政所おねの兄)の五男として生まれ、かつては秀吉養子であった。浅野幸長の母は、北政所の妹である。黒田長政は11歳のときに織田信長の人質となり、秀吉の居城・長浜城(滋賀県長浜市)で北政所に養育された。	7980
	8月28日	「尚ヽ夜を日二次、宮地迄御参陣御尤存候、遅候ヘヽ最前の首尾ちかい申候、宮地御着候ハヽ又内府へ可申達候、以上　廿四日之御状参着給候らん、即御報申立候キ、先書如申候、御質物之儀、」。 井伊兵部少輔直政、加左衛門(加藤貞泰)・関長門(関一政)宛に書状を送り、夜を日に次ぎ、当地まで参陣を労い、人質については福島正則が派遣した者へ注意して渡すこと、家康への取次に尽力するので急ぎ当陣所に参じる事を求める。	7981
	8月28日	「尚ヽ其城御才覚候両、早々渡申候様二可被成候、城才被成、其上貴殿へも此方被存可被成候、以上　乍幸便一書申入候、其城はや御渡候事候間、貴所御作上之儀、……所御老母之儀も無異議様ニと、……」。 本多中務(本多忠勝)、加藤左衛門尉(加藤貞泰)宛に書状を送り、加藤貞泰の取り成しを告げ、犬山城明け渡しを促し、貞泰の母の扱いを気遣い、当陣所に参じる事を求める。	7982
	8月28日	江戸にいた家康のもとに、「河渡川の戦い」の捷報が届く。	7983
	8月28日	「……川を被取越被及合戦、其上岐」。 家康、美濃国在陣中の浅野左京大夫(浅野幸長)宛に書状を送り、尾張国から美濃国へ攻め込んだことに満足し、自らも近日出陣することを伝える。	7984
	8月28日	「……仍共廿三日之川を越被及一戦……今度、左京大夫殿すいりやう寺之つぶら二城を構候所、即時乗崩、一人も不洩被討捕候、御手柄共候、」。 徳川家康、浅野弾正少弼(浅野長政)(1547〜1611)宛に書を送り、浅野幸長(1576〜1613)が岐阜城を乗り崩した戦功を伝え、尾張国の東軍が美濃国へ進攻したので、自身の西上の期日を9月3日と告げ、徳川秀忠は中山道へ軍勢を進めるので、浅野長政が同道して御異見をするように頼み入る、と報じる。	7985
	8月28日	「……今度岐阜之城即時被乗崩一」。 徳川家康、藤堂佐渡守(藤堂高虎)(伊予板島城8万石)(1556〜1630)宛に書を送り、岐阜城を即時に乗り崩し、一人も洩らさず討ち取った手柄を賞し、西上の期日を9月1日と告げる。	7986
	8月28日	「……今度治部少輔罷出処ニ、被及」。 家康、藤堂佐渡守(藤堂高虎)宛に書状を送り、軍功を賞す。	7987
	8月28日	「……重面濃州より注進候、為岐阜」。 徳川家康、最上義光(出羽侍従、出羽山形城主)(1546〜1614)宛に書(第五報)を送り、東軍先鋒の戦いの模様を知らせ、石田三成(1560〜1600)らが美濃に出てきたこと、三成居城佐和山城を攻める予定などを報じる。	7988

慶長5	8月28日	「真田表に油断なく攻めかかる所存」。 （貴方方の書状を読ませていただき納得した。本日、松井田（群馬県安中市松井田町）に到着したが、真田伊豆守（信幸、信之）もこちらに到着しました。真田表に油断なく攻めかかる所存です。追ってその間の事情を申し上げようと思っています。）。**徳川秀忠、本多正純・村越直吉宛に返書状を送る。**	7989
	8月28日	**秀忠、田中民部少輔（吉次）（？～1617）宛に書状を送り、真田攻め直前の様子を知らせる。**	7990
	8月28日	「……然者此中宇都宮ニ有之而、境目丈夫ニ申付候間……」。 秀忠、黒田長政・一柳直盛宛に書状を送り、これまで宇都宮にいて境目を丈夫に申し付けたので、信州真田表で仕置を申し付けるため、去る24日に宇都宮を立って、今日に上野国松井田（群馬県安中市松井田町）到着を報じ、近日、真田表へ軍勢を進めて手置等を申し付け、隙明け次第に上洛を遂げる覚悟であると告げる。	7991
	8月29日	是より先、徳川家康に命じられた九鬼守隆（志摩鳥羽城主）（1573～1632）は、下野国小山から志摩に戻る。父・嘉隆（1542～1600）は、守隆が東下している間に、西軍に応じ、鳥羽城を奪い籠城した。そのため、守隆は畔乗古城（志摩英虞郡）を修築し入城、嘉隆ともしばしば戦う。この日、守隆は伊勢湾に入ろうとした氏家行広（伊勢桑名城主）の軍船を破り、西軍船の往来を阻止し、その情勢を家康に報告する。	7992
	8月29日	「とかく天下之勝負、大柿一城ニ極候間、三十日之間たるべく候」。 東軍の保科正光、下総多胡（千葉県香取郡多古町）の家臣黒河内長三宛に書状を送る。**家康は当初、大垣城を決戦の場と考え、水攻めをもくろんでいた。**	7993
	8月29日	**徳川家康、大久保忠益（1547～1617）を使者として、この日、江戸から中山道を西上する徳川秀忠勢に向けて派遣する。** **忠益は秀忠に、9月10日ごろ美濃に到着するよう伝達を命じられていた。**	7994
	8月29日	「……今度之儀、被入御精故、岐阜早速落城、其上治部少輔人衆籠置候物主等迄被討捕由候、手柄其可申候無之候、」。徳川家康、浅野左京太夫（浅野幸長）宛に書状を送り、その軍功を褒め、西上の期日を9月1日と告げる。	7995
	8月29日	「…一去廿二日濃州幸田・萩原二手」。徳川家康、春日山城主堀秀治（越後侍従）・堀秀家（親良）（羽柴美作守）兄弟宛にそれぞれに書状を送り、戦況を記し、伊達政宗・結城秀康に指示しており、上杉勢が攻めて来ても城を堅く守るよう伝える。	7996
	8月29日	「今度濃州表合戦之刻、其方御家中」。 家康、勝報と首注文を呈した堀尾信濃守（堀尾忠氏）（遠江浜松城主）（1578～1604）宛に書状を送り、その軍功を褒め、西上の期日を9月1日と告げる。	7997
	8月30日	これより先、井伊直政（1561～1602）は、遠藤慶隆（美濃小原城主）（1550～1632）宛に書状を発し、稲葉貞通（1546～1603）の郡上八幡城攻撃を中止するよう伝える。 この日、慶隆は「もはや手はずも整っている上、貞通・典通父子は今なお犬山城にいて向背の程が知れない」と拒否する。犬山城にいた稲葉貞通は、この時点で知己の福島正則の勧めにより東軍に転じることを決めていた。	7998
	8月下旬	本願寺教如光寿（東本願寺初代）（1558～1614）、7月に関東に下向し、徳川家康を訪ね、帰路、「教如は徳川家康に内通している」として、石田三成の軍に追われるが、鎌や竹槍を手にした地元の農民や僧侶らが、石田勢に立ち向かって教如を救う。 この頃、教如は、岐阜県安八町森部の光顕寺に隠れるが、軍勢が迫り、教如は辞世の句を詠む程の危機に陥る。さらに、「土手組」に警固され逃げるうち、関ヶ原の戦いを迎え、無事、京都に帰りつくという。	7999

西暦**1600**

| 慶長5 | 9月1日 | 関ヶ原への出陣に備えつつ、西軍の動向を東軍に伝えていた京極高次（浅井初の夫、近江大津城主）(1563～1609)、大谷吉継（敦賀城主）(1559？～1600)らから出陣を求められ、大津城の守りが弱い事から、一旦は西軍へ属する事を決め、大津城を発つ。 | 8000 |

| | 9月1日 | 東軍参加を決めている京極高次家臣・斉藤勝左衛門、若宮兵助らは、籠城戦に備えて、大津城下を焼き払う。 | 8001 |

| | 9月1日 | 北国方面の大谷吉継ら、兵1万5千で敦賀から関ヶ原へ向かう。 | 8002 |

| | 9月1日 | 雪辱を期す稲葉道通(1570～1608)、西軍の九鬼嘉隆を征伐せんと鳥羽城攻略の触れを出し、兵を率いて岩出城(三重県度会郡玉城町岩出)を出陣。
九鬼嘉隆はこの動きを事前に察知、北勝蔵と謀って稲葉軍を挟撃しようする。

しかし、宮川を渡河した稲葉軍は急に踵を返し、北勝蔵の館を急襲、放火。
嘉隆の救援軍が到着する頃には、稲葉軍はゆうゆうと岩出城に引き揚げる。 | 8003 |

| | 9月1日 | 東軍の遠藤慶隆（美濃小原城（岐阜県可児郡御嵩町小原字西山）主）(1550～1632)、金森可重（飛騨高山城（岐阜県高山市城山）主・法印長近の養子）(1558～1615)と共に、郡上八幡城(岐阜県郡上市八幡町柳町一の平)を攻撃。
城主・稲葉貞通(1546～1603)は尾張国犬山城(愛知県犬山市犬山北古券)に籠城したが、岐阜城落城後、東軍に降っていた。 | 8004 |

| | 9月1日 | 「東濃における関ヶ原の戦い8月12日～9月25日」。

東軍・妻木城(岐阜県土岐市妻木町本郷)の妻木貞徳(1544～1618)・家頼（頼忠）(1565～1623)父子、田丸直昌（具安）（美濃岩村城（岐阜県恵那市岩村町城山）主）方の高山砦に迫る。老臣田丸主水（岩村城代）は、高山砦(岐阜県土岐市土岐津町高山)を焼いて土岐砦に退く。田丸直昌(具直、忠昌)(？～1609)は、大坂在城中。 | 8005 |

| | 9月1日 | **福島正則、池田照政（のち輝政）、藤堂高虎、黒田長政、田中吉政ら先手衆、赤坂～垂井に布陣する。** | 8006 |

| | 9月1日 | 「重而御状披見候、本望之至候、先書如申入候、近日此表可為参陣候付、以面萬〃可申談候条、不能一二候、恐々謹言」。
是より先、羽柴右近（森忠政）(1570～1634)、徳川秀忠の陣に参ぜんとし、このことを江戸中納言（秀忠）に報ず、是日、秀忠、之に答ふ。近日、信州表へ向かうと伝えた。 | 8007 |

| | 9月1日 | **徳川秀忠、碓氷峠を越え、信濃軽井沢に至る。** | 8008 |

| | 9月1日 | 「急度申候仍大柿二、治部少輔・嶋津・備前中納言・小西攝津守籠居候即取巻可成水責とで、早速令出馬候……」。
（急度申し候。仍って大柿に治部少輔（石田三成）・島津（義弘）・備前中納言（宇喜多秀家）・小西摂津守（行長）籠り居り候、即ち取巻き水責め成すべしとて、早速出馬せしめ候、坂戸（越後）へ敵相動くに於ては、油断無く加勢尤もに候、切々飛脚を遣はし、力を添えらる事肝要に候、恐々謹言）。

家康、真田伊豆守（真田信幸（後の信之））（上野国沼田城主)(1566～1658)宛に書状を送り、秀忠への加勢を指示し、自らの出陣を告げ、大垣城を水攻めにするとし記し、上杉勢が越後坂戸城（堀直寄）を攻撃した場合は信幸（信之）が加勢に入るようと指示を出す。 | 8009 |

慶長5	9月1日	「急度申候仍大柿ニ、治部少輔・嶋津・備前中納言・小西攝津守籠居候即取巻可成水責とで、早速令出馬候、自然景勝其口於相働者、眞田伊豆守・本多豊後守・平岩主計頭・牧野右馬允申付候條有談合、其元城堅固可被相抱儀肝要候、為其以飛脚申候、恐々謹言」。 家康、堀丹後守(堀直寄)(越後坂戸城主)(1577～1639)宛に書状を送り、石田三成・島津義弘・宇喜多秀家・小西行長らが美濃の大垣に集結しているので、自分はそちらへ出馬する。会津の上杉景勝が坂戸方面へ侵攻するようなら、真田信幸(後の信之)(上野国沼田城主)(1566～1658)、本多康重(上野国白井城2万石)(1554～1611)、平岩親吉(上野国厩橋城3万3千石)(1542～1612)、牧野康成(上野国大胡城(群馬県前橋市大胡町河原浜)2万石)(1555～1610)に援兵を出すよう命じてあるから、これら諸将と協力して城を堅守するようにと、記す。	8010
	9月1日	西尾吉次、堀直寄宛に書状を送り、万が一、上杉景勝が坂戸口へ動けば真田信幸、平岩親吉、本多康重、牧野康成が加勢するよう、家康が申し付けたことを披露し、家康の江戸出陣を伝える。	8011
	9月1日	「……備前中納言・嶋津・石田治部」。 家康、清須侍従(福島正則)・黒田甲斐守(長政)宛に書状を送り、宇喜多秀家・島津義弘・石田三成らが美濃の大垣に集結している事、陣城を堅く成して家康(の到着を)待つように指示を伝える。	8012
	9月1日	「書状令被見候、大柿ニ石田治部・備前中納言・嶋津・小西就盾籠、先衆被取巻由注進候間、今朔日出馬候、中納言(秀忠)御同道面、其口片時も急御上肝要候、猶本多彌八郎(正信)可申候、恐々謹言」。 家康、江戸出陣にあたって、浅野弾正少弼(浅野長政)(1547～1611)宛に書状を送り、中山道を行く秀忠に同道して急ぎ攻め上るよう命じる。	8013
	9月1日	「……其元陣城を堅被成、我々御待」。 家康、美濃赤坂(岐阜県大垣市赤坂)の清須侍従(福島正則)・吉田侍従(池田輝政)・各衆中宛に書状を送り、自らの出陣を告げ、家康の到着までは動かず、陣地を堅守するよう重ねて命じる。	8014
	9月1日	「**家康、江戸を出陣**」。更に予定を変更した徳川家康(1543～1616)、異父弟の松平康元(関宿城主)(1552？～1603)・家康五男の武田信吉(1583～1603)らに江戸城留守居を命じて、兵3万2千余を率いて江戸を進発、美濃を目指して西上の途に就く。城主が不在の際には、代わって城内を取り仕切る留守居役を命じるのが通例であった。**そして相模神奈川に到着。** その行軍風景は「御忍ひの鉢」であり、旗を絞らせ、旗印も馬印も人目にたたないようにばらばらと先へ遣わしたとされる。公儀から排除されていた家康には石田・毛利連合政権と戦う大義名分がなかったことに由来しており、このことも軍事指揮権の喪失と関係していたと見なすべきだという説がある。	8015
	9月1日	「……今日朔日至神奈川出馬申候、」。家康、清須侍従(福島正則)・吉田侍従(池田輝政)宛にそれぞれ書状を送り、出馬を告げる。	8016
	9月1日	「……今日朔日至神奈川出馬申候、」。 家康、福嶋左衛門大夫(福島正則)・吉田侍従(池田輝政)他五名の東軍諸将宛にそれぞれ書状を送り、出馬を告げる。	8017
	9月1日	「……今日朔日至神奈川出陣候、急」。 家康、藤堂佐渡守(藤堂高虎)・黒田長政・田中吉政・一柳直盛ら東軍諸将宛にそれぞれ書状を送り、軍功を賞し、出陣を告げる。	8018

西暦1600

慶長5	9月2日	「田辺城の戦い7月19日〜9月18日」。 八条宮智仁親王の許へ、主水司より幽斎義について飛札(急用の手紙)。夜に勅使烏丸光宣、案内人日野輝資(てるすけ)・也足軒(中院通勝(なかのいんみちかつ))・富小路秀直とある。(「細川護貞著・細川幽斎」)より。後陽成天皇(1571〜1617)が動く。	8019
	9月2日	大谷吉継に一日遅れで行軍していた京極高次、越前の東野へと至るが、大津城の留守を預かる赤尾伊豆・黒田伊予らから急使が到着、西軍方から城の明け渡しを求められていることを告げた。 ここに高次は西軍と訣別、近江塩津から垂見峠を越えて海津浦へと抜け、船を調達して大津城へと向かう。	8020
	9月2日	前田利長に当たっていた大谷吉継(1559？〜1600)、大垣城駐留の西軍から支援要請を受け、越前敦賀から戻って美濃山中村に向かう。 同行するのは、大谷大学吉勝(吉継の嫡男)・木下頼継(吉継の次男)、脇坂安治(1554〜1626)・安元(1584〜1653)父子、小川祐忠・左馬助(祐滋)父子、朽木元綱(1549〜1632)、赤座直保(吉家)(？〜1606)、平塚為広(？〜1600)、戸田重政(勝成)(1557〜1600))・内記(？〜1600)父子ら兵数9千。脇坂・小川・朽木・赤座の四隊は、関ヶ原本戦において、松尾山に陣する小早川秀秋(1582〜1602)に続いて、東軍に寝返る。	8021
	9月2日	「東濃における関ヶ原の戦い8月12日〜9月25日」。 森長可のために東濃の地を追われ、親徳川家に身を寄せていた小里光明(1536〜1601))・遠山利景(1540〜1612)の連合軍、西軍の岩村城の支城・明知城(岐阜県恵那市明智町)を奪還。	8022
	9月2日	東軍の遠藤慶隆(美濃小原城主)(1550〜1632)ら、郡上八幡城を攻略する。郡上八幡城では、稲葉貞通の三男・通孝(？〜1607)が籠城し奮闘するも降伏という。異説あり。	8023
	9月2日	**徳川秀忠、山村甚兵衛(山村良勝)・千村平右衛門ら宛に書状を送り、木曽谷の警備を厳にせしむ。**	8024
	9月2日	**秀忠率いる東軍中山道隊、軽井沢を経て信濃小諸城に到着。 上田城の真田昌幸に書を発して誘降する。**	8025
	9月2日	**徳川家康、藤沢に到着する。**	8026
	9月2日	「早々鼻おひたゝ敷持給、上下万民」。 藤沢の徳川家康(1543〜1616)、清須侍従(福島正則)(尾張清州城主)(1561〜1624)・吉田侍従(池田輝政)(三河吉田城主)(1565〜1613)宛に書状を送り、岐阜城攻略戦で討ち取った、おびただしい数の鼻が届いたことへのお褒めの言葉で、「上下万民悦び入り候」と記す。	8027
	9月2日	「……今日朔日至神奈川出馬申候、」。 家康、吉田侍従(池田輝政)宛に書状を送り、1日の出馬を告げる。	8028
	9月3日	「態申入候、内府御上之由取沙汰申候、必定ニ候哉、其口ニ貴殿御座候間、一入気遣ニ存候、」。 九州の黒田円清(如水)・吉川広家(1561〜1625)宛に自筆書状を送り、内府(家康)の上方進軍は本当であること、進軍先に広家が居ることを心配する。	8029
	9月3日	豊臣三奉行・増田長盛(大和郡山城主)(1545〜1615)、大津城下に在陣する毛利秀包(ひでかね)ら毛利勢に書を発し、大津の本城域に無理に入れば、留守を守る京極勢と戦闘状態になる恐れがあるので、三の丸に加勢と称して入るよう指示する。	8030

慶長5	9月3日	**脇坂安治らと同心し、大津城へ引き返した京極高次（初の夫）（1563～1609）、西軍に反旗を翻し、籠城戦を開始する。** **そして、籠城し西軍を抑える旨を家康の重臣である井伊直政（1561～1602）に伝える。** [8031]
	9月3日	「田辺城の戦い～9/18」。 八条宮智仁親王の斡旋により細川藤孝（丹後長岡玄旨）、西軍に降ると、義演准后は、日記に記す。 [8032]
	9月3日	「すくニ佐和山表可被押寄候儀、弥其分候哉、様子承度候、此表之儀、一両日中ニ小松表急度可相働覚悟候」。 前田利長（1562～1614）、黒田長政・藤堂高虎宛に書状を送り、美濃表に先手として出陣していること、すでに石田三成方と一戦交えたことを賞し、佐和山押し寄せなどその後の動きについて問い合わせる。そして、自分も再度出陣し、一両日中には小松を攻略するつもりであることを伝える。 しかし、利長は、弟・利政が二度目の出陣に応じなかったため、なかなか出陣することができなかった。 [8033]
	9月3日	西軍の大谷吉継、南越前と近江の戦力を従え、関ヶ原の山中村に布陣する。 [8034]
	9月3日	伊勢長島城を攻囲していた宇喜多秀家（備前国岡山城主）（1572～1655）が、西軍拠点・大垣城に合流。 [8035]
	9月3日	「東濃における関ヶ原の戦い8月12日～9月25日」。 東軍の小里光明・遠山利景の連合軍、岩村城の支城・小里城（岐阜県瑞浪市）を奪還。 [8036]
	9月3日	郡上八幡城の危急を聞いた稲葉貞通（1546～1603）は、犬山城より取って返し、未明、八幡城下に到着。貞通軍の奇襲で、遠藤慶隆らを城外に破り、敗走させ、郡上八幡城に入る。異説あり。 [8037]
	9月3日	「態申入候、然者、大柿城中より苅田ニ罷出候間、稲葉甲斐守貴所為押、うしき村、ほんてん村両所（岐阜県瑞穂市牛牧・本田）ニ御在陣可被成候、不及申候へ共、御精を被出、夜得等被仰付尤候、恐々謹言」。 羽左衛門太夫正則（福島正則）・羽三左衛門（池田照政（輝政））・本多中書（本多忠勝）・井伊直政、連署して、加藤左衛門尉（加藤貞泰）・稲葉甲斐守（稲葉通重）宛に書状を送り、大垣城中より刈田に出てきたので稲葉通重が牛牧村・本田村両所に在陣するよう伝え、夜討ちを命じるよう指示する。 [8038]
	9月3日	**秀忠は随従した譜代の諸将や信濃大名と軍議を開き、二度にわたり使者を送って真田昌幸に降伏を勧告した。その時昌幸は時間稼ぎのため、その説得に応じる素振りを見せた。** 当時の秀忠の宿舎となったのが小諸城内五軒町にあった海応院（現在は小諸市）。 [8039]
	9月3日	上田城主真田昌幸（1547～1611）に、帰順勧告の使者が来るが、昌幸、降伏のそぶりなど、のらりくらりと一両日の猶予を交渉。 秀忠（1579～1632）は、真田信幸（後の信之）（1566～1658）と本多忠政（忠勝の嫡子）（1575～1631）を使者として送り、信濃国分寺で会見させたともいう。 [8040]

西暦**1600**

慶長5	9月3日	「真田表為仕置、令出陣付而、御見舞之御使札令祝著候、仍去廿五日、義宣御帰陣由尤存知候、然者、貴所于今御在陣由、御苦労察入候、就中真田安房守事、即可申付と存、彼居城近辺ニ押詰候処、身命可相助之旨、真田伊豆守を以、種々懇望申ニ付而、赦免候、猶大久保相模守・本田(多)佐渡守可申候、恐々謹言、」。 江戸中納言(徳川秀忠)(1579〜1632)、常陸国の芦名(葦名)平四郎(盛重、義広)(1575〜1631)宛に返書を送り、上田城主真田昌幸が赦免を請うたことを報ず。 水戸城の佐竹義宣(1570〜1633)は、上田城に拠る真田昌幸を攻撃していた徳川秀忠への援軍として、佐竹義久(東義久)(1554〜1601)に率いさせた300騎を送った。葦名平四郎は、佐竹義宣の弟。	8041
	9月3日	**徳川家康、小田原に到着。**	8042
	9月3日	「**両通之書状令披見候、然者前廉首尾無相違忠節之条、感悦之至ニ候、今日三日、至小田原令出馬候、急速其表可為著陣候、弥其元可被入精儀肝要候、恐々謹言**」。 小田原の徳川家康(1543〜1616)、加藤左衛門尉(加藤貞泰、美濃黒野城主)(1580〜1623)・竹中丹後守(竹中重門(半兵衛の子))、美濃菩提山城主)(1573〜1631)宛に返書状を記し両人の使者に渡し、犬山城明け渡しにおける忠節を賞し、自身が小田原に到着したことを伝え、今後の活躍について激励する。	8043
	9月3日	「……**今日三日小田原迄令出張候**、」。家康、美濃国在陣の徳永法印(徳永寿昌)(1549〜1612)宛に書状を送り、小田原到着を告げる。	8044
	9月3日	「……**今度於濃州表各被仰談、岐阜**」。家康、伊那侍従(京極高知)(信濃飯田城主)(1572〜1622)宛に書状を送り、美濃の戦況を伝える。京極高知は、福島正則等と、美濃岐阜城を攻めて之を陥る、是日、家康、高知の功を賞し、面談すると記す。	8045
	9月3日	浅野長政、諏訪へ向けて甲府を発する。	8046
	9月3日	「上杉景勝、伊達政宗からの和議の申し入れを了承する」。 上杉景勝(1556〜1623)、軍法33ヶ条を出す。景勝は、伊達政宗(1567〜1636)からの話し合いの申し入れを了承する。政宗は、徳川家康の西進「家康の大旋回」により上杉の鉾先が最上から、更に伊達に向けられることを恐れた。いや、上方の情勢を家康から知らされた政宗は、景勝との和睦を画策した。直江兼続は保留する。	8047
	9月3日	上杉景勝、最上義光(出羽山形城主)(1546〜1614)に対し9月7日までに米沢城に出向くように促す。義光はこれに応じる様子を全く見せず。	8048
	9月3日	会津から戻った直江兼続(1560〜1619)、米沢城で、最上義光(山形城主)攻めの軍議を行う。米沢城の留守を守る兼続の父樋口兼豊(?〜1602)から、義光が秋田実季(1576〜1660)らと共に、志駄義秀(1560〜1632)の守る酒田城を攻めようとしていることを報じてきた。	8049
	9月4日	大津城の京極高次、早朝、城に兵を集め兵糧を運び込み、藍原助右衛門に命じて、関寺の門を固めて往来の通行をふさがせる。	8050
	9月4日	この日、稲葉貞通(郡上八幡城主)(1546〜1603)と遠藤慶隆(美濃小原城主)(1550〜1632)の間に和議が成立し、両者とも「関ヶ原の戦い」に、東軍として参戦することになる。	8051
	9月4日	この日、西軍の熊谷直盛(豊後国安岐城主)・垣見一直(豊後国豊来城主)らは、近江国瀬田から大垣城に着いたという。	8052
	9月4日	「岐阜城即時乗取、并為加勢石田治部少輔人数すいりやう寺山ニ籠置候処、柏原を始悉被討果候由、御手柄之段、」。 江戸中納言(徳川秀忠)、浅野幸長宛に書状を送り、そのお手柄を賞す。	8053

慶長5	9月4日	「御状令披見候、仍而真田安房守事、頭をそり罷出、可降参之旨、真田伊豆守を以、種々詫言申候間、命之儀可相助与存、昨日以吏(使)者入候處、至今日存分にて申候間、不能赦免候、然間、急度相働之条、其御心得尤候、恐々謹言」 (昌幸が剃髪して降参したいと信幸(信之)を通じて泣きついてきたので、命だけは助けてやろうと、三日に使者を遣わしたところ、四日になって勝手な事を言いだしたため許すことはできない)。 この日の交渉では、昌幸はそれまでの態度をがらっと変え、無血開城を拒絶した。 この日、江戸中納言(秀忠)が上田領に隣接する川中島の待城(長野市松代町松代)主・羽柴右近(森忠政)宛に返書状を送り、真田の状況を伝える。	8054
	9月4日	徳川秀忠、上田城に再度使者を派遣するも、真田昌幸は恭順を拒否する。時間稼ぎであることを知った秀忠、上田城攻撃を命令。	8055
	9月4日	徳川家康、小田原から箱根を越えて伊豆三島に到着する。	8056
	9月4日	「追而古織かたへ之書状得其意候、已上　両人かたへ之御状令披見候、仍今度不慮之儀、無是非仕合共候処、日来之誼好味思召可有忠節由満足候、委細田中可申候条令省略候、恐々謹言」。 三島の徳川家康(1543~1616)、井伊直政・本多忠勝の両人宛の石川備前守(石川貞清(光吉))(?~1626)の書状を披見し、石川備前守宛に書状を送り、この度の「不慮之儀」は、やむを得ないなりゆきであったが、日頃の誼を思って(家康へ)忠節を行ったことに満足している、と伝える。	8057
	9月4日	「石川備前殿より之御状、併貴所御文、何茂ініれ入御披見候、」。本多正純(1565~1637)、田中清六(正長)(?~1614)宛に書状を送り、犬山開城の幹旋を労う。 「豪商代官」田中清六は、豊臣氏に代わり徳川家康が中央権力を掌握すると徳川氏との関係を深め、関ヶ原の戦いに先立ち諸大名への交渉の使者となった。	8058
	9月5日	毛利輝元、大津城請け取りのため軍勢を派遣。	8059
	9月5日	稲葉貞通(郡上八幡城主)と和睦し、後顧の憂いの無くなった遠藤慶隆(美濃小原城主)、軍を返し、同族胤直の籠もる東美濃の上ヶ根砦を落とす。 慶隆は、犬山等の近況を知らせ東軍に降ることを論じた。胤直はこれに従った。	8060
	9月5日	「今度於濃州表、各被及一戦、敵悉被討捕、岐阜之城取詰、」。 徳川秀忠、本多中務少輔(忠勝)宛に書状を送り、軍功を賞し、真田表の仕置きの為に出陣、隙明け次第に上洛すると伝える。	8061
	9月5日	「被入御年、大久保相模守・本多佐渡守所迄御状披見申候、」。 徳川秀忠、浅野弾正少弼(長政)宛に返書を送り、真田表の仕置の為に出陣、隙明け次第に上洛すると伝える。	8062
	9月5日	徳川秀忠、黒田長政宛に書状を送り、岐阜城乗り崩しを賞し、上方軍が大垣城に立て籠もった事を伝える。そして自分は真田表の仕置の為に出陣、隙明け次第に上洛すると伝える。	8063
	9月5日	「第二次上田合戦―5日~9日」、はじまる。 徳川秀忠(1579~1632)、小諸城を出陣し、上田城の真田昌幸(1547~1611)を攻めるため染谷に布陣する。秀忠勢は近辺の民家に分散して宿営していたが、榊原康政(1548~1606)は「真田は軍謀老練、早速今夜にも夜討ちを仕掛けるかもしれず、油断なきように」と進言、諸将は野陣を張り篝火を焚き警戒を強めた。実際、真田信繁(幸村)が夜討ちを仕掛けようとしていたが、警戒が厳重なので引き返したという。	8064

西暦1600

慶長5	9月5日	「第二次上田合戦」。朝、戸石城（伊勢山城）（長野県上田市上野）にいた真田の軍兵が、城を棄てて逃げ去る。真田信幸（後の信之）（1566〜1658）は、弟信繁（幸村）（1567？〜1615）の守備する戸石城を占拠。 信幸は弟・信繁が防衛する戸石城の攻略を命じられたが、真田兵同士の消耗を避ける為、開城請求の使者を派遣、信繁（幸村）も兄の意を汲み開城に応じ上田城へ退却したという。また、父真田昌幸は、信繁（幸村）に「兄に花を持たせ、負けたふりをせい。そうすれば、信幸が徳川方の功になろう。」と言ってあったという。	8065
	9月5日	**徳川家康、駿河清見寺に到着。**	8066
	9月5日	**「切々被入念書状祝着之至候、殊犬山之儀其方以才覚早々相済候事令満足候、将又先手へ参陣候由尤候、今日至于清見寺令着馬候之間、頓而其表可着陣、猶期其節候、恐々謹言」。** 徳川家康、加藤左衛門尉（加藤貞泰）（美濃黒野城（岐阜市黒野）主）（1580〜1623）宛に書状を送り、貞泰の才覚により犬山開城が早まったと満足していると記す。	8067
	9月6日	京極高次の裏切りは、西軍の立花宗茂（1567〜1643）により大坂へと伝えられ、末次（毛利）元康（西軍総大将毛利輝元の叔父、元就の八男）（1560〜1601）、京極高次の大津城攻略の為、大坂を出陣する。	8068
	9月6日	大坂勢、醍醐に駐屯する。と、義演准后は記す。	8069
	9月6日	**「第二次上田合戦」。**秀忠の軍兵が城外の稲を刈るなど挑発する。真田昌幸父子が4、50騎ばかりで物見に出ていたのを見て、秀忠は、依田肥前守の鉄砲隊に攻撃させた。昌幸らは何喰わぬ顔で引き返す。 その後、城外の神川辺りに小さな要害があり、伏兵を置いているのではないかと牧野忠成勢が調べたところ、案の定、伏兵が急に現れて襲いかかってきた。牧野隊が戦うのを見た大久保忠隣・本多忠政隊も横合いから攻め掛る。兵数に勝る秀忠勢は、勢いに乗じて真田勢を城際まで追い詰めた、と見た瞬間、門を開いて真田信繁（幸村）が突撃してきた。 同時に、城の北側、太郎山（上田市）方面から鬨の声が上がり、悪鬼の形相で槍先を揃えて突進する集団が迫って来た。厳しく軍役に駆り出されてきた百姓町人の兵団であった。彼等は、「敵の首ひとつに知行百石宛」という、身を立てる絶好の機会であれば、命を賭して突撃した。恐怖する寄せ手が混乱したところへ、昌幸が80騎を率いて出撃、秀忠勢を散々に蹴散らし、速やかに帰城した。 **秀忠勢は、ものの見事に「軍謀老練」の真田の術中にはまり惨敗した。**	8070
	9月6日	**徳川家康、駿河島田に到着。**	8071
	9月6日	**「其元被入御念儀難申尽候、殊ニ先書如申入、岐阜之城早速被乗崩候事、御手柄無申計候、我等今日嶋田ニ罷着候、中納言定而十日時分ニは其元迄可参と存候、猶期面談之節万事可申承候、恐々謹言」。** 島田の徳川家康、清須侍従（福島正則、尾張清州城主）宛に書状を送り、岐阜城乗り崩しを賞し、徳川秀忠が10日前後に美濃に到着するだろうと伝え、面談すると記す。しかし、当の秀忠は上田城攻撃2日目で、多数の戦死者を出していた。	8072
	9月6日	**「……仍而羽佐太江書状、最前も取」。** 徳川家康（1543〜1616）、在美濃の小笠原兵部大輔（秀政）（下総古河3万石）（1569〜1615）・同豊後守宛に返書状を送り、徳川秀忠との連絡を命じる。 小笠原貞慶の子・小笠原秀政正室は、松平信康（家康嫡男）の娘・登久姫（峯高院）。	8073

慶長5	9月7日	「拙之女房共今月朔日、熊本二至而召寄候」。 肥後国熊本城主加藤清正、家康の臣本多正信(1538〜1616)・西尾吉次宛に書状を送り、大坂の人質妻が9月1日に熊本に着いた事を知らせ、徳川家康の尾張国清須への到着に対応して行動することを伝える。	8074
	9月7日	小松城(石川県小松市丸の内町)の丹羽長重、江口三郎右衛門に命じて、東軍の前田利長(加賀金沢城主)方に、和議の申し入れをする。	8075
	9月7日	近衛信尹(1565〜1614)、西洞院時慶(1552〜1640)に、徳川方と大坂方との扱いにつき申し談ず。9日も。二人は、御所周辺が不穏な状態になることを危惧したのか。 『時慶卿記』は、「金吾」(小早川秀秋)の裏切りや、大谷吉継の討死等、関ヶ原の戦いについての詳細が書かれた。	8076
	9月7日	**「大津城の戦い7日〜15日」、はじまる。** 逢坂関に進出した末次(毛利)元康、弟の小早川秀包、立花宗茂、筑紫広門らが大津城を包囲する。京極高次の寝返りを聞きつけた淀殿(茶々)(1569〜1615)は、孝蔵主(?〜1626)らを大津の高次夫人(初)(1570〜1633)のもとに派遣、高野山の木食応其(1536〜1608)と共に、高次の東軍加担を思いとどまらせようとする。淀殿使者は大津城の初に会って高次の翻意を促すが、彼女はどうしようもないと答えたため高次に面会を求める。しかし彼はこれを追い払って大坂へ返してしまう。 毛利輝元や増田長盛からも説得の使者が派遣されるが、高次の意志は固く、ついに物別れとなる。	8077
	9月7日	鍋島勝茂(1580〜1657)は、父直茂(1538〜1618)からの急使で東軍への攻撃を中止するよう指示を受け、長島城の抑えとして進軍を止め、滞陣する。 鍋島勝茂は西軍に与し、伏見攻めに参加した後、伊勢国安濃津城攻めに参加するなど、西軍主力の一人として行動した。しかし父・直茂の急使により、すぐに東軍に寝返り戦線を離脱する。	8078
	9月7日	毛利秀元・宇喜多秀家らの各隊と連合し、伊勢方面に展開する予定であった小早川秀秋(1582〜1602)、転身し近江国高宮(滋賀県彦根市高宮町)に到着(13日まで留まる)。	8079
	9月7日	伊勢方面にあった西軍の毛利秀元、吉川広家、安国寺恵瓊、長束正家、長宗我部盛親らが、養老から関ヶ原東南6kmほど離れた南宮山周辺に布陣。 秀元が山頂付近、広家がその前を遮るように布陣し、安国寺恵瓊、長曽我部盛親、長束正家の軍を見下ろす形となる。	8080
	9月7日	「……去三日大津江被打返、手切之可有行由」。 この日、徳川家康が遠江中泉(静岡県磐田市中泉御殿)に到着し、大津城の大津宰相(京極高次)宛に書を送り、大津城に帰った事を了解し、自身と子秀忠の計画を伝え、支援を約束する。そして、使者が詳しいことを伝える旨を付記する。 同月3日の京極高次の大津城籠城は、京極高知(高次の弟)(信濃飯田城主)(1572〜1622)や井伊直政(家康家臣)を介して家康に伝えられた。	8081
	9月7日	「……濃州大柿城へ備前中納言・島」。「……大津宰相以日来好味、此方と」。 徳川家康(1543〜1616)、大崎少将(伊達政宗、陸奥岩手沢城主)(1567〜1636)宛に書状二通を送り、宇喜多秀家・島津義弘・石田三成らを大垣城に「追籠」したことと、9月4日京極高次の大津籠城開戦を伝える。そして、最上義光(出羽山形城主)にも報じるよう命じる。また、結城秀康と相談して上杉に備えるよう指示する。	8082

西暦1600

慶長5	9月7日	「永井右近所へ之書状令披見候、仍度犬山被相籠候処ニ、依井伊兵部少輔申被明渡、為長島加勢被罷移由尤候、委細右近大夫可申候、恐々謹言」。 家康、稲葉右京亮(稲葉貞通)(1546〜1603)宛に書状を送り、永井右近(永井直勝)に届いた貞通書状を披見した、犬山城の明け渡し、長島城(城主福島高晴)への加勢のために(長島城へ)移ったことを了承した、と伝える。貞通は関ヶ原の戦いでは、当初は西軍に属して尾張国犬山城を守備したが、後に東軍に寝返りをした。	8083
	9月7日	「……一備前中納言・島津兵庫・石田」。 家康、最上侍従(最上義光)(1546〜1614)宛に書(第六報)を送り、宇喜多秀家・島津義弘・石田三成らを大垣城に「追籠」したこと、通路を切り陣取りをしている事、京極高次の大津帰城開戦を報じ、「其口、伊達政宗と相談し、油断無き行等、分別尤に候」と記す。	8084
	9月7日	「……仍鳥羽城才覚依不成、志摩国……」。 家康、九鬼長門守(九鬼守隆)(1573〜1632)宛に書状を送る。関ヶ原の戦いが起こると、父嘉隆(1542〜1600)は西軍に与し、守隆は東軍に与し、会津に従軍した。これはどちらが敗れても家名を存続させるための嘉隆の戦略だったという。父嘉隆は、家督を継いだ守隆が徳川家康に従って会津征伐に赴いている間に、堀内氏善らと共に守備が手薄になっていた鳥羽城を奪取。伊勢湾の海上封鎖を行い、8月24日の安濃津城の戦いの勝利した。	8085
	9月7日	「……西国船其表江廻候之処、三艘被乗……」。家康、九鬼長門守宛に書を送り、鳥羽湾沖で船が九鬼軍に乗っ取られた事などを伝える。	8086
	9月7日	「……九鬼出城へ相働、即時乗崩、」。家康、稲葉蔵人(稲葉道通)(伊勢岩出城主)(1570〜1608)宛に書を送り、西軍九鬼嘉隆の出城攻略を褒め、面談すると伝える。	8087
	9月7日	「第二次上田合戦」。小県郡から小諸城に退却した徳川秀忠、同母弟松平下野守(松平忠吉、家康の四男)に付く、井伊兵部少輔(直政)(1561〜1602)と本多中務少輔(忠勝)(1548〜1610)宛に書を送り、真田氏への処置を講じた後の上洛を報じる。	8088
	9月7日	上杉景勝(1556〜1623)、明朝の最上討伐出陣を決定。	8089
	9月8日	「大津城の戦い7日〜15日」。 高台院付きの筆頭上臈・孝蔵主、講和を成せず、大津より一時帰京。毛利元康(元就の八男)・立花宗茂(筑後柳川城主)ら西軍による大津城攻撃がはじまる。	8090
	9月8日	8月26日に佐和山城に帰った石田三成、大垣城に戻る。	8091
	9月8日	徳川家康、遠江白須賀(静岡県湖西市白須賀)に到着する。 この日、小早川秀秋(1582〜1602)の使者、家康の宿所に至る。小早川秀秋家臣 稲葉正成・平岡頼勝の計らいにより使者を関東へ送り、黒田長政、山岡道阿弥、岡野(板部岡)江雪斎へ頼み、家康へ上方の様子を伝える。	8092
	9月8日	「三枝源三罷歸(帰)、其者之様子承令満足候、然者濃州一篇申付、大柿城ニ備前中納言・石田治部・嶋津・小西以下取籠置候得者、為後詰敵罷出候所をくい留置候由申来付而、為可討果以夜次日罷上候、殊大津宰相も罷歸、色を立候、其許早々御手合之義尤存候、為其申入候、恐々謹言、」。 家康、加賀中納言(前田利長)(加賀金沢城主)(1562〜1614)宛に書状を送り、家臣の三枝源三が家康の下に帰り、加賀の様子を聞いて満足との意を伝え、また美濃大柿城に宇喜多秀家・石田三成・嶋津義弘・小西行長以下を閉じ込めるよう命じ、自らは夜を次ぎ、昼を次いで西上している事と京極高次の大津城籠城を告げ、速やかに美濃表に南下出陣するよう命じる。	8093

慶長5	9月8日	「……仍其表高山之城、明申付而、」。 家康、美濃妻木城（岐阜県土岐市妻木町本郷）の妻木雅楽助（妻木家頼）(1565～1623)宛に書状を送り、高山城が空いて人数を入れ置いたことを了承する。 妻木家頼（頼忠）は、父と共に西軍の美濃岩村城主田丸直昌と戦い、功を立てる。	8094
	9月8日	「第二次上田合戦5日～9日」。この日も、信州上田城外で激戦。	8095
	9月8日	江戸中納言（秀忠）、羽柴右近（森忠政、信濃待城主）(1570～1634)宛書状で、「**態以使者申入候、仍従内府急可令上洛由被申越候間、先々明日小諸迄罷越候、其表萬時無油断様、**」（内府様より急ぎ上洛するよう申し越された。小諸に兵を引こうと思う。また、忠政に境目堅固すべきことを命ず）。 秀忠は、配下の部将からも「上田如き小塁に時日を移しては益無きに似たり、上方の敵こそ最務なれ、詮ずる所、三成だに滅亡に及ばば、昌幸が如きは飛札にても埒明く可し」と諫言される。秀忠は、別状で榊原康政の派遣も告げる。	8096
	9月8日	越後の堀秀家（後の親良）(1580～1637)は、上杉景勝の将の斎藤利実・柿崎景則らの一揆を、越後下田郷（新潟県三条市下田地区）に攻め壊滅させる。	8097
	9月8日	**もう一つの関ヶ原といわれる「慶長出羽合戦（最上の役）―9月8日～10月4日」はじまる。**家康西上で、上杉景勝（会津若松城主）(1556～1623)は、最上義光（出羽山形主）(1546～1614)討伐を決し、重臣・直江兼続(1560～1619)、前田慶次郎（利益(1533？～1605)）ら、2万4千兵を率いて、米沢城（山形県米沢市丸の内）を出陣。	8098
	9月9日	西笑承兌(1548～1608)、在京都、於近衛邸天下無事の談合（『時慶卿記』）。近衛信尹（前左大臣）(1565～1614)邸に、西洞院時慶(1552～1640)らと、談合したようだ。	8099
	9月9日	「大津城の戦い7日～15日」。大津城攻め続く。京都の町民たちは、重箱を提げ、水筒を持ち、大津城とは目と鼻の距離にある三井寺観音堂で日夜見物する。	8100
	9月9日	**徳川家康、三河岡崎に到着する。** 美濃妻木城主の妻木玄蕃家頼（頼忠）は、ここで家康にお目見えしたとされる。	8101
	9月9日	「……其許敵程近之儀、万事無油断……」。 家康、伊勢国長島城1万石の福島掃部頭（福島高晴、正則の弟）(1573～1633)宛に書状を送り、敵も近在に多くおり油断なきよう伝え、三河国岡崎に到着した事、一両日中に大垣表へ出陣する予定であると告げる。	8102
	9月9日	「大津之儀被仰越候、早々御手合祝……」。 家康、伊那侍従（京極高知）(1572～1622)宛に書状を送り、大津城が手合わせなったと伝える。戦争真っ最中である。	8103
	9月9日	**「第二次上田合戦―5日～9日」終結。** **真田昌幸に翻弄された徳川秀忠、小諸に撤退する。**	8104
	9月9日	「第二次上田合戦5日～9日」。徳川家康からの使者、大久保忠益(1547～1617)が、大雨による利根川の川止めに遭って進めず、ようやく、小諸に到着する。家康の9月10日頃、秀忠率いる軍の東軍本体の美濃に合流との命令は、不可能となる。	8105
	9月9日	**秀忠、福島正則他五名宛に書状を送り、岐阜城攻め落としを賞し、「上方鉾楯」のため上洛を知らせる。**	8106
	9月9日	**秀忠、伊井直政・本多忠勝宛に返書を送り、京極高知は赤坂に到着したのでこちらの作戦に参加することは延引するとのことは了解した事、こちらは真田表の仕置を行った後に、近日中に上方へ向かうこととすると記す。**	8107
	9月9日	「慶長出羽合戦9月8日～10月4日」。 上杉家の執政・直江兼続(1560～1619)、米沢と庄内の二方面から最上領に侵攻。	8108

慶長5	9月10日	「**家康、熱田着陣**」。徳川家康(1543～1616)、尾張熱田(名古屋市熱田区)に到着。熱田の浜辺から5～6町ほどの距離に、西軍に与した九鬼嘉隆の大船一艘が見え、西の海辺4～5ヶ所には九鬼船による放火の煙が立ち上る。	8109
	9月10日	**家康、藤堂高虎(伊予板島城主)(1556～1630)宛に書状を送り、尾張熱田到着を告げ、11日、尾張一宮に進むことを伝える。**	8110
	9月10日	**徳川秀忠(1579～1632)、上田城攻めを中止し、押さえに仙石秀久(信濃小諸城主)(1552～1614)と、森忠政(信濃待城主)(1570～1634)らを残して小諸を発ち、西上を開始、急ぎ美濃関ヶ原に向かう。日は異説あり。** 天正14年(1586)の「九州の役」で、改易された仙石秀久は、天正18年(1590)の「小田原の役」で功を上げ、信濃小諸に5万石を得て、大名として復帰した。文禄1年(1592)には、秀吉の命令で朝鮮出兵が始まると、肥前名護屋城の築城工事で功績を挙げ、それにより従五位下・越前守に叙任された。	8111
	9月10日	「**慶長出羽合戦9月8日～10月4日**」。この頃、酒田城(山形県酒田市亀ヶ崎)に居を構える上杉軍の志駄義秀・下吉忠(尾浦城主)(?～1614)の3千の兵が最上義光(出羽山形城主)攻撃のために山形方面に進軍を開始する。	8112
	9月11日	「急度致言上候、今度無二御奉公申上、心底立御耳、御判頂戴之儀、……将又大坂より我等女房共仕合能召下候条、御心安可被思召候、」。 九州の加藤清正、家康家臣本多正信・西尾吉次ら宛に書状を送り、家康の応えを受け、味方する事を伝える。	8113
	9月11日	「**大津城の戦い7日～15日**」。大津城の京極高次家臣の高宮半四郎・山田大炊・赤尾伊豆らは、寄せ手に夜襲をかけ戦果を得る。	8114
	9月11日	「**家康、清州城着陣**」。徳川家康、尾張一宮で迎えの藤堂高虎(伊予板島城主)と会い、尾張清州城(愛知県清須市一場)に入る。	8115
	9月11日	**家康が清洲城に到着して秀忠の遅滞を知る。**中山道を進み美濃国で合流する手筈となっていた秀忠の部隊が、未だ信州に滞留している事が判明した。 夜に藤堂高虎が美濃赤坂から、再び来訪し、密議に及んだ他、本多忠勝(1548～1610)、井伊直政(1561～1602)も呼び寄せて、開戦等協議する。井伊直政は秀忠軍の到着を待たず決戦を提案、本多忠勝は秀忠軍を待つべきと提案した。	8116
	9月11日	「……殊やなか嶋へ押籠放火、首四」。 家康、伊勢国長島1万石の福島掃部頭(福島高晴、正則の弟)(1573～1633)宛に書状を送り、軍功を賞す。高晴は、兄と共に東軍に与して会津征伐に従軍し、西軍が挙兵すると本国に戻って西軍に与した氏家行広(桑名城主)を攻めた。	8117
	9月11日	「**在陣為届祈念之守札并五明・墨到**」。家康、上野国極楽院宛に「関ヶ原の戦いの戦勝祈願」の守札の持参したことに対し黒印状を賜う。	8118
	9月11日	「**此表仕置申付候処、大柿之城ニ、石田治部少輔・備前中納言・島津(義弘)・小西已下、楯籠候処、先手之衆取巻候、早速可罷由、自内府被申越ニ付、急令上洛候、**」。 江戸中納言(秀忠)、安房侍従(里見義康)御宿所宛に書状を送り、石田三成・宇喜多・小西・島津らを大垣城に「追籠」したことを報じ、家康の命で急ぎ上洛を告げ、長々の宇都宮在陣を労う。	8119
	9月11日	「**従内府之書状并御懇礼令披見候、然者、今度貴所も我等与被仰合可有上洛之由、**」。 江戸中納言(徳川秀忠)(1579～1632)、羽柴右近(森忠政、信濃待城主)(1570～1634)宛に返書を送り、**美濃参陣を促す。**尋いで翌日、秀忠、忠政をして、家康の命に従ひ、領界の仕置を待つて参陣すべきを告ぐ。	8120

慶長5	9月11日	「今度罷上ニ付而、貴所有御上度候由、本多佐渡守（正信）所迄被仰越候、然共其表肝要候之間、先々御延引可然存候、よき時分御左右可申入候間、其節御上洛尤候、恐々謹言、」。 江戸中納言秀忠、正木弥九郎（正木時茂）（里見氏家臣）宛に返書を送り、その地域を守備することが肝要であり、出陣を延期するよう指示する。	8121
	9月11日	「慶長出羽合戦9月8日〜10月4日」。 直江兼続、米沢を発し、最上義光（1546〜1614）を攻める。	8122
	9月12日	「大津城の戦い7日〜15日」。 末次（毛利）元康・立花宗茂らの西軍が、大津城の堀を埋める。	8123
	9月12日	「田辺城の戦い7月19日〜9月18日」。両軍和議の勅使として、三条西大納言実条（1575〜1640）・中院中納言通勝（1556〜1610）・烏丸中将光廣（1579〜1638）が前田主繕正茂勝（玄以の子）（1582〜1621）を召し連れて田辺へ下向。三度目の和議である。この前に前田主繕正をもって和議の扱いがあったが、幽斎はこれを受け付けなかったと（「細川護貞著・細川幽斎」）にある。 このときの勅諚は「幽斎玄旨（藤孝）は文武の達人にて、ことに古今伝授を伝えられた神道歌道の国師である。もし幽斎が落命することになれば、世にこれを伝える者が途絶えてしまう」という内容のもので、幽斎も再三に亘る勅諚ということもあってさすがに黙視しがたく、これに応じることになる。その条件は、城は西軍方に渡さずに前田茂勝に渡し、幽斎自身は茂勝の居城である丹波国亀山城（京都府亀岡市荒塚町周辺）に入る、というものであった。	8124
	9月12日	前田利長（1562〜1614）、家康の要請に応え、金沢を再び出陣。	8125
	9月12日	吉川広家、その臣祖式長好・佐九（山縣春佳）宛に書状を送り、8月25日に安濃津城を落城させ、毛利秀元と安国寺恵瓊と共に、同年9月7日に南宮山（岐阜県垂井町）に着陣した事、徳川家康が尾張国犬山から進軍していることを知らせ、伯耆国米子城の普請について万事抜かりないようにと山縣春佳と連名で伝える。	8126
	9月12日	「……さりとてハ有問敷儀ながら是も妻子気遣無之故と下々申候、爰元諸侍申され候も敵方之妻子五三人も成敗候ハ、心中替可申と申事二候、爰許承候通申入候、御分別二不過候事」。石田三成、大和郡山城主増田長盛宛に書状を送り、犬山開城は人質の処刑が無かったためとの噂を伝え、敵方の諸将の人質を十五人も処刑すれば、東軍諸将の気持ちも変わると、強い姿勢を求める。	8127
	9月12日	**家康が風邪を理由に清洲城に滞在。家康は、井伊直政と藤堂高虎と軍議して、秀忠を待たずに大垣進出を決定する。**	8128
	9月12日	**村越直吉・今井宗薫、伊達政宗宛に書状を送り、家康が清須へ到着したことを伝える。** 手紙は9月29日に届き、伊達政宗が返信を送る。	8129
	9月12日	**朝、徳川秀忠、家康の命に従い、上田領に隣接する川中島の待城（長野市松代町松代）主・羽柴右近（森忠政）（1570〜1634）宛に書状を送り、領界の仕置を待って参陣すべき事を告げ、自分の上洛を知らせる。**	8130
	9月12日	**秀忠、小諸を発つ。**	8131
	9月12日	「慶長出羽合戦9月8日〜10月4日」。上杉家老臣・直江兼続、長井白鷹から進軍し、最上軍の最前線基地・畑谷城（山形県東村山郡山辺町）を包囲する。上杉景勝、最上義光の密約違反に激怒し、兼続に攻めることを指示。	8132
	9月13日	「大津城の戦い7日〜15日」。長等山（ながらやま）からの大砲が城内に撃ち込まれ、大津城の三の丸に続き、二の丸までが西軍に攻略される。	8133

西暦1600

慶長5	9月13日	「田辺城の戦い7月19日〜9月18日―幽斎、田辺城開城を決意」。 八条宮が兄・後陽成天皇に奏請したことにより勅使三条西実条、中院通勝、烏丸光広が丹後田辺城に派遣され、開城講話を促す。 細川幽斎(1534〜1610)、これに応じる。	8134
	9月13日	島津惟新(義弘)(1535〜1619)の陣に、三々五々薩摩から人数が駆けつけてくる。 一番に駆けつけてきた義弘の家老の阿多(長寿院)盛惇(1548？〜1600)は、石田三成(1560〜1600)と懇意であったため、三成も喜んで使者を遣わして盛惇に軍配と団扇を贈ったという。	8135
	9月13日	「家康、岐阜城着」。家康、本隊、徳川衆と共に尾張清須を発し、先鋒軍が落した岐阜城に入り、先鋒の諸将が来謁する。**家康、その日の夜のうちに馬印・旗・幟と銃隊・使番などを密かに赤坂**(岐阜県大垣市)**へ向かわせる。**	8136
	9月13日	「御懇礼委細令得其意候、加賀中納言と御同意可被成之由満足候、断此中越候間、早々御入魂被成、越前表へ御手合尤候、今日十三日岐阜へ着陣申候、頓而兇徒等可討果候間、可被御心安候、恐々謹言」。 家康、加賀小松宰相の小松宰相(丹羽長重)(1571〜1637)宛に返書を送り、家康は、同意を満足とし、早々に「入魂前田利長(加賀金沢城主)との和議を勧め、今日十三日に家康自身は岐阜に到着したことを知らせる。	8137
	9月13日	「急度申候、自小松宰相(丹羽長重)方書状差越候之間、為御披見中納言殿(前田利長)へ進候、此節有御入魂、先々はかゆき候様ニ尤候、青木紀伊守(青木一矩)も内々申越旨候之間、何様ニも中納言殿可有談合旨申遣候之間、其方被致才覚、御入魂候而、早々越前表御手合之事肝要候、今日十三日至岐阜着陣候、近日凶徒等可討果条、可心安候、恐々謹言、」。 家康、土方勘兵衛(土方雄久)(前田利長の従兄弟)(1553〜1608)宛に書状を送り、丹羽長重から書状が来たので、「御披見」のために中納言殿(前田利長)(1562〜1614)にその書状を送る、この節のことであるので、「御入魂」あるように先々はかゆくことが適当と思う、越前北庄の青木一矩も内々に家康に申し入れてきているので、どのようにも中納言殿と談合するようにと申し遣わすので、その方が才覚して、御入魂」を成立させ、早々に越前表で「手合」をすることが肝要であると指示する。	8138
	9月13日	「書状到来悦喜之至候、彌其表無相替候由珍重候、彌無油断相守可申候、当表之儀今十三日至而岐阜着陣、早速凶徒等打果吉左右可申遣候、恐々謹言」。 家康、大田原備前守宛に岐阜着陣の返書を送り、西軍打破への決意を述べる。 これより先、大田原城の大田原晴清(1567〜1631)は使者を送り、家康の陣中の起居を見舞った。	8139
	9月13日	「……仍此表之儀、度々如申今以同……」。 家康、越後国古志郡の城和泉守・同織部丞宛に書状を送る。 城和泉守は、昌茂(1552〜1626)、織部丞は、昌茂の子・信茂(？〜1639)か。	8140
	9月13日	浅野長吉(長政)、諏訪で徳川秀忠を待つ。	8141
	9月13日	徳川秀忠、下諏訪に到着する。	8142
	9月13日	徳川秀忠、遠藤慶隆宛に書状を送り、慶隆が金森可重と相談し9月1日に郡上へ出陣し、稲葉貞通の八幡城を攻め、外輪を押し破り敵を多数捕らえた事を了承する。さらに軍功を賞す。	8143

慶長5	9月13日	「慶長出羽合戦9月8日～10月4日」。 上杉方の直江兼続(1560～1619)、色部修理亮光長(金山城主)(1587～1640)を先手とし、最上家の畑谷城(山形県東村山郡山辺町畑谷)攻撃し、城将の江口五兵衛(光清)を殺害。首5百を獲て城を落とす。さらに援軍に駆けつけた最上勢の飯田播磨守・谷柏相模守らを攻撃して退却させ、引き続き山野辺・長崎・谷内・寒河江・白岩の各城を抜き、義光の本城・山形城以外は、残すところ城主・志村光安(?～1609)・鮭延秀綱(1563～1646)の拠る長谷堂城(山形市長谷堂)のみとなった。水原親憲(1546～1616)率いる上杉軍鉄砲隊も、その勢いで長谷堂に向かう。	8141

9月14日　「大津城の戦い7日～15日」。
大津城、二の丸まで討ち入られる。大津城に北政所おね(1549?～1624)と淀殿(茶々)(1569～1615)の使者(孝蔵主・饗庭局)(?～1615)、高野山より木食応其が到着し、両軍の和議を仲裁し、京極高次(初の夫)(1563～1609)は、夜に城を明け渡す。
京極家は大坂への人質として熊麿(後の京極忠高)(1593～1637)を朽木元綱(1549～1632)を介して送る。淀殿講和の使者は、木下重堅(1548?～1600?)・海津尼(海津殿浅井鶴千代)、饗庭局母)(?～1602)とも記録され、海津尼は、初(後の常高院)や西の丸殿(京極龍子)(?～1634)を救い、京極龍子を京都西洞院邸に送り届けたともいう。講和の間は鉄砲が止み、公家の小槻孝亮はこれを見物する。　　　　8145

9月14日　西軍の首脳・前田玄以(1539～1602)、病状悪化ということで、大坂城を退去し、閑居する。表面上は西軍として大坂を守っていたが、家康にも内応していたという。　8146

9月14日　関ヶ原決戦前日のこの日、毛利家重臣・吉川広家(1561～1625)は、福原広俊ら重臣の身内2人を人質として送り、合わせて毛利の戦闘不参加を誓う書状を敵将の一人である黒田長政(豊前国中津城主)(1568～1623)宛に送る。　8147

9月14日　**「本多忠勝・井伊直政連署起請文」**「一、対輝元聊以内府御如在有間敷候事(毛利**輝元に対して家康が疎略にしないこと)、一、吉川広家と福原広俊が家康に忠節を尽くすうえは、家康が疎略にしないこと、一、忠節が明らかになれば、家康の直書を輝元に渡すこと、また分国の安堵も相違なし」**。本多中務太輔忠勝と井伊兵部少輔直政が連署して、南宮山の吉川侍従広家・福原式部少輔広俊に対し、徳川家康が毛利輝元(1553～1625)を粗略に扱わず、分国を安堵することを約束した起請文を出し、使者に手渡す。**黒田長政と福島正則も、これらの内容を保証する起請文を出す。**長政と正則二人は、毛利輝元を東軍に勧誘していた。　8148

9月14日　**「井伊直政・本多忠勝連署起請文」**。家康家臣の井伊直政・本多忠勝、小早川秀秋家老の平岡頼勝(1560～1607)・稲葉正成(1571～1628)に連署起請文を送り、**「秀秋に対して家康がいささかも疎かにする心を持っていないこと、平岡頼勝・稲葉正成が家康に忠節を尽くすのであれば疎かにすることはないこと、忠節をしたならば、西国方面で二ヶ国の知行宛行状を秀秋に与えること、そして、吉川広家と福原広俊が家康へ忠節を尽くし徳川方と和平の密約をし、戦いに不参加することを条件に、毛利家の所領安堵を約束する、小早川秀秋も同様とした」**。稲葉正成は、諸士と相談し、この日、松尾山の新城に入り、城主伊藤盛正を排除したとされる。稲葉正成継室は、稲葉重通の養女・福(春日局、斎藤利三の娘)(1579～1643)。　8149

9月14日　近江や伊勢で鷹狩りなどをして一人戦線を離れていた、西軍の小早川秀秋(1582～1602)、近江高宮から北上、友軍の伊藤盛正(大垣城主)を追い出し、松尾山新城に布陣する。　8150

9月14日　20時頃、石田三成・島津義弘・小西行長・宇喜多秀家が大垣城の外曲輪を焼き払い、関ヶ原へ向かう。東軍の布陣する中山道を避け、迂回して南宮山の南麓を移動する。　8151

西暦**1600**

慶長5	9月14日	夜、東軍の水野勝成(1564～1651)が大垣城(福原長堯・熊谷直盛)を攻撃する。その後、西軍敗北の報が大垣城へ届くと、相良頼房、秋月種長・高橋元種兄弟が東軍に内応し熊谷直盛らを殺害する。	8152
	9月14日	小早川秀秋に不信を抱く西軍方の石田三成・大谷吉継・長束正家・安国寺恵瓊・小西行長は、小早川秀秋へ連名で誓書を送る。「一、秀頼が15歳になるまでは、関白職を秀秋に譲渡すること、一、上方での賄い料として、播磨国1国を与える。もちろん筑前国は従前どおりとすること、一、近江国で10万石ずつを秀頼から、稲葉正成・平岡頼勝の二人に与えること、一、当座の進物として、黄金300枚を稲葉正成・平岡頼勝の二人に与えること」。偽文書説がある。	8153
	9月14日	大谷吉継、小早川秀秋の陣に赴き、その裏切りのないことを確認する。しかし吉継は、小早川秀秋が東軍と通じていると聞き、(脇坂安治らの叛意を知らず)脇坂安治ら四名に小早川秀秋の陣へ備えさせる。	8154
	9月14日	石田三成・小西行長・宇喜多秀家ら、美濃大垣城で軍議を開く。	8155
	9月14日	「**関ヶ原の戦いの前哨戦－杭瀬川の戦い－西軍優勢**」。石田三成(1560～1600)の家臣・島左近(清興)(1540？～1600)と蒲生備中守頼郷(？～1600)、明石全登(宇喜多秀家家臣)が、大垣城を出陣して、杭瀬川を渡り東軍陣所近くを放火し、奇襲をかける。それに対して東軍の中村一栄(一氏の弟)(？～1604)、有馬豊氏(1569～1642)らが迎撃するが敗れ、一栄の家臣・野一色頼母(助義)(1548～1600)が戦死。	8156
	9月14日	「**家康、美濃赤坂着**」。秀忠の到着をぎりぎりまで待った徳川家康、夜明け前に岐阜を出陣、郡上八幡の稲葉貞通(1546～1603)らの案内で長良川を越え、神戸・池尻を経て、正午頃、美濃赤坂南方の岡山頂上に着陣する。余池越で諸将に面謁したという。その後の軍議において、大垣城を攻撃せずに、中山道を西進し、関ヶ原・不破の関・近江を経て、大坂に向かう事とする。三成の居城である佐和山を抜いていく策である。	8157
	9月14日	**家康は大坂城に向かうことを決定し、密に西軍にこのことを伝えるよう工作する。**この作戦情報を得た大垣城の石田三成は、この夜、直ちに宇喜多秀家・小西行長・島津惟新(義弘)隊らと共に、西軍を関ヶ原に移動させて迎撃態勢を整える。笹尾山に三成、小池村に島津、北天満山に小西、南天満山に宇喜多が布陣する。赤坂の東軍、これを追う。**家康は長期戦が予想される城攻めではなく得意とする野戦に持ち込もうとした。**	8158
	9月14日	「**此表敵方追日弱り罷候間、押詰即…**」。徳川家康、三河赤坂より小諸の仙石越前守(仙石盛長(秀康、のちの秀久))(1552～1614)宛に戦況を報じ、徳川秀忠に西上を促さしむ。	8159
	9月14日	「**去月廿二日之尊書、昨日十三日きふ(岐阜)ニおゐて令拝見候、肥前殿(前田利長)と御入魂可被成之由被仰下候、内府(徳川家康)別而満足被仕候、たとひ如何様之儀御座候共、此時ニ御座候間、諸事御堪忍候而被仰合、上方御手合尤ニ存候**」。猶々書で「**ひせん殿(前田利長)へも則以飛脚被申候条、早々被仰談尤奉存候**」。徳川家康の臣西尾吉次(1530～1606)・西尾利氏(吉次娘婿)(1585～1611)、連署書状を「羽加州(丹羽長重)様 人々貴報 両人」宛に報じて、先にその前田利長と和せんと告げたるを賞す。そして、この件を前田利長へも報じたと申し送る。	8160
	9月14日	東軍に内応した加藤貞泰(美濃黒野城主)(1580～1623)、赤坂の陣で家康(1543～1616)に拝謁、翌日の関ヶ原への出陣を命ぜられる。	8161

慶長5

9月14日	遠藤慶隆（美濃小原城主）(1550～1632)、弟・慶胤と共に、家康の本陣に参上して家康に謁見。山内対馬守一豊 (1545～1605) の正室で、賢女として知られる「ちよ」(見性院) (1557～1617) は、遠藤慶隆の妹とされる。	8162
9月14日	**徳川秀忠率いる軍は、まだ木曽を進軍中。秋の長雨により道は難所となり進軍を妨げられる。**	8163
9月14日	「慶長出羽合戦9月8日～10月4日」。水原親憲率いる上杉軍、鮭延秀綱の拠る、山形城南西の要害・長谷堂城攻撃にとりかかる。同じ頃には、最上領内の多くの砦は、次々に落城、または、守備を放棄して明け逃げという状態となる。	8164
9月15日	「……一 加主計拙者事ハ、今度切取候分、内府様以御取成を、秀頼様・拝領仕候様ニ、」。 「石垣原（大分県別府市）の戦い13日～15日」に勝利した黒田如水（官兵衛）、藤堂高虎宛に書状を送り、如水と加藤清正が奪い取った敵方所領については拝領できるよう徳川家康に執り成しを依頼する。	8165
9月15日	東軍の肥後隈本城主・加藤清正 (1562～1611)、東軍に与した豊後岡城の中川秀成宛に、血判の起請文を提出。 「第一条では、豊臣秀頼が幼少のため、太閤秀吉の遺言にそむき家康へ二心をもつものがあるが、秀成が家康に協力を誓い、その験として人質をよこしてきたので、後日その旨を家康に伝えること、第二条では、秀成が家康に一味を誓った以上は、今後秀成の身に何があっても見放さず、秀成のために出来る限り奔走すること、第三条では何事であれ「公義」のため、秀成のためになることは分け隔てなく申し入れ、秀成に対し裏表無くつきあい、讒言などしないことを誓う」。	8166
9月15日	「**大津城の戦い7日～15日**」終結。 朝、京極高次（初の夫）(1563～1609) は園城寺（三井寺）に入って剃髪。京極高次、高野山持明院小坂坊宛に書状を送り、山城宇治を経て高野山に登り蟄居する。 高次は降伏開城したものの、結局、西軍勢を大津で釘付けにして関ヶ原へ向かわせなかったのである。家康はこれを高く評価した。	8167
9月15日	「**関ヶ原の戦い―家康東軍豊臣系大名勝利**」。前夜20時頃から先発の石田三成隊が大垣城を出陣、次に島津隊・小西隊と続き、殿が宇喜多隊、この日、午前5時頃、関ヶ原に到着。西軍は8万余とも10万とも。 午前6時頃、東軍諸隊(7万5千余とも12万2千とも)が布陣を完了。 午前8時、美濃関ヶ原において遂に東西両軍による決戦が繰り広げられた。当初は石田三成ら西軍が圧倒的に有利であった。これに対して午後0時、家康は不利な戦況を打開すべく、鉄砲隊長の布施孫兵衛と福島正則の鉄砲頭堀田勘左衛門に命じて、松尾山の小早川秀秋に対して鉄砲を撃ちかけさせた。これは史実としては疑問視されている。これを機に秀秋は西軍を裏切って東軍に味方することを決意し、小早川軍は西軍の大谷吉継隊に襲いかかる。これに対して大谷隊も奮戦したが、さらに脇坂安治、朽木元綱、赤座直保、小川祐忠らの寝返りもあって西軍は14時頃、総崩れの様相を呈しはじめる。小西行長・宇喜多秀家・石田三成、それぞれ伊吹山方向へと脱出。 **ここに関ヶ原の戦いは東軍の勝利に終わった。**	8168
9月15日	関ヶ原の戦いでは合言葉が定められていたという、その合言葉とは「山は山、麾（一説には籠とも）は麾と言うように」というものであった。また、角取紙（隅取紙。両端を末広に畳み重ねた紙の角の一つを竿の先に付け、兜や旗に付けたしるし）を肩に付けて、敵・味方の区別をしたとも伝えられている（『落穂集』）。	8169

西暦 1600

慶長5	9月15日	「関ヶ原の戦い」。大谷吉継(越前敦賀城主)(1559？〜1600)、自害、享年42。島左近(清興)(1540？〜1600)、関ヶ原笹尾山下で戦死とされる。 京都東山の料亭「道楽」(東山区正面通本町西入正面町)は、左近の屋敷跡と伝えられる。京都市の歴史的意匠建造物に指定。京都日蓮宗立本寺の塔頭教法院に左近の墓、過去帳、位牌があり、「寛永九壬申六月二十六日歿」とある。	8170
	9月15日	「関ヶ原の戦いー島頭坂の退却戦」。15時頃、島津惟新(義弘)(1535〜1619)の退却戦で、日向佐土原城(宮崎市佐土原町)の島津豊久(1570〜1600)・阿多(長寿院)盛淳(1548？〜1600)が、義弘の身代わりとなり壮絶な討死を遂げる。	8171
	9月15日	「関ヶ原の戦い」。 長束正家(近江水口城5万石)(1562？〜1600)は、吉川広家(1561〜1625)が山道を塞いで長束正家部隊らの行動を封じ込められたため、結局全く身動きひとつ取れないままに西軍の敗北を知り、伊勢方面へ逃走し水口城(滋賀県甲賀市水口町)に戻る。	8172
	9月15日	**「関ヶ原の戦い」。南宮山方面に布陣して合戦を傍観していた毛利秀元、吉川広家、安国寺恵瓊、長宗我部盛親らの諸隊は、伊勢や近江を目指してわれ先に逃走していく。ここに関ヶ原の戦いは東軍の勝利に終わる。16時頃である。**	8173
	9月15日	「…今日十五日午刻、於濃州山中及一戦、備前中納言、島津、小西、石治部人衆悉討捕候、直ニ佐和山迄、今日着馬候、大柿も今日則捕候、可御心安候、彌其表之様子、彌御仕置等尤候、恐々謹言、」。徳川家康、大崎少将(伊達政宗)宛に書状を送り、関ヶ原の捷報(勝報)を報じ、今日佐和山まで着馬する事、大垣城も取ったと伝える。これは政宗の元に30日に届いたという。	8174
	9月15日	「今月十五日午刻、及一戦、治部少輔…」。 家康、石川日向守(石川家成)(1534〜1609)宛に書状を送り、関ヶ原の捷報(勝報)を報じ、今日佐和山まで着馬する事、大垣城も取ったので安心するよう伝える。石川家成は、伊豆梅縄(静岡県三島市梅名)に5000石の隠居料を与えられていた。	8175
	9月15日	**筑摩郡本山(塩尻)に着いた徳川秀忠、羽柴右近(森忠政)宛に書状を送り、忠政の上洛を停め、境目の仕置きを命じる。**	8176
	9月15日	**「大聖寺之事御手柄段難申尽候、就中越後一揆蜂起に付而、肥前守殿(前田利長)可有御加勢由候処、彼表平均に罷成付而、上口江可有御働由尤候」。** 徳川秀忠、前田家家臣・横山長知宛に書状を送り、前田利長(1562〜1614)が越後一揆の鎮圧に動いた事を了承する。	8177
	9月15日	「慶長出羽合戦9月8日〜10月4日」。孤立して窮した最上義光(出羽山形城主)(1546〜1614)、嫡男義康(1575〜1603)を、伊達政宗(1567〜1636)の北目城(宮城県仙台市太白区郡山)に送り救援を求める。義康は、北目城まで一日中走り続けたという。	8178
	9月15日	「慶長出羽合戦9月8日〜10月4日」。 直江兼続(1560〜1619)、志村光安らの籠もる長谷堂城に迫り、城を包囲。	8179
	9月16日	関ヶ原を脱出した島津惟新(義弘)(1535〜1619)、この日、時村(岐阜県養老郡上石津町堂之上一帯)に至り、さらに大坂へ向かう。	8180
	9月16日	吉川広家(1561〜1625)・福原広俊(1567〜1623)は、東軍黒田長政・福島正則の指示でこの日に南宮山から近江へ退却。道案内を堀尾忠氏が行い、17日佐和山へ着く。その後大坂へ入る。	8181
	9月16日	毛利秀元は、安国寺恵瓊と共に南宮山から近江方面へ退却。その後大坂へ入る。	8182
	9月16日	伊勢亀山城(三重県亀山市本丸町)を開城した城主・岡本宗憲(重政、良勝)(1544〜1600)、家康に許されず、切腹を命ぜられ、桑名で自刃。	8183

慶長5	9月16日	遠山友政(1556～1620)は、信長の死後、東美濃の覇権をめぐって森長可(1558～1584)と争って敗れ、徳川家康を頼って落ち延びていた。 友政は、家康の命により旧領苗木に戻り、西軍の河尻秀長(？～1600)居城の苗木城(岐阜県中津川市)・岩村城(岐阜県岩村町)を攻める。	8184
	9月16日	**徳川家康は、近江に向けて出発するにあたり、美濃国不破郡領主の竹中重門宛に書状を送り、米千石を与えて、領地に迷惑を及ぼしたことを謝すると共に、戦場の死体を収拾して首塚を造ることや、損害を受けた社寺の修復を命じる。** 地の利を知った竹中重門は、関ヶ原では黒田長政隊として活躍した。	8185
	9月16日	東軍、西にある、三成の佐和山城(滋賀県彦根市佐和山町)に至り城を囲む。小早川秀秋(筑前名島城主)(1582～1602)・脇坂安治(淡路洲本城主)(1554～1626)・朽木元綱(近江朽木城主)(1549～1632)らである。**家康、「関ヶ原の戦い」での裏切り組に、石田三成の居城・佐和山城を攻めさせる。**	8186
	9月16日	**徳川家康、近江に入り、石田三成の居城佐和山の南(野並)に野陣。** 池田照政(輝政)、福島正則らが城を攻囲する中、小早川秀秋が先陣をつとめ二ノ丸を落とす。井伊直政は水の手より攻める。夜、石田正継は降伏を願い出る。	8187
	9月16日	**家康、香宗我部(中山田)泰吉(1544～1619)宛に返書を送る。** 中山田は、関ヶ原の戦い以前の8月23日に井伊直政を通して「長宗我部盛親と別心して在国している」と家康宛に書状を出した。同月17日、井伊直政は、副状を出す。	8188
	9月16日	**家康、朱印状を以って濃州に禁制。**	8189
	9月16日	**「禁制 伊香郡内(12ヶ村)一軍勢甲乙人等濫妨狼藉之」・「禁制 浅井郡内(7ヶ村)(19ヶ村)一軍勢甲乙人等濫妨狼藉之」**ら。徳川家康(1543～1616)、近江国伊香郡12ヶ村、浅井郡の7ヶ村、日野町中等に朱印状をもって禁制。 石田三成の居城である佐和山では、一族らが籠城し臨戦状態、さらに、三成の逃亡先が、湖北であるという情報もあった。家康、井伊直政(1561～1602)を軍監に指名し、東軍諸将に佐和山城総攻撃を命じる。	8190
	9月16日	**「禁制 一軍勢甲乙人等濫妨狼藉之之事 一放火之事 一田畠作毛苅取事 付竹木剪取事 右、堅令停止畢、若於違犯之輩者、速可處厳科者也、仍下知如件、」。** 家康、賀茂別雷神社・大徳寺・妙心寺・東福寺・教王護国寺(東寺)・南禅寺・貴船神社・水無瀬宮・多賀社等に朱印状をもって禁制。	8191
	9月16日	**「……是又御身上之儀、内府前之儀、貴所御指図次第、何様ニモ馳走可申候、……」。**井伊兵部少輔直政、大垣城明け渡しを申し出た相良佐兵衛(頼房)(1574～1636)御陣所宛に書状を送り、それが実現したならば頼房身上を家康にとりなすことを約束する。また、大垣城在陣の高橋元種・秋月種長への明け渡し取り成しを依頼する。頼房家臣の犬童頼兄は、井伊直政に内通していた。	8192
	9月16日	**徳川秀忠、美濃に参陣せんとし、木曽に入り、この日、福島の旧木曾家の館に泊る。** 秀忠はこのとき、山村良勝(1563～1634)を召して功を賞し、金のしの太刀一振を賜う。	8193
	9月16日	**「勝栗一箱到来書入候、猶大久保相模守 可申候也」。** 秀忠、苗木の遠山久兵衛友政(1556～1619)宛に贈物感謝状。遠山友政は、家康の命で山村・千村氏と共に、木曽・東濃へいち早く進攻して、秀忠軍の到着を待ったという。年次は異説あり。	8194
	9月16日	**「慶長出羽合戦9月8日～10月4日」。**直江兼続(1560～1619)、長谷堂城へ総攻撃。翌日にかけて攻撃するも、長谷堂では城兵が奮戦し城を守る。	8195

西暦1600

慶長5	9月16日	「慶長出羽合戦9月8日～10月4日」。最上義光（1546～1614）の援軍要請で、伊達政宗（1567～1636）が、義光あての書状を最上義康に託す。政宗は叔父の留守（伊達）政景（1549～1607）を名代とし、「馬上百八十七騎。鉄砲四百五十四丁。弓二百三十八張。鎗二百六十六丁。派遣人数合計千百四十五」を預けて、山形に派遣する。

8196

	9月17日	大津城攻めに参戦していた立花宗茂（筑後柳川城主）（1567～1643）、「関ヶ原の戦い」での西軍敗戦を聞いて大坂城に入り、毛利輝元（1553～1625）に籠城を進言するも、輝元の同意を得られず大坂を去ることになる。

8197

	9月17日	**西軍の落武者、京都醍醐辺りを南下。家康（1543～1616）、山科郷日ノ岡に関を設けさす。**家康は、近藤登之助（季用）（1573～1612）・伊奈図書（昭綱）（？～1600）・加藤源太郎（成之）（1552～1603）の三名に対し、日岡（山城国）に番所を拵え、家康方の軍勢が狼藉することがないよう監視を命じる。

8198

	9月17日	「治部少輔・嶋津兵庫頭・小西・備前中納言、十四日之夜五つ時分に大垣外曲輪を焼払、関ヶ原へ一所に打寄申候つる…」。 家康家臣石川康通（1554～1607）・彦坂元正（？～1634）、三河国吉田城の守備を務める大給松平家乗（1575～1614）宛に連署書状を送り、家康が巳の刻（午前10時）に出陣して一戦に及んだ事、石田三成・島津義弘・小西行長・宇喜多秀家の四人は、14日の夜五ツ（午後8時頃）時分に大垣（城）の外曲輪を焼き払い、関ヶ原へ共に出陣した、この地の衆である井伊直政・福島正則が先手として、そのほか（の諸将が）すべて次々と続き、敵が切所を守っているところへ出陣して戦いを交えた時、小早川秀秋、脇坂安治、小川祐忠・祐滋父子の四人が味方して裏切りをした、そのため敵は敗軍になり、追い討ちにより際限なく討ち取った事、大将分は大谷吉継・島津忠恒（誤報）・島左近・島津豊久・戸田勝成・平塚為広、このほかを討ち取った事、また16日に佐和山城へ出陣して包囲し、田中吉政が水の手を取り本丸を攻撃したので、石田正澄・朝成父子、石田三成の 舅 父子（宇田頼忠・頼重）・石田三成親（石田正継）・妻子一人も残らず斬り殺し、天守に火を掛けてすべて焼き払い落城した事、その時（佐和山）城から300人ほどが手前へ出てきたところを一人も残らず討ち取った事、石田三成は15日の合戦場より行方が今も聞こえない事、安国寺恵瓊を吉川広家・福原広俊の両人が（家康の）思し召しにより捕縛して出した事、毛利輝元は嘆願をしている、とのことであるが、どのようになるか分からない事、なお、変わったことがあれば、追々申し入れる予定であると記す。

8199

	9月17日	**「早くも大坂城の毛利輝元との交渉がはじまる」。「態申候、今度奉行共逆心之相構付而、内府公濃州表御出馬付而、吉川殿福原殿輝元御家御大切ニ………」。**徳川家康の意をうけて、黒田甲斐守長政（豊前中津城主）・羽柴左衛門大夫（福島正則、尾張清州城主）は連署して、「合戦を引き起こしたのは三成らの逆心であり、担ぎ上げられた総大将・毛利輝元の責任は問わない」・「和睦と西の丸退去」・「吉川広家・福原広俊らの働きにより家康は輝元に対し少しも如在なき」旨の書状を大坂城の輝元（1553～1625）に送り、家康は輝元に対して少しも疎略に扱うことはないと告げる。 **東軍諸将の妻子は大坂城で人質になっており、家康は平和交渉を優先した。**

8200

	9月17日	**「この日、家康、近江佐和山着ともいう」。**早朝、家康は小早川秀秋、井伊直政、田中吉政らに佐和山城攻撃を命じる。城兵は弓・鉄砲を放ち防ぐが、東軍は水の手口より田中吉政、松原口・切通口より家康の御家人が攻め入ると、城兵は退いて本丸に立て籠もる。夜、石田正継は降伏を願い出る。家康は石田一族の自害と引き換えに城兵の命を助けるとし、正継は承諾したともいう。

8201

慶長5	9月17日	**「佐和山落城」とも。** 8202

「佐和山落城」とも。 8202

小早川秀秋軍を先鋒とした東軍、三成の居城・佐和山城を猛攻撃。城内で一部の兵が裏切り、奮戦空しく落城し、石田三成の父正継（？～1600）や同兄正澄（1556～1600）、三成の妻うた（皎月院）（？～1600）、その父・宇多頼忠（？～1600）、尾藤知宣（？～1590）の子・宇田頼次（？～1600）など、戦死あるいは自害して果てた。三成の妻うたの姉・山手殿（寒松院）（1549？～1613）は、真田昌幸室。宇田頼次は、石田三成の父・石田正継の養子となって、石田頼次と名乗り、真田昌幸の娘を正室に迎えた。この昌幸五女（菊、趙州院）（？～1666）は、関ヶ原合戦後、敗者としての連座は免除され後に、幕府旗本である滝川一積（1583～1660）と再婚した。

9月17日 **「……今度中納言殿忠節之儀、其方」。** 8203

平田山にて佐和山城攻め観戦をした徳川家康、小早川秀秋を東軍に寝返らせる事に成功した稲葉佐渡守（稲葉正成、小早川秀秋家老）（継室は福、後の春日局）（1571～1628）宛に書状を送り、小早川秀秋が寝返って東軍についた事と、それを陰で助言した稲葉の才覚を褒め称える。また、16日より佐和山に滞在と、佐和山城落城を知らせる。

9月17日 **家康、午刻（11～13時）、永原（近江国）（滋賀県野洲市永原）に着陣する。** 8204

9月17日 宇喜多秀家は、伊吹山方面へ逃亡。この日、白樫村（岐阜県揖斐郡揖斐川町）の土豪矢野五右衛門に匿われる。五右衛門は、潔い秀家の態度に感服したとされ、約40日もの間秀家を自宅に匿ったという。 8205

9月17日 大垣城守備の秋月種長（日向国高鍋城主）（1567～1614）・高橋元種（日向国縣城主）（1571～1614）兄弟ら、東軍・水野六左衛門勝成（1564～1651）の内応の誘いに応え返書を認め、内応を承諾する。 8206

9月17日 **「如申談候、三之丸西ノ於門口、熊谷内蔵丞・垣見和泉・木村宗左衛門頸、御手前ニ被討取、此頸三ヲ送請取申候」。** 8207

水野勝成、相良左兵衛（頼房）（1574～1636）宛に書状を送り、大垣城三の丸門口において、頼房が討ち取った熊谷直盛・垣見家純・木村勝正の頸を確かに受け取ったことを伝える。

9月17日 **秀忠、信濃国妻籠（長野県木曽郡南木曽町）に着陣、関ヶ原の戦いの勝報に接する。** 8208

9月17日 **宇都宮在陣の羽柴秀康（家康次男）、越後の蔵王堂城主羽柴美作守（堀親良）（1580～1637）宛に書状を送り、こちらは変わった事がない旨を伝える。** 8209

9月17日 「慶長出羽合戦9月8日～10月4日」。上杉勢与板衆の本村造酒丞親盛・篠井泰信、横田旨俊（中山城主）ら、上山城を攻める。この上山城（山形県上山市元城内）攻めの苦戦で、長谷堂城攻撃の直江兼続軍と合流できない。 8210

9月17日 「慶長出羽合戦9月8日～10月4日」。直江兼続、前日から攻撃するも、長谷堂では城兵が奮戦し城を守る。ここに至って直江兼続は長谷堂の攻略を断念。直接、山形城の攻撃に取り掛かるべく作戦を練り直す。 8211

9月18日 関ヶ原より脱出した島津惟新（義弘）、河内平野から住吉に到着。 8212

9月18日 毛利秀元・毛利秀包ら毛利勢2万余、醍醐に引き上げ、夜半、瀬田を渡って大坂に帰陣する。この時、黒田長政、福島正則から東軍参加を打診されるも、毛利秀元（1579～1650）が、講和の話を聞いていないとして拒否する。 8213

9月18日 午前に伏見の森家屋敷が焼け、夜更けに寺町にて騒動があるなど混乱が続く。（『孝亮宿禰記』）。 8214

9月18日 **家康側近の商人・亀屋栄任（？～1616）、家康の京中安堵の制札を持ち入洛。** 8215

西暦 **1600**

慶長5	9月18日	**「田辺城の戦い7月19日〜9月18日」、終結。** 8216

細川幽斎は2ヶ月に及ぶ籠城戦を終えて城を明け渡し、前田主善正茂勝（玄以の子）（1582〜1621）に伴われて田辺城（京都府舞鶴市南田辺）を出る。「関ヶ原の戦」いの3日後、約2ヶ月に渡って丹波・但馬の西軍は、田辺城近在に釘付けとなった。

9月18日	福島正則（1561〜1624）が大津城を受け取る。 8217

9月18日　「徳川家康、近江八幡に着陣」。 8218

家康（1543〜1616）、武運長久の祈願をこめて日牟禮八幡宮（滋賀県近江八幡市宮内町）に参詣、50万石の地を寄進。

9月18日　「対毛利家交渉は、福島正則・黒田長政がなる」。「……中国之儀入御念尤候、吉川・」。 8219

近江八幡の徳川家康、清須侍従（福島正則）（尾張清州城主）・黒田甲斐守（黒田長政）（豊前中津城主）宛に書状を送り、両者の毛利輝元（安芸広島城主）（1553〜1625）への斡旋を了承する。

家康は、輝元らの諸将が秀頼を奉じて籠城する事態となることを避けた。

9月18日　「敬白天罰起請文前書之事　一今度申合上者、内府（徳川家康）公御前之儀、無親 8220
疎馳走可申候事、」。

小松城（石川県小松市丸の内町）の丹羽長重重臣の江口三郎右衛門と、前田利長家臣の横山長知（1568〜1646）・岡島一吉（1559〜1619）との間で進められていた和議、この日、相互に起請文を取り交わしてようやく実現。利長の嗣子となっていた猿千代（利家の四男利常）（1594〜1658）が、人質交換として小松城に赴く。さらに猿千代は、この年中に、兄・利長の養嗣子となり、前田家当主の幼名である「犬千代」を名乗る。

9月18日　前田利長（1562〜1614）、江戸の加賀前田家宿老・村井長頼（1543〜1605）宛に書状を送 8221
り、小松・北庄との和既に終り、将に上国に赴きて徳川家康に謁せんとするを告ぐ。また、家康から母芳春院まつの話が出るので上方へ向かうよう命じる。

9月18日　「大垣城開城」。 西軍の敗報を知り、水野勝成の内応勧誘に応じた大垣城留守部隊 8222
の秋月種長（1567〜1614）・高橋元種兄弟と相良頼房（長毎）（1574〜1636）は、熊谷直盛（豊後安岐城主）（石田三成の妹婿）・垣見一直（豊後富来城主）ら西軍諸将を謀殺する。この日、西軍の大垣城の二の丸・三の丸が開城という。日時は異説あり。

9月18日　徳川秀忠軍、清内路（せいないじ）（長野県下伊那郡阿智村）から東濃を通過し西上する。 8223

9月18日 真田昌幸・信繁（幸村）父子は、秀忠軍を破って、秀忠が上田を去った後、攻撃の 8224
矛先を上田領に隣接する川中島の待城（長野市松代町松代）主・森忠政と定め、軍を北へ向けて発進している。真田の上田領に対して、森の川中島領の最前線基地は、坂城の葛尾城（長野県埴科郡坂城町）であった。武田信玄を二度破った北信濃の名将・村上義清の本拠地であったあの葛尾城である。
この葛尾城を攻めたのが真田信繁であった。秀忠勢が去った後も待城将の森忠政（1570〜1634）は、葛尾城に井戸宇右衛門配下の兵を置いて上田城の動きを監視させていた。真田信繁（幸村）は、ちょうど関ヶ原の戦いの3日後のこの日に、葛尾城に夜襲をかけ二の丸まで攻め込むも、落とせなかった。

9月19日　「毛利輝元、大坂城開城を決意」。「御札拝見候、於今度先手、吉川福原以下得御 8225
意候處、以御肝煎内府公別而御懇意之段忝候、……殊分国不可有相違之通、預御誓紙、安堵此事候、……」。
福島正則・黒田長政からの書状が届いた毛利輝元、正則・長政宛に、毛利輝元の分国中について相違はない旨の誓紙に預り安堵したとの返書状を送り、交渉係として、豊臣奉行の増田長盛（大和郡山城主）・前田玄以（丹波亀山城主）を指名する。

慶長5	9月19日	毛利輝元(1553～1625)、阿波を占拠する諸将宛に書を送り、徳川家康との和睦が成立したので、蜂須賀氏に阿波を返還するように指示する。	8226
	9月19日	田辺城を明け渡した細川幽斎(1534～1610)、前田茂勝の居城である丹波国亀山城(京都府亀岡市荒塚町周辺)本丸に入る。このとき「関ヶ原の戦い」勝利、子の忠興(丹後宮津城主)(1563～1646)戦勝手柄の報が入る。	8227
	9月19日	**徳川家康(1543～1616)、20日にかけて、伏見はじめ、各所に散在していた西軍諸将の屋敷を焼き払う。**	8228
	9月19日	小早川秀秋(1582～1602)、北政所おね(1549？～1624)を見舞いに、准三宮・勧修寺晴子(後陽成天皇母)の屋敷を訪れる。秀秋は、木下家定(北政所の兄)の五男。	8229
	9月19日	**東軍の先兵、山科郷に至り、陣を取る。**	8230
	9月19日	義演准后、東軍の制札を求め、醍醐寺僧・金蓮院演照を派遣し、まず、福島正則・池田照政(のち輝政)、その後家康の制札を掲げる。 義演、秀吉再建の坊舎を死守する。	8231
	9月19日	**家康の命を受け福島正則、池田輝政、浅野幸長が禁裏を警固する。また、洛中・洛外に三名連署の制札が各地に打たれる。洛中守護のため、奥平信昌、板倉勝重、加藤喜左衛門、大久保長安を遣わす。**	8232
	9月19日	「**徳川家康、近江草津に到着**」。常善寺(草津御所)(滋賀県草津市草津3丁目)に宿陣。家康、奥平信昌(上野小幡城主)を京都所司代とし、福島正則(尾張清州城主)・池田照政(のち輝政)(三河吉田城主)・浅野幸長(甲斐府中城主)を京都守備に派遣すると共に、大坂退去を条件に本領を安堵する旨の本多忠勝・井伊直政連署の書状を、黒田長政(豊前国中津城主)らに持たせ大坂城の毛利側に伝える。	8233
	9月19日	「**禁制 八幡町中 一、軍勢甲乙人濫妨狼藉之事 一、放火之事 一、田畠作毛苅取之事、付、竹木剪採之事 右堅令停止訖若於違犯之輩者 速可處厳科者也 仍下知如件**」。家康、八幡町中に、朱印状をもって禁制。さらに、**栂尾山并境内・天王寺・西教寺・八幡八郷・堅田村・吉田寺**等に、朱印状をもって禁制。	8234
	9月19日	小西行長(肥後宇土城主)(1555？～1600)、伊吹山中春日谷で、竹中重門(美濃菩提山城主)(半兵衛の子)(1573～1631)の家臣に捕えられる。 行長はキリシタン故、自害せず関ヶ原の庄屋・林蔵主宅に隠れていたが、林蔵主(林蔵人)が領主・重門家臣に進上したという。行長は、草津に滞在中であった家康本陣に護送される。18日とも。	8235
	9月19日	「**小西摂津守召捕給候、被入精段祝著之至候、猶御後音候、恐々謹言**」。近江草津の徳川家康、伊吹山中に逃亡していた小西行長を捕縛した竹中丹後守(竹中重門)(1573～1631)宛に了承状及び感状を送る。家康は、小西行長を村越茂助に預ける。	8236
	9月19日	「**書状之通、委細令被見候、三人之者之儀、如何様共有才覚、搦取様尤候、無油断可被申付候、恐々謹言、**」。徳川家康、田中兵部太輔(田中吉政)(前三河岡崎城主)(1548～1609)宛に返書状を送り、小西行長の捕縛を伝え、逃亡中の石田三成、宇喜多秀家、島津惟新(義弘)三人の捕縛を命じる。家康家臣・村越茂助(直吉)は添状を付け、家康の直書の意趣を述べ、小者を捕えた事を報じる。吉政は近江出身で地理に明るく、石田三成とも親しかったため探索を命じられたという。	8237
	9月19日	「**今度以御斗略、誰彼数多被属身方**」。家康、黒田甲斐守(長政)宛に書状を送り、その調略ぶりを褒め謝す。	8238
	9月19日	**秀忠軍、美濃国関ヶ原の赤坂宿(岐阜県大垣市)に到着。** そこへ下野黒羽(栃木県大田原市前田)の大関資増(1576～1607)からの使いが来る。	8239

西暦 **1600**

慶長5	9月19日	「慶長出羽合戦9月8日〜10月4日」。 肝心の伊達政宗(1567〜1636)の軍勢が、なかなか来ない。しびれを切らした山形城の義姫(最上義光の妹、伊達政宗の母)(1548 ？〜1623)、自ら緊急の手紙を認め、早急の援軍を要請する。	8240
	9月19日	「和賀一件 – 慶長5年9月19日〜慶長6年5月24日」。 陸奥の前和賀領主・和賀忠親(1576〜1601)らは伊達政宗の密命を受けて、一揆を起こす。旧領を回復しようとした忠親は、政宗の援助を受けて和賀郡(岩手県)を支配していた南部利直(1576〜1632)の領地に攻め込む。この事件が原因で、政宗は関ヶ原のときに家康から約束されていた「百万石のお墨付き」を反故にされたという。	8241
	9月20日	島津惟新(義弘)(1535〜1619)、住吉を出発、堺へ向かう。	8242
	9月20日	**「家康、大津着陣」。** 徳川家康、本丸だけかろうじて残っている京極高次の大津城に入城、戦後処理を行う。家康は近畿一円に禁制を下し、7日間、大津に留まる。孝蔵主(北政所おね付きの筆頭上臈)(？〜1626)は、城に残っていたという。 **この日から京都の公家たちは入れ替わり立ち替わり家康に挨拶に出かける。後陽成天皇・朝廷は、勅使を遣わして、家康の戦勝を祝い、慰労する。**	8243
	9月20日	弟の准如光昭(1577〜1630)に本願寺法主を譲った教如光寿(1558〜1614)、徳川家康(1543〜1616)を大津の陣に訪問する。	8244
	9月20日	**「秀忠、草津着陣」。** 徳川秀忠(1579〜1632)、真田昌幸の信濃上田城攻略ならず、関ヶ原の戦いに遅れ、この日、ようやく草津(滋賀県草津市)に着き、常善寺(草津御所)に宿す。家康(1543〜1616)は、秀忠の不始末に怒り、会おうともしない。	8245
	9月20日	「路次中日夜相急申候へとも、節所故遅々、迷惑御推量可被成候」。 秀忠、黒田長政宛に自筆書状を送り、長政の活躍、手柄を賞賛し、上田城攻略に手間取り関ヶ原への遅参を弁明する。	8246
	9月21日	大坂を船で脱出した立花宗茂(筑後柳川城主)(1567〜1643)、筑前国若松に寄港、豊後国鶴崎(大分県大分市鶴崎)から上陸し、柳川を目指す。	8247
	9月21日	「この時分まで家康公を御主とは大名衆も思わず、天下の御家老と敬うまでであった。御主は秀頼公と心得ていた。諸人下々まで(家康のことを)御家老と心得て御主とは思わなかった」。 家康の侍医板坂卜斎(1578〜1655)の覚書(「股長年中卜斎記」)慶長5年9月21日条。	8248
	9月21日	**徳川家康、池田照政(のち輝政)・福島正則・黒田長政らを大坂城に派遣して、毛利輝元に大坂城を退去するよう勧告させる。この日、毛利輝元は、所領安堵を条件に大坂城西の丸を退去することに同意する。**	8249
	9月21日	**徳川秀忠、上洛。**	8250
	9月21日	伊奈図書昭綱、この日、切腹という。 「関ヶ原の戦い」後、徳川家康は京に入る者を規制するため山城国日岡に関所を設ける。昭綱の家人が、福島正則の家老(家康への使者)が強引に通行しようとしたため阻止。これを知った正則(1561〜1624)は激怒し、使者に切腹を命じると共に、昭綱の首を家康に求める。この時期に正則らと争うことを嫌い、やむなく、家康は昭綱に切腹を命じた。後の、「福島正則改易」の遠因という。	8251
	9月21日	京都から多くの公家衆が戦勝祝いに大津に駆けつけた。吉田神社神主吉田兼見の弟梵舜もこの日に家康の元を訪れ、兼見からの進物を献上している。	8252

慶長5	9月21日	「**会津境目へ景勝出入人数、催一揆**」。	8253
		大津の徳川家康(1543〜1616)、越後国三条城主・堀監物(堀直政)(1547〜1608)・蔵王堂城主の羽柴美作守(堀秀家、後の親良)(1580〜1637)宛にそれぞれに書状を送り、上杉遺民越後一揆鎮圧の功を賞し、毛利秀元と吉川広家の降参を伝え、20日から大津滞在を告げる。家康は堀親良には、大坂城のことは毛利輝元が懇望するので、その旨に任せるべきであろうか、と告げた。 9月26日堀監物と28日羽柴美作守で同様文書がある。	

| | 9月21日 | **家康、朱印状を以って濃州福応寺**(岐阜県本巣市郡府)**に禁制。** | 8254 |

| | 9月21日 | 「**禁制　一、軍勢甲乙人等、濫妨・狼藉事　一、放火之事　一、妻子・牛馬取事　右條々、堅令停止訖、若於違犯之輩者、速可處嚴科者也、仍下知如件、**」。 | 8255 |
| | | 家康、比叡山并山下・伏見惣町・若王子・興福寺・八尾常光寺・河内久宝寺本願寺新門跡寺内・大山崎惣中・北野宮・吉田神社・丹後安村・福応寺等に、朱印状をもって禁制。 | |

| | 9月21日 | 「**十八日之御状、昨日於大津致披見候、**」。 | 8256 |
| | | 井兵部(井伊直政)、相良佐兵衛(頼房)宛に「首級請取」書状を送り、熊谷直盛・垣見家純・木村勝正を討ち取った事を賞し、大垣城本丸の福原長堯を成敗するよう指示する。 | |

| | 9月21日 | 「**石田三成、捕縛**」。 | 8257 |
| | | 伊吹山に逃れた石田三成(1560〜1600)、近江国伊吹山麓伊香郡古橋村で家康の命令を受けて三成を捜索していた田中吉政(三河岡崎城主)の追捕隊・田中傳左衛門(長吉)らに捕縛される。三成は、関ヶ原合戦で敗れた後、伊香郡古橋(滋賀県長浜市古橋)の岩窟に隠れていたという。 | |

| | 9月22日 | 島津惟新(義弘)(1535〜1619)、堺を出航し、西宮で妻子と合流、瀬戸内海経由で薩摩への帰国の途に就く。立花宗茂(筑後柳川城主)と同行ともいう説がある。 | 8258 |

| | 9月22日 | 「**敬白霊社上巻起請文前書之事　一今度之儀、以御取成被思召分之段忝候事　一吾等分国、無相違安堵可……**」。

大坂城西の丸明け渡しを表明した毛利輝元(安芸広島城主)、羽柴左衛門大夫(福島正則、尾張清州城主)・黒田甲斐守長政(豊前中津城主)宛に誓書を送る。
この日付で、福島正則・黒田長政に対して出した起請文の前書において、この度のことは、(福島正則・黒田長政の)取り成しにより(家康の)思し召しを得たことは忝い。毛利輝元の分国は、相違なく安堵されることになり、誠に大慶と思う。このうえは、(大坂城)西の丸は(福島正則・黒田長政に)渡す予定である、と記す。 | 8259 |

| | 9月22日 | 毛利輝元(1553〜1625)、家康家臣の井伊直政・本多忠勝宛に誓書を送る。輝元の分国は相違なく思し召される分の通りになり誠に安堵した、家康に対し二心がないことを記した。家康のもとに返書が到着し、輝元、大坂城明け渡しを表明する。 | 8260 |

| | 9月22日 | 毛利輝元、池田照政(のち輝政)•井伊直政•本多忠勝宛に対してそれぞれに大坂城に西丸を引き渡す旨をなどを記した起請文を出す。その前書において、輝元の分国は相違なく思し召される分の通りになり、誠に安堵した、と記す。 | 8261 |

| | 9月22日 | 細川忠興(丹後宮津城主)(1563〜1646)、丹波に入り前田玄以(1539〜1602)の亀山城(京都府亀岡市荒塚町周辺)を収め、次いで小野木重次(重勝)の福知山城(京都府福知山市字内記)攻めに向け出陣する。 | 8262 |

西暦 1600

慶長5	9月22日	一時、鞍馬に隠れていた安国寺恵瓊（1539？～1600）、京都本願寺内興正寺の端坊明勝宅で、京都所司代・奥平信昌（上野国甘楽郡宮崎3万石）（1555～1615）の手のもの（鳥居強右衛門信商（二代目）という）に逮捕される。 村越直吉（1562～1614）が、恵瓊を預かるという。安国寺恵瓊を吉川広家・福原広俊が捕縛して家康方へ差し出したともいう。 `8263`
	一	**「今度関ヶ原及一乱、美濃国青野合」。** 家康、吉川広家（1561～1625）宛に血判の書状を送る。 `8264`
	9月23日	「大坂あつかいニ成申由来候也、内府様と輝元の事也」（『北野社家』23日条）。 **家康と毛利輝元の和議にふれる。** `8265`
	9月22日	**「治部少輔早々被生捕候事、手柄共」。** 家康、田中兵部大輔（田中吉政）（三河岡崎城主）（1548～1609）宛に、石田三成他の探索に従事する吉政への労い書状を送り、石田家臣・中島宗左衛門父子を捕らえたことを褒める。また、その後、石田三成生け捕りの報を受けた家康は、さらに、その功労を褒め、吉政自身が召し連れてくるよう指示する。 `8266`
	9月22日	**「江州北郡越前塚ニ面石田治部少輔」。** 大津の家康（1543～1616）、吉田侍従（池田輝政）（三河吉田城主）（1565～1613）・浅野左京大夫（浅野幸長）（甲斐府中城主）（1576～1613）宛に書状を送り、石田三成捕縛を伝える。 `8267`
	9月22日	**「御書中之通得其意候、先書如申入候處悉討果、一篇申付候間、可被成御滿足与令推察候、大坂も兩日中相濟可申候、即乗懸雖下可責崩後上、秀頼様御座所ニ面候間致遠慮候、恐々謹言、」。** 家康、加賀中納言（前田利長）（1562～1614）宛に書状を送り、すぐに（大坂城を）乗り掛けて攻め崩すべきであるが、秀頼様の御座所であるので（大坂城攻撃を）遠慮した、と報じる。 `8268`
	9月22日	**「……仍今度其表之相残儀尤候、」。** 徳川家康、川中島侍従（森忠政）（信濃川中島城主）（1570～1634）宛に書状を送り、信濃在国の必要を述べ、真田父子の動きに注意し、備えるべしと伝える。 `8269`
	9月22日	**本多正純（1565～1637）、本多紀貞（1580～1623）・真田信幸（信之）（1566～1658）・堀直次（直政）（1547～1608）宛に書状を送り、20日に家康が大津に秀忠が草津に着馬したこと、大坂の様子などを知らせる。同月29日本多正信（正純父）が添状を送る。** `8270`
	9月22日	前田利長（1562～1614）、近江大津に至りて徳川家康に謁し、同行せる丹羽長重（加賀国小松12万石）（1571～1637）は、罪を得て封を除かる。 `8271`
	9月22日	教如光寿（1558～1614）、大津から飛騨高山の徳川方の武将・金森法院（長近）（1524～1608）宛に、「なお、一昨日、内府様にはご懇意にしていただいた。ついでの折には、よろしく取り次いでください」という内容で、金森長近に家康訪問を告げ、次いで、家康（1543～1616）への、新寺創立の斡旋を懇望する。 `8272`
	9月22日	榊原康政（上野国館林城主）53歳（1548～1606）、命懸けで家康に秀忠を許すよう嘆願する。康政はこの遅参の責任は全て自分にあるとして秀忠を庇ったという。 `8273`
	9月22日	石田三成（1560～1600）、田中吉政警固のもと大津に護送される。家康は東軍諸将の面前で検分という。 鳥居成次（鳥居元忠の三男）（1570～1631）、父の敵となる石田三成を預けられたが、成次は三成を少しも恨まず、逆に小身ながら大身の主家によく抗した人物として衣服を与えて手厚く厚遇し、三成は成次を大いに賞賛したといわれている。 `8274`

慶長5	9月22日	「慶長出羽合戦9月8日～10月4日」。留守政景（伊達政宗の叔父）(1549～1607)を将とした約千百の伊達勢、遅れに遅れようやく、白石から笹谷峠を越えて山形城の東方に布陣。上杉主力軍の布陣は、山形盆地の西側山麓。	8275
	9月23日	**内大臣徳川家康、上洛に依り、勅使参議勧修寺光豊を大津に遣さる。**	8276
	9月23日	安国寺恵瓊、大津に送られる。	8277
	9月23日	「急度申候、江州北郡越前堺ニ面、石田治部少輔有生捕之由、田中兵部太輔ゟ（より）昨日申来候、定而可為御満足候、今日者此地へ可来候、早々懇御目度迄候、恐々謹言」。 徳川家康(1543～1616)、丹後宰相(長岡(細川)忠興)（丹後宮津城(京都府宮津市鶴賀)主)(1563～1646)宛に書状を送り、石田三成生捕を知らせ、「定めてご満足でしょう」と述べる。忠興の妻ガラシャは、三成方の人質になることを拒んで7月17日に自害に追い込まれた。この手紙を受け取った忠興は、即座に大津にいる家康のもとに赴き、諸将と共に三成を見たという話しがある。	8278
	9月23日	「……昨日如申候、他はか行候之様」。 家康、対毛利家交渉をする清須侍従(福島正則)・黒田甲斐守(黒田長政)宛に書状を記し、西軍に対する処理が順調に進むよう督励。	8279
	9月23日	家康、濃州妙応寺、関ヶ原町衆中・吉野山中・同八郷等に、朱印状をもって禁制。	8280
	9月23日	井伊直政、高野山蟄居の京極高次宛に書状を送り、今度の忠節に家康が満足に思っている事を伝える。	8281
	9月23日	「秀忠、父家康にようやく対面」。 徳川秀忠(1579～1632)は、父・家康(1543～1616)に面会できず草津に戻っていた。家康家臣・榊原康政(1548～1606)・本多正信(1538～1616)のとりなしにより、この日晩大津で、家康に対面。次いで、秀忠はこの日晩、伏見に着陣。	8282
	9月23日	秀忠、羽柴右近（森忠政）宛に書状を送り、森忠政の西上を延引すべき事を命じ、且つ伏見参着を報ず。	8283
	9月23日	秀忠、田中吉政宛に書状を送り、石田三成捕縛を賞す。	8284
	9月23日	「西軍拠点大垣城、開城」ともいう。大垣城に籠もっていた福原長堯(?～1600)が剃髪開城して東軍に降伏、伊勢朝熊に送られる。相良頼房が明け渡したという。	8285
	9月23日	「慶長出羽合戦9月8日～10月4日」。 留守(伊達)政景、山形城に入り、最上義光(1546～1614)と作戦を協議。	8286
	9月24日	西洞院時慶、合戦に関わった孝蔵主(?～1626)のために清荒神(常施寺)にて祈祷を行う。大坂についての戦後処理が無事調うと、日記に記す。	8287
	9月24日	**大津の徳川家康、公家衆に知行の加増を約する。**	8288
	9月24日	「……早々はか行候様尤存候、西丸」。 家康、黒田甲斐守(黒田長政)宛に返書状を送り、早々に(毛利輝元から大坂城西の丸を受け取る交渉が)はかどっている状況について了承し、(大坂城)西の丸へ福島正則が移ることを了承した。	8289
	9月24日	「今度於関ヶ原 御忠節之儀、誠感悦之至候、従最前之 筋目無相違儀 別而祝着存候、向後武蔵守(秀忠)同前存、不可有疎略候、委細者井伊兵部少輔可申入候 恐々謹言」。徳川家康(1543～1616)、筑前中納言(小早川秀秋、筑前名島城主)(1582～1602)宛に書状を送り、関ヶ原の功績を賞し、今後は秀忠同様に思い粗略に扱わないと伝える。井伊直政が詳しく述べるとした。	8290

西暦1600

慶長5	9月24日	徳川家臣井伊直政・本多忠勝、連署して起請文を毛利輝元に送る。	8291
	9月24日	秀忠、黒田長政宛に書状を送り、遅参を弁明し、大坂城受取の進歩状況を問い戦功を賞賛する。	8292
	9月24日	伊達政宗、徳川家康宛に書状を送り、宇都宮の結城秀康から援軍要請の返信がないと不満を伝える。	8293
	9月24日	「慶長出羽合戦9月8日〜10月4日」。直江兼続（1560〜1619）、長谷堂城への水攻めを計画するも、長谷堂城兵の抵抗に遭い撤退。	8294
	9月24日	「慶長出羽合戦9月8日〜10月4日」。伊達（留守）政景（伊達政宗の叔父）（1549〜1607）、山形城と菅沢山の中間の沼木に出陣、須川をはさんで上杉勢と対峙する。	8295
	9月25日	池田照政（のち輝政）（三河吉田城主）・福島正則（尾張清州城主）・黒田長政（豊前中津城主）・浅野幸長（甲斐府中城主）・藤堂高虎（伊予板島城主）、毛利輝元（安芸広島城主）宛に連署の誓書を送り、井伊直政・本多忠勝が9月14日、吉川広家（輝元家臣）（1561〜1625）に、送った誓書に虚偽がないこと、反抗しなければ処分はなく協力をすることを伝え、家康は輝元に対して、悪意がないことを告げる。	8296
	9月25日	「毛利輝元、大坂城退城」。 立花宗茂（筑後柳川城主）（1567〜1643）や毛利秀元（1579〜1650）の主戦論を押し切った毛利輝元（1553〜1625）、徳川家康（1543〜1616）に申し出て、大坂城西の丸を出て、木津毛利下屋敷に退去する。そこで敗北の責任をとり、恭順を示すため隠居。	8297
	9月25日	「豊臣系大名が大坂城を接収」。福島正則・黒田長政・藤堂高虎・浅野幸長・池田照政（のち輝政）ら、大坂城西の丸を接収し、本丸の豊臣秀頼に謁見する。	8298
	9月25日	「家康、増田長盛の死罪を免じ、所領を没収する」。 毛利輝元と共に大坂城守備部隊として西の丸に兵3千を率いて駐屯していた増田長盛（大和郡山城主）（1545〜1615）、出家して謝罪。	8299
	9月25日	「……其元之様子如徳法印申候、早」。 家康、黒田甲斐守（黒田長政）宛に書状を送り、徳永寿昌法印からの報告を受け早急に大坂城を受け取るよう、また、諸侍・町人への法度の発布を命じる。	8300
	9月25日	「……仍大坂之儀、何様之儀も御合」。 家康、吉田侍従（池田輝政）・浅野左京大夫（浅野幸長）宛に書状を記し、大坂城を受け取るようにそれぞれ指示を出す。	8301
	9月25日	家康、石見国大家村他六村、播州揖東郡網干三ヶ村、摂州武庫郡鳴尾村等に、朱印状をもって禁制。	8302
	9月25日	「返々、内府様於政宗様一段御懇ニ候、毎日少将様之御事出不申事候ハす候、」。 今井宗薫、伊達政宗宛に書状を送り、毛利輝元の帰国、増田長盛の出家、三成・小西・安国寺の生捕などを伝える。	8303
	9月25日	大坂を目指す徳川家康、大津を発ち木幡山伏見城に向かう。	8304
	9月25日	秀忠は、この日付で、福島正則・黒田長政・藤堂高虎・浅野幸長・池田照政（のち輝政）に対して、貴札を披見し、大坂城を受け取ったことを了承した。	8305
	9月25日	鍋島勝茂（肥前佐賀城の直茂嫡男）（1580〜1657）は、家康家臣の井伊直政（1561〜1602）・本多正信（1538〜1616）らを頼り、家康・秀忠に謁見、謝罪する。 「関ヶ原の戦い」では、勝茂が当初西軍に属して積極的に参戦したが、父・鍋島直茂（1538〜1618）は東軍勝利を予測しており、先ず尾張方面の穀物を買い占めて家康に献上、関ヶ原の戦い以前に、勝茂とその軍勢を戦線から離脱させていた。	8306

慶長5	9月25日	前田利長（1562〜1614）、書を家臣に与へて、徳川家康の命により、明日兵を京師西岡附近に進めしむ。	8307
	9月25日	「東濃における関ヶ原の戦い8月12日〜9月25日」、終結。 西軍の田丸直昌（具直）方の土岐砦が開城する（城主・直昌は大坂城守備）。さらに岩村城（岐阜県恵那市岩村町）が開城する。 直昌方は、妻木貞徳（（1544〜1618）・家頼（頼忠）（1565〜1623）父子に城を明け渡すのを嫌い、遠山友政（苗木遠山氏）（1556〜1620）に渡すという。	8308
	9月25日	「尚々其元之様子、被仰越忝候、去十二日（十五日）之御状、今日廿五日ニ拝見申候、誠入御念ゑつ（絵図）給、一入満足いたし候、去十五日、濃洲山中ニ而、合戦被成、ことゝく被打取候由、千万目出度存候、殊御自身貴所も高名被成候由、千万目出度候、少手をおい被成候由承、あんじ申候、くるしからす由承、我等一人と満足いたし候、次野州（松平忠吉、家康の四男）自身高名之由、只貴殿御たちそい被成故と存計、此方ニ而者、満足御すいりやう可給候、扨々御同様不申候やう、御迷惑無之候、やがて大坂より之御吉左右待入申候、恐々謹言、」。 結城秀康（家康の次男）、井兵部（直政）宛に書状を送る。	8309
	9月25日	「慶長出羽合戦9月8日〜10月4日」。 伊達政宗（1567〜1636）、茂庭綱元（1549〜1640）に、上杉領湯原城（宮城県刈田郡七ヶ宿町）攻撃を指示、上杉軍不在のため地侍らは降伏する。	8310
	9月26日	島津惟新（義弘）（1535〜1619）、安芸日向泊（広島県）に到着。立花宗茂（1567〜1643）の艦隊と同宿し、宗茂と面談するという説もある。	8311
	9月26日	**鍋島勝茂、徳川家康に許され、大坂を発って領地肥前国を目指す。**	8312
	9月26日	**徳川家康、淀城に移動して泊まる。**	8313
	9月26日	**本多正信（1538〜1616）、真田信幸（信之）・堀直次（直政）・本多紀貞（のりさだ）に、関ヶ原の戦いを報ず。** 関ヶ原本戦の内容を知らせた慶長5年9月17日付、石川康通（1554〜1607）・彦坂元正（？〜1634）連署状写しの添状。	8314
	9月26日	石田三成・小西行長・安国寺恵瓊、大坂護送のため、大津を出る。	8315
	9月27日	黒田如水（官兵衛）の水軍、豊後沖合にて、薩摩に逃げ戻る島津惟新（義弘）の軍船を3隻発見し攻撃。	8316
	9月27日	**毛利輝元、木津下屋敷を出て、本国へ帰る。**	8317
	9月27日	前田玄以（1539〜1602）は、引き続き、金剛寺（大坂府河内長野市天野町）に籠ると、義演は記す。	8318
	9月27日	徳川家康、武蔵国川越藩主酒井忠利（1559〜1627）及兄重忠（1549〜1617）の二人に命じ、共に近江大津城を守らしむ。酒井兄弟は、山城藤森で家康を迎えたようだ。	8319
	9月27日	**徳川家康（1543〜1616）、秀忠（1579〜1632）と共に申刻（15〜17時）大坂城本丸に入り、豊臣秀頼（1593〜1615）・淀殿（茶々）（1569〜1615）に拝謁、戦勝報告した後、毛利輝元退去後の大坂城西の丸へ入り、秀忠を二の丸におく。** 家康、井伊直政（1561〜1602）・本多忠勝（1548〜1610）・榊原康政（1548〜1606）・本多正信（1538〜1616）・大久保忠隣（1553〜1628）・徳永寿昌（1549〜1612）の6名に、東軍諸将の勲功を調査するよう命じ、大久保長安（1545〜1613）らに京都・畿内周辺にある西軍諸将の財物を調査し没収するよう命じる。	8320
	9月27日	**徳川家康、大坂城西の丸にて、増田長盛（大和郡山城主）（1545〜1615）の沙汰を決める。その死を許し、所領を没収し、高野山に追放とする。**	8321

西暦1600

慶長5	9月27日	**徳川秀忠、待城**（長野市松代町松代）**主・羽柴右近**（森忠政）（1570〜1634）**宛に書を遣わして境目仕置を命じ、且つ上洛無用を告ぐ。使者大久保忠隣。** ⁸³²²
	9月27日	捕われた石田三成ら、大坂に到着。 ⁸³²³
	9月27日	この夜、京都の准如光昭（本願寺門跡）（1577〜1630）、徳川家康（1543〜1616）に会うために大坂へ赴く意志を示し、その同行について談合する。 ⁸³²⁴
	9月27日	ガラシャの自害で怒りに燃える細川忠興（丹後宮津城主）（1563〜1646）、松井興長（1582〜1661）を開城降誘交渉として家康より派遣の山岡道阿弥（景友）（1540〜1604）と共に、小野木重次（重勝）（（1563〜1600）の福知山城を攻撃、開城さす。 小野木は、井伊直政や前田茂勝（玄以の子）（1582〜1621）を通じて、徳川家康に助命を請う。 ⁸³²⁵
	9月28日	石田三成、小西行長・安国寺恵瓊らと共に、大坂・堺を罪人として引き回される。 ⁸³²⁶
	9月28日	相良佐兵衛頼房ら、大坂城にて家康に対面、所領安堵の御礼を述べる。 ⁸³²⁷
	9月28日	「今度大友其地へ相働候之処、被及」。 家康、黒田如水（官兵衛）宛に書状を記し、石垣原の戦で大友吉統を生捕った事を賞し小倉城の毛利吉成を攻めるように指示する。また、関ケ原における黒田長政の活躍を伝える。 ⁸³²⁸
	9月28日	「一書申し達し候、此の表の儀、甲斐守殿より仰せ越され候間、申すに及ばず候、」 井伊兵部少輔長政、家康書状添状（黒印状）で、黒田長政の戦功を賞し、石垣原での如水の大友吉統の「生捕」を称え、毛利吉成（勝信）を攻めるように指示し、「**殊に御領分の内に候間、即ち彼の地仰せ付けらるべきの由申され候**」と、毛利領を黒田氏に与えるとの徳川家康の意向を記す。 ⁸³²⁹
	9月28日	「今度上方衆逆心之刻、不被致同心」。 家康、松浦式部卿法印（鎮信）・大村丹後守喜前宛に朱印状を送り、所領を安堵。家康は、壱岐と松浦郡6万3200石の所領を安堵し、松浦鎮信（1549〜1614）は肥前国平戸藩初代藩主となった。大村喜前（1569〜1616）は、肥前国大村藩の初代藩主となる。 ⁸³³⁰
	9月28日	「塩飽検地之事 一式百弐拾石 田方屋敷方一千参拾石山畠方合千弐百五拾石、右領知、当嶋中船方六百五拾人先判の如く下され候之条、配分せしめ全く領知すべき者也」。 大坂城西の丸の徳川家康、秀吉と同様に、塩飽七島1千2百50石の領知を、船方衆6百50人に認める。 ⁸³³¹
	9月28日	「家康の島津氏糾明がはじまる」。 「**態申入候、仍今度惟新御逆意之段、無是非次第候、竜伯御父子御同意候哉、又各別之御存分候也、様子具御報ニ可預示候、以其趣内府へ可申上候、恐惶謹言」。** 家康の取次ぎ、寺沢志摩守正成（広高）（1563〜1633）・山口勘兵衛直友（1544〜1622）、島津龍伯（義久）・忠恒（のちの家久、義久の養子）父子に詰問状を送る。 ⁸³³²

慶長5	9月28日	「態使札以申入候、去十七日ニ、さを山へ山中より取かけ、則乗取申候、水之手を田中兵部取、せめおとし申候、」。	8333
		羽柴三河守秀康（結城秀康）、羽越州（伊達政宗）宛に書状を送り、9月17日田中吉政・石川康通ら佐和山城を乗り崩した事、石田一族が自害した事、天守に火をかけた事、上方の状況については安心してほしい、最上義光のことについて先日以後、申し越してこないので不安である、秀康としては、早々に宇都宮城から出陣して、上杉景勝と戦いたかったが、家康から宇都宮城を守備するように堅く命じられているので、出陣できず困惑している、などを報じる。	
	9月28日	「上杉氏と交戦中の政宗は秀康と連携を組んでいた」。	8334
		伊達政宗、結城秀康宛に書状を送り、上方では家康が「御存分」に任されている事を報じ、最上領へは援軍を派遣した事などを伝え、結城秀康の白河方面への出勢を求めると共に、こちらの状況を家康に取り次ぐよう依頼する。	
	9月29日	島津惟新（義弘）（1535〜1619）、日向国細島（宮崎県日向市大字細島）へ到着。	8335
	9月29日	「甲賀郡之内信楽、其方地如前々返」。	8336
		家康、多羅尾久右衛門に判物（本領還付状）発給。	
		秀次事件の連座で改易となっていた多羅尾光太（1552〜1647）か。	
	9月29日	摂関家、公家衆、大坂城の徳川家康、秀忠父子のもとへ礼に訪れる。	8337
	9月29日	石田三成ら、京都に護送され、奥平信昌（京都所司代）（1555〜1615）の監視下に置かれる。	8338
	9月29日	安国寺恵瓊（1539？〜1600）を匿った京都本願寺内興正寺の端坊明勝、処刑されるという。僧端坊明勝は、西軍の盟主毛利輝元（1553〜1625）の軍師であって、輝元の身代わりに処刑されたともいう。	8339
	9月29日	関ヶ原からの退却途中ではぐれた島津惟新（義弘）家臣・本田信貞、その子勝吉・新納旅庵（1553〜1602）と共に、山城鞍馬に潜伏。この日、家康の落人詮議役・山口直友（1544〜1622）の手のものに見つかり、捕えられ、大坂に送られるという。	8340
	9月29日	「南部境も種々六箇敷ご座候を、われら使者を遣わし候て上方のご様子もまた御為存ぜず逆意の旨少しも候わば南口に人衆残し置き、われら馬廻ばかりにて南部にまかり出で候とも、即時に申し付けべく候条、いかが候はんとおとしかけ候へば、一段困り候て、今は何様にも与す事候間、近日仙北よりも最上口平らげ候て景勝一味の由候間、近辺戦中南部より仙北へ後詰め候べし申し付け候」。	8341
		伊達政宗、家康取次の村越直吉・今井宗薫宛に返書状を送り、直江兼続が最上領の畑谷を攻撃、山形城も危機であったので、政宗は留守政景に5、6千の援軍を送った事を報じる。そして、上杉領湯原城・新宿城を攻略した事などを告げ、この書状を家康に披見するよう依頼する。	
	9月29日	「慶長出羽合戦9月8日〜10月4日」。支城米沢城にいた上杉景勝（1556〜1623）、関ヶ原での西軍敗報を得る。長谷堂城にいた直江兼続に撤退を命じる。	8342
	9月29日	「慶長出羽合戦9月8日〜10月4日」。長谷堂で膠着状態となっていた直江兼続（1560〜1619）、「関ヶ原の戦い」で西軍が敗れたことを知る。敗報を知った兼続は自害しようとしたものの、前田慶次郎（利益）（1533？〜1605）に諫められ撤退を決断したとされる。兼続、最上義光（1546〜1614）に気付かれないように米沢への撤退を開始。殿は、前田慶次郎（利益）と水原親憲（1546〜1616）。この時まだ最上義光は西軍敗戦を知らない。最上が知ったには兼続が人方の兵を引いた翌日のことである。	8343

慶長5	9月30日	「今朝輝元御身上之儀、内府へ申上候處、弥相済申候、……」。 黒田長政・福島正則、連署して、吉川広家・福原広俊・渡辺長・宍戸元続にそれぞれ、今朝（9月晦日）、毛利輝元の御身上のことについて家康へ申し上げたところ、いよいよ済んだ、明朝、福島正則の所へ出頭するようにと報じる。	8344
	9月30日	**「家康の島津追討令」。** 当主出頭要請を拒み軍備を増強し続ける島津家の態度に怒った徳川家康（1543〜1616）、本多忠勝らをして黒田長政・福島正則宛に書状を送り、毛利輝元（1553〜1625）を先鋒に命じ、九州諸大名に島津氏への追討令を発する。	8345
	9月30日	**「……一、薩摩へ之行付面、廣嶋迄、中納言可被致出勢候条、如太閤様御置目、路次筋諸城へ番手可被入置事……」。** 徳川家臣榊原康政・本多忠勝・井伊直政、連署して黒田長政・福島正則宛に書状を送り、薩摩への出陣について、広島までは毛利輝元が出勢し、秀吉置目如く、路次筋諸城へ番手を入れておくよう指示、毛利氏年寄衆から人質を提出することすること、輝元室は伏見の上屋敷へ移らせること、大坂方の人質をただちに返還すべきこと、それら諸点が実行されはじめて家康が藤七郎（秀就）に対面すると記す。また、薩摩攻めで徳川秀忠が、広島まで出向く予定と伝える。さらに毛利家中にも伝える。	8346
	9月30日	**徳川秀忠、羽柴右近（森忠政）宛に書状を送り、森忠政の信州表の一揆成敗を賞し、且つ家康へ取りなす旨を報ず。**	8347
	9月30日	関ヶ原脱出の西軍の長束正家の近江水口城、東軍の池田照政（のち輝政）（三河吉田城主）の弟・池田備中守長吉（1570〜1614）・亀井武蔵守茲矩（1557〜1612）の言に同意して、開城。正家は桜井谷の民家へ移る。	8348
	9月30日	「慶長出羽合戦9月8日〜10月4日」。康康側近の今井宗薫より伊達政宗（陸奥岩手沢城主）（1567〜1636）のもとに、詳しい関ヶ原の勝報が届く。 政宗はすぐさま写しを最上義光（出羽山形城主）（1546〜1614）へ届ける手配をする。	8349
	9月一	**「禁制 黒川 一軍勢甲乙人濫妨狼籍」。** 家康、黒川に朱印状をもって禁制。	8350
	10月1日	**「石田三成、斬首」。** 石田三成（1560〜1600）、小西行長（1555？〜1600）、安国寺恵瓊（1539？〜1600）の3名、洛中引き回しの末、京都六条河原で斬首される。首は翌日三条河原に晒された。 三成は、生前親交のあった春屋宗園（1529〜1611）・沢庵宗彭（1573〜1646）に引き取られ京都大徳寺の三玄院に葬られたという。安国寺恵瓊首塚は、東山の建仁寺本坊内の庭にある。	8351
	10月1日	**「慶長出羽合戦ー長谷堂城の戦い」。** 長谷堂城を囲んでいた直江兼続軍が、米沢に撤退を開始する。関ヶ原の勝報に接した最上義光（出羽山形城主）（1546〜1614）は勢いを盛り返し、追撃戦に出る。 ここに退く兼続と追う義光の間に、大激戦が演じられ、これを世に「長谷堂城の戦い」と呼ぶ。	8352
	10月2日	**「増田長盛、死を許されるも除封」。** 徳川家康（1543〜1616）、本多正純（1565〜1637）・藤堂高虎（1556〜1630）らをして、増田長盛の大和郡山城主を収めしむ。長盛（1545〜1615）は、紀伊高野山に入る。後には、高野山を出て、武蔵国岩槻城2万石の高力清長（1530〜1608）預かりとなる。	8353

慶長5	10月2日	「一輝元御身上之儀、羽三太申談涯分候つれ共、奉行共御一味候而、西丸御移、諸方内通之廻状数々中納言殿御判……」。 （密約の履行は、毛利輝元の西軍総大将就任が否応なしに担ぎ上げられた場合のみであり、大坂城から発見された西軍の連判状に輝元の花押があった事から毛利家の所領は没収のうえ改易が免れない所であること、その一方で広家の家康に対しての異心なきは井伊直政・本多正信もよく承知で、毛利領のうち1、2ヶ国を与えるべく、ただいま家康に対して交渉中である）。 黒田長政（豊前中津城主）、家康の意をうけて、毛利輝元家臣吉川広家(1561〜1625)宛に書状を送る。偽文書の説がある。	8354

10月2日 「……其方煩付而者、九州在所へ被」。
家康、在坂の伊藤豊後守（伊東祐兵）（日向国飫肥城主）(1559〜1600)宛に書状を送り、上方で降伏した高橋元種・秋月種実両氏と力を合わせて、薩摩を攻撃せよと命ずる。偽作書状説がある。 8355

10月2日 「……仍小野木城へ入付而、即被取」。
家康、福知山城を攻囲する丹後宰相（長岡（細川）忠興）宛に書状を送る。忠興は木下延俊（忠興の義弟）と共に、西軍だった大名たちを引き連れ、父幽斎の籠もる田辺城を攻めた小野木公郷（重勝）(1563〜1600)の丹波国福知山城へ攻め入った。 8356

10月2日 「木曽谷中代官之儀、被仰付付候、幷材木等之儀、木曽川・飛弾（驒）河共、如石川備前仕候時可申付候、」。徳川家康、大久保十兵衛長安を奏者として山村道祐へ朱印状。
家康は、それまで豊臣秀吉の蔵入地となっていた木曽を蔵入地として確保し、山村道祐を木曽代官に任用し、信濃木曾の太閤蔵入地10万石の代官も務めた、尾張犬山城であった石川光吉（貞清）の山河支配を継承させた。
木曾義昌旧臣の山村良勝の父、山村良候（号道祐）である。 8357

10月2日 山科言経(1543〜1611)・冷泉為満(1559〜1619)ら、大坂に赴き、徳川家康に拝謁。 8358

10月2日 京都の准如光昭（本願寺門跡）、徳川家康に会うために大坂へ下向。 8359

10月2日 東軍に降伏した大垣城の守将・福原長堯（出家して道蘊）、伊勢朝熊山で自害。
三成の縁者（室は石田三成妹）ということもあって許されなかったという。 8360

10月3日 島津惟新（義弘）(1535〜1619)、帰国して大隅富隈城（鹿児島県霧島市隼人町住吉浜の市）にいる兄の龍伯（義久）(1533〜1611)を訪ねる。その後、居城の大隅帖佐城（鹿児島県姶良郡姶良町）に帰還する。 8361

10月3日 吉川広家(1561〜1625)に、黒田長政の書簡が届く。広家は、この沙汰に対して、黒田長政と福島正則に起請文を提出する。「……しるしを差上、一途に御忠義可仕候事、……」（私に対する御恩顧は忘れませぬが、何卒、毛利の家名を残してほしい。輝元は今後、徳川氏に対する忠節に励みます。万が一、輝元が徳川に対して弓引くようなことがあれば、たとえ本家といえども、輝元の首を取って差し出す覚悟です…）との起請文を記す。偽文書の説がある。 8362

10月3日 「禁制 法隆寺 一軍勢甲乙人等濫妨狼籍」。家康、法隆寺に朱印状をもって禁制。 8363

10月3日 長束正家(1562?〜1600)、弟の伊賀守直吉(1567〜1600)と共に、包囲軍の池田長吉（輝政の弟）(1570〜1614)の降伏勧告に従い、水口城から移った蒲生郡櫻井谷の民家を攻撃され自刃。その首は三条河原に晒される。池田長吉は、後にそれを徳川家康(1543〜1616)に賞されて、近江国佐倉3万石から因幡鳥取藩6万石に加増移封となる。 8364

10月3日 「慶長出羽合戦9月8日〜10月4日」。直江兼続はこの日、荒砥城撤退を終えたが、両軍の損害は最上方6百余、上杉方2千百余という。 8365

西暦 1600

慶長5	10月4日	「一、上方於美濃口御取相、当月迄も御座候者、中国へ切上、花々と、見知返し候間、一合戦可仕と存候ニ、はやく内府御勝手ニ罷成、残多候、」。 九州の黒田円清（如水、官兵衛）、吉川広家(1561〜1625)宛に自筆書状を送り、「合戦が長引けば、挙兵上洛するつもりでいた」、「家康のために毛利と一戦やるつもりが家康が勝手に終わらせて心残りだ」と記す。	8366
	10月4日	「慶長出羽合戦9月8日〜10月4日」、終結。直江兼続（上杉景勝家臣）(1560〜1619)、ようやく、自らの居城・米沢城(山形県米沢市丸の内)まで撤退。	8367
	10月5日	「……殊及合戦、大友被生捕之儀、」。 大坂城の徳川家康、黒田如水(官兵衛)宛に書状を送り、軍功を賞すると共に、近く黒田長政(豊前国中津城主)を領地に帰らせると伝える。	8368
	10月5日	**本多忠勝、黒田如水(官兵衛)宛に家康書状副状を送り、黒田長政の戦功・如水の戦功(生捕)を賞し、近日長政が下向する事を伝える。**	8369
	10月5日	**井伊直政、黒田如水(官兵衛)宛に添状を送り、「天下一篇」(を家康が申し付けた事)を伝える。**	8370
	10月5日	**秀忠、新発田の溝口秀勝(1548〜1610)宛に、越後一揆平定に対する感状を送る。**	8371
	10月5日	**秀忠、伊達政宗宛に書状を送り、家康が「天下平均」を申し付けて大坂城に移った旨を伝え、安心するよう告げる。**	8372
	10月6日	**本多正信(1538〜1616)・藤堂高虎(1556〜1630)、増田長盛(1545〜1615)の大和郡山城を請取る。** 後、郡山城の建物を伏見城に移築。甲州出身で武田蔵前衆の一員であった大久保長安(1545〜1613)、郡山在番(番城)、大和代官(奈良町支配)となる。	8373
	10月6日	**徳川秀忠、森忠政(1570〜1634)宛に上方平均を報ず。 使者大久保忠隣。**	8374
	10月6日	青木一矩(かずのり)(1541〜1600)、北ノ庄城にて、没。享年60。「関ヶ原戦い」で西軍が大敗を知り、前田利長の従兄弟である土方雄久(1553〜1608)に、仲介を頼み、嫡男俊矩(としのり)(?〜1608)を人質として前田利長に差し出して、東軍に全面降伏していた。	8375
	10月6日	「松川の戦い一慶長5年10月6日〜慶長6年4月26日」、はじまる。異説あり。伊達政宗(1567〜1636)は、長谷堂城の戦いの後、直江兼続が米沢に帰ったのを見て取ると、仙道方面への侵略を開始、この日、宮代で上杉軍・本庄繁長(1540〜1614)を破る。伊達軍は更に福島城を囲むが、城の防御は堅く、翌日には撤退する。	8376
	10月7日	「家康暗殺未遂事件」の死罪(『武家盛衰記』)。 石川頼明(石川貞清兄)、切腹となり首は京の三条河原に晒される。頼明は、城主京極高次退去後の大津城を城代となり守備する。西軍が敗れると知人の脇坂安治(淡路洲本城主)を通じて、井伊直政に降伏していた。慶長3年(1598)石田三成の命で屋敷に放火し、家康(1543〜1616)を暗殺しようとして家臣に捕まった。この過去の「家康暗殺未遂事件」の前歴ゆえ、死罪となるという。一時、頼明を匿った生駒修理亮(生駒親正の弟という)も、この日に切腹を命ぜらる。	8377
	10月7日	**松平忠吉（家康四男、秀忠の同母弟）(1580〜1607)、武蔵国忍城10万石から尾張国清須52万石へ転封。** 忠吉は、「関ヶ原の戦い」で初陣を飾り、舅・井伊直政(1561〜1602)と共に、福島正則(1561〜1624)と先陣を争い、「島津の退き口」の島津豊久(忠豊)(1570〜1600)を討ち取る等の功を挙げる。	8378
	10月8日	「大坂不慮以来、九州之者共忠不忠之次第、」。黒田如水（官兵衛）、松井康之に託して、井伊直政・金森可重・有馬則頼・浅野長政・長岡(細川)忠興・黒田長政宛に、細川家重臣・松井佐渡守康之上洛と細川勢の奮戦を報ずる。 如水は、九州諸大名の忠、不忠を報告し、九州個別大名の評価もしていた。	8379

慶長5	10月8日	越後の堀親良（秀政の次男）（1580～1637）、徳川秀忠に書を送り、会津から兵が送られ、一揆が蜂起した旨を報じる。	8380
	10月8日	**徳川秀忠、堀親良宛に書を送り、「天下一篇」（を家康が申し付けた）と伝える。**	8381
	10月9日	西軍の立花宗茂（1567～1643）、豊後府内（大分市）から山路を越え、この日、筑後柳川城（福岡県柳川市本城町）へ逃げ戻り、籠城。	8382
	10月10日	「家康、毛利輝元の所領6ヶ国を削り周防・長門2国に減封」。 「敬白起請文前書之事 一周防長門両国進置候事 一父子身命異議有間敷事 一虚説等有之付ては可遂糾明事…」。 毛利家の処遇を決定した徳川家康、自ら認めた起請文を、安芸中納言（毛利輝元）（1553～1625）・毛利藤七郎（秀就）（1595～1651）父子に送り、周防・長門（防長2ヶ国）を安堵すること、輝元父子の命を保障すること、嘘を言ってたので究明するなどを伝える。この2ヶ国は吉川広家（1561～1625）に、与えられるはずのものだった。 毛利家は安芸・周防・長門・石見・備後・出雲・隠岐及び伯耆、備後等120万石から、わずか36万9千石の領主へ転落。この日、輝元は出家し「宗瑞」と号し、子・秀就に家を継がせる。家康は大坂城西の丸を輝元から受け取る時に出された、毛利輝元の領国を安堵するという条件は反古にした。	8383
	10月10日	**家康、山城鞍馬で捕らえた島津惟新（義弘）の臣・本田信貞・新納旅庵らを赦し、帰国させるという。** 旅庵らは、尋問を受け、島津龍伯（義久）・忠恒（後の家久）に上洛を促すよう命じられ解放された。	8384
	10月10日	「急皮啓達候、今度天下之仕合無是非次第候、兵庫頭殿御下之事候間被仰談其御国之儀、御理被仰早々御出仕御尤候、内府前之儀自最前御手次之事候間随分御馳走可申候、御用之儀御座候ハ者御書付可被下候、委細山口勘兵衛可申達候条不具候」。 井伊直政、島津忠垣（後の家久）宛に書状を送り、詰問の使者山口勘兵衛直友（1544～1622）を送る。	8385
	10月10日	**大久保忠隣（1553～1628）、堀直次（直政）（1547～1608）宛に書状を送り、中納言（秀忠）へ手柄の事など披露したと伝える。**	8386
	10月10日	青木一矩病死除封、保科正光（1561～1631）が在番として北庄城（福井県福井市大手）に入る。	8387
	10月11日	鍋島勝茂（1580～1657）、肥前佐賀城に戻り、西軍の敗退を告げ、立花宗茂（筑後柳川城主）（1567～1643）攻撃を条件に、徳川家康から赦免されたことを父・直茂（1538～1618）に報告する。	8388
	10月11日	**細川家重臣・松井康之（1550～1612）、豊後から大坂に至り、家康（1543～1616）に拝謁する。**	8389
	10月11日	「内府へ倉部同道罷向了、夕有之、内府（家康）・予（山科言経）・冷（冷泉爲満）・倉部（山科言緒）・一斎（水無瀬）・兌長老（西笑承兌）・三要（閑室元佶）等也、色々草子・文字・絵等有之今夜散々衆召具也、次禁中北ニテ予・冷ニ家可給由御約束也、満足満足」（『言経卿記』）。**山科言経・冷泉爲満、家を内裏北に賜る。**	8390
	10月11日	伊東祐兵（日向国飫肥城主）（1559～1600）、大坂で病没。	8391
	10月12日	傍観状態の「関ヶ原戦い」で西軍壊滅後、長宗我部盛親（土佐浦戸城主）は軍を率いて南宮山から南下して大坂へ入り、海路で領国に逃げ帰る。この日、長宗我部盛親（1575～1615）、謝罪の為、大坂に至る。盛親は、懇意にあった徳川家康の重臣・井伊直政（1561～1602）を通じて家康に謝罪し、沙汰を待つが、軟禁される。	8392

西暦**1600**

慶長5	10月12日	これより先、那須資景、伊王野資信、福原資保らは境目は無事と秀忠側近大久保忠隣宛に報告。 **この日秀忠、那須資景、伊王野資信、福原資保・岡本義保（いずれも大田原城に在城した那須衆）宛に、「天下平均」と家康が大坂へ移ったことを報じる。**	8393
	10月中旬	この頃、大津城で戦功のあった京極高次（初の夫）(1563〜1609)、家康(1543〜1616)から若狭一国8万4千9百石を与えられ、後瀬山城（福井県小浜市伏原）に入る。 後に小浜城を築き、移る。	8394
	10月12日	京極高次、小浜の長源寺へ禁制を与える。 関ヶ原の戦いの後、徳川家康は西軍の軍勢を大津に引きつけて関ヶ原へ向かわせなかった高次の功績を高く評価した。高次は井伊直政からの使者を受け、早々に高野山を下りるように伝えられる。初め高次はこれを断ったが、更に山岡道阿弥を送られ、それに弟の京極高知も加わった説得を受けて下山した。 高次は大坂で家康に会い、若狭一国へ加増転封された。	8395
	10月12日	九鬼嘉隆(1542〜1600)は、西軍の敗北が決定的になると鳥羽城を棄てて、和具（三重県鳥羽市答志島）に潜んでいたが、この日、次男・守隆に遺書を残して、自刃。享年59。 九鬼守隆（志摩鳥羽城主）(1573〜1632)は、徳川家康に自らの戦功にかえ父嘉隆の助命嘆願し、その赦しを得ていたが、その報は嘉隆のもとに届かなかった。	8396
	10月13日	これより先、佐竹義宣（常陸水戸城主）(1570〜1633)、弟の岩城貞隆（陸奥岩城城主、義重三男）(1583〜1620)と共に、上杉景勝(1556〜1623)攻略のため出陣することを、伊達政宗（陸奥岩手沢城主）(1567〜1636)・最上義光（出羽山形城主）(1546〜1614)に報じる。この日、最上義光はそれに賛同する。 佐竹義宣は、表面上家康に従う素振りをみせながら密かに西軍を支援していたといわれる。慶長7年(1602)、義宣は領国を没収され、出羽に改易される。	8397
	10月14日	**「御折紙 殊に生鮭到来祝着之至に候、将又其国之儀雖小国候、爰元手寄に候間、先進上候處、御気に入御有付之由承候、左様候得者、弥令満足候、猶井伊兵部少輔が申すべく候、」。** 家康、井伊直政をして京極宰相に書状を送り、生鮭等の到来を謝す。井伊直政が詳しく述べるとした。従三位・参議（宰相）の若狭一国8万5000石の京極高次である。	8398
	10月14日	「……去六日より、福島へ動仕候、得大利申候、様躰先達具ニ條々申入候キ、最上へ人衆……」。 伊達政宗、家康側近の今井宗薫宛に書状を送り、関ヶ原での勝利を「天道」はありがたいと記し、此表では10月6日に福島に出動、伊達軍が最上軍を支援して会津直江軍を破った事、伊達軍単独でも上杉領を攻める事などを伝える。また、関ヶ原で勝利した家康の9月27日大坂入城をお祝いし、生捕りの石治（石田三成）・安国（安国寺恵瓊）・小西（行長）・長大（長束正家）の諸国引き廻しは時刻が延びて危険と述べ、五畿内・洛中・洛外・大坂・堺の引き廻しに留め、早々に京五条河原で処刑し獄門にかけるべくを進言する。そして、「内府（家康）が御下向ならば、佐竹隠居（義重）を江戸へ証人として引越させ、心安く会津征伐を行われるよう進言する。佐竹などはどんなことを命ぜられても違背することはなかろう」と内報した。	8399
	10月15日	**淀殿（茶々）と豊臣秀頼が、徳川家康を大坂城本丸に招いて饗応する。その際、家康が遠慮したにも関わらず、盃は淀殿〜家康〜秀頼の順に廻されるという。**	8400

| 慶長5 | 10月15日 | 「家康59歳、関ヶ原における客将の論功行賞を発表する―西国地域はほとんど、東軍豊臣系大名が占める」。 | 8401 |

「家康59歳、関ヶ原における客将の論功行賞を発表する―西国地域はほとんど、東軍豊臣系大名が占める」。

西軍諸大名八十七家の所領を没収し、それらは東軍諸将に恩賞として知行充行われ、或いは徳川氏の直轄領に組み入れられる。

これにより、中央を徳川譜代で固める一方、東軍に加わった豊臣家家臣は、九州・四国・中国・奥羽といった中央から離れた地に転封し、初めて徳川家による中央支配の意図を明らかにする。

10月15日　8402

家康（1543〜1616）は、浅野幸長（1576〜1613）の軍功を賞し13万石を加増して、甲斐府中から紀伊和歌山37万6千石を与え、尾張清州24万石の福島正則（1561〜1624）を安芸・備後49万石に転封、代わりに四男の松平忠吉（1580〜1607）を、武蔵国忍城10万石から尾張国清須52万石城主に任命する。

また三河吉田城15万2千石の池田照政（のち輝政）（1565〜1613）には、播磨・備前・淡路3国52万石を与え姫路城主とし、豊前中津18万石の黒田長政（1568〜1623）には筑前1国52万石を与え、加藤清正（1562〜1611）には肥後19万石から52万石に加増、加藤茂勝（嘉明）（1563〜1631）は、伊予国松前にさらに10万石を加増して20万石を与える。

10月15日　8403

西軍の大名は刑死・自刃・戦死・流罪・追放・蟄居、そして改易か減封となった。

大和郡山20万石増田長盛（2日）、美濃岐阜12万3千石織田秀信、備前57万4千石宇喜多秀家、土佐浦戸22万2千石長宗我部盛親、筑後久留米13万石小早川（毛利秀包）、信濃上田3万8千石真田昌幸、豊前小倉6万石毛利勝信（勝永父）、尾張犬山1万2千石・石川貞清（正室は、真田信繁の七女おかね）ら87家余りが改易等となり、総没収高は416万余石あった。会津120万石上杉景勝は出羽米沢30万石に、安芸ら120万石毛利輝元は周防・長門37万石に（10日）、常陸54万5千石佐竹義宣は出羽秋田20万5千石に減封されるなど、その削封高は216万余石となる。両者合わせての没収総高は600万石を超え、当時の全国の総石高787850万石の3分の1に及ぶ。秀吉が没した当時、豊臣家は40ヶ国に亘って222万石であった。その豊臣の蔵入地は摂津・河内・和泉の65万7千石余りに減らされていた。

222万石の家康は、関東と伊豆の領国支配から、陸奥南端の磐城平から越前・近江・北伊勢に、一門と譜代大名を配置した。家康の直轄地も400万石に達し、佐渡金山・生野銀山・石見銀山・足尾銀山などの金銀鉱山と京都・奈良・伊勢山田・堺・尼崎・伏見・長崎などの主要都市も押さえた。その所領と実収入は、秀吉を遥かに超えていた。

10月15日　8404

家康は五大老筆頭の立場を利用し、その戦後処理において羽柴宗家の所領（いわゆる太閤蔵入地）を勝手に分配し、日本全国に分散して配置されていた約220万石のうち、諸大名に管理を任せていた分を奪われて、**秀頼は摂津・河内・和泉の直轄地のみを知行する約65万石の一大名の立場に転落した。**

ただし豊臣家は、西日本を中心とした大名への干渉を行ったり、蔵入地からは依然として収入があったりした形跡があったことが判明している。

西暦1600

慶長5	10月15日	「**長宗我部氏の家督相続争い3月3日〜9月29日〜10月15日**」。	8405

徳川家康（1543〜1616）、長宗我部盛親（元親の四男）（1575〜1615）の死を赦すも、兄（津野親忠）殺しの理由付けで、土佐22万2千石没収で改易とする。
家康は、井伊直政（1561〜1602）に、土佐浦戸城を受け取って山内一豊（1545〜1605）に渡すよう命じ、直政は、家臣鈴木平兵衛らを城受け取りのため土佐に派遣する。その後盛親は、身一つの謹慎生活を送る事になり、京の上立売柳ヶ逗子（下立売栖ヶ辻子とも）に、住居を構え「大岩佑夢」と名乗り寺子屋を営み、旧臣らの仕送りで暮らしていた。また、公家・清原（舟橋）秀賢と交友があったとの記録も残っている。

10月15日　「**書状令被見候、仍此表之儀、國割申付、各國々へ指下候、可御心安候、會津之儀者、来春令出馬、可致成敗候、其内御無聊爾様、御分別専一候、雖然最上表有加勢、無異儀様被仰付尤候、委細山岡志摩守口上ニ申候條、令省略候、恐々謹言、**」。　8406
徳川家康、大崎少将（伊達政宗）（1567〜1636）宛に伊達家臣山岡重長（1553〜1626）をして返書状を送り、東軍諸将の論功行賞を終えたことと、来春には上杉の征伐をすることを告げ、24日には政宗が最上義光を援助したことを褒め、春には、義光に命じ景勝を討たせることを告げ、政宗が軽率に軍事行動を起こさぬよう伝える。

10月15日　**徳川秀忠、木曽衆千村平右衛門宛に、美濃柿贈呈の礼状を送る。**　8407

10月15日　**中納言秀忠、佐竹常陸介義重宛に書状を送り、家康の大坂城入城を知らせる。**　8408

10月15日　**徳川秀忠、常陸の佐竹義宣宛に挨拶状を送る。** 関ヶ原を知った義宣（1570〜1633）は直ちに、上方在陣中の家康・秀忠に勝利の賀使を急派していた。　8409

10月16日　金剛寺（大坂府河内長野市天野町）に蟄居していた前田玄以（元丹波亀山城主）（1539〜1602）、この日、大坂城で徳川家康に謁見し、本領を安堵される。
玄以への処遇が寛大だったのは、玄以が病気で8月以降、表だった活動をしていなかったことと、朝廷・公家対策の手腕を家康が期待していたため、家康に内通していたためとも、いう。　8410

10月16日　**徳川秀忠、堀直次（直政）（1547〜1608）宛に書状を送る。** 土井利勝・大久保忠隣は、それぞれ添状を送る。　8411

10月16日　**秀忠、羽柴右近（森忠政）宛に書状を送る。天下の事は任されたと記す。**　8412

10月17日　加藤清正（肥後隈本城主）（1562〜1611）は、立花宗茂（筑後柳川城主）（1567〜1643）を弁護する書状を徳川家康に送り、その旨を宗茂に告げ、降伏を勧める。　8413

10月17日　**前田利長（加賀金沢城主）（1562〜1614）、大坂城で徳川家康（1543〜1616）に拝謁。**
家康は、前田利長の軍功を賞し、山口宗永・丹羽長重の遺領を与える。さらに、弟・前田利政（1578〜1633）の能登国を没収し利長に与える。前田利長は、あわせて加越能三国に120万石、外様最大の大々名となる。また前田利常（利長の養子）と徳川秀忠の「ひめぎみ」との婚約が約されたという。

前田利政は所領を失い牢人。その後は京都の嵯峨に隠棲し、宗悦や宗西と号した。本阿弥光悦や角倉素庵とも親交があったとされる。丹羽長重（1571〜1637）はその後謹慎生活をし、最初は京都柴野大徳寺で、その後は鳥羽でひたすら恭順の意を示し、慶長8年（1603）11月、将軍秀忠の取り成しもあって許され、常陸古渡に1万石を新たに与えられた。晩年は、似たような境遇である立花宗茂（筑後柳川城主）（1567〜1643）と並び、第2代将軍・徳川秀忠や第3代将軍・徳川家光の御伽衆筆頭として重用された。

慶長5	10月19日	長宗我部盛親の土佐浦戸城受け取りのために、8隻の船が浦戸に着く。	8415
		船団には、城明け渡しを認めた盛親自身の書状をもった長宗我部家臣・立石助兵衛正賀(1565~1659？)、井伊直政家からは、城受け渡しの立会人として、鈴木平兵衛と松井武太夫が、また、次の浦戸城主となることが決まっている山内家からは一豊の弟の康豊(1549~1625)らがそれぞれの船に乗っていた。	
		立石正賀は、のち「長元記」(「長そかべ元ちか記」の略)を著したという。	
	10月19日	細川幽斎(1534~1610)、大坂城で徳川家康(1543~1616)に謁見。	8416
	10月19日	**伊達政宗、家康側近の今井宗薫宛に書状を送り、上方で20万石か15万石程の堪忍分を申し請けたいと記す。**	8417
	10月20日	前田玄以(1539~1602)、金剛寺(大坂府河内長野市天野町)より、大坂城へ戻る。	8418
	10月20日	**徳川秀忠、佐竹義宣家臣・東義久(佐竹義久)宛に返書状を送る。**	8419
	10月20日	直江兼続(上杉景勝家臣)、米沢から会津若松まで撤退。	8420
	10月20日	**上杉景勝(1556~1623)、会津に家臣を集め軍議を開き、苦渋の選択ながら「徳川家康に和議を乞う決議」で決する。**	8421
	10月21日	秀忠、羽柴右近(森忠政)宛に書状を送り、忠政の上洛を止め、信州表の仕置を命ず。使者大久保忠隣。	8422
	10月22日	「今度御弓箭之成立惟新致罷下巨細致承知候、惟新事最前御談合之御企曽不被仰聞由候、殊内府様御厚恩之儀雖無忘却候、内府様如御存知奉対秀頼様永々可抽忠勤為証跡度々霊社之上巻上置候、其筋於無之相違者可同心仕旨御奉行衆承二付君臣之道難黙止任其意候由申候、勿論我々事御懇之儀聊不存忘候弥心底不可有別儀候、此等之段被聞食分候様御取合憑存候、」。 島津龍伯(義久)(1533~1611)と忠恒(後の家久)(1576~1638)、家康への取次役・寺沢正成(広高)(1563~1633)宛に書を送り、島津惟新(義弘)の西軍加担について弁明する。義弘は事前の企ては知らず、秀頼様への忠節があるため従ったこと、家康への反抗心はないことを伝える。	8423
	10月23日	「尊書拝見忝奉存候、仍此度天下御静謐二付面、早々御使者即令披露候処、被入御念段、具直書二被申展候、」。 大久保相模守忠隣、安房侍従(里見義康)宛に返書を送る。	8424
	10月24日	「就令上洛、使札祝著之至候、上方仕置等一篇申付候、可心安候、其地(宇都宮)在番之儀御苦労共候、猶本多弥八郎(正純)可申候、恐々謹言、」。 家康、安房侍従(里見義康)宛に返書状を送り、宇都宮在番を労う。	8425
	10月24日	「四日之御状到来、令被見候、仍最上相詰候敵、去朔日敗北之處、悉被討果之由候、又同八日之御状参着、至福島表、被及行刻、敵出入数候処、即追崩、数多被討捕、福島虎口迄被押詰之由、無比類仕合共候、於其表数度被竭粉骨、被入精之段、難申謝候、来春者早速、景勝成敗可申付候、其内御行無聊爾様肝要候、此表之儀、仕置弥丈夫申付候、可御心安候、猶宗薫、村越茂介 可申候、恐々謹言」。 徳川家康、福島表へ侵攻した大崎少将(伊達政宗)(陸奥岩手沢城主)宛に返書を送り、「福島表の戦い」の戦功を賞し、再び、来春には上杉景勝攻めに出馬する予定であるので、軽率に軍勢を出さぬように伝える。今井宗薫・村越直吉が詳しく述べるとした。	8426

西暦1600

慶長5	10月24日	「度々尊書拝見、忝候、仍四日之御状、同八日御注進状、両通具披露申候、無比類御手柄、被入精之段祝着之旨、以直書被申候、猶以従我等式、懇可申入之旨候、来春者早速、景勝成敗可被申付候、其中御行無聊爾之様、御分別御尤之由候、此表手置彌丈夫ニ、被申付候、今国分と被申付候、具従宗薫可被申候條、早々得御意候、恐々謹言、」。 井伊兵部少輔直政、大崎少将(伊達政宗)宛に返書状を送る。	8427
	10月24日	「其口敵退散之由相聞候、来春ハ早」。徳川家康、出羽侍従 (最上義光) (出羽山形城主) (1546〜1614)宛に書状を送り、来春早々、上杉景勝を成敗すると伝える。	8428
	10月24日	「……上方仕置等一篇申付候、可心」。 家康、諏訪侍従(諏訪頼忠)宛に書状を送り、長々の江戸在陣を労う。	8429
	10月24日	伊達政宗、井伊直政宛に書状を送り、家康上洛時に命じられたように結城秀康と相談し、上杉景勝への攻撃を中止したことを知らせる。	8430
	10月25日	黒田如水 (官兵衛) (1546〜1604)、「新領地は筑前1国か」と、確認の手紙を井伊直政 (1561〜1602)宛に出す。	8431
	10月25日	**徳川家康、鶴を朝廷に献上。**	8432
	10月27日	徳川氏が大坂城に入った際、下野国黒羽城(栃木県大田原市前田)主・大関資増(1576〜1607)が祝意を表して、使者をもって、太刀1腰・馬1疋・杉原(和紙)50帖を献上した。**徳川秀忠 (1579〜1632)、この日、謝意を告げ、平和が到来したので安心するようにと記し、大久保相模守忠隣(1553〜1628)からの添状が発給される旨、付言する。**	8433
	10月27日	**本多正純 (1565〜1637)、黒羽城主大関左衛門督資増宛に返書状を送り、関ヶ原合戦が終わり、四国・西国までも残らず徳川氏の支配下に入ったことを通知し、黒羽方面での昼夜のない防備態勢について徳川家康に申し入れたことを伝える。**	8434
	10月28日	但馬国竹田城(兵庫県朝来市和田山町竹田)主・斎村政広(赤松広通、広英)(1562〜1600)、徳川家康の命により自害。享年39。西軍について丹後・田辺城を攻撃するが、「関ヶ原の戦い」等西軍主力敗北後、降伏して、家康の命で東軍・亀井茲矩(1557〜1612)に従い、因幡の宮部長房(長煕)(1581〜1635)の鳥取城を攻めた。しかし、城下を焼き払った咎で、切腹改易となったという。 亀井茲矩は、秀吉死後は徳川家康に接近し、慶長5年(1600)の関ヶ原の戦いでは東軍に与して、山名国国を従えて最前衛で戦った。関ヶ原本戦後に鳥取城を攻めたが、堅城であったためなかなか陥落せず、西軍方の但馬竹田城主・斎村政広を寝返らせて援軍とし、さらに城下の焼き討ちによってようやく落城させた。この焼き討ち行為は家康の不興を買ったが、政広ひとりが焼き討ちの首謀者とされた。これは茲矩が自身の責任を回避すべく讒言したという説がある。	8435
	10月28日	岐阜城陥落後の織田秀信(織田信忠の嫡男、三法師)、ようやく高野山に入る。祖父信長の行った高野山攻めが仇となって当初は入山が許されず、この日まで待たされた。また、出家が許された後も迫害を受ける。	8436
	10月29日	細川幽斎(1534〜1610)、黒田如水 (官兵衛) (1546〜1604)に、豊後杵築城救援の礼状を出す。	8437
	10月29日	細川幽斎、家臣松井康之宛に書状を送り、家康と会った経過を伝える。	8438
	10月29日	宇喜多秀家は、この日、矢野五右衛門の助けを借り、白樫村 (岐阜県揖斐郡揖斐川町)を出て大坂の備前屋敷へ向かう。	8439
	10月一	この頃、細川忠興(丹後宮津城主)(1563〜1646)、建仁寺で伯母宮川殿やガラシャの侍女たちと対面し、ガラシャの最期の様子を聞く。	8440

慶長5	10月―	この頃、「浦戸一揆～12/5」、はじまる。 浦戸城の開城に納得のいかない長宗我部家臣竹内惣（総）右衛門（?～1600）は、「一領具足」を率いて使者鈴木平兵衛の宿舎・長浜雪蹊寺を包囲し、盛親（元親の四男）（1575～1615）に土佐半国、または二郡を与える事を要求する。	8441
	11月―	**この頃、下総結城10万石の結城秀康（家康次男）（1574～1607）は、越前国一国68万石と若狭国と信濃国の内とで、合計75万石を与えられ北ノ庄に封じられる。同時に「松平」姓を名乗ることも許される。** 拝領の日は、10月、11月、12月など諸説あるが、秀康の越前入封は、前田氏に備えたものであり、軍事的な意味をもっていた。	8442
	11月1日	徳川家康（1543～1616）、**丹後宮津18万石の細川忠興（1563～1646）に、豊前一国39万石と豊後国国東郡・速見郡内の旧領・杵築の計39万9千石を与える。細川幽斎（1534～1610）は、隠居料6千石を別途拝領。**2日とも。	8443
	11月2日	毛利宗瑞（輝元の入道名）（1553～1625）、毛利秀元（1579～1650）に長府3万6千石、吉川広家（1561～1625）に周防玖珂郡3万石（山口県岩国市周辺）を与える。「関ヶ原戦い」での広家の傍観が西軍敗退につながり、広家が井伊直政（徳川家康家臣）らと取り交わした密約も反故にされ、毛利家は大幅な領地削減を余儀なくされた。 翌年、広家は「関ヶ原始末書」を宗瑞に提出した。その中で自らの行動を、天正10年（1582）6月、備中高松で豊臣秀吉と和睦し、織田信長の死を知ったあとも動かなかった毛利家家臣の小早川隆景・吉川元春と同質で毛利家のためと釈明する。	8444
	11月3日	「柳川城開城」。立花宗茂（1567～1643）、加藤清正（1562～1611）の開城勧告を受け入れ、筑後柳川城を明け渡す。宗茂は、清正を頼って肥後国玉名郡高瀬に移り住む。黒田如水（孝高）（1546～1604）と清正は、加藤・黒田・鍋島・立花の九州連合軍を編成して島津攻めの準備に掛かる一方、宗茂を仲介として和平交渉を行うことになる。	8445
	11月3日	和平の議を決した上杉景勝（会津若松城主）（1556～1623）・直江兼続、本庄繁長（1540～1614）を上洛させて家康に謝罪することにする。 徳川と和睦できるかどうか、上杉家は存亡の危機に立たされていた。	8446
	11月4日	「抑今度御弓箭御企之儀、拙者式へ不被仰聞候間曽不存申候、就中内府様御厚恩之儀是又雖無忘却奉対秀頼様永々可抽忠貞之旨呉社上卷誓紙候て上置候、其旨無相違者今度応御下知一致心得之旨御奉行衆より以御墨付条々被仰付候間君臣之道難背二付候て、不及力御人数一分二罷出候」。 島津維新（義弘）、黒田長政に書状を送り、石田方から秀頼に対する誓紙を楯にせっかんされて仕方なく石田方についたと弁明する。	8447
	11月4日	島津維新（義弘）、島津家臣本田親貞に託して弁明する。	8448
	11月5日	「敬白天罸起請文前書之事　一今度之儀、以御取成身上相澄候段、過分至極二候、殊内府様御誓紙被下候儀、身ニ餘忝候、……」。 毛利宗瑞（輝元）、井伊直政（徳川家康家臣）に誓書を送り、毛利家をとりつぶさず36万石の領有を認めるという寛大な処置を感謝し、徳川氏に忠節を尽すと誓う。	8449
	11月6日	「其方数度之軍忠無比類之間、三州」。 家康、小笠原又次郎宛に御内書を送り、軍功を賞す。 小笠原吉次（1548～1616）であろうか。	8450
	11月6日	「……然者柳河表被相働藤四良居城」。 徳川家康（1543～1616）、鍋島加賀守（鍋島直茂）（肥前佐賀城主）（1538～1618）宛に書状を送り、「筑後柳川攻め」などの戦功を賞す。井伊直政が詳しく述べるとした。	8451

西暦1600

慶長5	11月6日	「従加賀守殿内府へ御使札被指上候、具申聞候、柳川表へ早々被成御動、」。 井伊直政、鍋嶋平五郎宛に返書状を送り、「筑後柳川攻め」などの戦功を賞し、家康が鍋島氏の働きを手柄に認定したこと等を告げる。佐賀藩主鍋島家の家老・鍋島茂里(1569〜1610)か。茂里は、軍略の立案から先鋒までを担当し、鍋島直茂・勝茂父子を助けた。	8452
	11月6日	「追而申入候、致判可申候へ共、少不相成様子ニ候條、乍慮外、如斯ニ候、以上、今度、柳川表、貴所為先手、被及御一戦、敵随分之者数多被討捕、殊御手前御手柄、無比類之由、其聞候、被入御情(精)候段、内府祝着被申候、何も重而可申達候條、早 如此候、恐々謹言」。井伊直政、鍋嶋平五郎宛に書状を送る。	8453
	11月7日	徳川家康、公家の勧修寺晴豊・烏丸光宣・広橋兼勝を大坂に招く。	8454
	11月9日	醍醐寺座主義演、日記に「三河守(秀康)、是ハ越前御拝領云々」と記す。	8455
	11月9日	徳川家康、禁裏紫宸殿の庭で能を催す。 早朝から多くの公家たちが集まり、能は11番あり、夜まで続く。	8456
	11月12日	「家康、島津討伐軍に撤退を命令」。「度々注進之旨、得其意候、柳河儀、質物請取、立花召連、至薩摩表、加主計・鍋嶋加賀守相働之由、及寒氣候之間、先年内者其元被在付候様、尤候、猶井伊兵部少輔可申候、恐々謹言」。 (季節が厳寒に向かう時分であり、如水らの島津攻めを取り止め、年内はそれぞれ帰国するように命じる。井伊直政が述べるとした)。 大坂の徳川家康(1543〜1616)、黒田如水軒(官兵衛)(1546〜1604)からの報告をうけて返書状を送る。関ヶ原に主力を送らなかった島津家には1万を超す兵力が健在であったし、また家康は、如水による九州一円の席巻を懸念していたともいう。	8457
	11月12日	「猶以て申し候、薩摩への状、御届け頼み入り候、以上　十月廿五日の御状、具に内府へ申し聞かせ候、即ち直書を以て申され候、其の表方々御行勝利を得られ、感悦に存ぜられ候、一柳川の儀、質物受け取られ、立花召し連れられ、加主計頭殿、鍋島加賀守殿と仰せ談ぜられ、薩摩表に至り、御発向の由申し聞かせ候、年内は寒天に及び候之間、先ず其許御ありつき候様、御尤もに候間、御行の儀御延引あるべく候か、……」。井伊直政、黒田如水(官兵衛)宛に添状を送り、柳川について、人質を受け取り、立花宗茂を連れて加藤清正と鍋島直茂が談合して薩摩方面へ軍勢を出す事については延期を要請する。太田一吉の臼杵城受け取りには直政が遣わされるので、由なな措置を如水に依頼する。合わせて黒田長政の筑前拝領等を報じ、島津氏に対する書状の伝達を依頼する。	8458
	11月13日	公家の西洞院時慶・冷泉為満・山科言経、大坂に下向、徳川家康に会う。	8459
	11月13日	井伊直政、黒田如水(官兵衛)宛に書状を送り、立花宗茂については、人質を受け取り、先手として薩摩方面への出陣を了解する。柳川城接収については不審を表明し、詳細な状況報告を求める。	8460
	11月14日	冷泉為満・山科言経、この日も徳川家康に謁見し、幸若舞を見る。	8461
	11月14日	「柳川表へ早々御働候處ニ、鍋嶋及び一戦、柳川之者数多被打取候由、」。 本多忠勝(徳川家康家臣)、黒田如水(官兵衛)(筑前名島城主長政の父)宛に返書状を送り、柳川表での戦功を誉め、黒田長政の筑前拝領の事などを伝え、小袖3領・羽織2領を贈る。また、柳川城を受け取り、如水の人数を入れたかどうか、という点について飛脚にて早々に申し越すように、との家康の指示を伝える。	8462
	11月15日	徳川秀忠、黒田長政宛に書状を送り、長政の下国に際して名残を惜しみ長政の奔走を感謝する。	8463

慶長5	11月16日	**「就興福寺領之儀、衆僧中申分遂糾」。** 家康、五師中に朱印状を送り、興福寺の争論を決する。同月11日、一所衆が家康に争論を持ち込んだ。家康は、大坂城西の丸に、興福寺の一条院尊政、五師衆、一所衆を呼び寄せ、この争論の裁定を下した。興福寺運営の中心は、五師衆となる。	8464
	11月16日	**「興福寺領壱万五千石之内五千石之儀に付て衆僧中申分遂糺明畢、如先規五師衆可被仰付候、其内千石者寺社之修理、千石者学問仕僧侶可有扶助候諸式寺社法度之儀嚴重可被仰付候也」。** 家康、一乗院に御内書を送る。	8465
	11月16日	**徳川秀忠（家康三男）（1579～1632）、弟・松平忠吉（家康四男、尾張国清州52万石）（1580～1607）と共に、大坂から上洛。**	8466
	11月17日	山科言経（1543～1611）、禁裏六丁町の故施薬院全宗の屋敷に滞在している徳川秀忠を訪問。	8467
	11月17日	黒田長政（筑前名島城主）（1568～1623）、毛利家重臣たちの誓書をうけ、毛利宗瑞（輝元の入道名）及び毛利秀就に誓書を送る。宗瑞が徳川家康に忠節を尽くすかぎり、長政も、毛利家に対し、従来どおり懇意にすると伝える。	8468
	11月17日	黒田長政（筑前名島城主）（1568～1623）、豊前国中津へ向けて、京を発つ。	8469
	11月18日	**徳川家康（1543～1616）、藤堂高虎（伊予板島8万石）（1556～1630）の軍功を賞し、12万石を加増、伊予半国今治20万石を与える。** 「（慶長五年）十一月十八日、大神君（徳川家康）、功を論じ公に十二万石を益封せらる、旧を併せ二十万石、伊予半州を有つ、国府城を撤し、移して今治に築く、」（『聿脩録』）。	8470
	11月18日	**徳川秀忠・弟松平忠吉・前田玄以（1539～1602）、参内し儀定所にて後陽成天皇（1571～1617）と対面、秀忠は太刀と馬代として銀子百枚を献上、忠吉は従四位下侍従となり、馬代銀子30枚と太刀を献上し、勧修寺晴豊・光豊父子が披露する。女中衆へも銀子などを送る。玄以は綿百把を献上する。**	8471
	11月18日	**「柳河之城并筑後國諸城共、其城主好次第に、両三人之内に請取、様子可被申越候、自此方人を遣、可請取候間、其内之番等被申付候」。** 徳川家康、黒田如水（官兵衛）・加藤主計頭（加藤清正）・鍋島加賀守（鍋島直茂）宛に書状を送り、柳川城などを収め、家康が人を遣わすまで、管理するよう命じる。	8472
	11月18日	福知山城を開城した小野木重次（重勝、公郷）（1563～1600）、丹波亀山城下の浄土寺嘉仙庵にて自刃。享年38。首は京都三条河原に曝された。墓所は京都府亀岡市本町の寿仙院。	8473
	11月19日	**徳川秀忠、弟の忠吉と前田玄以を伴って豊国社へ参拝する。**	8474
	11月20日	**「飛脚到来祝著候、其表之様子相心得候、猶田中可申候也」。** 家康、出羽秋田郡の秋田藤太郎（秋田実季）（1576～1660）宛に返書状を送り、詳しくは田中清六が述べるとした。	8475
	11月20日	**「飛脚到来祝著候、其表之様子相心得候、猶田中可申候也」。** 家康、出羽角館の戸沢九郎五郎（政盛）（1585～1648）宛に返書状を送り、詳しくは田中清六が述べるとした。	8476
	11月25日	**「急度致言上候、薩州之儀、井伊兵部少輔を以御詫言申上候条、其間働之儀相延候様……」。** 加藤清正、家康家臣榊原式部大輔康政（1548～1606）宛に書状を送り、九州島津軍の動向を伝える。	8477

西暦 **1600**

慶長5	11月27日	「**為音信海鼠腸送給祝著之至候、猶**」。 家康、○○蔵人佐に海鼠腸贈物の到来を謝す。「○○蔵人佐」は、千賀氏という。 尾張では千賀与八郎(志摩守重親)が一家を率いて形原の人々と共に現在の神奈川県三浦市三崎町に移ることになったというが、まもなく慶長5年の関ヶ原の戦い後に、再び知多半島の旧領の師崎に帰り、家康に命じられて九鬼軍を知多から追い出し、伊勢湾における船手の統帥となったという	8478
	11月28日	**家康九男・千々世丸(後の五郎太、後の徳川義直)(1601～1650)、摂津国大坂城西ノ丸にてて生まれる。** 母は家康の側室お亀の方(後の相応院)(1573～1642)。	8479
	11月一	**この月、徳川家康(1543～1616)、中村一忠(故・駿府城主中村一氏の子)(1590～1609)に、3万石加増し、伯耆米子17万5千石を与える。** 一忠、翌年には、松平姓を与えられる。	8480
	11月一	是より先、徳川家康、保科正光(1561～1631)に、越前北庄の城番を命ず、是月、封を下総多胡より、伊那郡高遠の旧領に転ず。 **保科正光は、旧領に戻されて高遠藩2万5千石を立藩する。**	8481
	11月一	この月、北国・奥州の港に出入していた田中清六(田中正長)(？～1614)、家康に命じられ、佐渡代官(後の奉行)として赴任する。 清六渡海に際し、上杉氏代官河村彦左衛門はこれに応じ、椎野与市は反対し誅滅される。 慶長7年7月23日、清六は5千石の禄を受ける。	8482
	11月一	初代幸若弥次郎、家康に音曲役として召し出される。 他の戦国大名と同じく家康もまた幸若を愛好し、幸若は幕府に召し抱えられ、八郎九郎・弥次郎・小八郎家を中心に江戸へ入府し、将軍の舞御覧にあずかったとされる。	8483
	12月1日	「**土佐浦戸一揆**」。 「**其地被相渡間敷之由にて、留守居之衆中何かと被申分之由候、**」。 井伊直政、家臣鈴木重好(平兵衛)宛に書状を送り、指示を与える。	8484
	12月5日	「**一予州・阿州・讃州之衆致附触候、藤佐・加左馬此方之事候、**」。 井伊直政、家臣鈴木重好(平兵衛)宛に書状を送り、状況次第では藤堂高虎(伊予板島城主)・加藤嘉明(伊予松前城主)が出軍を命じられている事を伝える。	8485
	12月5日	**50日間にも及ぶという「土佐浦戸一揆」終結。** 長宗我部家の宿老たちの鎮圧で、国主交替に反対する長宗我部旧臣や一領具足らによって起こされた浦戸一揆・終結。井伊直政家臣・鈴木重好(平兵衛)らは浦戸城の接収を完了。 鈴木重好は、京の上立売柳ヶ逗子の長宗我部盛親(元親の四男)(1575～1615)に、城兵説得を命じたという。	8486
	12月11日	山内康豊(一豊弟)(1549～1625)、土佐浦戸城受取役として、井伊家臣・鈴木重好から城を受け取る。	8487

慶長5	12月12日	真田昌幸(1547〜1611)・信繁(幸村)(1567？〜1615)父子、16人の昌幸家臣を連れ、上田を出発、高野山麓の九度山に配流される。信繁は妻子同伴であったが、随行した近臣の数は不明だが、275人ともいう。13日ともいう。	8488

16人の昌幸家臣は、池田長門守・原出羽守・高梨内記・小山田治左衛門・田口久左衛門・窪田作之丞・関口角左衛門・関口忠右衛門・河野清右衛門・青木半左衛門・飯島市之丞・石井舎人・前島作左衛門・三井仁左衛門・大瀬儀八・青柳清庵と言われる。

家康は西軍として上田城に籠城し、将軍秀忠が率い東軍と戦闘を繰り広げた昌幸・信繁(幸村)に切腹を言い渡した。これに対し、息子信幸(後の信之)(1566〜1658)は徳川氏から自分へ与えられる恩賞を辞退し、正室小松殿(1573〜1620)とその父本多忠勝(1548〜1610)、さらに井伊直政と榊原康政を通じて助命嘆願をした。これに秀忠が最も抵抗をしたが、本多正信からの勧めもあり家康は助命嘆願を受け入れて、秀忠も康政から説得されて、昌幸・信繁(幸村)父子の切腹は回避された。

上田に残った昌幸の妻である山手殿(1549？〜1613)は、その後出家して「寒松院」を名乗り、上田の北に位置する大輪寺で生活し始めた。

	12月12日	**真田信幸(後の信之)、上野国沼田領に加え、信濃国小県郡の昌幸の旧領(3万石)を安堵される。この日、西軍に付いた父昌幸との決別を表すために、名を信幸から「信之」に改めている**。13日ともいう。上田藩主となったが、上田城は破却を命じられた。引き続き沼田城を本拠とした。	8489
	12月12日	**上杉景勝、本庄繁長を上洛させることにし、家康家臣の本多正信、本多忠勝・榊原康政宛に取り成しを依頼する書状**を送る。	8490
	12月13日	これより先、徳川家康、有馬父子の関ヶ原の戦いの功を賞して、**父則頼(1533〜1602)は有馬家旧領の摂津国有馬郡三田2万石に移封され、有馬豊氏(1569〜1642)は丹波国福知山6万石を与えられる**。この日、豊氏、居城を福知山に移す。	8491
	12月14日	**「鈴木七右衛門尉下り候条、啓せしめ候、仍って、其の表の様子并びに一書の通り披見、其の意を得候、然れば、来春仙道口へ行かるべきの旨尤もに候、越度無き様肝要候、委曲 彼の口上申すべく候、恐々謹言、」**	8492
		(鈴木七右衛門(政宗の重臣で大坂の家康へ遣わされていた使者)が政宗のもとへ帰るので、家康の意向を伝える。奥羽の様子が伝わり納得した。来春仙道口(福島県中通地方、会津の上杉氏を指す)へ進攻しようという政宗の考えはもっともだと思う。戦に勝つことが重要だ。詳しくは七右衛門が口頭で話す)。	
		家康(1543〜1616)、大崎少将(伊達政宗)宛に書状を記す。降雪期を迎えて、会津攻めを翌6年春まで控えるという政宗の考えを家康が承認。**結局、上杉氏との戦いは和議によって終結した**。	
	12月17日	**「……今年景勝就違乱発向之砌、和」**。	8493
		家康、上杉景勝との戦いに功あった小笠原一流九人之衆宛に感状。	
	12月18日	小堀新介正次(遠州の父)(1540〜1604)、備中代官に任命される。	8494
		羽柴秀長そして秀保に仕えた正次は、関ヶ原の功により新たに備中国のうちで1万石が加増され、旧領と合わせて1万4千4百60石が与えられ大名に列し、あわせて備中国奉行の職と松山城(岡山県高梁市内山下)が付与されるという。	
	12月19日	**「豊臣秀頼、関白職ならず」**。九条兼孝(1553〜1636)、関白に再任され、この日拝賀する。この還任は、家康による沙汰で、武家より摂家へ関白位の返納である。	8495
	12月21日	**「浦戸之城并畑中之城ニ在之城米其外諸道具之書立到来候、」**。	8496
		井伊直政、家臣鈴木平兵衛重好宛に返書状を送り、長宗我部領諸城の処分について指示を与える。	

西暦1600

慶長5	12月21日	この日、後陽成天皇三宮（母は女御近衛前子）が関白九条兼孝を上卿として親王宣下を受ける。後陽成天皇（1571〜1617）、家康の了承を得て、第一宮を退け、第三宮政仁親王（後水尾天皇）（1596〜1680）に親王宣下をする。	8497
	12月23日	黒田長政（筑前名島城主）（1568〜1623）、薩摩で蟄居中の島津惟新（義弘）（1535〜1619）宛に書状を送り、井伊直政（徳川家康家臣）（1561〜1602）を仲介にして家康に謝罪するよう勧める。島津龍伯（義久）（義弘の兄）（1533〜1611）・忠恒（義弘の子、後の家久）（1576〜1638）は、井伊直政らを頼って、家康に謝罪するも、惟新（義弘）が勝手に西軍に与したのであって、島津家としては中立だったと主張する。	8498
	12月23日	「今度中嶋玄蕃・舟岡源左衛門指下、本佐・同忠・榊式太内証懇ニ打届候、則本庄越前守為指上候、其元令相談、様子可申渡候、巨細者越前守可有口上候、謹言」。上杉景勝、京伏見の景勝屋敷に居た千坂対馬守宛に、家康家臣の本多正信、本多忠勝、榊原康政からの降伏勧告に基づき、本庄越前守繁長を上洛させることを千坂景親に伝える。	8499
	12月24日	伊達政宗（1567〜1636）、徳川家康の許可をうけ、宮城郡千代城（宮城県仙台市青葉区）を再興するため縄張を開始、千代を「仙台」と改める。	8500
	12月25日	「……爰元平均仕置候条、可心安候」。家康、出羽国由利郡の南部を支配する仁賀保兵庫頭に朱印状を送り、所領安堵する。本多忠勝が詳しく述べるとした。仁賀保挙誠（1560〜1624）は、石田三成が敗死した後、ただ一人徹底抗戦している上杉景勝を攻めた。この際、最上勢と共に、上杉家臣の下次右衛門秀久の菅野城（山形県飽海郡遊佐町）を始め、数多くの城を攻め落とし、自身も負傷するほど力戦した。	8501
	12月26日	真田信幸、小県郡白鳥明神をして、社領を安堵する。真田信幸は、父昌幸と同じ「幸」を使うことをはばかり「信之」と改めたともいう。	8502
	12月28日	「為歳暮之祝儀、小袖一重之内綾一到来、悦思召候也」。家康、書状を送り、福原越前守（福原広俊（13代当主））（1567〜1623）の歳暮祝儀を謝す。	8503
	12月29日	この日、後陽成天皇生母・准后勧修寺晴子（1553〜1620）が、九条忠栄（後の幸家）（1586〜1665）を上卿として「新上東門院」の女院号宣下を受ける。	8504
	12月30日	黒田如水（官兵衛）（1546〜1604）、大坂に上り家康（1543〜1616）と会見する。「石垣原戦い」で捕縛した大友義統（吉統）（1558〜1610）は、一命を助けられ、出羽国湊城（秋田県秋田市土崎）主・秋田実季に預けられることになる。	8505
	12月下旬	下旬、本庄繁長（上杉景勝家臣）（1540〜1614）は、会津から上洛し、家康家臣本多正信（1538〜1616）・榊原康政（1548〜1606）、家康のブレーンの西笑承兌（1548〜1608）を頼り、上杉家の安泰を目指し奔走する。直江兼続は本庄繁長を上洛させて家康に謝罪すると共に、講和の条件につき交渉せしめた。	8506
	12月下旬	「上田城は破壊される」。館・櫓は破却され、濠も埋められ廃城同然となった。真田昌幸・信繁（幸村）父子が、上田城に立て籠もって、秀忠軍の西上をくいとめたことに対する報復の始まりであった。関ヶ原の戦い後、上田城番に家康の命で、諏訪頼水・依田信守・大井政成・同信政が任に就いて、上田城の掘を埋め、塀を破壊。	8507
	12月末	この頃、山内一豊、大坂を出帆、土佐に向かう。	8508
	12月―	是より先、徳川家康、小笠原信之（武蔵本庄藩初代藩主）（1570〜1614）に伊那郡松尾を還付せんとす、信之、之に不服を申す、仍りて是月、家康、小笠原信巨（1551〜1634）に之を知行充行ふ、家康、市岡忠次・宮崎安重・朝日受永等を旧領伊那郡に移す。	8509

慶長5	—	この頃、筑前名島36万石の小早川秀秋(1582〜1602)は、「関ヶ原の戦い」後の論功行賞では、宇喜多秀家の旧領備前国と美作国、52万石を拝領し、岡山城を居城にする。戦後まもなく、秀秋から「秀詮」へと改名している。	8510
	—	**この年、徳川家康(1543〜1616)、北政所おね(高台院、秀吉の正室)(1549？〜1624)に、河内で1万6千石を与える。**	8511
	—	**この年、徳川家康、森忠政等信濃緒大名をして、所領を安堵せしむ。**	8512
	—	この年、聚楽第の建物跡を移築して西本願寺飛雲閣を築く。	8513

慶長6	1月1日	**大坂城にてこの日、秀頼(1593〜1615)へ諸大名による年始の礼が行われる。最初の挨拶は徳川秀忠(1579〜1632)が務める。** 上洛しない大名が例年になく多かったというと、義演は記す。	8514
	1月1日	**大坂城の家康の諸大名の参賀は、家康発病のため1月15日に延期される。**	8515
	1月1日	この頃、小堀正次(1540〜1604)(子に小堀遠州)を作事奉行として、伏見城の家康再建が進む。	8516
	1月4日	**徳川秀忠(家康三男)、兄・結城秀康(家康次男)(1574〜1607)より越前拝領につき、御礼の使者として小栗五郎左衛門を遣わした事につき、書状を認める。眼病をわずらう秀康の体調を気にかけ、養生するよう促す。**	8517
	1月9日	保科正光(1561〜1631)、越前北庄より下総多胡の黒河内長三宛に書を送り、伊那郡高遠移転のことを取計らはしむ。	8518
	1月11日	伊達政宗(1567〜1636)、仙台城の築城を開始。1月28日とも。	8519
	孟春	「自日本到呂宋国舟也、右、慶長六」。家康、朱印状。	8520
	1月15日	**徳川家康をはじめ、諸大名が大坂城の豊臣秀頼に、新年の挨拶を行う。**	8521
	1月15日	「内府へ罷向、……予(山科言緒)ハ夜葵「亥」刻マテ御雑談、定家卿ノ手跡共披見仕候、其刻、冷泉殿(為満)詠哥大概之序講談有之」(『言緒卿記』)。	8522
	1月中旬	**「上杉家は家康に歯向かったにも関わらず、減封だけで罪が免れた」。** 家康、大坂城西の丸で上杉家の処遇を評議。この席で結城秀康が上杉家は功功の名家であることから減封を進言したところ、諸将らも同意し、減封が決定されるという。	8523
	1月17日	秀頼名代として、姫路城52万石の池田照政(のち輝政)(1565〜1613)が上洛、参内し、太刀・馬代として銀子50枚を献上する。	8524
	1月17日	「旧冬者大鷹二居上給候、殊鳥屋之」。 家康、山形出羽守(最上義光)(1546〜1614)宛に書状を送り、旧冬の大鷹の贈呈を謝す。	8525
	1月—	**家康、池田照政(のち輝政)に飛騨肩衝茶入を賜う。**	8526
	1月28日	徳川家康奉行人知行充行状が、片桐且元(1556〜1615)に出される。 且元は、1万8千石の加増を受け、2万8千石を領する「小名」となり、大和竜田城(奈良県生駒郡斑鳩町龍田南)を居城とする。	8527
	1月29日	豊臣秀頼(1593〜1615)、大坂城にて公家・門跡・諸大名に新年の礼を受ける。その後一部の者に対面し盃を授ける。	8528

西暦1601

慶長6	1月—	「**徳川家康、東海道に伝馬制を制定**」。「定　紙、竪一尺五分、横一尺五寸五分、御印二寸二分半四　方、御印之内ニ駒引之図有之、即駒之御朱印と奉称候、此御朱印なくして伝不可出者也　仍如件」。家康、彦坂元正（？～1634）・大久保長安（1545～1613）・伊奈忠次（1550～1610）の三判証文をもって、駿河、遠州、三河、尾張、伊勢等宿中に、浜松より伝馬朱印掟書を発給。家康60歳（1543～1616）は政権の拠点である江戸と上方とを結ぶ幹線道路の整備に着手する。家康の当初の狙いは、謀反を起こした大名に討伐軍を派遣するための軍用道路を、江戸を起点に複数整備することだった。東海道はその手始めだった。	8529

	1月—	豊臣秀頼、熊野三山修営に着手。奉行は浅野左京大夫幸長。	8530

	1月—	上田藩主真田信之（信幸）（1566～1658）、三の丸に建てられた館に入る。徳川方により上田城の中心部は破却されたため、藩主は現在の上田高校の地に居館を構えて藩政にあたることになった。これは、陣屋支配体制という。この上田藩主館は、幕末まで藩主の公私における居場所となった。関ヶ原合戦直後から、信之が沼田から移ってくるまでは、諏訪氏・依田氏・大井氏・伴野氏などが上田城の城番を幕府から任された。	8531

	2月1日	**徳川家康、上野国箕輪城**（群馬県高崎市箕郷町）**12万石の井伊直政41歳（1561～1602）に、石田三成の旧領である近江佐和山城18万石への国替えを命じる。**	8532

	2月—	「この月、家康、譜代の家臣を関東・東海・畿内の要地に封じる」。上総国大多喜（千葉県夷隅郡大多喜町）12万石の本多忠勝（1548～1610）は、伊勢国桑名12万石へ移封。旧領・大多喜は次男・本多忠朝（1582～1615）に別家5万石で新封。武蔵国高麗郡鯨井5千石の戸田一西（1543～1604）は、2万5千石を加増、3万石となり大津城主となる。上野国白井城主2万石の本多康重（1554～1611）は、3万石を加増され、に三河国内の額田、碧海、幡豆および加茂の4郡内の岡崎城5万石に転封。関ヶ原の戦いの前哨戦である伏見城攻防戦で父松平家忠が戦死したため、下総小見川の遺領を継いだ松平忠利（1582～1632）は、父祖の旧領・三河国深溝（愛知県額田郡幸田町深溝）に1万石を与えられた。武蔵国新座郡・豊島郡で1000石を給され、関東代官、江戸町奉行となった板倉勝重は、三河国が額田・碧海・幡豆の3郡内14ヵ村を6600石を与えられ知行所を設立した。	8533

	2月2日	**家康、延暦寺に寺領3千石を寄進する。**	8534

	2月3日	「右為御知行被進之候、此内壱万石は下総之替、六千弐百石は木曽之替に相渡申所也、重而御朱印申請可進之候仍如件」。家康、木曽旧臣の戦功を賞し、下総・木曽の替地として、加藤喜左衛門（正次）・大久保十兵衛（長安）・彦坂小刑部（元正）をして美濃国可児郡・恵那郡・土岐郡において1万6千2百石余を与える。	8535

	2月6日	上野国小幡3万石の奥平信昌（家康娘婿）（1555～1615）、「関ヶ原の戦い」の勝利後に命ぜられた京都治安活動を高く評価され、加増転封で、美濃国加納（岐阜市加納）10万石を与えられる。翌年には、加納で隠居し、三男・忠政（1580～1614）に藩主の座を譲る。しかし、忠政は生来からの病弱であったため、父が実権を握って藩政を担う。	8536

	2月中旬	この頃、家康娘婿・奥平美作守信昌、加増転封の美濃国加納に向けて、下国。従来の上野国小幡（群馬県甘楽郡甘楽町小幡）には、長男の奥平家昌（1577～1614）が残る。	8537

	2月—	**この月、淀殿（茶々）（1569～1615）と豊臣秀頼（1593～1615）母子が、徳川家康（1543～1616）・秀忠（1579～1632）父子を招いて饗応する。**	8538

慶長6	2月一	この月、結城の松平秀康(1574〜1607)、越前北ノ庄城(のちの福井城)受取りのために、本多富正(1572〜1649)らを先発させる。	8539
	2月一	この月、小笠原秀政(1569年〜1615)、国替えにより下総古河(茨城県古河市)から信州飯田へ移る。家康は小笠原秀政に2万石を加増し、信濃国飯田5万石を給付する。秀政は信濃守となる。	8540
	2月一	この月、肥前国唐津から6万1千余石を領する寺沢正成(広高)(1563〜1633)、関ヶ原の戦功によって肥後国天草郡で4万石を加封され、旧領と合わせると12万石の禄高となる。	8541
	3月1日	山内一豊(1545〜1605)、入城の祝賀行事として桂浜で相撲興行を開催し、国中の相撲上手が集まったので大変な人気であった。一豊は、あらかじめ長宗我部の遺臣で浦戸一揆に加わった一領具足や庄屋らを調査し、相撲大会参加者の中73人を見つけて捕らえて、種崎浜で磔刑にする弾圧を行う。	8542
	3月2日	**第一宮良仁親王(後の覚深法親王)(1588〜1648)、儲君(皇太子)の位を廃される。家康は、先年の態度を変え、秀吉の息のかかった皇子が、天皇になることは断じて承服しなかった。**	8543
	3月2日	「伝馬六疋、大坂ヨリ勢州山田迄無相」。家康、宿中に朱印状をもって伝馬を命じる。	8544
	3月3日	酒井重忠(1549〜1617)、上野厩橋に3万3千石の所領を与えられ、上野国厩橋藩初代藩主となる。	8545
	3月3日	徳川家康、秀忠に供奉した酒井忠利(1559〜1627)に七千石を加増し、駿河田中城一万石に封ず。忠利は、田中城(静岡県藤枝市)を大改修する。	8546
	3月3日	最上義光(出羽山形城主)(1546〜1614)、上洛。4月、伏見にて家康と会談という。	8547
	3月5日	第一宮良仁親王(覚深法親王)、仁和寺入室を命じられる。既に仁和寺の御室として入寺していた良仁親王の同母弟・幸勝親王(慈胤法親王)を、改めて梶井宮最胤の弟子として三千院に入る事態となる。	8548
	3月5日	良仁親王、仁和寺に入室。ただし、この日、良仁親王は食事もせず、そのために入室延期となりそうになったらしい。と、義演准后日記は記す。	8549
	3月5日	これより先、鳥養道晰(?〜1602)、金春流揺本「車屋本」(最初の仮名木活字本)を刊行し、朝廷に献じ、この日、褒せられる。	8550
	3月5日	**徳川家康奉行人知行充行状、伊達政宗宛。** 関ヶ原の戦いが東軍の勝利に終わると、秀吉より与えられた地であるが「未だ果さ」れなかったので、改めて家康より与えられたという。	8551
	3月5日	徳川家康奉行人知行充行状、分部光嘉(1552〜1601)宛。関ヶ原の戦いが東軍の勝利に終わると、安濃津城での軍功が賞され、本領安堵の上で伊勢国奄芸郡内で1万石の加増を受け、2万石の大名となった。(伊勢上野藩)。	8552
	3月7日	**「竜伯公御上洛之上、何様ニも御馳走可申候、」。** 井伊直政、島津義弘に書状を送り、島津義久の上洛が「詫言」成立の条件であることを伝える。	8553
	3月18日	**井伊兵部少輔直政、相良左兵衛佐(頼房)宛に書状を送り、病気により佐和山帰城を伝える。**	8554
	3月21日	細川忠興(豊前国中津城39万9千石)(1563〜1646)、黒田家が豊後国の年貢(先納米5万石)を持ち去ったことを、徳川家の本多正信(1538〜1616)と榊原康政(1548〜1606)に訴える。後日、黒田家は3万石の返済、残りは幕府が代済するということで決着する。	8555

西暦 1601

慶長6	3月22日	伊達政宗、井伊直政宛に書状を送り、佐竹氏と岩城氏が城普請していることを告げる。	8556
	3月23日	**「家康、大坂城より伏見城に移る―伏見城の再建成る」。** 関ヶ原合戦前哨戦で落城した伏見城の再建が大略なり、家康（1543～1616）、大坂城西の丸より伏見城に移る。15日・25日とも。	8557
	3月27日	豊臣秀頼（1593～1615）、権大納言に任じられる	8558
	3月28日	**権中納言秀忠（1579～1632）、豊臣秀忠として権大納言に転任。**	8559
	3月―	**「定　一本多十郎右衛門・長坂忠左」。** 家康、三河国あさい村百性中に、定書発給。	8560
	3月―	**この月、家康、関東諸国を検地させる。**	8561
	4月3日	幼少の人質、徳川家康に附属して尾張・駿府へと従った家臣榊原忠政（1541～1601）、没。61歳。天正18年（1590）家康の関東入国時に相模大住郡に2300石を得た。	8562
	4月10日	**徳川秀忠、伏見を発し江戸に向かう。** 佐竹義宣（1570～1633）は、江戸帰城の秀忠を迎えて半途まで出向き謝罪、さらに上洛したという。	8563
	4月15日	**常陸国の佐竹義重（1547～1612）、上洛して伏見城の徳川家康（1543～1616）に拝謁して謝罪する。** 「関ヶ原の戦い」では、子の義宣（1570～1633）は、懇意にあった石田三成の西軍に付こうとしたが、義重は徳川家康の東軍に与するように述べ、父子は対立。義宣のどちらにも付くともいえない曖昧な態度が、家康の怒りを買った。	8564
	4月16日	徳川方奉行三名（加藤正次・大久保長安・彦坂元正）・豊臣家家老片桐且元連署知行目録を、豊後国岡（大分県竹田市）の中川秀成（1570～1612）に与える。	8565
	4月17日	**「一書申入候、仍豊後国之内速水郡之残壱万七千百六拾石余之分、御代官御給人、被為付候内其方へ、当座預ケ置申候、条仕置等可、被申付候重而、御用次第二切手可差遣候、恐々謹言」。**（書をもって申し入れます。豊後国速水郡のうち幕領・大名領以外の残り1万7160石余りを、その方へ当分の間預け置きますので、統治を任せます。今後必要とあらば文書を発給します。謹んで申し上げました）。 加藤喜左衛門（正次）・大久保十兵衛（長安）・彦坂小刑部（元正）・片桐市正（且元）、連署書状を松井佐渡守（康之）（細川家家臣）（1550～1612）御宿所宛に送る。	8566
	4月18日	豊国社正遷宮の日、秀頼、豊国社へ名代として片桐且元（大和竜田2万8千石）（1556～1615）を遣わし、百貫を奉納する。また淀殿（茶々）の祈祷のために神楽を奉納する。この日、勅使として広橋兼勝が豊国社へ参詣し、束帯・太刀・折紙を奉納する。	8567
	4月18日	伊達政宗（1567～1636）、今井宗薫（宗久の子）（1552～1627）宛に自筆書状を送り、今後の豊臣家に対する措置、秀頼の処遇などについて自らの意見を述べ、井伊直政の湯治・秀忠の大納言昇進・伏見に引っ越し・江戸へも引っ越し・秀忠江戸到着後は諸方面と相談し会津出馬を要請などを伝え、宗薫から本多正信（1538～1616）を通じて家康に伝わることを願う。今井宗薫は、慶長4年（1599）正月に、徳川家康の命を受け、家康の六男松平忠輝と伊達政宗の息女五郎八姫の婚儀を調えようと奔走し、石田三成ら五奉行から厳しく譴責されており、家康と政宗の間をとりもつ立場にあった。天正18年（1590）7月5日、小田原の落城後、奥州知行割仕置をすませ、豊臣秀吉が名実共に天下統一を果たして帰洛する際、8月12日付けで宗薫から政宗宛に手紙が送られ、両者間の初めての文通となったという。	8568
	4月19日	三河国岡崎10万石の田中吉政（1548～1609）、家康より初入国の暇を賜り、西軍に組して除封となった毛利秀包・立花宗茂の筑後国に、32万5000石の領主として柳川城（福岡県柳川市本城町）に入部する。田中吉政は、関ヶ原の戦いには東軍として主力戦に参加し、合戦後は石田三成を捕縛するという手柄を立てた。	8569

慶長6	4月19日	家康の許可を得た最上義康 (1570〜1633)、3月下旬から攻撃し、この日、上杉方の 東禅寺城 (山形県酒田市亀ヶ崎) を攻略する。 8570
	4月21日	伊達政宗、今井宗薫宛に自筆書状を送り、「関ヶ原の戦い」以前から続く出羽・庄 8571 内地方の土一揆・内乱がようやく鎮圧されたことを報じ、次に諸大名が悉く大坂 城下の屋敷から、家康が移った伏見城下へ移ったという状況を伝え聞き、大いに 喜ぶ。さらに、「秀頼様がご幼少の間は、江戸か伏見か、家康様のお側に置いて、 おとなしく成人させ、無事成人の暁には家康様のご分別でしかるべくお取り立て になるのがよい。また、いかに太閤殿下のお子であろうと、日本の政治を行うほ どの人物ではないと家康様がご覧になるのなら、2〜3ヶ国でもあてがえば、それ でよいのではないか。現在のように大坂にふらりと置いておくと、世にいたずら 者が現れ、秀頼様を大将にまつりあげ、謀反を起こすことにもなりかねない。 そのために秀頼様が切腹されるような事態にでもなれば、それこそ太閤殿下の 亡魂に対し申し訳がたたない」と記し、「自分から申し上げると角が立つ恐れがあ ります」とし、宗薫から重ねてこのことを本多正信にぜひ進言してほしいと依頼 している。
	4月24日	本多忠政 (本多忠勝の長男) (1575〜1631)、伊勢国桑名城 (三重県桑名市) 入城。 8572
	4月26日	「松川の戦い－慶長5年 (1600) 10月6日〜慶長6年 (1601) 4月26日」、終わる。異説あり。 8573 福島市の中心部で伊達政宗 (1567〜1636) と上杉景勝家臣の本庄繁長 (1540〜1614)・須 田長義 (1579〜1615) が戦った合戦だとされる。
	4月26日	「和賀一件－慶長5年9月19日〜慶長6年5月24日」。伊達政宗 (1567〜1636) が密かに 8574 白石宗直 (1577〜1629) に支援させて、南部氏領国で和賀忠親 (1576〜1601) に煽動させ ていた一揆、南部利直軍に岩崎城 (岩手県北上市和賀町岩崎) を攻められ敗北。忠親は、 伊達領に落ち延びる。 勝利した南部利直 (1576〜1632) は、この戦いは政宗の陰謀であると徳川家康に報告。 家康は、真実を確かめるため和賀忠親を江戸に呼びよせることにする。
	5月1日	「尾州愛知郡之内、於長久手村千石」。 8575 家康、加藤太郎左衛門尉に朱印状をもって知行充行。
	5月3日	「注進状到来披見候、仍庄内表江相働、始菅野城之責崩、敵数多討捕、殊被疵、 8576 竭粉骨段、誠感思召候、猶本多彌八郎可申候也」。 家康、出羽由利郡仁賀保領主・仁賀保庫頭 (仁賀保挙誠) (1560〜1624) に朱印状を 送り、その戦功を賞し、本多正純が申すとした。
	5月4日	徳川家康 (1543〜1616)、黒田如水 (官兵衛) (1546〜1604) に采地加増 (畿内) と官位を 8577 上げることを提示するが、如水は固辞する。 如水、その後は中央の政治に関与することなく隠居生活を送る。
	5月4日	「為端午之祝儀、帷子三之内生絹二」。 8578 家康、安芸毛利氏の家臣、福原越前守 (福原広俊 (13代当主)) (1567〜1623) 宛に御内 書をもって、端午之祝儀を謝す。
	5月5日	「一、佐渡国銀山如前々、金穿共召集候事　一、河村彦左衛門儀赦免候条、彼国 8579 有事仕置等可申付者也、仍如件」。 家康、佐渡代官 (後の奉行) 田中清六 (田中正長) に朱印状を与え、佐渡金銀山に金 掘りを集めること、河村彦左衛門 (元上杉氏代官) (？〜1608) を登用することを命じ る。
	5月8日	家康、大坂より上洛。 8580

西暦 **1601**

慶長6	5月9日	「二条城造営、はじまる」。 家康屋形（二条城）造営のため、大規模な町屋の移転がある。	8581
	5月11日	**内大臣徳川家康、参内する、宴を賜う。**	8582
	5月12日	**徳川秀忠三女・勝姫**（母お江、松平忠直室）（1601〜1672）、江戸城西の丸にて誕生。 松平忠直（1595〜1650）は、松平秀康（家康次男・秀忠次兄）の長男。	8583
	5月15日	「家康、禁裏御料や公家領の見直しを計り、新知の給付を決める」。家康、禁裏御料1万石を献上する。家康（1543〜1616）、朝廷の御料地、親王門跡の封地を定めていく。	8584
	5月21日	「高野山寺中法度条々 一衆徒・行」・「高野山寺領寄附状 一七千五百両」・「知行目録 一弐千石 奥院一千」。 家康、判物をもって高野山に法度を下す。さらに寄進する。「寺院法度」は寺院勢力の拡大を恐れた幕府がとった政策で、高野山あてに出されたものが初めとされる。**家康ブレーン、西笑承兌は、「日本寺奉行」と称されるほどになっていた。**	8585
	5月22日	「当知行目録 一弐百九拾石 六斗」・「知行目録 一弐百八十八石八斗六」・「一於山城州北山二百石、全可被寺納」。家康、相国寺・西笑承兌の豊光寺・大光明寺に寺領を寄せる。また、京都近辺に新知行を宮・門跡・公家に贈る。	8586
	5月24日	徳川家康奉行人連署知行充行状、菅沼定仍（1576〜1605）宛。慶長5年（1600）の関ヶ原の戦いでは、父定盈（上野阿保1万石）（1542〜1604）は江戸城留守居役を務め、定仍は駿河興国寺城（静岡県沼津市根古屋）や駿府城、美濃岐阜城の守備を担当し、その功績により、1万石加増の2万石で伊勢国長島藩主となった。	8587
	5月24日	「和賀一件 −慶長5年9月19日〜慶長6年5月24日」終結。和賀忠親（1576〜1601）ら、江戸へ向かう途中、陸奥国分寺（宮城県仙台市若林区木ノ下）で自刃。暗殺とも。 **家康は、この事件を重く見、百万石の約束手形を反故にし、結果的に伊達政宗への恩賞は、仙台開府の許可と陸奥国刈田郡（白石）合わせて2万石の加増のみにとどまり、領地は60万石となった（後に飛び地2万石の加増で62万石となる）。**	8588
	5月一	**この月、家康、伏見に「銀座」を置き、金銀貨幣の改鋳を行う。**この月、大黒常是（泉州堺の銀吹屋湯浅作兵衛）、伏見において、丁銀・豆板銀の鋳造を始める。	8589
	6月1日	**家康、佐渡の金山を直轄し、諸国の銀山・金山を天領とする。**	8590
	6月1日	徳川四天王・徳川十六神将・徳川三傑の本多忠勝（1548〜1610）、伊勢桑名城に入城。忠勝が伊勢国桑名（三重県桑名市）10万石に移されると、旧領・上総大多喜（千葉県夷隅郡大多喜）は、次男・本多忠朝に別家5万石で与えられた。	8591
	6月一	これより先、伊予松山20万石の加藤茂勝（嘉明）（1563〜1631）、家康から大津城を破却し、新たに大津城主・戸田一西（1543〜1604）の居城となる膳所城（滋賀県大津市本丸町）築城を命じられる。家康は、東海道の押さえ、大坂方の備えとして築城したという。これが家康による「天下普請」の走りとなる。**この日、家康が戸田一西に膳所（近江国）を給付する。**伊予半国今治20万石の藤堂高虎（1556〜1630）が縄張りして計画ともいう。	8592
	6月4日	「伏見内府（家康）御覧廻（舞）越、武家御伝一冊令持参了」（『舜舊記』）。	8593
	6月14日	武蔵国松山城（埼玉県比企郡吉見町大字南吉見字城山）1万石、桜井松平家6代当主・松平家広（1577〜1601）、没。25歳。家広は「ゆえありて」家康の勘気を蒙ったために自害したともいう。桜井松平忠頼（1582〜1609）が継ぎ、再び松平忠吉の系系が桜井松平家の家督を相続した。	8594
	6月23日	**「伝馬弐疋、自伏見江州きみかはた」。**家康、宿中に朱印状をもって伝馬を命じる。	8595

慶長6	6月27日	是日より七箇日間、石清水八幡宮に於て内大臣徳川家康の病平癒の祈祷を行はしめらる。	8596
	6月28日	前日から家康病気平癒祈祷が禁中より命じられ、この日より翌月3日に至るまで執り行われると、「義演准后日記」は記す。**家康は伏見在城の間、6月下旬に病を患い、8月上旬まで閉居したという。**	8597
	6月28日	対馬藩主宗義智(1568～1615)、朝鮮に修好を要請。義智は、「関ヶ原の戦い」では西軍に与して伏見城攻撃に参加し、大津城攻めなどに参加。しかし戦後、悪化した朝鮮との国交修復を迅速に進めることを望んでいた徳川家康から罪には問われず所領を安堵され、関係を修復するよう命じられていた。	8598
	6月29日	是日、内大臣徳川家康の病祈祷として、内侍所御神楽を行はる。	8599
	6月29日	宇喜多秀家(元・備前国岡山城主)(1572～1655)、島津忠恒(義弘の子、後の家久)(1576～1638)宛に書を送り、自身を受け入れてくれたことについて、礼を述べる。 関ヶ原の後、宇喜多家は家康によって改易されたが、秀家は伊吹山中に逃れた後、この6月、変装して薩摩国の島津惟新(義弘)(1535～1619)などを頼って落ち延び、牛根郷(鹿児島県垂水市)の平野家に匿われた。忠恒は、その後、家康と交渉し、秀家の助命を実現し、秀家は駿河の家康に引き渡されて、八丈島に流罪になることになる。	8600
	6月一	講和の儀が決まったこの月、上杉景勝(1556～1623)に、徳川家康からの出頭命令が届く。	8601
	7月1日	「遠路使札、殊為音信、伽羅一斤到来」。 家康、人吉の相良左兵衛佐長毎(相良頼房)宛に書状を送り、贈物到来を謝す。	8602
	7月1日	これより先、上杉景勝(1556～1623)、結城城主から北ノ庄城(福井市中央1丁目)主となった松平秀康(家康次男)(1574～1607)を頼って、徳川家康に罪を謝す。**この日、上杉景勝、直江兼続(1560～1619)と共に、会津を発ち伏見に向かう。**	8603
	7月6日	「昨晩は、本多忠勝(本多忠勝の次男・小松殿の弟)邸においでになられたと伺いましたが、私はリンパ節の腫れ物による炎症で、参上できませんでした。貴方が繰り返し思っておいでのことはよく承知しています。必ず内府様(徳川家康)にお目にかかって、お話申し上げます。たぶん首尾よくいくのではと思います」。 これより先、真田信之、佐和山城の井伊直政(1561～1602)に依頼することあり、この日、直政、書状で之に答へ、徳川家康への取成を約す。 真田信之は、父と弟の援助をするだけではなく、二人の赦免運動を行っていた。	8604
	7月7日	大蔵卿局、豊国社へ参拝し祈祷のために銀子2枚を奉納する。この日、北政所おねより豊国社神官たちへ進物あり。奉行は孝蔵主。徳川家康妻(内府家中之女中衆)、豊国社に湯立を奉納し、家康のために祈祷立願する。	8605
	7月7日	「度々上洛之儀被仰下候、愚老も今一度之上洛念願ニ付、當春即に其催候處、去年以来之煩、……」。 島津龍伯(義久)(1533～1611)、徳川家奏者番山口直友(1544～1622)宛に起請文を記す。病気を理由に忠恒を上洛をと述べる。	8606
	7月15日	河村彦左衛門・田中清六等を奉行として、佐渡国相川の仕置を命ぜられる。	8607
	7月16日	保科正光(1561～1631)、伊那郡高遠の松沢喜右衛門尉等に、下総多胡より、伊那郡高遠への移転につき指示を与ふ。	8608
	7月17日	**徳川家康、伊那郡常泉寺**(長野県上伊那郡中川村大草)**をして、寺領を安堵せしむ。**	8609
	7月18日	大久保石見守(長安)、千村平右衛門・山村七郎右衛門宛に書状を送る。	8610

西暦1601

慶長6	7月24日	上杉景勝、直江兼続と馬廻りを連れを従え伏見邸に入る。景勝正室菊姫(大儀院)、兼続正室お船の方と再会。	8611
	7月25日	徳川家康、豊国神社に社領1万石を寄進。	8612
	7月25日	「先年山崎検地雖在之、悉返遣之上」。家康、山崎中に判物発給。	8613
	7月26日	上杉景勝(1556~1623)、直江兼続(1560~1619)、大坂城に入り豊臣秀頼(1593~1615)と徳川家康(1543~1616)に面会する。 その後徳川家康の重臣本多正信による尋問が行われ、後日の処分言い渡しとなる。本多正信(1538~1616)は、上杉家の伏見留守居役の将・千坂対馬守景親(1536~1606)を通じて降伏の労をとろうと申し入れていたという。	8614
	7月27日	「善光寺領信州水内郡内千石余、永代令寄附、仏事勤行諸役人配當等、從前々如有来可勤仕之状如件」。内大臣徳川家康、判物発給して、善光寺に水内郡に於いて寺領を寄進。善光寺本願の聖智円坊、同寺造工上葺のため諸所に勧進を致す。	8615
	7月27日	「高雄山神護寺領城州之内弐百六」。家康、高雄山神護寺に判物発給。 神護寺は慶長5年、「一山三衣にも事欠く有様なれば、願わくは寺領境内地先規の如く返附せられ度云々」と、その窮状を陳情し、それに対しこの日、徳川家康より旧来の寺領千五百町歩が返還された。	8616
	7月28日	家康へのお礼言上を済ませた松平秀康(家康次男)、この日に北ノ庄に入部。 城下の町人、秀康入国を祝い羽綿を献上。	8617
	7月―	この月、佐渡鮎川(後に相川)の金銀山(佐渡金山)を発見。徳川幕府は、伊豆、生野、石見、甲斐より山師を招集し開発を強化した。	8618
	8月6日	北ノ庄の松平秀康(1574~1607)、上洛して直ちに伏見に入る。	8619
	8月8日	上杉景勝、松平秀康(家康次男)に伴われ、伏見城(家康再建)に入り、病を癒えた徳川家康に対面し、謝罪・降伏する。自家の存続を願う上杉景勝は、鷹80、銀子千枚、さらしの布など莫大な品々を贈ったという。	8620
	8月9日	井伊兵部直政、相左兵(相良頼房)御宿所宛に書状を送る。	8621
	8月10日	徳川家康、社田を豊国社に寄進。	8622
	8月10日	家康、島津家家老・鎌田政近(1545~1605)を面謁する。関ヶ原の戦いで西軍についた島津氏は改易の危機に晒される。	8623
	8月13日	徳川秀忠、兄結城秀康宛に兄の越前下着に合わせて書状を送り、眼病を患っている兄を気遣い養生することが専一であると記す。	8624
	8月16日	徳川家康、伏見城より上京の屋敷に入る。	8625
	8月17日	「上杉景勝を会津から出羽米沢に減封」。 上杉景勝、直江兼続、処分言い渡しの連絡を受け大坂城に入る。「陸奥国会津諸領120万石は没収、領地は出羽国米沢30万石(伊達・信夫・置賜三郡)のみとし減封。藩主上杉景勝、家老直江兼続についてはお構いなしとする。」	8626
	8月17日	本願寺教如、伏見城の徳川家康のもとを訪れ、16日の礼物のお礼を述べる。	8627
	8月18日	秀頼、秀吉年忌につき豊国社へ小出秀政を遣わし、衣冠百貫を奉納する。また秀頼の祈祷のため金子一枚にて湯立を奉納する。大蔵卿局、これを見物する。勅使万里小路充房、豊国社へ参詣し、束帯太刀折紙などを奉納する。	8628
	8月24日	「一番 南部信濃守五千人 二々」。 徳川家康、朱印状をもって上杉景勝の米沢移封について、「人数書立」をもって近隣大名を動員する。最上義康は、六千五百の軍勢を出すよう命じられた。	8629

| 慶長6 | 8月24日 | 「敬白起請文前書之事　一、竜伯殿同少将殿御身命之儀悉御座有間敷事　一、御国之儀ハ、兼日如御約束相違御座有間敷事　一、兵庫頭殿御事、右之御両所御入魂之上者、無相違様ニ御取成可申事、右之趣於違背者、」。 8630 |

家康家臣本多佐渡守正信(1538〜1616)と山口勘兵衛直友(1544〜1622)が、嶋津修理大夫(島津義久)・羽柴少将(島津忠恒)宛に起請文を提出し、島津氏の分国及び、島津龍伯(義久)(1533〜1611)(義弘の兄)、忠恒(義弘の子、後の家久)(1576〜1638)の身上を保障する。家康家臣の起請文が反故になった毛利家の例もあるも、無視することもできず、義久は従兄弟の忠長(1551〜1610)を上洛させる事とする。
島津龍伯(義久)は、家康自身の起請文で無いこと、病気理由で上洛を留保した。

	8月25日	宇都宮12万石の蒲生秀行(1583〜1612)、没収された上杉領の内から、陸奥に60万石を与えられて、再び会津若松城に入る。秀行は家康の娘・振姫と結婚していた。 8631
	8月26日	「伝馬参拾疋、自伏見江戸迄可出之」。家康、宿中に朱印状をもって伝馬を命じる。 8632
	8月一	**この月、板倉四郎左衛門勝重(1545〜1624)、加藤喜左衛門正次(1549〜1613)・米津正勝(親勝)(?〜1614)と共に、京都奉行に任命される。京都所司代奥平信昌属下として京都を警固する。** 8633
	9月2日	徳川家臣大久保忠勝(1524〜1601)、没。78歳。永禄7年(1564)三河一向一揆の際に眼を射られ、以降は家康の御伽衆を務め、鷹狩の鳥を賜った。 8634
	9月6日	伏見城在番の五井松平家6代松平伊昌)(1560〜1601)、没。享年42。家督は子・忠実(1585〜1652)が継いだ。 8635
	9月6日	**「中川修理殿之儀、上件条々不残申上候処、支たる仁在之候、雖然、中修忠節之御事候之間、即如此被立置候、不相届太田飛騨なとハ即時ニ御知行被召上候、又支たる仁も御近所ニ不被置、遠国へ被遣候、……」。** 8636

山岡道阿弥(1540/1541〜1604)・板部岡江雪斎(1537〜1609)、羽三左(池田照政(輝政))宛に連署書状を送り、関ヶ原後中川秀成のことについて「上件の条々」を残らず(家康に)申し上げたところ、「支えたる仁」、すなわちそれに口を挟む者がいたが、秀成の忠節が認められ、このように安堵された。太田一吉などは申し立てが聞き届けられず、即時に知行を召し上げられた。また、「支えたる仁」も遠国に移された、この上は、家康様のお心にお変わりはないと自分たちより申し渡せとのご命令である、と記す。

	9月9日	**「秀康、最初の知行割を行う」。** 北ノ庄城の松平秀康、山県大膳正時(山県昌景の孫)に3千石の知行充行状を出す。山県氏は「長篠の戦い」で徳川氏と戦を交えたことを憚り、幕末まで笹治姓を名乗っている。 8637
	9月11日	大和柳生庄2千石の柳生宗矩(1571〜1646)、加増され3千石となり、徳川秀忠(1579〜1632)の兵法指南役となる。 8638
	9月11日	**徳川家康奉行人奏書が諸国舟奉行衆に出される。** 8639
	9月一	**この頃、関ヶ原戦勝記念日として徳川家康(1543〜1616)、堀尾吉晴(可晴)(元遠江国浜松城主)(1544〜1611)、大島光義(美濃関城主)(1508〜1604)、猪子一時(1542〜1626)、船越景直(1540〜1611)らを召し、美濃関ヶ原の戦状を談ず。** 8640
	9月17日	**伊達政宗、井伊直政宛に書状を送り、南部領の一揆 に関して徳川家康から懸けられた疑いを釈明する。** 8641

西暦 1601

慶長6	9月21日	「伏見城罷向了、内府（家康）へ無出座、去比亜相（秀忠）子息遠行也云々、無興云々、乍去書栗粉、夕食有之、廿余人相伴了、」。（『言経卿記』）。 家康は機嫌が悪いという。亡くなったのは、徳川秀忠の長男で庶子（1601/1602〜1602）。江戸で生まれ、母は家女という。秀忠にとって初めての男子であったため、自らの幼名をとって「長丸」と名づけて嫡男としたという。徳川家光・徳川忠長・保科正之らの異母兄である。
	9月22日	これより先、津軽信建（1574〜1607）、伏見にて徳川家康へ拝謁する。陸奥国津軽地方の戦国大名・津軽為信（1550〜1608）の長男である。
	9月28日	**板倉勝重（1545〜1624）、奥平信昌（美濃国加納10万石）（1555〜1615）にかわり、京都所司代に補任される。**
	9月28日	毛利輝元（1553〜1625）、息子・秀就（1595〜1651）を江戸へ人質に送る。慶長16年（1611）まで江戸で人質として生活する。
	9月28日	「音簡殊為書信 吉野折敷到来、祝著候、如来意之、去年者」。 家康、美濃国の高木権右衛門尉宛に書状を記し、贈物（吉野織の敷物）を謝す。 権右衛門尉貞利（1551〜1603）は、関ヶ原の合戦後の論功行賞のお礼として、家康に吉野（奈良県）の敷物を贈った。権右衛門尉は、文禄4年（1595）、徳川家康に召され、上総国（千葉県）天羽郡・周准郡で千石を与えられ、慶長5年（1600）、関ヶ原合戦の軍功により時郷・多良郷（岐阜県大垣市上石津町）の内、権右衛門尉2千3百石（西家）、次郎兵衛千石（権右衛門尉の兄の子）（北家）、藤兵衛千石（権右衛門尉の弟）（東家）を拝領し、翌6年入部した。この三家は「交代寄合美濃衆」といい、大名格扱いとされ参勤交代を行った。江戸期を通じて普請奉行を勤め、濃州（美濃国）・勢州（伊勢国）・尾州（尾張国）の水利治水事業や所領や周辺の治安維持にあたり明治に至った。有名な宝暦の三川分流工事も高木家はその事業に関わったという。
	9月29日	「米良山之儀、如前々、鷹巣山被仰付候、然者被彼巣山へ弓鉄炮一切不可入候、并於巣山之中山畑焼候事、是又可停止候、以右之旨、米良小右衛門尉堅可被申付候也」。 家康、相良左兵衛尉宛に黒印状を送り、肥後人吉城主・相良頼房（1574〜1636）に対し米良山を鷹の巣山に指定し、狩猟等を禁ずべきこと命じた。
	9月29日	信濃国高遠藩2万5千石を領した保科正直（1540〜1601）、没。享年62。慶長5年（1600）頃には嫡男・正光（1561〜1631）に家督を譲り隠居していた。
	9月—	**この月、松平秀康（家康次男）（1574〜1607）、天下普請による北ノ庄城（のちの福井城）（福井市中央1丁目）の築城に着手する。**
	9月—	**この月、徳川家康（1543〜1616）、伏見大光明寺跡に学校を建て、足利学校の第9代の学頭であった三要（閑室）元佶（1548〜1612）を招き、「円光寺」と号する。** 家康は元佶を信任し、前年の関ヶ原合戦で斬首された安国寺恵瓊の旧蔵書などを含む典籍200余部を与えたという。そして、これを西笑承兌（1548〜1608）に委ねる。西笑承兌は、「日本寺奉行」と称されるほどになっていた。
	9月—	**この月、家康、京都諸寺に、牢人寄宿を禁じる。** 「牢人」とは、主家を去って（あるいは失い）俸禄を失った武士・侍のこと。
	9月—	**この月、前田利長の養子・利光（利常）（側室寿福院の子）8歳（1594〜1658）、徳川秀忠の次女・珠姫3歳（1599〜1622）と結婚。** 跡継ぎのいなかった兄・金沢初代藩主前田利長（1562〜1614）の養嗣子・犬千代（利常）である。

慶長6	10月3日	上杉景勝、大坂城で豊臣秀頼に太刀と銀子100枚、淀殿（茶々）に銀子50枚を献上する。直江兼続、豊臣秀頼と淀殿に帰国の挨拶を行う。次いで兼続、上杉景勝より先に米沢に向けて京都を出発する。 会津から約3万人が翌年の春にかけて米沢の城下に入ることになる。	8653
	10月4日	上杉景勝、伏見で和漢連句会を催す。	8654
	10月9日	**家康、京中の屋形を丈量する。**	8655
	10月10日	上杉景勝、豊臣秀頼を通して徳川家康に暇を請う。	8656
	10月12日	**家康、伏見を発し、江戸へ下る。近江の永原に泊まる。**	8657
	10月13日	**家康、佐和山に到着。**	8658
	10月15日	**120石から30万石に減封された上杉景勝（1556〜1623）、直接米沢に向かうため伏見を出立。** 直江兼続の正室・お船の方、前田慶次郎（利益）（1533？〜1605）も同行。	8659
	10月15日	**家康、岐阜に到着。**	8660
	10月15日	**「信州諏方郡之事 右、当家依為旧」。** 秀忠、諏方小太郎（諏訪頼水）に判物発給。家康、諏訪頼水（1571〜1641）に、諏訪郡高島城2万5千石を給す。 諏訪頼水は、関ヶ原の戦いでは徳川秀忠軍に従い、信濃国や上野国の守備を命じられた。その功績により、武蔵国奈良梨1万石から信濃国高島へ復帰を許された	8661
	10月一	**この月、徳川家康（1543〜1616）、京都所司代板倉勝重（1545〜1624）に命じ、キリスト教徒を追放させこれを禁ずる。**	8662
	10月一	**「家康、海外貿易の統制に着手」。「日本国源家康回章 呂宋国郎巴難至昔高提腰 足下　旧年於貴国之海辺大明幣邦悪徒作賊之輩、可刑者刑之、明人者異域民也、不及刑之、令帰于本国、定知於大明被誅罰、如本邦者、去歳凶徒雖作反逆、一月之間無遺余徒戮之、故海陸安静、国家康寧也、自本朝所発之商船、不可用多者、可随来意、他日本邦之舟到其地、則以此書所押之印可表信、印之外者不可許焉、幣邦与濃毘数般欲修隣好、非貴国年々往来之人、則海路難通、所希求者、依足下指示、舟人船子、時々令往返、貴邦土宜、納受之、遠方之信、厚意難謝、孟冬漸寒、順序保嗇」。** （旧年貴国海辺を襲った明国と日本の海賊について、刑すべき者は刑したが、明人は「異域の民」ゆえ処刑するに及ばず、本国に送り返しその刑に任せた。本邦では去年凶徒による反逆があったが、ひと月の間に残らずこれを誅殺し、海陸安静、国家康寧である。本朝から出発する商船は、今後その地に到着したら、本書に押印した朱印をもって信用を表すであろう。それ以外は許可しないように。日本とヌエバ・エスパーニャとの友好を希望する。貴国との往来は海路の問題があるため、貴殿の指示により、船員を時々往復させることを望む。貴国からの贈物を受納した。遠方からの厚意に感謝する）。 この月、徳川幕府、フィリッピン総督アクーニャに書簡を送り、朱印船制度の導入を告知。同月、安南国（ベトナム北部）への返書で、日本に来航する船の安全を保障すると共に、朱印状を所持しない日本商船の安南での交易禁止を求めた。	8663
	小春一	**「日本国源家康復章 安南国統兵元」。** 徳川家康、安南（ベトナム）国に対し印書を出し、これを渡海の証となす。また武器を贈呈す	8664
	11月1日	**内大臣徳川家康、朝廷に鶴を献ず。**	8665
	11月5日	尾張から東海道を下り、途中放鷹を楽しんだ家康、江戸へ帰着。佐竹義宣（1570〜1633）は前月から江戸へ出て、家康の帰着を迎えた。	8666
	11月9日	**家康、武蔵の忍及び川越で放鷹を楽しむ。**	8667

西暦1601

慶長6		
11月22日	「敬白起請文之事　…誠懼多申上様公義難計候、且世上之風聞且家頼之者歎息難休候、条迄之御哀憐ニ不被残御心底御詫承届必以上洛弥忰家相続之儀可奉頼候、」。島津忠垣(家久)・龍伯、徳川家臣本多正信宛に起請文を提出。	8668
11月28日	上杉景勝(1556〜1623)、米沢城入城。19日とも。同行した前田慶次郎(利益)(1533？〜1605)は、京都から米沢までの道中を自筆で綴る。「前田慶次道中日記」である。	8669
閏11月1日	秀忠(1579〜1632)、肥後国人吉の相良左兵衛尉(1574〜1636)宛に書状を送り、大緒贈物を謝す。大緒は、狩に使う鷹の足革に結びつける大きな組糸の緒。	8670
閏11月2日	「家康江戸入府以後の初めての江戸大火」。巳の刻(午前10時頃)に駿河町から発生した火事は、江戸の全市域を焼亡したと伝えられ、10余年もかけて作り上げてきた町を一夜にして失うことになった。火災の直後、幕府は、草葺きの屋根を板葺きにするよう命令を出した。	8671
12月3日	「伝馬参拾疋、自伏見江戸迄可出之」。家康、宿中に朱印状をもって伝馬を命じる。	8672
12月3日	「伝馬二疋、自江戸伊豆ゆか嶋まて上下可出者也、」。家康、宿中に朱印状をもって伝馬を命じる。家康は、大久保長安手代の吉岡隼人(出雲)に、江戸から伊豆の湯ヶ嶋までの伝馬を手配し、伊豆の金山の調査をさせた。	8673
12月4日	家康、武蔵岩槻付近で放鷹を楽しむ。	8674
12月5日	徳川家康(1543〜1616)、青山忠成(1551〜1613)・内藤清成(1555〜1608)を江戸町奉行に任命し、関東総奉行を兼務させる。	8675
12月7日	豊臣秀頼家臣・太田牛一(1527〜1613)により、「関ヶ原合戦記」が記され、家康に献上されると、『言経卿記』は記す。太田牛一の信長の一代記「信長公記」は、有名。	8676
12月17日	宮部長房(長熙)(1581〜1635)、鳥取5万石(一説には13万5千石)の所領を没収されて、この日、その身柄は、陸奥盛岡の南部利直(1576〜1632)に預けられる。	8677
12月23日	家康、島津竜伯(義久)・忠恒(家久)宛に書状を送り、硫黄(鉱物)二千斤の到来を謝す。家康は、忠恒上洛で手打ちを計った。	8678
12月26日	武蔵忍・川越辺りに鷹狩りをした家康、江戸城帰着。	8679
12月28日	奥平家昌(1577〜1614)、下野宇都宮10万石を与えられる。家昌は、奥平信昌(1555〜1615)の長男。母は徳川家康の長女・亀姫。	8680
12月29日	家康、木曽衆の玉置小平太に知行充行状。	8681
12月29日	徳川三奉行、細川幽斎宛に知行目録を与える。	8682
12月一	小早川秀詮(秀秋)(1582〜1602)の家老・稲葉正成(妻は福、後の春日局)(1571〜1628)、備前岡山を退去する。正成は、秀秋と対立し美濃に蟄居する。石田三成の亡霊に怯え、領国は治まらずともいう。	8683
一	この年、下総国結城から越前北庄へ、寺基の移転や分寺がなされる。	8684
一	品川新六郎高久(今川氏真次男)26歳(1576〜1639)、上野国碓氷郡内に於いて千石を与えられ、表高家に列す。高久は当初は今川姓を称していたが、数代前の先祖の今川範忠が室町幕府将軍の足利義教から与えられた「今川姓は範忠の子孫かつ嫡家に限り、分家庶家は今川姓を許されない(天下一苗字)」という由緒を重んじた徳川秀忠の意向により、別家である高久は、江戸の屋敷地の地名に因んで苗字を「品川」に改めたという。	8685
一	この年、若狭国の京極高次(初の夫)(1563〜1609)、近江高島郡のうちで7千石を加増され9万2千石余りとなる。高次、後瀬山城を廃し、雲浜の地に平城(小浜城)を築くことにする。	8686

<inline_katex>\overset{\text{西暦}}{1601}</inline_katex>

慶長6	一	この年、京極高次(1563〜1609)と初(1570〜1633)、キリシタンの洗礼を受けるという。	8687
	一	この年、細川忠興(豊前国中津城39万9千石)(1563〜1646)、千利休の邸宅を移築して高桐院を創建。	8688

<inline_katex>\overset{\text{西暦}}{1602}</inline_katex>

慶長7	一	この年、海北友松(1533〜1615)、御所、桂宮などに描く。	8689
	一	この年頃、ウィリアム・アダムズ(三浦安陣)(1564〜1620)、日本橋大伝馬町の名主で、家康の御用商人でもあった馬込勘解由の娘・お雪(マリア)と結婚し、息子のジョゼフと娘のスザンナが生まれる。	8690
	1月1日	**4年ぶりに江戸で新年を迎えた家康、将士の参賀を受ける。**	8691
	1月6日	**徳川家康61歳(1543〜1616)、朝廷より従一位に叙任される。豊臣秀頼(1593〜1615)、正二位に叙任される。**	8692
	1月7日	日野輝資(1555〜1623)、近衛家との論争により、子資勝(1577〜1639)と共に朝廷への出仕を止められ、京都を出奔。2ヶ月後、徳川家康の取り計らいにより京都に戻る	8693
	1月8日	**秀忠(1579〜1632)、従二位に昇叙。権大納言如元。**	8694
	1月一	**この月、家康、徳川秀忠に、関東領国の内20万石を与える。秀忠は、自身の直臣に知行を与える。**	8695
	1月15日	**井伊兵部直政、人吉の相良左兵衛(頼房)宛に書状を送り、島津義久の上洛等を報じる。**	8696
	1月19日	**「人足七拾壱人、自江戸伏見まて可」。家康、朱印状。**	8697
	1月19日	**家康、京に向けて江戸を発つ。**	8698
	1月25日	**「西上野之内、大戸其外松平五左衛」。家康、禰津小五郎に朱印状をもって吾妻郡大戸村等に知行充行。禰津小五郎は、禰津(根津)信政だろうか。** 信政は、真田家に仕えた忍者。もとは鷹匠だったが甲賀忍術を極め「禰津流くノ一」を組織した。伯父の禰津政直は、武田信玄に仕え、妹(禰津御寮人)を側室に送り一門衆に名を連ねた。武田家が滅亡すると徳川家康に仕え上野に5千石を得た。徳川家臣になると禰津から根津に姓を変えたという。禰津政直が慶長2年没すると嫡子がすでに戦死していたため信政が跡を継ぎ、5千石を加増されて忍者ながら大名となったという。	8699
	1月25日	下野国宇都宮10万石を与えられた奥平家昌(1577〜1614)、宇都宮入部。	8700
	1月26日	**秀忠の娘・珠姫(1599〜1622)を妻に迎えた前田利常(1594〜1658)、江戸に入り、榊原康政(上野館林城主)(1548〜1606)の邸に館す。翌日登城、徳川秀忠に謁し、後、伏見に往きて家康に謁し、又大坂に豊臣秀頼を訪ふ。**	8701
	1月27日	**「知行方目録 一駿河国駿東郡興国」。** 家康、徳川家臣天野三郎兵衛(天野康景)(1537〜1613)に朱印状をもって知行充行。天野康景は、1万石を与えられて興国寺藩(静岡県沼津市根古屋)主となった。	8702
	2月1日	徳川三傑・徳川四天王・徳川十六神将である近江国佐和山18万石の**井伊直政(1561〜1602)**、関ヶ原の戦いで受けた傷療養のため、有馬へ湯治に赴くなどしたが、彦根城築城途中のこの日没。享年42。家督は長男の直継(後の直勝)(1590〜1662)が継いだ。	8703
	2月13日	**徳川家康(「内府」)、上洛する。**(『舜舊記』)。	8704

西暦1602

慶長7	2月17日	「伏見城内府(家康)へ冷(冷泉為満)・四(四条隆昌)等被行了、対顔了、」(『言経卿記』)。	8705
	2月17日	大坂大納言(秀頼)の名代としての池田三左衛門尉(池田照政(のち輝政))(姫路城52万石)(1565～1613)が参内、儀定所にて天皇に対面を許され、太刀・馬代として銀子50枚、政仁親王(のちの後水尾天皇)へ銀子30枚、長橋殿へ五貫文を献上する。	8706
	2月19日	摂関家の九条兼孝、一条内基、二条昭実、鷹司信房、門跡の妙法院常胤、三宝院義演、梶井宮承快、青蓮院尊純、随心院増考、伏見宮邦房の名代・庭田重定、覚深の名代・亮淳と共に、徳川家康に礼に訪れる。	8707
	2月19日	家康、朝廷より源氏長者の内旨を伝えられるも、「當年ハ慎之間」と形式上これを断ると、『言経卿記』は記す。武家政権の正当性には、「征夷大将軍」だけでなく「源氏長者」という地位が必要だった。	8708
	2月20日	朝廷、山科言経(1543～1611)を使いとして、家康に源氏長者(つまり征夷大将軍)に補すとの内旨を与える。家康、西軍の島津氏処置が済まず、辞退。	8709
	2月23日	「伝馬弐定、伏見ヨリ桑名まて上下可」。家康、宿中に朱印状をもって伝馬を命じる。	8710
	2月24日	「此御朱印無之して、人馬押立者あらい其、御中出合打ころすへし、若左様ニならざる者、在之を主人を聞届可申者也」。 (この御朱印が無くて人馬を押立てる者があったら、郷中総出で打ちころしなさい。もしそうで無い者が在ったら、主人を聞いて届けなさい)。 家康、朱印状をもって伝馬の印判を定める。この朱印状は馬牽きの絵の上に「伝馬朱印」と印文したもので、中山道での伝馬制の施行を実証する文書という。	8711
	2月25日	「伏見内府(家康)へ八条(智仁親王)殿以下堂上衆各礼有之云々、冷(冷泉爲満)・四条(隆昌)・倉部(山科言緒)各少々同道発足了、対顔也云々」(『言経卿記』)。	8712
	2月25日	北野社、七百年祭が行われる。祭神菅原道真は、延喜3年(903)2月25日、大宰府で没した。	8713
	2月一	「東本願寺成立ー東西二寺が並立する」。 この月、徳川家康(1543～1616)、後陽成天皇の勅許をうけ、本願寺教如光寿(1558～1614)に、烏丸以西の六条と四条の間に地を寄進。東御門跡(東本願寺)ができ、門前は寺内町となり、京都南部の開発が更に促進された。 家康は、強大な勢力をもっていた本願寺を二分する政略的意図だったという。	8714
	2月一	この月、家康母・伝通院(於大の方)(1528～1602)、家康の招きで、家康の異父弟・松平康元(久松俊勝の嫡男)(1552？～1603)、孫の松平定行(久松俊勝の三男・松平定勝の次男)(1587～1668)に付き添われて上洛。 家康は生母の至情を忘れることなく、天下統一の後には、再婚しているにも拘らず、実家の者として伝通院を迎え入れ、久松家を親戚として尊重した。	8715
	3月5日	舟橋秀賢(1575～1614)、伏見城の徳川家康邸を訪れ対面する。慶長7年(1602)2月明経博士となった舟橋秀賢は、碩学で漢文・連歌など国文学に通暁していた。また、木製による活字印刷の技術を持っていたという。	8716
	3月7日	家康十男・長福丸(後の徳川頼宣)(1602～1671)、伏見城にて生まれる。母は側室お万の方(養珠院)(1577/1580～1653)。	8717
	3月7日	「此御朱印なくして、伝馬押立者有」。 家康、岐阜町中に朱印状をもって伝馬の印判を定める。	8718
	3月7日	「此御朱印なくして、伝馬押立者有」。 徳川家康、信濃に於ける伝馬の印判を定め、之を山村道勇(道祐)(良候)に報ず。	8719

慶長7	3月7日	安芸広島50万石の福島正則(1561～1624)、右近衛中将に叙任。	8720
	3月7日	常陸の佐竹義宣(1570～1633)、伏見に到着。そして家康、大坂城の豊臣秀頼に謁見する。	8721
	3月8日	細川忠興(豊前国中津城39万9千石)(1563～1646)、松井康之・興長父子宛に書状を送り、松井興長(1582～1661)の関ヶ原での謀叛を許す。興長は、岐阜城攻めで負傷し、「関ヶ原の戦い」には参戦していない。	8722
	3月14日	**家康、伏見より大坂に赴き、秀頼に年頭の挨拶をする。**	8723
	3月15日	**家康、伏見に戻る。**	8724
	3月15日	この日、秀頼の寄進で、東寺金堂 鍬 始 が行われる。20日より事始。	8725
	3月18日	「伏見へ発足、内府(家康)へ参了、御対顔了、水無瀬一斎(親具)・左馬助(土御門久脩)等同罷向了、」(『言経卿記』)。	8726
	3月21日	諸家による豊臣秀頼(1593～1615)への年頭総礼が行われる。日野輝資、ことごとく皆の後見を務める。慶長6年(1601)左大臣に復職した近衛信尹(1565～1614)は、出仕せず。	8727
	3月28日	「伏見城へ発足了、内府(家康)へ対顔了、種々申入了、暮々帰宅了」(『言経卿記』)。	8728
	3月28日	伏見城(家康再建)で幸若舞がある。	8729
	3月―	**この月徳川家康は、清和源氏流新田氏の子孫であると系統図を用いて宣言。** 家康は、清和源氏流新田氏の一族吉良家から系図を借り受けて、新田氏の筋に初代親氏以降の松平家九代を追記して体裁を整えた。源氏流新田氏の子孫・松平宗家の誕生である。征夷大将軍は源頼朝以来、「天下四姓」の中で源氏の系統が叙位任官されるという不文律があった。ゆえに、これまでの藤原流徳川家から源氏流徳川家への改姓を余儀なくされた。当時の天皇家を子孫とする天下四姓は、平氏、源氏、藤原氏、橘氏があり、下克上の戦乱を生き抜いた戦国大名はこぞって祖先を天下四姓に求め、緻密な家系図を作り正統性を主張していた。 **家康は、征夷大将軍として幕府を開くため、一定の位階を得る家格を整えた。**	8730
	3月―	**この月、家老・島津忠displayed(1551～1610)が上洛して、伏見城で家康、そして本多佐渡守正信に宛た島津龍伯(義久)・忠恒(後の家久)連署起請文を提出。**	8731
	3月―	**この月、井伊万千代(直勝)(1590～1662)、父井伊直政(1561～1602)の遺領近江国佐和山18万石を継ぎ、名を「直継」と改める。**	8732
	4月2日	「佐渡嶋之儀、可令成敗候之間、堀」。家康、越後春日山30万石の越後侍従(堀秀治)(1576～1606)宛に書状を送り、佐渡の成敗を命じる。佐渡を平定した堀秀治は、出雲崎に代官前羽庄左衛門をおき、佐渡への渡海は必ず出雲崎からと定めた。徳川幕府もまたここに天領6万石の代官所をおき、江戸へ輸送する佐渡産金を2艘の官船をもって出雲崎へ陸揚げさせ必ず北国街道から輸送させた。	8733
	4月11日	「徳川家、島津家の手打ち、成る」。「両度使者祝著候、然者、薩摩大隅諸県之儀、此間被相抱候分、相違有間敷候、少将事、其跡被相議事候間、不可有別儀候、兵庫頭殿儀者、竜伯ニ無等閑候間、異儀有間敷候、 日本國大小神祇、別而八幡大菩薩、毛頭不可有表裏者也、」。 内大臣徳川家康(1543～1616)、島津龍伯(義久)(1533～1611)に誓詞を出す。 家康は義久の本領(薩摩国・大隅国・日向国諸県郡)を安堵、忠恒(義弘の子、後の家久)(1576～1638)の相続を認め、併せて島津惟新(義弘)の赦免を誓約。 「義弘の行動は個人行動であり、当主の義久および一族は承認していないから島津そのものに処分はしない」とした。	8734

西暦1602

慶長7			
	4月12日	徳川十六神将の一人、弓の名手であった内藤正成（武蔵国埼玉郡5000石）（1528～1602）、病没。享年75。	8735
	4月28日	**家康、伏見より入京。**	8736
	4月29日	**家康、参内する。**（『義演准后日記』）。	8737
	4月―	この月、フィリッピン総督アクーニャ、徳川家康に返書し、朱印状の尊重を約束する。	8738
	5月1日	**家康、島津忠恒（家久）宛に書状を送り、硫黄（鉱物）二千斤の到来を謝す。**	8739
	5月1日	**家康（1543～1616）、参内。家康は後陽成天皇に対面した後、その母である新上東門院（勧修寺晴子）（1553～1620）の所にも行く。家康が女院の所に行っている間、細川忠興・伊達政宗・佐竹義宣・堀秀治らが盃をもらって、太刀・折紙を進上。**	8740
	5月2日	**内大臣徳川家康、女院「藤原晴子（御阿茶々、新上東門院、勧修寺晴子）」御所に於て能を催す、家康、女院の所で皇族と「忍ノ分トテ簾ヲ被懸」陪覧す。**	8741
	5月2日	**「二条城御殿・天守の造営着工」。徳川家康、村越茂助（直吉）（1562～1614）を奉行とし、諸大名に命じ、二条屋敷（二条城）の造営を開始した。** 京都には聚楽第破却後も使っていた長者町屋敷と呼ばれた家康第があったが、防衛上に不備があり、武家の棟梁にふさわしい居館が必要となって決意する。その造営開始に伴い、「二条柳町遊里」、六条に移る。	8742
	5月3日	「内府（家康）相国寺豊光院（西笑承兌）御出之間、倉部（山科言緒）召具罷向、則対顔了、朝食有之、次依内府御所望シヤウカ二首・朗詠一首・雑藝一首・樂五常樂急・太平樂急（残樂）・陵王破（残）等有之、」（『言経卿記』）。 **家康、相国寺の西笑承兌を訪ねて、歌と雅楽などを楽しむ。**	8743
	5月4日	**家康、女院において猿楽を見物する。途中退室した家康、伏見へ帰る。**	8744
	5月7日	巳刻（9～11時）、京都所司代・元豊臣五奉行の一人・丹波亀山5万石であった前田玄以（徳善院）（1539～1602）、没。享年63。 「関ヶ原の戦い」の頃より患っていた中風によるとされる。	8745
	5月8日	**徳川家康、佐竹義宣（1570～1633）に、榊原康政（1548～1606）・花房職之（1549～1617）を上使として遣わし、義宣の常陸国・下野国・陸奥国の全所領54万石を没収し出羽国にて所領を宛行う旨を伝える。** 国替を命ぜられたがしかし、具体的な転封先は明らかにされず、従って、転封後の石高も不明だった。当主義宣の父・義重（1547～1612）は大坂にいたため、松平秀康（家康次男）（1574～1607）が3千人を用意して不測の事態に備えたという。 佐竹義宣は、表面上家康に従う素振りをみせながら密かに西軍を支援していたといわれる。家康は、「勢を見て兵をおこし敵となるは武の常なり。勝敗もまた命なるときは咎むべきにあらず。しかれども義宣はその心両端を持して家を全うせんとす。われこれをにくむ事景勝に過たり」と断罪したという。 家康使者榊原康政・花房道兼（花房職之）、伏見の佐竹邸に来訪。佐竹義宣及び弟芦名盛重・同岩城貞隆・与力大名相馬義胤の領地を没収し、義宣には出羽のうちで替地を与えることを申渡す。義宣は「兎角の意趣はなく、賢慮次第」と返答したという。	8746
	5月14日	上洛中の伊達政宗、国元の家臣宛に書状を送り、佐竹の秋田国替のことを報せる。	8748
	5月15日	**家康母・伝通院（於大の方）（1528～1602）、北政所おね（1549？～1624）を訪ねる。**	8749
	5月22日	**伝通院（於大の方）、宮中に参内。後陽成天皇（1571～1617）に拝謁したという。**	8750

慶長7	5月23日	**伝通院（於大の方）、豊国社へ参詣し、90貫を奉納する。** 神官巫女たちに進物あり。 **伝通院は、秀吉を祀る豊国社に詣でて、徳川家が豊臣家に敵意がないことを示す。**	8751
	5月23日	「祝着候也、翻刻、其許之様子態被申越候、無事之儀弥相調候様可被入精候、将 亦大鷹二居虎皮二枚遠路祝着候也」。 家康、対馬侍従（宗義智）(1568～1615) 宛に御内書を送り、贈物を謝す。	8752
	5月一	「御知行之目録 一弐百七十三石三」。 家康、黒印状をもって水野新右衛門に知行充行。	8753
	6月一	この月、東福寺仏殿成る。北政所おね（後の高台院）、その資を寄せる。	8754
	6月1日	**伏見城（家康再建）、大規模な普請を始める。** 藤堂高虎（伊予今治20万石）(1556～1630)、普請奉行の一人を務め、中井正清(1565～ 1619)が大工棟梁として、作事の采配をふるう。	8755
	6月2日	「大樹寺領 寄附状 一三百拾九石」。 家康、大樹寺に寄進判物発給。	8756
	6月2日	「大樹寺法式 一仏事勤行修造等、不可有懈怠事、一於背住持・老僧之掟輩者、寺 中可為擯出事、」。 内大臣家康、朱印状を発給して、大樹寺法式を定める。	8757
	6月2日	大久保十兵衛（長安）ら四奉行から御嵩宿（岐阜県可児郡御嵩町）に宛てた路次駄賃の定 書が出される。**徳川家康、中仙道の伝馬・駄賃の制を定む、**山村良勝、木曽福島 町に令して、公儀御用の時は町通り以外の者も所役に従はしむ。 木曾街道に中山道六十九次の内、十一宿の宿場ができ、馬籠、妻籠、三留野、野 尻、須原、上松、福島、宮の越、薮原、奈良井、贄川が宿駅となった。 中山道（中仙道）は、近江の草津追分より江戸まで百三十二里廿二丁（約五二〇粁） といわれ、東海道より十里（約三九粁）長いが、大井川の川止めが無いため旅程は 短かった。はじめは、各宿に人足五十人と伝馬五十匹を常置させた。	8758
	6月9日	水戸城受取の正使花房助兵衛道兼・島田次兵衛利正、水戸到着。	8759
	6月11日	秀頼（「内府」）の名で豊国神社極楽門が竹生島へ寄進するための解体がはじまる。 豊国神社には新しく神門が造られるとのこと。（『舜舊記』）。 家康は、内門（極楽門）を、近江竹生島に移す。	8760
	6月13日	常陸の国政を執り行うため、家康重臣大久保忠隣・本多正信、笠間に到着。翌日 には佐竹家臣団が立ち退いた城々を守り、治安を維持するため、譜代大名や旗本 の手勢が続々と乗り込んで、水戸城接収をはじめ、その他の支城を受取った。	8761
	6月14日	「松応寺領寄附状 一五十石 三州」。 家康、朱印状をもって三州松應寺に寄進。永禄3年（1560）、徳川家康が父松平広 忠菩提のため、隣誉月光を開山として松應寺を創建した。	8762
	6月14日	「鳳来寺領寄附之状 一三百弐拾弐」。 家康、朱印状をもって三河鳳来寺に寄進。	8763
	6月16日	**この日と22日、26日、内大臣家康は、三河国の寺社20ほどに、朱印状をもって 寄進する。** 16日「御津大恩寺領寄附状、三河国宝飯郡広石村の内百石の事。全て寺務す可し、 並に山林竹木諸役先規の如く免許せしめ詑れば、仏事勤行修造等懈怠あるべから ざる者也。仍って件の如し」。	8764

西暦 1602

慶長7	6月24日	「江戸御城之南、冨士見乃亭に金沢乃文庫を御移し被成、御文庫を御建立なり」。（『天寛日記』）。	8765

徳川家康（1543~1616）、江戸城富士見亭に富士見文庫を建て、自らの蔵書や北条実時が創設した金沢文庫（横浜市金沢区）本を移し、下野足利学校の竜派禅珠（寒松）に目録作成を命じる。「富士見の亭」は本丸の南端に位置し、現在の富士見櫓付近という。文庫には、家康が蒐集した蔵書や鎌倉時代中期の武将・北条実時が創設した金沢文庫の蔵書等が納められた。足利学校の竜派禅珠（寒松）が最初に蔵書目録を作成した。寛永16年（1639）7月紅葉山に移され、紅葉山文庫となった。

	6月27日	「伏見へ冷泉同道発足了、内府（家康）対顔了、種々雑談、夕食有之、薄暮ニ帰宅了、」（『言経卿記』）。	8766
	6月28日	**交趾（現ベトナム北部）から家康に虎1・象1・孔雀2が献上される。家康は虎と象を秀頼に贈った。**	8767
	7月5日	「伏見へ冷（冷泉為満）・倉部（山科言緒）等発足了、先結城宰相（松平秀康）殿へ罷向、自倉部ユカケ（弓懸）二具進了、盃酌云々、次内府（家康）へ罷向、夕食有之、」（『言経卿記』）。	8768
	7月9日	**徳川秀忠・江の四女・初姫（1602~1630）、誕生。異説あり。**	8769

慶長11年（1606）7月に、若狭国小浜藩主の京極忠高（1593~1637）の元へ嫁ぐ。忠高の父・高次の正室・初（常高院）には実子がなかったため、初の実妹・江の生んだ初姫を養女として忠高と娶わせることで、徳川家と姻戚関係を結ぶと共に、京極家での初の立場をも安泰なものにするという、一石二鳥の政略だったという。

	7月11日	大久保長安、木曾衆千村平右衛門と山村七郎右衛門に対し、破損している落合橋を両人が掛け替えるように命じる。	8770
	7月12日	金沢112万石の前田利長（1562~1614）、俄に豊国社へ参詣し、20貫文奉納する。	8771
	7月23日	**徳川家康の母・伝通院（於大の方）の病気回復のための祈祷を命じる綸旨が発給される。**	8772
	7月23日	「於佐渡国、物成五千石知行充行訖、全可領知者也」。	8773

家康、佐渡代官（後の奉行）田中清六（田中正長）宛に、朱印状をもって五千石知行充行。

| | 7月24日 | **徳川家康、豊国社社領より2百石を智積院領とする。** | 8774 |

「昨年寄進した1万石の社領につき、修理料千石余の内2百石を祈祷料として智積院へ渡すように」との片桐且元（1556~1615）・加藤正次（1549~1613）・板倉勝重（1545~1624）連名の書状を吉田兼見宛・智積院方に届けられ、神龍院梵舜、これを一読する。

| | 7月27日 | **「徳川家康は関ヶ原の戦後処理を行い、大名地図を一変」。**
「出羽国之内、秋田・仙北両所進置候、全可有御知行候也、」。 | 8775 |

家康、佐竹侍従に朱印御内書発給。
常陸水戸54万石の佐竹義宣（1570~1633）、出羽国の内秋田・仙北20万5千8百石を領知すべき旨の判物を与えられ、京から秋田へ赴くことが許される。なんと、即日、義宣は秋田下向を命ぜられた。これは常陸の城地の没収、家臣団の移転が故障なく完了するまで、義宣を伏見に人質同様に引き留めておいたためである。水戸城をはじめ常陸の接収は、それまでに終わっており、その後家康は、奥州を睨む好地として五男の武田信吉（下総佐倉4万石）（1583~1603）を、15万石で水戸に入城させる。それに付随して秋田（安東）氏を常陸宍戸5万5千石に、戸沢氏を同手綱4万石、六郷氏を同府中2万石、本堂氏を同志筑8千5百石に移す。

慶長7	7月28日	摂津国有馬郡三田2万石の有馬則頼 (1533～1602)、没。8月以降、有馬豊氏 (丹波国福知山6万石) (1569～1642) が継いで、その封を合わせて8万石を領す。『幕府祚胤伝』では慶長7年7月17日に三田藩主有馬則頼が死去し、福知山藩6万石の大名であった豊氏が父の遺領2万石を加増された際、蓮姫が家康の養女として豊氏に嫁いだとする。さらに、本多忠勝と家康側室の阿茶局(飯田氏・一位局・雲光院)が婚儀をつかさどったとされる。	8776
	7月28日	佐竹義宣、秋田へ向けて京を出発。供連れはわずかに93騎であったという。義宣は旧領地であり故郷でもある常陸国を通ることなく、9月中旬に秋田に到着。	8777
	7月―	度々上洛之儀被仰下候、愚老も今一度之上洛念望千而、当春既に其催候処、去年以来之煩就中此節散々為躰候、種々雖養生候任無其験俄二又八郎上京候右之仕合故上着可為遅々事心遣千万候……若世上之物沙汰作病に被取成候而者迷惑深重之儀候、」。**島津竜伯、徳川家奏者番山口直友 (1544～1622) 宛に書状を送り、病気故、島津忠恒 (のちの家久) を上京させると告げる。**	8778
	8月―	この月、土佐清水港に漂着したスペイン船「エスピリト・サント号」が土佐藩の水軍と激戦を展開する。エスピリト号は、脱出に成功したが、40数人が人質、捕虜として土佐に抑留される。家康は、彼らを日本商船に便乗させて、フィリッピンに送還。この時、フィリッピン総督アクーニャに送った家康の9月の朱印状には「**日本国 源家康 謹啓 呂宋国主 足下**」(漂着する外国船の乗組員の保護、積荷の安全を保障する。異国人の居住は許すが、その宗教を弘布することは厳禁する) と明記した。	8779
	8月4日	「伊賀八幡領之事 三河国額田郡伊」。家康、伊賀八幡宮 (愛知県岡崎市伊賀町) 宛に朱印状発給。	8780
	8月―	**この月、家康は、老臣本多正信 (1538～1616) や大久保長安 (1545～1613) を従えて南都に下向する。**	8781
	8月5日	「和州白毫寺之事、為興隆於添上郡」・「和州達磨寺之事、為興隆於葛下郡片岡寺村参拾石、永寄附之寺家、境内竹木如前々、付加在相違、可専寺中修造、興起宗与仏法者也」。家康、和州白毫寺・達磨寺 (奈良県北葛城郡王寺町本町2丁目) に、朱印状をもって安堵。	8782
	8月5日	「日本国 源家康 復章 大泥国林隠麟」。これより先、大泥国の使者、渡来して書簡と贈呈品を献上す。**徳川家康、返書と武器を送る。**大泥は、4世紀から19世紀にかけてマレー半島に存在したマレー人王朝。	8783
	8月6日	**家康、和州の添上郡忍辱山・伝香寺・招提寺・薬師寺・安倍寺・天理・王寺など30ほどに朱印状をもって安堵。**	8784
	8月9日	「伏見内府 (家康) へ冷 (冷泉爲満)・倉部 (山科言緒)・極﨟等同道罷向、対顔了、入夜帰宅了、」(『言経卿記』)。	8785
	8月10日	**徳川家康 (1543～1616)、豊臣秀頼 (1593～1615) に象を贈る。**	8786
	8月17日	「島津氏、伊集院家を粛清」。島津忠恒 (後の家久) は日向野尻で狩りを行い、同行させた伊集院忠真 (1576～1602) を殺害。また伊集院一族を殺害する。	8787
	8月18日	豊国祭につき、豊臣秀頼、名代として小出秀政 (1540～1604) を豊国社へ遣わす。秀政、卯刻 (午前6時頃) 参詣し、百貫を奉納する。次に、勅使として正親町季秀が参詣し、束帯・太刀折紙を奉納し、奉幣する。	8788
	8月23日	木製による活字印刷の技術を持つ舟橋秀賢 (1575～1614)、「古文孝経」を刊行する。後陽成天皇が出版させた慶長勅版の一つ。	8789

西暦1602

慶長7	8月28日	家康母・伝通院(於大の方)(1528～1602)、家康(1543～1616)の滞在する伏見城(家康再建)で没す。享年75。家康は母の遺骸を遺言通りに江戸へ運び、大塚町の智香寺(智光寺)(東京都文京区大塚)で火葬した。位牌は久松俊勝菩提寺の安楽寺(愛知県蒲郡市)に置かれ、光岳寺(千葉県野田市)など各地に菩提寺を建立した。(松平康元が母・於大の方の死去につき関宿(下総国)に建立した弘経寺を、徳川家康が光岳寺と寺号を改めるという)。慶長8年(1603)家康は母の遺骨をこの地に埋葬し、現在まで残る墓を建立。寿経寺(小石川極楽水(現在の小石川4丁目))をここに移転して堂宇を建て、安楽寺住職から受けた母の法名「伝通院殿」に因んで院号を伝通院(東京都文京区小石川)とした。慶長13年(1608)9月15日に堂宇が竣工。観智国師門下の学僧廓山(ぎん)(後に増上寺十三世)が、家康から住職に指名された。 また、於大の方の出生地、愛知県知多郡東浦町では、「於大公園」を整備し、平成6年度から毎年「於大まつり」を催している。 [8790]
	8月―	この月、島津忠恒(後の家久)(1576～1638)、徳川との和議のため、上洛を決意する。 [8791]
	8月―	「日本国　源家康　回翰　呂宋国太守　麾下　遠人得々来、而伝足下音書、説貴国政化、況又投贈五般方物、雖不対容顔不聴辞語、交情作四海一家思者、不勝感荷、本朝与濃毘数般、欲作商船往来者、不必為本邦貴邦之人曾日、弊邦之東関有所止宿則呂宋之舟可遁風難、自関東出舟者、両国之嘉慶也云々之故、自貴国告彼国者期望之、蓋可応貴邦所欲、自本邦出八幡舟輩、悉誅殺焉、域中到遠嶋遐陬、殊加制止之厳命、若又到其地而作暴逆、可被殺戮、莫怪本朝商人雖有寡人押印之書、不用国政致非理者、記其名字而可告報之、異日不可令其舟渡海也、雖為微物、贈本邦兵器、以表寸沈余事付与使者口碑也、」。 (遠方より使節が来日し、書簡を伝えて貴国の政治情況を説き、贈物をもたらした。直接対面し話を聴かなくとも、交情と四海一家への思いは深い。日本とヌエバ・エスパーニャ間の商船往来を希望する。必ずしも本邦のためではなく、貴国の人がかつて言ったように、弊邦の関東に寄港する場所があれば、ルソンの船は風難を逃れるだろう。また関東から船を出せば両国の慶賀であるゆえ、貴国からかの(スペイン本)国に報告されんことを希望する。両国の利益となろう。貴国の希望に応じ日本から海賊船を出す者を悉く処刑した。遠島への渡海を特に制止するよう厳命を加える。もしまたその地に到り暴虐をなせば、処刑するので心配のないように。本朝の商人は私が押印した書状を有する。国政の違法者はその名字を記して報告されたい。二度とその船は渡海させない。微物であるが本邦の兵器を贈り、寸志を表す。余事は使者が口頭で伝える)。 **家康、フィリピン総督アクーニャ書簡への返書を発給。** [8792]
	9月2日	秀頼の名で秀吉供養のために再建された(奉行は木食応其(興山上人))東寺金堂に、この日、棟札が打たれる。 [8793]
	9月3日	東寺金堂が棟上される。(東寺金堂は、慶長9年の慶長大地震によって倒壊)。 [8794]
	9月6日	**家康の母・伝通院(於大の方)の中陰(四十九日)が知恩院にて行われる。** [8795]
	9月7日	「妙厳寺領之事　三河国宝飯郡豊川」。 家康、妙厳寺に朱印状発給。豊川稲荷(豊川閣妙厳寺)(愛知県豊川市豊川町)である。 [8796]
	9月15日	「自日本到安南国舟也、右、慶長七」・「自日本到占城国舟也、右、慶長七」。 家康、朱印状発給。 [8797]
	9月16日	**徳川家康生母・伝通院(於大の方)死去につき、後陽成天皇より触穢(しょくえ)の儀が申し伝えられる。** [8798]

慶長7	9月17日	徳川家康、生母・伝通院(於大の方)を小石川に葬る。遺骸は江戸に送られ，徳川家の菩提寺芝増上寺の管する小石川の無量山寿経寺に葬られたという。	8799
	9月17日	江戸にしばらく滞在したのち、常陸を通らず下野経由、出羽に向かった佐竹義宣(1570~1633)、安東氏の居城であった出羽湊城(秋田市土崎港中央3丁目)に入城。	8800
	9月19日	「丹波国多喜郡四萬参千八百七拾」。徳川家康、黒印状もって前田主膳正(前田茂勝)(1582~1621)へ、丹波国多紀郡四萬参千八百七拾石を宛がう。父・前田玄以が死去したために家督を継ぎ、丹波八上に移封され八上藩主となった。	8801
	9月20日	片桐且元、石山寺供養のことについて23日でよいか徳川家康に確認し許可を得る。	8802
	9月25日	「山城国久世郡灰方村九百四十七石」。徳川家康、黒印状もって幽斎(細川幽斎)へ、丹山城国久世郡灰方村九百四十七石を宛がう。	8803
	9月29日	「熊野権現領之事 遠江国山野郡木原郷」。家康、木原権現社に朱印状をもって、木原郷内70石を安堵。木原権現社(熊野神社)は、現在の許禰神社(静岡県袋井市木原)。現在、境内に「家康公腰掛石」があり、慶長5年(1600)関ヶ原の戦いに赴く途中、戦勝祈願のため木原権現社に立ち寄った際に腰掛けたとも言われる。	8804
	9月30日	「江州坂田郡長沢村千参拾壱石九斗」。家康、内藤四郎左衛門に黒印状をもって知行充行。故内藤正成の子で家督を継いだ、内藤正成(1564~1606)である。	8805
	9月30日	「江州坂田郡志賀谷村九百九拾四石」。家康、水野平右衛門に黒印状をもって知行充行。	8806
	9月一	「日本国 源家康 謹啓 呂宋国主 足下 今慈壬寅之秋、貴国商船、欲赴濃毘数般、海上罹風波難、到本邦土州之海浜、数年与貴国作隣交、結遠盟、今也幸而寡人執国柄、旅寓商人、船中資財、何可豪奪乎、為畏徒事、偏見順風、急帰去否、船客数人到陸地者、寄贈貴邦土宜、厚意難報、自今以往、或遭賊船、或漂逆風、雖謂檣傾楫砕、到弊邦則宜安心矣、兼日域中益加厳命、貴国商人請寡人曰、年々濃毘数般往返之舟八艘也、日本国裡、商舟所至、賜可逃災害之印書、則呂宋百世至宝也、如寡人、殊愛憐遠人、為禦土民賊心、別裁押印書者八紙、持此印紙則弊邦之中、江海島嶼、村邑城里、栖息可康安、莫訝、貴国商買、全見国風、敢不能縷陳也、不宣」。 (今秋、ルソン発のヌエバ・エスパーニャ行き商船(エスピリト・サント号)が土佐国に漂着した。貴国とは数年来同盟を保ち、国主である私は商人を保護し、往事(サン・フェリペ号事件)を重視して、船中の資財を強奪などはせず、順風次第帰国させる。船客数人が贈物を贈与し厚意に感謝する。今後は海賊船に遭遇し、あるいは船が日本に漂着することがあっても安心されたい。このため私は厳命を加えた。貴国商人は年々ヌエバ・エスパーニャを往復する船8艘に日本国内で災害を逃れるための朱印状を賜りたいと要請したが、私は友好のため8通の朱印状を発給した。これを携帯すれば日本全国で保護を得られる)。 **家康、フィリピン総督ペドロ・デ・アクーニャ宛に国書を呈出。**	8807
	9月一	「外国人商人に対し日本に於いて遵守さるべき法令 一、外国船が暴風のため日本のいずれかの領国或いは港に入る場合、いかなる船荷も没収しないことを命ずる。一、船の積荷の売買に於いては、いかなる強制がなされることも固く禁止する。乗船していた商船にとり、碇泊港が適当でない場合は、取引き希望地に移り自由に売買することを認める。 一、普通の場合、外国人は日本中どこにでも希望するところに居住することを認める。然し、外国の法を持ち込むことは固く禁止する」。家康、朱印状。	8808

慶長7	9月一	家康の養子（奥平信昌の四男）で、上野国長根（群馬県高崎市吉井町長根）7千石の松平	8809
		忠明(1583～1644)、この月、三州作手（愛知県新城市）1万7千石藩主となる。	
		慶長4年(1599)3月11日、叔父・徳川秀忠から「忠」の偏諱を受け忠明と名乗る。	
		母は徳川家康の長女・亀姫（盛徳院）であり、家康の外孫にあたる。	
	10月2日	**「江州浅井郡市場村之内六百九拾」**等。家康、長田喜兵衛・芝山小兵、山上孫左衛	8810
		門尉・同弥四郎、由良新六郎、朝比奈惣左衛門・同弥、斎藤二郎右衛門尉・渡邊孫	
		一郎、本多丹下、柘植宮・志村加兵衛、進藤三右衛門、本郷美作守、大藪新八、	
		加藤嘉助、高山主水、矢部善七郎、一色次郎、清水小八郎、牧野清兵衛・加藤源	
		太ら20数名ほどに、黒印状等をもって安堵。	
	10月3日	**「日本国　源家康　報章 安南国大都統」。**	8811
		徳川家康、安南（ベトナム）国に対し返書と兵具を遣わす。	
	10月3日	**先に家康は、伏見城にて理性院公秀と僧侶内紛の事を糺明す。**	8812
		板倉勝重(1545～1624)、豊光寺の西笑承兌(1548～1608)と共に、醍醐寺理性院公秀と	
		僧徒との紛争を裁く。	
	10月11日	秀頼の名で東寺金堂本尊（薬師如来）の新造が命じられる。	8813
	10月18日	備前岡山城の小早川秀詮（秀秋）(1582～1602)、没。享年21。法名・瑞雲院秀厳日詮。	8814
		秀秋の死後、小早川家は無嗣断絶により改易された。これが徳川政権下における	
		大名取り潰しの第1号という。	
		瑞雲院（百石さん）（下京区岩上通五条上る東側柿本町）は、日蓮宗本国寺（後の本圀寺）の	
		元塔頭で、この年、日求が小早川秀秋の菩提を弔うため、玉陽院を改めて開創し	
		たと伝わる。秀秋の祭祀料として徳川家康が寺領百石を与えたのに因み、「百石寺」	
		とも称する。また、豊臣秀吉の姉・日秀尼が、安土城内の秀頼旧邸を移し方丈とし、	
		秀秋追善のために建立、百石を施入とする説もあり。	
	10月22日	上野国吉井（群馬県高崎市吉井町）2万石の菅沼定利(？～1602)、没。家督は盟友・奥平氏	8815
		から迎えた養嗣子の奥平忠政（菅沼忠政）(1580～1614)が継ぐ。が、養子縁組を解消、	
		さらに、父信昌(1555～1615)の隠居により、後を継いで美濃加納藩（岐阜市加納）主と	
		なる。その10万石の内訳は忠政4万石、信昌が6万石であり、信昌の補佐を受けて	
		いた。	
	10月23日	豊臣秀頼を施主として再建された清凉寺釈迦堂の落慶供養が行われる。	8816
	10月25日	孝蔵主(？～1626)、江戸へ下向。	8817
	10月27日	**「為遠路御音信、其地之名物色々送給、祝着之至候、委細元豊可申間、令右略候、恐々**	8818
		謹言、」。家康、羽柴対馬守（宗義智）宛に書状を送り、音信と贈物を謝す。	
	10月30日	金沢城天守閣、落雷で焼失。以後、天守は再建されず。	8819
	11月9日	**「到于大阪上著之由尤候、頓而可上」。**	8820
		家康、大坂に着いた薩摩少将（島津忠恒）宛に書状を送る。	
	11月15日	**「金澤雷火……」**（金沢に雷火があったことについて、早々にご報告いただき、か	8821
		つ飛脚でもって（書状を）届けていただき、念の入ったことで、大変うれしく思い	
		ます。なお（詳細については）大久保相模を通じて（ご報告して）下さい）。	
		徳川秀忠、越前宰相（結城秀康）宛に返書状を送る。10月30日、雷火で金沢城の天	
		守が焼け落ちていた。	
	11月20日	**「……随而高麗儀別紙永々、得其候」。**家康、羽柴対馬守宛に書状。羽柴対馬守は	8822
		宗義智(1568～1615)。義智は、文禄・慶長の役のために悪化した朝鮮との関係を修	
		復するように徳川家康から命じられた。	

慶長7	11月20日	木曽代官山村道祐（良候）(1545～1603)、卒す。徳川家康、子良勝(1563～1634)をして跡職を嗣がしむ。山村氏は木曽代官として福島に居館を構え広大な木曽の民政と山林の管理を任され江戸時代を通じて世襲することになった。	8823
	11月21日	徳川家康、京都伏見の円光寺の三要元佶（閑室）(1548～1612)に、その書院建立の木材を寄せる。	8824
	11月22日	「諸宗引導之場ハ、祈祷之出家不可」。家康、竜穏寺御長老に朱印状発給。龍穏寺(埼玉県入間郡越生町)は室町時代より曹洞宗の僧録司として知られる。江戸時代初頭には徳川家康より関三刹に任命。3千余寺の寺院を統治し、曹洞宗の宗政を司った	8825
	11月25日	家康五男・武田（松平）信吉(1583～1603)、関ヶ原の戦いで西軍に属した疑いをもたれた佐竹氏に替わり、常陸国水戸15万石に封ぜられ、旧穴山家臣を中心とする武田遺臣を付けられて、武田氏を再興。 信吉は、秀吉の正室・北政所おねの甥である木下勝俊(北政所の兄・木下家定の嫡男、長嘯子)(1569～1649)の娘（天祥院）を娶っていた。	8826
	11月25日	「筑波神領寄附状　常陸国筑波郡筑」。 家康、知足院ら常陸国・下野国社寺9ほどに朱印状をもって寄進。	8827
	11月26日	家康、京に向け江戸を発つ。	8828
	12月4日	「方広寺大仏殿、炎上」。秀頼の寄進で家康の指示により再建中の大仏修復中に炉より輦の火が、仏の胴体の木材に移り、辰の刻(午前8時)より午の刻(正午)にかけ、大仏光背から堂内全体に広がり火の海となり大仏は灰燼に帰す。方広寺大仏殿・照高院などが焼失、妙法院・豊国社は難を逃れる。	8829
	12月6日	「定　一御領所何方之百姓成共、依」・「定　一地頭非分付而罷退候者年貢」。 家康、黒印状をもって制法(郷村掟、百姓向け5ヶ条・郷村掟、地頭向け3ヶ条)を定める。	8830
	12月7日	「三保大明神領寄附状　駿河国有渡郡」・「浅間領之内　新宮神主分　駿河国」等。 内大臣家康、この日から11日にかけて駿河国(駿東郡2、庵原郡3、安倍郡8、有渡郡11、志太郡7)の社寺ら31に、朱印状をもって安堵・寄進。奏者は井出正次(1552～1609)らであった。	8831
	12月10日	「法多山領寄附状　遠江国佐野郡曽」。家康、先例に習い、尊永寺に五万石の寺領安堵の朱印状を発給。当時、法多山尊永寺(静岡県袋井市豊沢)は、8院、4坊の坊院をもち、寺領は柴村のほか石野郷、貫名郷、市外では掛川市曾我郷などであった。	8832
	12月13日	孝蔵主、江戸より帰洛し、伏見・大坂へ遣いに赴く。	8833
	12月18日	孝蔵主、伏見に来る家康を迎えに石部(滋賀県湖南市)へ赴く。	8834
	12月21日	家康、途中放鷹を楽しみながら熱田(名古屋市熱田区)に到る。	8835
	12月25日	「内府(家康)自関東今日伏見城マテ御上了、冷(冷泉爲満)・倉部(山科言緒)等罷向、対顔了、」(『言経卿記』)。 家康、上洛、次いで伏見城に入城。家康、伏見城番を置き、3年交代とする。	8836
	12月28日	「家康の全国制覇、完了―島津処分の幕引き」。 島津忠桓(義弘の子、後の家久)(1576～1638)、謝罪のため、伏見で江戸から上洛した徳川家康(1543～1616)に謁する。正式に手打ちとなる。この時、忠恒は徳川方に、匿っていた宇喜多秀家(1572～1655)の助命を請う。前田家も、同様、嘆願した。忠桓は、慶長11年(1606)、家康から偏諱を受け、「家久」と名乗る。	8837
	12月―	家康、島津忠桓(家久)を通じて、琉球に使節派遣を要求。	8838

西暦 1602

慶長7	12月28日	徳川家徒頭・土井利勝(1573〜1644)、下総国小見川(千葉県香取市小見川町)1万石城主となる。	8839
	12月30日	「仍当月廿五日二内府様被成御箸同廿八日二少将様被成御出仕候、仕合無残所内府様御懇之儀候、」。 山口直友、惟新(島津義弘)宛に書状を送り、島津忠桓(義弘の子、後の家久)出仕を伝える。	8840
	12月一	「人足百七拾六人、自吉田江戸迄可」。 家康、朱印状発給。	8841
	12月一	「江州蒲生郡之内西明寺之内二百六」。 家康、由良新六郎(国繁)(常陸久保城主)(1550〜1611)に黒印状をもって知行充行。	8842
	12月一	この月、長沢松平氏の家督を相続し、武蔵深谷1万石を与えられた辰千代（忠輝）（家康六男）(1592〜1683)、下総佐倉藩(千葉県佐倉市)5万石に加増移封され、元服して松平上総介忠輝を名乗る。 上総介であった織田信長を尊敬していたという。	8843

西暦 1603

慶長8	1月1日	諸大名が大坂城に出仕して豊臣秀頼(1593〜1615)に新年の挨拶を行う。 徳川家康(1543〜1616)は、伏見にあって大坂城に出仕せず。	8844
	1月2日	諸大名が、伏見城の徳川家康に新年の挨拶を行う。	8845
	1月10日	伏見城にて公家衆による家康への総礼が行われる。	8846
	1月16日	伏見城の徳川家康邸に舟橋秀賢(1575〜1614)が年始の礼に訪れ対面する。	8847
	1月17日	伏見城にて諸門跡、諸寺院らにより家康への総礼が行われる。ただし、奈良の諸門は不参。	8848
	1月21日	「家康62歳、征夷大将軍、右大臣、源氏長者に補される」。 朝廷、伏見城に勅使大納言広橋兼勝を派遣し、慶長7年2月以来再度、内大臣徳川家康に征夷大将軍、右大臣、源氏長者に補すとの内旨を与える。 家康、拝受する旨を奉受する。家康、広橋兼勝に小袖1重、黄金3枚を贈る。 秀吉が「関白」であったのに対して、家康は「征夷大将軍」の道を選んだ。家康が選択したこの位は、武家にしてみれば伝統的な官職である。しかも絶対的権威の象徴である。ところが秀吉は、天皇を補佐する重役として「関白」の道を選択した。関白と征夷大将軍職とどちらが上席か、これは立場が違うため容易に判断できないが、違いといえば家康の将軍職就任によって豊臣秀頼との関係が微妙に変化したことである。	8849
	1月23日	伏見城の徳川家康邸に舟橋秀賢が訪れ、申刻(15〜17時)に対面し、碁を打つ。	8850
	1月28日	徳川家康、九男・五郎太(後の徳川義直)(4歳)(1601〜1650)を、甲斐25万石に封ず。 五郎太(義直)は、甲斐へ入国することはなく在城し、慶長6年(1601)、上野国厩橋から再び甲斐に戻り、甲府6万3千石を与えられた平岩親吉(1542〜1612)が家老・守役となり在城した。	8851
	孟春嘉	「日本国　源家康　回翰　柬埔寨国主　麾下」。 家康、朱印状発給。	8852

慶長8	1月—	「日本国 大納言源秀忠 奉復 呂宋国主 麾下 朶雲落手、巻舒罔借、特受嘉貺、凌万里波濤、攀千重雲山、為通信音、労来僧侶、直聴遠方政令、窺(親)知遠人風俗、祝異国珍奇之土宜者、欣感交深、本朝国政属内大臣進止、故不及重説、与貴国結交盟者、於予亦無疎志、異日商船来去、海陸遐邇、莫作嫌疑、雖是不[月+與]土宜、鎧三領皆具寄贈焉、以表微誠、時已孟春、余寒尚重、為国自愛珍重」。 (書簡と贈物を受け取った。遠方にもかかわらず宣教師が来て外国の風俗を窺い知り、珍奇の品を見るのは嬉しい。日本は内大臣(家康)が統治している。貴国との友好について私に疎意はなく、商船は安心して往来するように。鎧三領を贈る。余寒なお重きおり、自愛されるように)。 **秀忠、フィリピン総督宛に書状を送る。**

8853

	1月—	この月、黒田如水(官兵衛)(1546〜1604)、大坂に上り、京の北政所おね(1549?〜1624)を見舞う。

8854

	1月—	この月、本願寺教如光寿光寿(1558〜1614)、東本願寺の地に、上野国の妙安寺(茨城県坂東市みむら)に伝蔵された親鸞晩年の自作とされる宗祖の木像を迎える。 **妙安寺は、徳川家康の命で親鸞木像を東本願寺(真宗大谷派)へ進納という。**

8855

	2月1日	伏見城の徳川家康邸に舟橋秀賢が訪れ、未刻(13〜15時)に対面する。

8856

	2月2日	**山科言経(1543〜1611)と西笑承兌(1548〜1608)は、伏見城で徳川家康(1543〜1616)に「吾妻鏡」の講義を行い、将軍職について話し合う。**

8857

	2月6日	**徳川家康、信濃埴科郡松城の森忠政(1570〜1634)を美作津山(岡山県津山市)に移す、尋いで、松平忠輝(家康第六子)を下総佐倉より信濃松城(長野市松代町松代)に移す、この間、保科正光(1561〜1631)をして、松城等の城番を勤めしめ、また、皆川広照を飯山城におき、忠輝の伝に当らしむ。** 下総国佐倉藩5万石の松平上総介忠輝(家康六男)(1592〜1683)、信濃国川中島藩12万石に加増移封される(2ヶ月余で2度の転封となる)。小早川秀秋(1582〜1602)の死によって小早川家が無嗣改易されての転封で、北信濃4郡の川中島藩には松平忠輝が入る。そして姉婿・花井吉成(?〜1613)が、家老として補佐することとなる。忠輝母はお茶阿(家康側室)で、前夫の間の娘が花井吉成に嫁いでいた。

8858

	2月6日	松平忠輝(家康の六男)の付属大名であり、忠輝を幼少期より養育していた下野国皆川藩(栃木県栃木市皆川城内町)3万5千石の皆川広照(1548〜1628)、4万石で飯山に入り、信濃国飯山藩(長野県飯山市)が立藩する。皆川藩は廃藩。

8859

	2月8日	**家康、大坂城に赴き、秀頼(1593〜1615)に年頭の挨拶をする。** **これが最後の大坂城入りとなる。**

8860

	2月12日	**徳川家臣・少将大沢基宿(基宥)(1567〜1642)、徳川家康の将軍宣下に際し、その式典のことを公家二条康束(藤)(のちの康道)(1607〜1666)と相談。** **事実上、高家として働いたものとされており、職務としての「高家」の始まりとされる。**

8861

	2月12日	**「禁中で陣儀」。** 朝廷で徳川家康を将軍に補任および右大臣転任についてが議される。上卿は大納言広橋兼勝、奉行職事は頭左中弁烏丸光広、弁は左中弁坊城俊昌。 結果、家康への将軍宣下が行われることになる。 **勅使が、伏見城向かった。その行列は2百人を超えたという。**

8862

慶長8	2月12日	**「家康62歳、武家の棟梁になり江戸幕府を開く」。** 8863

勅使広橋兼勝・勧修寺光豊（両人とも武家伝奏）は伏見城に入り、折烏帽子（侍烏帽子）、香直垂、前後腰帯の装束の家康（61歳）（1543～1616）は伏見場内対面所にて勅使を迎える。

勅使は次々と宣旨を伝え、家康は、征夷大将軍に補せられ、同時に源氏長者・氏長者・右大臣・淳和奨学両院別当に任じられ、随身兵杖を許された。
家康は、豊臣秀頼との主従関係を逆転させた。

家康が築いた徳川将軍家を頂点とする支配体制は、幕府直轄領と天領地400万石、旗本知行地300万石、全国の総石高の1/3に相当する700万石を独占した。江戸幕府は幕藩体制を敷き、領国を藩と呼ぶようになる。以来慶応3年（1867）10月14日までの264年間徳川政権が続くことになる。

	2月12日	天保13年（1842）完成の（『朝野旧聞裒藁』）は、徳川氏創業の事績を叙述し、その関係史料を集大成した、徳川氏及び家康の事績録。 8864

それには、家康の将軍任官は、室町幕府最後の将軍足利義昭（1537～1597）の遺言に拠るとの説が記されている。資料によれば、義昭が大和国で牢人をしていた際に、家康が扶助した縁で、室町幕府代々の重宝を譲渡され、さらに将軍職を相続してほしいとの遺言があったという。

	2月12日	播磨国姫路藩52万石の池田照政（輝政）（1565～1613）、正四位下、右近衛少将に叙任。 8865
	2月12日	**越前国一国68万石と若狭国と信濃国の内とで、合計75万石を与えられ北ノ庄（福井）に封じられた、越前中将秀康朝臣（結城秀康）（1574～1607）、従三位宰相に昇進。** 8866
	2月12日	治部少輔本郷信富（1531～1605）、室町幕府以来の故事の家という事で奏者番に任じられ、伏見に屋敷を与えられた。 8867
	2月12日	出羽国米沢藩30万石の上杉景勝（1556～1623）、直江兼続（1560～1619）をして本多正信（1538～1616）を通じ、徳川秀忠（1579～1632）に、家康将軍宣下の祝賀を述べる。 8868
	2月12日	「大久保長安、幕政を牛耳るまでの出世」、はじまる。 8869

大久保十兵衛長安（1545～1613）、従五位下、石見守に叙任され、この月、下総国佐倉藩5万石から信濃国川中島藩12万石に加増移封の松平忠輝（家康の六男）（1592～1683）附家老に任じられる。

異例の昇進の長安は、慶長6年（1601）銀山奉行として石見銀山の支配を命じられたのを皮切りに、慶長8年の佐渡奉行、慶長11年（1606）伊豆金山代官となり、家康から全国の金銀山の統轄や、関東における交通網の整備、一里塚の建設などの一切を任されていた。

そして、「天下の総代官」と称され、大久保忠隣（1553～1628）と共に大久保派を幕府内に形成し、家康に寵愛されて本多派を形成していた本多正信（1538～1616）と、初期幕政の権勢をめぐって争い、「岡本大八事件」で本多派に勝利し、一時は幕政を牛耳ったとまでいわれている。

文書等並べて辿る、家康、松平一族・家臣

徳川家康
75年の生涯
年表帖　上巻（全3巻）

その時、今川氏（義元・氏真）・織田氏（信秀・信長）・
武田氏（信玄・勝頼）・北条氏（氏康・氏政）らは

ISBN978-4-89704-568-9　令和5年（2023）2月15日発行　定価本体1200円+税　本文256P

文書等並べて辿る、家康、松平一族・家臣

徳川家康
75年の生涯
年表帖　中巻（全3巻）

その時、秀吉は。最強の家康に
天下人秀吉の配慮がにじみ出る

ISBN978-4-89704-576-4　令和5年（2023）5月20日発行　定価本体1200円+税　本文240P

あとがき

本書（下巻・前編）は、天正20年（1592）12月の「文禄」に改元頃からはじまり、「秀吉の死」を経て、慶長5年（1600）「関ヶ原の戦い」、そしてその勝者家康が「江戸幕府を開く」までの、家康の軌跡を記載しました。"文書等並べて……"と銘打ち、調査、編集しはじめたのですが、想定より家康・秀忠及び家臣らの文書が多く、編集の進捗状況・頁数・定価等鑑み、下巻は前編・後編の2巻に分ける事とし、全3巻から全4巻とすることといたしました。

当初の予定と変更することになり、お問い合わせいただきました方々、上巻・中巻をご購入いただきました方々、ご協力いただきました方々に深くお詫び申し上げます。

家康等の文書はもっとはるかに多い物と思われますが、文書等は写しも多く、写し間違いや、年比定等、通説に疑問を呈する物も多いこともありますことなども、ご了承下さいませ。

本書で激動の徳川家康波乱の時代を垣間見て頂き、「大河ドラマ」視聴等を楽しんでいただきましたら幸いです。

編集にあたり、主に、「上巻・中巻」掲載の主要参考図書や他の当社「戦国年表帖」参考図書、国立国会図書館デジタルコレクション、東京大学デジタルコレクション、国の公式WEB、各自治体・各大学・各団体WEB等、大いに活用させていただきました。しかし、資料による違い、異説、物語などあらゆる事項があり、すべては、弊社の編集責で掲載しております。

最後になりましたが、写真提供などしていただいた愛知県・静岡県の自治体及び各機関様、また、ご協力いただきました取材先様、スタッフの皆々様に、厚く御礼申し上げます。

写真協力（上巻・中巻）
（一社）豊橋観光コンベンション協会　豊明市観光協会　岡崎市　田原市博物館
安城市教育委員会　蒲郡市観光協会　新城市観光協会　長久手市　静岡県観光協会
浜松・浜名湖ツーリズムビューロー　掛川市　藤枝市郷土博物館　清水町教育委員会
鳥越一朗　（順不同）

文書等並べて辿る、家康、松平一族・家臣

徳川家康75年の生涯年表帖　下巻・前編　第3巻（全4巻）

「秀吉の死」、慎重居士家康が策動。好学の士・筆まめ家康が大胆に天下を獲った！

第1版第1刷
発行日　　2023年8月10日
デザイン　岩崎宏
編集・制作補助　　ユニプラン編集部　橋本豪
発行人　　橋本良郎
発行所　　株式会社ユニプラン　http://www.uni-plan.co.jp
　　　　　　　　　　　　　　　（E-mail) info@uni-plan.co.jp
　　　　　　〒601-8213　京都市南区久世中久世町1丁目76
　　　　　　TEL（075）934-0003　FAX（075）934-9990
　　　　　　振替口座／01030-3-23387
印刷所　　株式会社ティ・プラス
定価はカバーに表示してあります。
ISBN978-4-89704-581-8　C0021